葛志华,1963年6月生,南通人,现为江苏省南通市人大常委会委员、二级巡视员,南通大学马克思主义学院兼职教授,江苏省习近平新时代中国特色社会主义思想研究中心南通大学基地特邀研究员。

发表论文200多篇;出版《走向二十一世纪的村干部》《国运之本》《现代化变迁中的农民》《WTO与中国当代农民》《为中国"三农"求解》《从新农村到新国家》六部著作;出版《从田园诗到狂想曲》《在奔五途中》《虚实之间》《无为之为》四部文集。研究成果多次获江苏省人民政府哲学社会科学优秀成果奖。

荣膺"全国供销合作社系统先进工作者""中国合作经济年度人物"等称号。

现主要从事现代化与三农、农村基本经济制度、合作经济组织等课题研究。

从传统小农到新型农民

葛志华 著

江苏人民出版社

From Traditional Peasants to

New Style Farmers

图书在版编目(CIP)数据

从传统小农到新型农民/葛志华著.--南京:江苏人民出版社,2023.2
ISBN 978-7-214-27550-9

Ⅰ.①从… Ⅱ.①葛… Ⅲ.①农民问题-研究-中国 Ⅳ.①D422

中国版本图书馆 CIP 数据核字(2022)第 183727 号

书　　　名	从传统小农到新型农民
著　　　者	葛志华
责 任 编 辑	周晓阳
装 帧 设 计	Soleilevant
责 任 监 制	王　娟
出 版 发 行	江苏人民出版社
地　　　址	南京市湖南路 1 号 A 楼,邮编:210009
照　　　排	江苏凤凰制版有限公司
印　　　刷	江苏凤凰扬州鑫华印刷有限公司
开　　　本	718 毫米×1 000 毫米　1/16
印　　　张	22.5　插页 1
字　　　数	300 千字
版　　　次	2023 年 2 月第 1 版
印　　　次	2023 年 2 月第 1 次印刷
标 准 书 号	ISBN 978-7-214-27550-9
定　　　价	88.00 元

(江苏人民出版社图书凡印装错误可向承印厂调换)

目 录

序言 …………………………………………… 龚维斌 001
引子：谁是农民 ……………………………………… 001

一、惊鸿一瞥：农民的前世与今生 ………………… 009
  最初的农民 …………………………………… 010
  小农的形成与特征 …………………………… 011
  小农经济与王朝循环 ………………………… 015
  从"小农"到"大农" ………………………… 022
  农村改革的前因后果 ………………………… 030
  大国小农扫描 ………………………………… 036

二、转型之变：当代农民的侧影 …………………… 049
  在传统与现代之间 …………………………… 049
  从生存到生活 ………………………………… 056
  从传统人到现代人 …………………………… 062
  从身份到职业 ………………………………… 065
  从二元到一体 ………………………………… 075
  从"产销"到"销产" ………………………… 080
  城市化给乡村带来了什么 …………………… 085

三、喜忧参半：现代化途中的农民境况 …………… 091
  村将不村 ……………………………………… 092

小农户的困境 …………………………………………… 097
　　职业农民的兴起 ………………………………………… 102
　　统分之间 ………………………………………………… 115
　　乡村振兴的痛点在哪里 ………………………………… 128
　　农民的职业分化 ………………………………………… 144

四、"三农沙龙"：现代化与农民 ………………………… 158
　　亨廷顿悖论 ……………………………………………… 159
　　苦恼的农村 ……………………………………………… 166
　　疼痛的沃土 ……………………………………………… 176
　　"三农"这道坎 …………………………………………… 181
　　"三农"问题的由来与终结 ……………………………… 191

五、他山之石：发达国家的农民群体 …………………… 198
　　乡村振兴的一般经验 …………………………………… 199
　　日本农村变迁路线图 …………………………………… 205
　　一个特殊的组织 ………………………………………… 217
　　法国小农的终结 ………………………………………… 223
　　没有农民的农业强国 …………………………………… 239
　　韩国的"新村运动" ……………………………………… 242

六、浴火重生：农民的转型与嬗变 ……………………… 245
　　农民的地位与作用 ……………………………………… 245
　　现代化与中国式现代化 ………………………………… 248
　　现代化既"化物"又"化人" ……………………………… 251
　　农民的困境与局限 ……………………………………… 255
　　农民的终结与新生 ……………………………………… 264

七、路在何方：新阶段新作为 …………………………… 270
　　新使命与新趋势 ………………………………………… 271
　　农民的"四化" …………………………………………… 277

农民致富的秘诀 …………………………………… 284
　　合作创造价值 ……………………………………… 288
　　供销合作社的新担当 ……………………………… 300
　　务农与离农的协奏曲 ……………………………… 312

八、结束语：从文明起源到现代化 ……………………… 323

九、附录：人生路上 ……………………………………… 331
　　我与农民的不解之缘 ……………………………… 332
　　在变老的路上——为高中毕业四十年聚会而作 … 335
　　人生拐点 …………………………………………… 338
　　黄金十五年 ………………………………………… 341
　　龙岩行 ……………………………………………… 344

后记 ………………………………………………………… 349

序　言

龚维斌

中央党校(国家行政学院)副校(院)长

2002年10月到2003年9月,我作为国家行政学院的一名青年教师,到江苏省海门市挂职锻炼,担任副市长。

县级行政区在我国行政区划分中处于特殊地位,集城乡接合部、宏观与微观结合部于一身,融二元经济社会结构于一体,是认识中国国情农情、研究社会治理的重要窗口。海门市地处东南沿海与长三角经济圈,区位优势明显,经济相对发达,又是状元故里,文化底蕴深厚,是一块投资兴业的热土,也是人才成长的福地。

到海门挂职时间虽短,但收获颇丰,既初步熟悉了农村经济社会的基本情况与乡村治理的基本特征,提高了分析问题解决问题的能力,为今后的教学与科研准备了源头活水;又结识了一批新同事新朋友,得以不时地研究工作、切磋学问、议论人生,为个人成长进步奠定了良好基础。

在诸多同事朋友中,葛志华是比较特殊的一位。葛志华同志时任海门市委副书记、组织部部长、党校校长,主要负责党的建设、三农等方面的工作。他经历了多个地方与岗位的历练,领导经验较为丰富,工作能力强;同时,他又是一位爱读书、善思考的学者型领导干部。理论与实践相结合、务虚与务实相统一,是他的一大特征。他视野开阔,责任心强,既善于从宏观上把握大局,又善于处理具体复杂问题。难能可贵的是,作为县级领导,他把业余时间用于学术研究,潜心读书写作。

挂职期间,我与葛志华朝夕相处,共同语言较多,有时还一起到镇村与企业调研。挂职结束以后,我回到原单位继续从事教学、科研与行政管理工作,和葛志华的工作圈与生活圈不再交集,但共同的学术兴趣又让我们紧紧地连在一起,在不间断的联系中相互切磋与鼓励。

葛志华同志工作认真负责,每一项工作都做得有声有色,时常代表所在单位到上级部门介绍经验。同时,他又具有扎实的理论功底与严谨的求真精神。几十年如一日,他结合分管工作,心无旁骛地研究"三农"与现代化等问题,先后出版了6部专著、4部文集,发表了200多篇学术论文。有的书一版再版,有的书被译成外文,学术成果多次被引用。21世纪高等院校网络教育示范教材《农村社会学》,多处引用他的研究成果。他的著作多次获得省政府哲学社会科学奖。

今年春天,葛志华同志又告诉我一个好消息,历经十个春秋,他撰写了《从传统小农到新型农民》一书,并将书稿发来让我先睹为快。全书30万字,紧扣现代化与农民这一主题,全面梳理了"农民的前世与今生",分析了滞留在"现代化途中的农民境况",介绍了发达国家农民转型发展的经验,阐述了现代化与农民的内在关联,提出了农民转型发展的对策建议。该书主题突出,立论严谨,分析透彻,文字流畅,是一部不可多得的好书。

作为第一读者,我觉得这本书有三个特点:

从主题来看,现代化与农民这一课题在当代中国极具学术价值与时代魅力,其理论性与实践性、重要性与紧迫性不言自明。

记得法国著名学者H.孟德拉斯在其成名作《农民的终结》一书中,开宗明义地写道:"一二十亿农民站在工业文明的入口处。这就是20世纪下半叶当今世界向社会科学提出的主要问题。"H.孟德拉斯这句话是几十年前针对欧洲特别是法国的社会科学而言的,但对当代中国的社会科学更具意义。

随着现代化的不断深入与乡村振兴战略的推进,我国农村经济社会已经发生并正在发生深刻而复杂的变化,进入了由传统农业到向现代农业、由传统农民向现代农民、由传统农村社会向现代城市社会转型的关键时期。现代化既给农民提供了广阔的发展空间,又给农民带来了前所未有的严峻挑战。几亿农民能否在推进现代化的伟大进程中,实现自身的脱胎换骨,不仅关系到农民的生存与发展,还将深刻地影响整个现代化的进程与成败。因此,在正确认识农民的历史与现状的基础上,立足中国特殊的国情农情,顺应中国式现代化的发展趋势,补齐"三农"短板,加快小农的转型发展,就成为时代的呼唤,也是社会科学的历史使命。

从立论与分析来看,作者紧扣现代化与农民这一主题,综合运用多学科的知识与理论工具,由表及里,环环相扣,实现了历史厚度、理论高度与比较宽度的有机统一。就历史厚度而言,作者把农民放到"从文明起源到现代化"的历史长河中来立论,先从"农民的前世与今生"中爬梳农民的发展史,又从"小农经济与王朝循环"中分析传统小农的基本特征;从"转型之变"中分析农民现状,再从"农民的终结与重生""农民的'四化'"中预测农民的未来。就理论高度而言,作者以马克思、恩格斯的社会发展理论为指导,综合运用西方经典现代化理论以及中国现代化理论的最新成果来分析论证复杂的经济社会问题,并对现代化与中国式现代化、现代化"化人"与"化物"的关系、发达国家农民现代化的经验教训、亨廷顿悖论等问题进行了深入的分析研究,在此基础上提出了统筹城与乡、经济与社会、协调推进"四化同步",合力推进离农与务农、农民非农化与职业化等政策建议。就比较的宽度而言,作者系统地介绍了农民转型发展的国际经验与教训,分析了日本、韩国、法国、丹麦等国农民群体的新特征,透视了"拉美陷阱",在对中国式现代化与现代化、传统小农与当代农民、身份农民与职业农民展开的多重比较中发现异同,得出令人信服的结论。

从文字来看,该书文字清新活泼,没有一般理论书籍的枯燥乏味,也没有中药铺式的八股气息,而是用流畅的笔调,把枯燥的学问讲得栩栩如生,把高深的理论说得深入浅出,把复杂的问题解得简单明了。

当然,囿于多种原因,该书个别立论值得商榷,个别资料与数据有待确证,个别地方还有重复。但瑕不掩瑜,在中国式现代化建设的关键时期,该书的出版具有特别的意义,既能在理论上拓宽"三农"研究视野,丰富农民学的学科建设;又能在实践上为更好地解决"三农"问题,补齐现代化短板,实现第二个百年奋斗目标贡献学术力量。

引子：谁是农民

弄清"谁是农民"，既是研究"三农"问题的逻辑起点，又是解决"三农"问题的基本前提。这个问题看似简单，其实很难回答。

囿于历史与现实的因素，农民一词的内涵发生了多次演变，给经济社会生活带来诸多不便。正因为如此，国际权威工具书《新帕尔格雷夫经济学大辞典》才在"农民"一词的解释中困惑地写道：

> 很少有哪个名词像"农民"这样，给农村社会学家、人类学家、经济学家造成这么多的困难。什么是"农民"，即便在地域上只限于西欧，时间上只限于过去一千年内，这一定义仍然是个问题。①

定义尚且莫衷一是，称谓更是五花八门，有的称谓还令人费解，大有"横看成岭侧成峰，远近高低各不同"之势。

无论是汉语表述，还是英语世界；无论是发达国家，还是欠发达国家；无论是学术研究，还是农民的自我认知，"农民"一词都有不同的表述与理解，让人捉摸不透。

从文明起源来看，农民是农业文明的创造者，也是人类历史上最古老的社会群体。早在遥远的新石器时代，农民就与农业相伴而生了。法国学者卢·布坦在其著作《新石器时代：最早的农民》一书中对此有详细的分析记载。但在结绳记事的原始社会，先民们既没有后世的社

---

① 皮特·纽曼主编：《新帕尔格雷夫经济学大辞典》，北京：法律出版社1987年9月版。

会分工与职业概念,也没有记载农民的片言只语,只有口耳相传的神话故事。我国直到夏商周三代,文献记载中才有"农""民""农民"这些词语。在古汉语中,甲骨文与金文时代就分别有了"农"和"民"这两个字。《书·盘庚》载:"若农服田力穑,乃亦有秋。"《诗·小雅·甫田》:"我取其陈,食我农人。"《诗·豳风·七月》:"嗟我农夫,我稼既同,上入执宫功。"作为一个词的"农民"出现稍晚一些,《礼记·月令》有"专而农民,毋有所使";《春秋谷梁传·成公元年》:"古者有四民:有士民、有商民、有农民、有工民";《吕氏春秋》则提到"古圣之重农民"。

在古汉语中,"农(農)"主要是个职业概念,"农"字下面为"辰",古时指贝壳制成的农具。"民"主要是个身份概念,"民"古同"氓""萌",指卑贱的下人,所谓"萌而无识也"。"民"与有权有势的"官"相对,后世无论是贱民、草民、子民、下民等自称,还是官民、君民等对举,都标注着"民"的卑下身份。因此,农民作为一个名字,在古代中国既有职业的色彩,又有低下身份的含义,成为一个混杂职业、身份、阶级的综合性概念。

在农业社会,农业是决定性的生产部门,社会成员分"士农工商"四大类。作为农业社会的主体人群,农民的身份与职业基本一致,既从事农业生产与手工业劳动,发展农耕文明,推动社会前进,又作为治于人的"劳动者",承担赋税与徭役,维持政权运转。

综观农民的发展历史,大致经历了三个主要阶段:先是传统的宗法农民,也就是以人身依附和土地依赖为主要特征的宗法井田制农民。夏商周三代是农民发展的初始阶段。三代时期,由于农业生产力水平极端低下,农业剩余太少,几乎人人都不能脱离农业生产,人口中的绝大多数完全以农业为生,从事士工商等职业的人也要以农民"五分之一"的比率授田,兼营农业。土地及土地上的一切都属王所有,所谓"普天之下,莫非王土;率土之滨,莫非王臣"。统治者则通过"分封制"与"井田制",组织宗法农民进行集体劳作。其后出现的传统小农,又可细分为战国到秦汉时期的大自耕农,也就是"五口百亩之家";以及发展到唐宋、明清时期的小自耕农、租佃农等。再之后是现阶段的农民,主要是指与城市市民相对应的农村户籍人口。

与古代中国的农民定义不同,当代中国主要沿袭20世纪50年代的做法,用户籍来区分农民与非农民。1953年,国家出台粮食统购统销政策,后又多次颁布户口管理制度,把社会成员分为农业户口与非农户口,推行城乡分治政策,从城与乡两方面固化户籍制度,维护计划经济秩序与社会稳定。而且这闸门两侧的社会成员还有遗传性与先赋性,农民的孩子永远是农民,只有借助上大学、子女顶替、当兵提干等狭小渠道才能改变身份。一些地方甚至用注销城市户口作为对犯罪分子的一种惩罚。划分农民的标准并非产业与职业,而是户籍。作为一种身份符号,所谓农民是指具有农村户籍,与拥有城市户籍相对应的社会成员。户籍像一道闸门,把中国人切成泾渭分明的两大块——农民与市民。市民享有商品粮供应等一系列待遇,而农民不享有上述待遇。不管你是未成年人,还是已经丧失劳动能力的老年人,凡持有农村户口的人,不论种田与否,都是农民;凡拥有城市户籍的人,即使种田,也属市民。

这种二元划分法固然有历史原因,也简单易行,曾在历史上发挥了维护计划经济体制、稳定社会秩序等作用,却模糊了农民的本质特征。在农村人口中,农业劳动者固然是农民,但有的人不种田也是农民,如乡镇企业职工与负责人、农村管理干部等。农村人口离开乡村再远,创造的业绩再辉煌,也改变不了农民身份;在城镇,有些人虽然种田,但又不是农民,如国营农场职工、生产建设兵团战士等。

改革开放以后,随着经济社会发展与城镇化进程的加快,农民内涵又有了新变化。理论界主要有"劳动者说""人口说""户口说"等诸多不同的说法。这些说法大致可分为两个角度三个层次。两个角度分别是职业角度和户籍角度,职业角度主要看是否直接从事农业生产劳动,户籍角度主要看是否属于农村户籍。三个层次则包括:一是以土地等为农业生产资料,长期从事农业生产的劳动者,也就是所谓狭义上的农民;二是指属于农村户口,并从事广义农业生产经营活动的劳动者;三是指农村总人口,这是最广义的农民,包括农垦集团的员工等。

经过改革开放四十多年的发展演变,我国城乡人口分布与农村劳动力的职业状况都发生了结构性的变化。据相关资料,改革开放之初,我国基本上是家家承包、户户种地。农村人口与农业劳动者及农村户籍三者基本一致。经过四十多年的发展演变,农村人口的城乡分布、职业分化、收入来源等诸多方面都发生了巨大的变化,有了纯农业户、兼业户、纯非农户之分,有了职业分化与阶层变动。既定的二元划分法、旧的农民定义已不适应形势的变化,概括不了动态变化的农民群体,更容易引起称谓的混乱,滋生了"农民工""农民农""农民企业家""农民科学家""农民知识分子"等不伦不类又令人费解的称谓。这些称谓折射出农民群体的尴尬,与农民改变了职业却改变不了身份这一事实有逻辑关系。

在当代中国,农民的定义是混乱的、多元的,每种定义所对应的人口数量及所占总人口的比例,也是不一样的。城镇化率有常住人口城镇化率、户籍人口城镇化率之分,农民也有传统农民与新型职业农民之别。2020年,全国城市常住人口城镇化率达到63.89%,而户籍人口城镇化率只有45.4%。① 有些称谓又有点别扭,有人把异地务工的农村居民称为"农民工",而把异地务农的人称为"农民农"。这些不伦不类的称谓是身份与职业的复合体,不仅给学术研究带来困惑,也给实际工作带来诸多不便,更容易滋生社会问题。

中文尚且如此,英语也不例外。在英语世界里,农民一词有两种表述,但内涵有质的区别。英语单词"peasant"和"farmer"都可译为农民,但两者表达的词义不一样。Farmer一词以farm(农业)为词根,强调的是职业的概念,指的是经营farm(农场、农业)的人。这个概念与fisher(渔民)、artisan(工匠)、merchant(商人)等并列。所有这些职业的就业者都具有同样公民(citizen)权利,亦即在法律上他们都是公民,只不过从事的职业有别,挣钱的方式不一。而"peasant"一词用以指代农民,则是从农奴制时代开始的,包含了农民对封建领主的依附地位,强调的是地位的低贱和依附性,既表明其职业,又标识其身份,更多地表达一种社会等级、一种身份、一种生存状态。因此,当今世界发达国家大多用farmer来指称农民,而那些发展中国家大多用peasant来指称农民。而

---

① 国家统计局:《2020年国民经济和社会发展统计公报》,国家统计局网站,2021年2月28日发布。

peasant 的定义比 farmer 复杂,不仅仅是一种职业,也是一种社会等级、一种身份与准身份、一种生存状态、一种社区乃至社会的组织形式、一种文化模式乃至心理结构。而且一般说来,社会越不发达,后面的这些含义就越显得比"农民"一词的职业含义更重要。在欠发达国家中,不仅种田人是农民,就是许多早已不种田、长期住在城市的人,也摆脱不了与生俱来的"农民"身份,更不可能获得与市民相同的公共服务。

当代中国虽已成为世界第二大经济体,但仍滞留在现代化途中,处于社会主义初级阶段,是世界上最大的发展中国家。这一历史方位使农民概念变得复杂多元,具有明显的过渡性特征。所谓农民主要是指与土地具有紧密关系与固定联系的持有农业户口的人口,有点类似"peasant"一词,尽管其中一部分也从事"farmer"工作,处于由传统农民向现代农民、由身份农民向职业农民转变的关键时期。随着现代化的深入推进与户籍制度改革的不断深化,我国农民将会被重新定义,由"peasant"转型为"farmer",由先赋性身份脱胎为自致性职业,由传统小农蜕变为职业农民。

从学术研究来看,20 世纪六七十年代,伴随现代化的一路高歌,国际上兴起了关于农民定义的大争论。西方学术界多个学科的学者不惜时间与精力,围绕农民定义以及农民的特征与走向等主题吵得面红耳赤,创造了农民学辉煌的十年。诚如英国著名学者 R. 希尔顿所说:谁是农民以及如何定义农民正日益地把历史学家、经济学家、政治学家、人类学家、社会学家和农学家团结在一种共同的兴趣之中。在此期间,各种以农民为主题的出版物纷纷问世,荷兰的《乡村社会学》、英国的《农民研究杂志》、美国的《农民研究》及《农业与人文价值》等纷纷创刊问世,多学科的农民研究论文连篇累牍,形成了一批学术成果。诚如英国著名学者 T. 沙宁所述:这一时期对农民的"发现"与"再发现"类似于"落到牛顿脚边的苹果的全部戏剧性力量",使学术界与社会都为之倾倒,成为其影响可与自然科学领域中牛顿定律的发现相比拟的重大突破之一。但直到 20 世纪 90 年代,虽然形成了一批研究成果与共识,但"谁是农民"仍没有定论,以至于英国农民学研究大师 T. 沙宁 1990 年在牛津出版社出版的一本颇有影响的书便以《定义中的农民》为题。

综观西方学术界有关农民定义的大争论,大致有三种意见:一是把"农民"看作历史上一切时代的农业生产者,包括上古时代农民城邦的公民、中世纪的农奴、村社社员与独立农民,甚至也包括当代农场主,但不包括非农业生产者居民;二是把农民看作不发达社会、宗法式社会或农业社会的居民,包括这个社会中的农业生产者与非农业生产者,但不包括非农业社会的农民,例如发达国家的家庭农场主等;三是把农民定义为特定生产关系中的一个阶级,即中世纪的农民阶级,这个定义既不包括非农业社会中的农民(如当代美国农民),也不包括农业社会的非农业生产者,但这个定义的具体标准随着人们对封建社会及其生产关系理解的不同而不同。

农民学辉煌十年形成了可观的研究成果,在理论研究方面,出现了波普金的"理性小农"论;在社会学领域,出现了农民共同体与农村社会分层理论;在政治学领域,出现了农民与现代化相关理论;在史学领域,农民史研究被推向高潮。这些研究成果对当代与后世都产生了广泛的影响。

面对面红耳赤的争论,具有权威性的新版《大不列颠百科全书》在吸纳相关理论成果后,尝试给农民下了一个定义,它指出:诸如自给自足或小规模生产等特征都不是农民定义的根本。传统农民的本质特征在于"要受外部权势的支配",这种"使其整合于更大社会的方式"才是传统农民与其他农业生产者的更大区别。虽然《大不列颠百科全书》具有较高的权威性,但这一定义并没有终止这场争论,相关研究与争论仍在继续。

与沸沸扬扬、热闹非凡的西方学术界比起来,我国对农民发展的研究在较长的时间内显得比较沉闷。回头翻检近代思想史,只有梁漱溟、费孝通等少数先生真正埋头光顾过这个广阔的世界。新中国成立以后,我国也曾有过短暂的、适应政治需要的、一枝独秀的农民起义与农民战争史研究。党政部门的政策性与工作性农村农民研究也从未中断。改革开放以来,农村改革的成功引起了学术界广泛关注,相关研究成果纷纷问世。20世纪90年代,陈越光、秦晖主编的《农民学丛书》(1996),兼收理论研究、经验研究与工具书类著作,对农民学进行多维度的探索与学科建设。陆学艺、温铁军等学者的研究成果受到广泛关注。但总的说来,农民学研究有待继续深化。时至今日,农民的定义似乎清楚,但又不够明确,相关理论研究明显滞后于形势的发展。对同一个问题,人们的理解并不一致,给理论研究与实践工作带来诸多不便。农民工、农民农等称谓更是不伦不类、令人费解。加之,中国的农民研究又被划分为农经、农史、史学、政治学、社会学、经济学及其政策研究等相互脱节的部分,且与国际学术界的交流与联系十分有限,整体研究水平有待提高。所有这些,既影响了学科建设水平,也在一定程度上影响了"三农"政策的精准性与有效性。

从农民的自我认知来看,农民自己大多把农民看作是无可奈何的制度安排,是没有职业的别称。法国著名学者H.孟德拉斯在《农民的终结》①一书中记述:"在农村,人们生下来就是农民,并且一直是农民。他们不是变为农民的。如果人们是农民,就没有职业。""当人们询问农业劳动者对自己孩子的打算与要求时,得到的是一些包含矛盾的回答。几乎所有的农业劳动者都一致认为,最好是有一份职业,而不是待在农村里种地。"中国虽与法国相去甚远,但中国农民的自我认知与法国农民如出一辙。《农民是什么》②一文也尖锐地指出,农民是劳动法中不予提及的劳动者,是无退休养老保障,只能永远干活糊口的劳动者,是相声小品中的"二百五",是城市的"苦力"与匆匆过客。

横看成岭侧成峰,远近高低各不同。从不同的角度透视农民群体,得出的数据各不相同。这既给理论研究带来歧义,更给实际工作造成困难。概念是人类对事物的认知由感性上升到理性,对事物的共同本质进行抽象与概括的结果,具有历史性、动态性和综合性的特点。随着现代化的深入推进与农村经济社会的深刻变化,现有的农民概念已明显滞后于形势的发展,无法揭示农民的本质特征以及发展趋势,迫切需要重新定义农民,为相关理论研究、政策制订与工作研究扫清障碍,为农民的转型发展与乡村振兴战略的实施提供学术支撑。

---

① [法]H.孟德拉斯:《农民的终结》,李培林译,北京:中国社会科学出版社1992年版,第207页。
② 转引自葛志华《WTO与中国当代农民》,南京:江苏人民出版社2001年9月版,第8页。

中国是一个具有数千年农耕文明积淀的国家,其基本特点是人口多,农民占比大。在这样的基础上,建设社会主义现代化,实现第二个百年奋斗目标,无疑是一项伟大而艰巨的历史任务。而补齐"三农"短板,协调推进农民的非农化与职业化,实现农民的转型发展,更是社会主义现代化的"重中之重""难中之难"。

一、惊鸿一瞥：农民的前世与今生

中国是人类文明的重要发祥地。从炎黄至今，五千年历史、文化绵延不绝，有确切纪年的历史也有二三千年。五千年绵延的历史，虽不断有改朝换代与政权更替，但中国却没有文化发展的断层，既不像古代埃及、巴比伦等古代文化无以后继，又不像古希腊与古罗马饱经蹂躏，以致荒芜，而是长期保持大致相同的疆域和主体不变的文化。这种主体不变的文化在不断吸收许多异质文化的基础上变得更加有力，更加强盛。因此，在前资本主义社会的十来个世纪，中国一直处于世界文明发展的高峰，走在世界历史的前列，是人类历史长河的导航船。对此，美国著名学者吉尔伯特·罗兹曼在其主编的《中国的现代化》一书中公正地写道："在世界历史的大部分时间里，中国一向是整个东亚社会的文化巨人，其所扮演的角色，集西方人在文化上无限景仰的古希腊罗马和作为现代欧洲文明中心而备受倾慕的法兰西于一身。悠悠两千载，中国人表明自己拥有极高而造诣极深的多样化文化价值。中国人过去的生活标准是其他民族根本无法与之比拟的。"①

一部人类文明史，在很大程度上就是农耕发展史，就是农民发展史。农民的发展与人类社会相始终，贯穿于从文明起源到现代化的全过程。

农民的前世与今生既根植于历史，又影响着当代，更决定了未来。

---

① ［美］吉尔伯特·罗兹曼主编：《中国的现代化》，国家社会科学基金"比较现代化"课题组译，南京：江苏人民出版社1988年12月版，第21页。

中国农民的发展历史源远流长，不可能面面俱到。本章围绕最初的农民、小农的形成与特征、小农经济与王朝循环、从小农到大农、农村改革的前因后果、大国小农等历史切片进行剖析，旨在窥一斑而知全貌。

最初的农民

我国的原始社会，在考古学上涵盖旧石器、中石器与新石器时代。属于文字记载以前的历史，可统称为史前时代。最初的农民就是指史前时期的农民。

人类历史由远而近，由模糊到清晰，犹如一幅中国的山水画，近处树木婆娑，山水毕露，远处则是轻描淡写，水天一色。最初的农民就是这幅中国画最远处的"轻描淡写"，大国小农则是最近处的"树木婆娑"。

农民既是最古老的职业，又是最初的社会群体。在人类早期历史上，有一段"不耕不稼"的阶段，人们过着"茹毛饮血"的生活，完全依赖自然界的馈赠生存。在长期采集与狩猎的过程中，人类逐渐发明了原始农业，由采集到种植、由狩猎到饲养，人们能够通过自己的劳动生产自己需要的食品，原始农业与最初的农民相伴而生。据考古发掘，在新石器时代以后，中华大地就出现了多个文明中心，诸如北方的红山文化、中原的仰韶文化、东方的龙山文化、西方的良渚文化、西南地区的三星堆文化等。这些文化遗址虽内容不一，但都有原始农业的元素，如浙江余姚河姆渡以种稻为主的农业聚落。这些遗存犹如一颗颗星星，在当时文明还是一片黑暗的中华大地上，一点点亮起来，成为中华文明的源头。考古学称这个时代为"满天星斗"。

在众多文化遗存中，我国黄河流域的土质结构疏松，天然适合农耕，只要有简陋的工具，就可以开垦出大块土地。黄河中下游地区也因此成为孕育原始农业的"子宫"，成为中华文明的摇篮与世界农业文明的重要发祥地。

原始农业的贡献就在于实现了对野生动植物的驯化，使人类摆脱了对自然界的依赖，有了稳定的食品来源，为人类的繁衍发展奠定了基础,并由此有了定居、村落与城镇,人类的发展由此开枝散叶。由食物采集向食物生产转变、由自然型经济社会向生产型经济社会转变,推动人类历史向前发展。与后世的传统农业相比,原始农业有三大特点:一是生产工具十分简陋,生产力极其低下,自然环境十分恶劣,耕种方法原始粗放,大多为刀耕火种;二是个人能力极其有限,只有进行简单协作的集体劳动,才能获取有限的生活资料,维持最低水平的共同生活需要;三是原始农业基本没有剩余,自己养活自己已属不易,人人都不能脱离农业生产,人与人之间有性别之分,而无上下等级之别,更没有剥削与阶级。

在结绳记事的远古时代,在人们世代口耳相传中,先民们往往把原始农业的发明归纳于一两个神话人物,比如"神农氏尝百草""后稷教稼"等。其实,神话中有史话,神农氏、后稷等神话人物就是最初农民的代表人物与历史符号。

进入阶级社会以后,有了劳心者与劳力者之分、统治者与被统治者之别。原始农业逐渐过渡到传统农业阶段,最初的农民逐渐退出历史舞台,传统小农应运而生。从中西文明发展过程来看,传统意义上的农民概念大致形成于奴隶社会初期,中国的"农"和"民"最早出现在甲骨文和金文中,时间在夏商周时期。"农民"作为一个词汇出现已有两千多年,如《礼记·月令》中有"专而农民,毋有所使"。西方用"peasant"一词以指代农民,也是从农奴制时期开始的。

小农的形成与特征

农业可以划分为原始农业、传统农业和现代农业等不同的历史形态,它们是依次演进的。使用木石农具、砍伐农具、刀耕火种、撂荒耕作制,是原始农业生产工具与生产技术的主要特点,它基本上与考古学上的新石器时代相始终。传统农业以使用畜力牵引或人力操作的金属工具为标志,生产技术建立在直观经验的基础上,以铁犁牛耕为其典型形态。

在世界范围内,原始农业转变为传统农业在时间上存在很大的差异,其中以我国传统农业最具代表性。这套"精耕细作"的农业,以地产私有为主要制度安排,以男耕女织为基本经营方式,以精耕细作为技术特点,在整体上比西方国家具明显的优越性。美国学者富兰克林·H. 金在其《四千年农夫》①一书中对此有翔实的叙述。

农耕是文明的基础,是人类生存与发展的前提。中国自古以农立国,家庭是基本的农业经营组织。这种家庭经营实现了农业生产特点与家庭特点的高度契合,保证了最大限度发挥农业生产的积极性。但囿于资源禀赋和农业生产力水平,这种家庭经营多是小规模的、自给自足的。据史料载,西汉时每户平均耕地约为 46 亩。到了清代,随着"滋生人丁,永不加赋"政策的推行,人口激增,人地矛盾日趋紧张,经营规模日渐缩小。嘉庆十七年(1812 年)的人口为 3.61 亿,当年耕地为 7.92 亿亩,人均耕地在 2.19 亩,每户耕地 10 亩左右。② 为了平衡家庭支出,多数农户把农业与手工业结合起来,男耕女织就成为小农经济的一大特色。

小农制是历代农业的基本经营形式,虽然朝代不断更替,但这种农业经营形式一直沿袭下来,成为一种与当时的生产能力与政治文化融为一体、相互适应的经济制度。国外学者曾把中国这种小农制度放到世界整体中观察,将其视为"亚细亚生产方式"的重要组成部分。这种男耕女织的小农经济曾创造了灿烂的农业文明,成为中华文明的源头与重要组成部分。

小农制作为一种普遍存在的农业经营制度,虽然缺乏一个共同认可的定义,但一般可从两方面来理解:其一,作为一种经营制度,主要是指个体农民经营一小块土地;其二,作为一种所有制形式,主要是指小块土地的所有者与经营者。但不管是所有者,还是经营者,都含有单个家庭、小块土地、自主经营等内容。这种小农制有三个基本特征:一是规模小,主要从事小规模的个体生产、经营与劳动;二是主要满足家庭

---

① [美]富兰克林·H.金:《四千年农夫》,程存旺、石嫣译,北京:东方出版社 2011 年 6 月版。
② 参见葛志华《现代化变迁中的农民》,南京:江苏人民出版社 1999 年 9 月版,第 20—21 页。

消费需要而生产,生产单位与消费单位高度吻合;三是兼业经营,农业与家庭手工业相结合,男耕女织,自给自足,非农收入对平衡家庭支出起到非常重要的作用。

虽然各个朝代存活时间长短不一,具体农业经济政策也有区别,加之小农自身处于分化之中,但小农基本特征却大同小异:

一是地位低下。封建社会虽然以"士、农、工、商"来划分社会地位,似乎农民地位仅次于士,名列第二,但事实上农民地位相当低下。这突出表现在农民很少或基本不占有土地等生产资料,只能租种地主的土地。早在春秋战国时期,土地就成了统治者的私有财产。历代统治者更是把大批土地占为己有,或封赏给王公大臣,农民则很少有土地。清代较有作为的康熙皇帝在上谕中不得不承认:"田亩多归缙绅豪富之家,小民所有几何?……约计小民有恒业者十之三四耳!余皆赁地出租。"①乾隆年间,直隶怀柔县地主郝氏有"膏腴万顷",乾隆末年的宠臣和珅有田八千余顷。农民地位低下还表现在自耕农的不断破产。在封建社会,虽然也有少数自耕农因多种原因上升为中小地主,但对大多数自耕农来说,破产的命运则如影相随地追逐着他们。明朝的范景文对这种情况做了十分真切的描述:"所佥实非真大户,何也?大户之钱能通神,力能使鬼,不难幸免,而免脱雉罹,大半中人耳。中人之所,气脉几何?役一着肩家便立倾。一家继而一家又倾,辗转数年,邑无完家矣!"②

二是负担沉重。农民既是社会财富的直接创造者,又是各种赋税与徭役的直接承担者。封建社会农民的负担大致分地租、赋税与徭役三部分。明朝成化年间江苏溧水知县王弼的《永丰谣》形象地说明了农民在沉重地租压迫下喘不过气来的情景:"永丰圩接永宁乡,一亩官田八斗粮。人家种田无厚薄,了得官租身即乐。前年大水平斗门,圩底禾苗没半分,里胥告灾县官怒,至今追租如追魂。有田追租未足怪,尽将官田作民卖。富家得田贫纳租,年年旧租结新债。旧租了,新租促,更

---

① 《东华录》康熙朝,卷七十三。
② 《明臣奏议》卷三十九。

向城中卖黄犊。一犊千文任时估,债家算息不算母。呜呼!有犊可卖君莫悲,东邻卖犊兼卖儿,但愿有儿在我边,明年还得种官田。"

地租之外,农民还得承担繁重的赋税与各种徭役,正是"私派倍于官征,杂项浮于正额""耕田输纳之民,艰难实甚"。与此同时,农民还得忍受高利贷的盘剥。唐代聂夷中《伤田家》写道:"二月卖新丝,五月粜新谷。医得眼前疮,剜却心头肉。"

三是生活困难。在封建官府残酷的赋税剥削下,在高利贷的重利盘剥下,在地主贪得无厌的鲸吞蚕食下,古代农民命途多舛,屡遭磨艰,生活困难。据《18世纪的中国与世界:农民卷》,普通英国农户一年消费后,可剩余11磅,约合33—34两白银。而一个中等中国农户一年全部收入不过32两,而年支出为35两,也就是说,劳作一年,还要欠债3两。元曲中也有一段文字,生动形象地描述地主与农民生活的巨大反差。大意是:地主们霸占着"鸦飞不过的田产",开着油房、粉房、磨房、酒房、解店房。"旱路上有田,水路上有船,人头上有钱。"他们看见"别人的东西,恨不得擘手夺将来",若有问他要"一贯钞"就如"抛一条筋相似"。农民们"又无房舍又无田",受这些"悭吝苦克"的家伙的压榨,弄得"吃了那早起的,无晚夕的,每日烧地眠,炙地卧,衣不遮身,食不充口"。就是"与人家挑土筑墙,和泥、托坯、担水、运浆、做垒工生活",也因为饥寒交迫,"气力不加",做得半工还是歇下来。①

即使是生逢所谓"盛世",农民的境况也不妙。据《饥饿的盛世》一书,1793年,也就是乾隆五十八年夏天,英国派出的第一个访华使团到达中国,一登上中国的土地,就发现了触目惊心的贫困,"在普通的中国人中间,人们很难找到类似英国公民的啤酒肚或英国农夫喜气洋洋的脸"。这些普通的中国人"每次接到我们的残羹剩饭,都要千恩万谢。对我们用过的茶叶,他们总是贪婪地争抢,然后煮水泡着喝"。② 盛世尚且如此,灾年与荒年更是惨不忍睹。明朝后期刑部右给事中杨东明根据自己的见闻,编绘了《饥民图说》一书,书中的"饥

---

① 戴逸主编,徐浩著:《18世纪的中国与世界·农民卷》,沈阳:辽海出版社1999年6月版。
② 张宏杰:《饥饿的盛世》,重庆:重庆出版社2016年4月版,第1页。

民逃荒""人食草木"等画卷是封建社会农民的人生体验,农民生活困难由此可见一斑。

四是多重性格。封建社会的农民既是小生产者,又是小私有者。作为财富的直接创造者,中国农民以勤劳勇敢、吃苦耐劳著称于世。作为小私有者,农民虽然家境贫寒,但毕竟有属于自己的小块土地,或简单农具,以及破旧的住房等。封建小农以其特有的辛苦的劳动为封建王朝的繁荣盛世做出了突出的贡献。另一方面,由于小农经济大多规模小,并采取男耕女织的形式,生产工具很少改进,生产技术很少提高,经不住风吹雨打,因而具有保守、落后、自私、脆弱的特点。在封建社会,整个社会按照区域、村庄、家庭分割成无数细小而独立的经济单位。男耕女织,自给自足,年复一年地从事简单的再生产,"鸡犬之声相闻,民至老死不相往来"。这种互相隔绝的生产方式不产生分工,不形成广泛的联系,唯一可能的社会联系就是地区统属、等级从服的行政关系。如此小而贫穷的小农分散在山山水水之间,完全依靠自家的体力,除亲戚邻里之外几乎没有也无须交往,也没有其他组织可资利用,农民容易陷入孤立无援的境地。人数这么庞大,相互又这样隔膜,确实可以称之为一盘散沙。因此,只要小农经济基本制度不打破,封建制度就一次又一次地通过农民战争的杠杆而被再生与复制出来,这也就是农民起义总是成为地主阶级改朝换代工具的深层原因。此外,小农经济还造成了封建农民因循守旧、崇尚传统、服从权威等多种性格。农民的这些多种性格对中国社会的历史走向产生了较大的影响。

总之,小农的形成既根植于历史,又在很大程度上影响了历史。历史上的王朝循环就是例证。

小农经济与王朝循环

中国作为四大文明古国之一,具有悠久的历史与灿烂的文化,有确切纪年的历史也有两三千年。在五千年文明史中,中国创造了灿烂的农业文明,拥有火药、指南针等四大发明,对人类发展做出过重大贡献。

但从经济与社会发展角度看,中国的历史又非常短暂,时间虽然过去了几千年,但社会进步不快。当西方国家告别黑暗的中世纪,跨入工业社会时,古老的中国仍在封建主义的磨道上转圈,继续上演王朝起点与终点轮换的闹剧。正是在这个意义上,德国哲学大师黑格尔说:从本质上说,中国其实并无历史,只有封建王朝的再生与复制,只是封建王朝起点与终点的转换而已。

中国社会进步缓慢在生产力方面表现为生产技术的停滞。早在春秋战国时期,我国农业就告别了刀耕火种,较早地使用了铁器与牛耕,创造了灿烂的农业文明。但在此后的数千年,农业生产工具很少改进,农业生产技术停滞不前。美国学者德·希·珀金斯在其著作《中国农业的发展:1368—1968年》①一书中,对比王祯的《农书》(1313)、徐光启的《农政全书》(1628)、鄂尔泰等编的《授时通考》(1742)等三部农书后,得出一个惊人的结论:后两部书中所开出的农具清单,几乎都是前一部书的重复,农业生产工具的种类没有增加,性能没有改变,生产技术也没有创新。这表明:从14世纪到18世纪的几百年间,中国的农业生产工具与技术几乎没有什么发展,偶尔有点滴的改良,但总体上处于停滞状态。所谓增长只是在技术停滞的条件下投入了较大的资本与劳动力的结果,到了18世纪,农业耕作已集约化到边际报酬收缩的程度,陷入了外国学者所说的"高水准均衡的陷阱"。农业如此,手工业等行业也大致如此。

中国社会进步缓慢在制度层面表现为封建专制制度的超稳定结构。从春秋战国到辛亥革命的2600多年间,王朝更替不断,长则几百年,短则十几年,且时常有分裂割据。虽然有你方唱罢我登台的忙碌与混乱,不同王朝也进行过政策与制度的调整,但封建专制基本的政治制度与经济制度一直延续下来,基本的统治架构并无实质性的调整,皇权呈不断强化的态势,"历代都行秦政事",古老的中国一直在封建专制的磨道上转圈,社会并无实质性的进步。即使是农民起义首领创建的王

---

① [美]德·希·珀金斯:《中国农业的发展:1368—1968年》,宋海文等译,上海:上海译文出版社1984年版。

朝也难逃历史的宿命。

中国社会进步缓慢在思想文化层面表现为"罢黜百家、独尊儒术"的不断强化与僵化。从雄才大略的汉武帝开始，儒家意识形态借助专制政权的力量，确定了其在思想文化领域的独尊地位，成为官方的意识形态与精神支柱。在漫长的封建社会，儒家文化也受到几次大的冲击，如佛教的传入、游牧民族入主中原、明末清初西学东渐等，但它们都没能动摇儒家的这种统治地位。儒家体系几经修正与发展，到宋代达到顶峰。程朱理学既是儒家体系发展的顶点，也是僵化的起点。这种僵化在封建社会后期表现得更为强烈。政治上，以三纲五常、半部《论语》治理天下；经济上，重农轻商，重本抑末；教育上也是以"四书五经"为主要内容，学童进入私塾第一天起就"子曰诗云"不绝于口。士大夫大多满足并陶醉于记诵和阐述儒家经典，形成了以经、传、注、疏为正道的治学途径与思维方式，因循守旧，不求创新。明清的八股取士更是只准代圣人立言，不准自由发挥。诚如有学者所说："两千年无思想，非无思想也，以孔子的思想为思想；两千年无是非，非无是非也，以孔子的是非为是非。"①

生产技术长期停滞、政治与经济制度缺乏创新、思想文化日趋僵化等多种因素相互作用，使得中国封建社会特别漫长，王朝虽不断更替，你方唱罢我登场，但就是走不出封建专制这个磨道，陷入了王朝循环的怪圈。当西方国家已进入工业文明时，清王朝仍在"康乾盛世"落日余晖中自我陶醉，难以自拔。

历史唯物主义认为，生产力决定生产关系，经济基础决定上层建筑。封建王朝再生与复制的表现形式多种多样，但都是由封建社会的经济基础所决定的。

所谓经济基础，是指一定历史阶段占统治地位的生产关系的总和。而生产关系又具有两面性：相对于生产力而言，它叫生产关系；相对于上层建筑而言，它又叫经济基础。封建社会的经济基础有三个重要特征：一是建立在生产资料私有制基础上的生产关系，即地主占有绝大部

---

① 转引自王亚南《中国官僚政治研究》，北京：商务印书馆2010年版。

分土地和生产资料,农民不占有或只有少量土地和生产资料;二是存在残酷的封建剥削,即农民自己要将大部分劳动成果缴给国家与地主,以维持上层建筑的运转,而自己一般只能维持简单的再生产,有时候甚至连温饱也难以保证;三是男耕女织,自给自足。这三个重要特征不仅决定了封建社会的上层建筑,而且在很大程度上影响甚至左右着封建王朝的再生与循环。

自给自足的小农经济是封建社会的重要特征,而农业与家庭手工业相结合的小农经济则是自然经济的核心。所谓小农经济有广义与狭义之分。狭义的小农经济是指农民的小土地所有制,也就是学术界所说的自耕农经济。广义的小农经济是指农民使用自己的生产工具进行一家一户的个体生产,不完全拥有小块土地所有权的依附、租佃农民也在其内。占有大量耕地的地主,其农业的经营单位也因不断地分租日趋分散化,农业的生产规模也在不断地缩小。因此,地主制经济的具体经营方式也是小农经济。

小农经济不是一个独立的经济体系,它不仅在封建社会广泛地存在过,在奴隶社会与资本主义社会也都占有一席之地,甚至在社会主义社会也依然有它的身影,其地位与作用完全以依附那个社会占支配地位的生产关系为转移。在奴隶社会,自由小农就会分化为奴隶主与奴隶,或靠社会养活的无产者。在封建社会,小农经济则受地主经济支配并时刻处于分化之中。在资本主义社会,自由小农必然分化为资产者与无产者。

中国封建社会特别漫长,并周期性地上演王朝循环的闹剧,深层次的原因就在于小农经济。因为这种从事个体生产的小农,正是封建专制政权赖以生存的土壤。春秋战国时期,随着铁制生产工具及牛耕的使用,以家庭为单位从事个体劳动生产成为可能。在此后的2000多年间,这种一家一户的个体农业生产,便成为农业劳动的基本形态。早在战国时期,中国农民就逐渐形成了"男耕女织"的生产与生活方式,商鞅变法中曾规定:"耕织致粟帛多者,复其身。"《吕氏春秋·上农篇》也提道:"故丈夫不织而衣,妇人不耕而食,男女贸功以长生。"《汉书·食货志》更明确地说:"一夫不耕,或受之饥;一妇不织,或受之寒。"这种耕织结合、自给自足的小农经济逐渐成为封建社会的主流经济,数千年中并无实质性的变化。1852年,一位英国人在中国考察后写道:"在收获完毕以后,农家所有的人手,不分老少,都一齐去梳棉、纺纱和织布;他们就用这种家庭自织的料子,……来缝制自己的衣服,而将余下来的拿到附近城镇去卖,……这个国家 $\frac{9}{10}$ 的人都穿这种手织的衣料,其质地各不相同,……全都是在农家生产出来的。……每一个富裕的农家都有织布机,世界各国也许只有中国有这个特点。"①

农业是封建社会决定性的生产部门,而小农经济则是中国封建社会的经济基础。这个小农经济主要有以下特点:

一是经营规模狭小。中国封建社会的一个突出矛盾就是土地的占有不断集中,而农业的经营单位不断地分散,导致农业的经营规模日趋缩小。土地恶性集中所引起的土地使用分散的发展也就成了封建生产关系阻碍生产力发展的重要表现。在漫长的封建社会,在不同的封建王朝,常常会出现这样一种现象:一方面土地兼并日渐加剧,形成了一批田连阡陌甚至跨郡越县的大地主,我们熟知的和珅、刘文彩等就是这样的典型;另一方面地权本身又日趋分散,曾一度集中起来的大地主,由于地主阶级本身的分化和封建社会多子继承制度的确定,经过不断变更和一再分割后又日趋缩小。与此同时,随着地权的日益集中与地权的多度分割,土地的耕作经营单位相反地不断缩小,经营规模日趋细小。造成土地经营单位分散与细小的原因在于农民的贫困与工具的简单。在封建社会,农业生产工具简单,生产技术落后,以个人劳动力与土地相结合,则受其主观条件与客观条件的限制,不可能多租与多种土地,即使家有三丁至五丁,至多只能耕种十至十五亩;劳动力不足的农家,不过佃耕三五亩。这样便天然限制了经营规模的扩大。即使是为数不多的自耕农,虽然经济状况与社会地位高于佃农,因赋税负担过重与缺乏经济实力等原因,也同样没有能力扩大再生产,只能周而复始地进行一家一户的小生产。诚如马克思所说:"资本在土地价格上的支

---

① 《马克思恩格斯选集》第一卷,北京:人民出版社1995年版,第758页。

出,势必夺去用于耕种的资本。生产资料无止境地分散,生产者本身无止境地分离。……生产条件日趋恶化和生产资料日益昂贵是小块土地所有制的必然规律。对这种生产方式来说,好年成也是一种不幸。"①

二是生产力低下。小农经济不仅经营规模小,而且生产工具极其简单。一锄一镰、一个主要劳动力加上一些辅助劳动力,一旦与土地结合,就可以进行简单的再生产。这种简单的生产组合虽然十分灵活与方便,但也十分脆弱,经不起风吹雨打,任何小的变故,哪怕是死一头牛,都有可能无法维持这种简单再生产。加之小规模的土地经营方式也不需要甚至无法容纳更为先进的生产技术与作业方式,因此农业产出率难以提高,生产力极其低下,农业单产提高缓慢。所谓增长,是在技术停滞的条件下投入更多劳动力与开垦更多荒地的结果。有人推算,中国历代粮食单产,始终在每亩1—3石之间波动。吴慧在《中国历代粮食亩产研究》一书中得出结论:战国中晚期,我国粮食亩产为216市斤,唐代为334市斤,清代中期为367市斤。从唐朝到清代的近千年中,粮食亩产只提高了33市斤。②

三是自给自足。"你耕田来我织布",《天仙配》中的这句歌词就是自给自足生存状态的真实写照。农民不但生产自己需要的农产品,而且生产自己需要的大部分手工业品,地主与贵族从农民那里剥削去的地租,也主要用于满足自己的享受,而不是用于交换。在封建社会,社会是由家庭构成的,其基本功能与家庭是相同的。耕织结合的自给自足正是农业社会家庭的经济结构与功能,整个社会都是建立在这种结构与功能之上的。作为家庭共同体的家族社会,既以家庭的自给自足为基础,又竭力维护这种生产力方式。而建立在家族社会基础上的封建国家,它的财政来源主要是一家一户的小农家庭。这种赋税政策与结构,也对家庭的耕织结合起着维护作用。

以自然经济为主,并不意味着商品经济不存在。事实上,农村的集市存在不少商品交换,明朝中后期在商品经济发展的基础上还出现过

---

① 《马克思恩格斯全集》,第25卷,北京:人民出版社1956年版,第910页。
② 吴慧:《中国历代粮食亩产研究》,北京:中国农业出版社1985年版,第四部分。

资本主义萌芽,只不过这种商品经济处于从属地位而已。

四是再生性强。小农经济是中国封建社会的经济基础。小农经济的盛衰决定着历代专制王朝的盛衰与整个社会的治乱。小农经济虽然十分脆弱,但非常顽强,极易复活与再生。只要有一小块土地和极为简单的生产工具,获得一点种子,就可以再生。在社会动荡过程中,虽然为数不少的个体小农遭到毁灭性打击,但极具生存能力的个体小农又会在原地或异乡僻壤重组起简单的再生产机制,恢复其基本的生产活动。这既是新王朝经济得以恢复与发展的基本前提,也是中国几千年封建社会历经多少王朝更替而走不出封建磨道的极为重要的经济因素。由此可见,这种分散的小农经济规模十分细小,内容比较简单,且十分脆弱。用马克思的话说:"对小农来说,只要死一头母牛,他就不能按原有的规模来重新开始他的再生产。"①但这种耕与织相结合的小农经济再生性极强,它既为中国封建社会的几度繁荣与强盛奠定了物质基础,又成为王朝循环的经济因素。

五是造就了小农心理。马克思在《路易·波拿巴的雾月十八日》一文中精辟地指出:"小农人数众多,他们的生活条件相同,但是彼此间并没有发生多式多样的关系。他们的生产方式不是使他们互相交往,而是使他们互相隔离。这种隔离状态由于法国的交通不便和农民的贫困而更为加强了。他们进行生产的地盘,即小块土地,不容许在耕作时进行分工、应用科学,因而也就没有多种多样的发展,没有各种不同的才能,没有丰富的社会关系。每一个农户差不多都是自给自足的,都是直接生产自己的大部分消费品,因而他们取得生活资料多半是靠与自然交换,而不是靠与社会交往。一小块土地,一个农民和一个家庭;旁边是另一小块土地,另一个农民和另一个家庭。一批这样的单位就形成一个村子;一批这样的村子就形成一个省。这样,法国国民的广大群众,便是由一些同名数简单相加形成的,好像一袋马铃薯是由袋中的一个个马铃薯所集成的那样。"②马克思的这段话虽然是针对法国小农阶

---

① 《资本论》第三卷,北京:人民出版社2004年版,第678页。
② 《马克思恩格斯选集》第一卷,北京:人民出版社1995年版,第677页。

层而言的,但对中国封建小农也同样适用。这种封建小农彼此间缺乏联系,每一家可以在极其悬殊的条件下进行简单再生产,一般情况下各自为战,一盘散沙,无法形成统一的力量,最适于强权政治对其进行统治与暴力侵夺。封建社会的农民既是小生产者,又是小私有者。作为财富的直接创造者,中国农民以勤劳、勇敢、吃苦耐劳著称于世。作为小私有者,农民又具有保守、落后、自私、脆弱等特点。在封建社会,整个社会按照区域、村庄、家庭分割成无数细小而独立的经济与社会单位,男耕女织、自给自足,年复一年地从事简单的再生产。这种相互隔绝的生产方式不产生分工,不形成广泛的联系,唯一可能的社会联系就是地区统属、等级服从的行政关系。而统治者对待他们,完全可以像用刀切马铃薯那样,一个个地施以暴力。无所凭借的农民要么逆来顺受,要么铤而走险。因此,只要小农经济不解体,封建专制制度就一次又一次地通过农民战争的杠杆被再生与复制出来,一次又一次地上演王朝起点与终点的轮换闹剧。

小农经济是封建王朝的经济基础与财税主要来源。小农经济的特点使之不仅成为封建专制政权赖以生存的土壤,还成为王朝循环的重要经济根源。

从"小农"到"大农"

1840年,鸦片战争爆发。闭关锁国的中国被卷入世界现代化的浪潮。随着洋务运动的兴起以及民族资本主义的初步发展,中国早期工业化取得初步成效,冲击了自给自足的小农经济。在这一历史进程中,一批仁人志士高举爱国主义旗帜,顺应现代化的世界潮流,致力于推进工业化与农业现代化,并取得了初步成效。张謇就是其中的杰出代表。

在近代历史人物中,张謇是独树一帜的。他既有全国性的作为,在诸多历史风口留下了或显或隐的身影,写下了浓墨重彩的一笔,又有区域性的贡献,在家乡南通开创了诸多事业,奠定了多个"中国第一"的历史地位。他既有独特的理论,影响了一代又一代人,又有丰富的实践,成为中国早期现代化的开拓者之一。他既热衷于工业化,成为毛泽东眼中发展中国民族工业不能忘记的四人之一,①又致力于农业现代化,为现代农业发展做出了多方面的贡献。

张謇(1853—1926),字季直,号啬庵,江苏南通人,清末状元。他在致力工业化的同时,又与农业结下不解之缘。这种不解之缘主要表现为认识层面的先人一拍、实践层面的快人一步、行政层面的胜人一等等,它们奠定了张謇在中国农业现代化史上的历史地位。

一、认识层面的先人一拍

农业是人类社会生存发展的基础,但农业在不同的历史阶段有不同的表现形式。在农业社会,农业虽是决定性的生产部门,却是一种典型的"小农"形态,有着诸如男耕女织、自给自足、工具简陋、经营规模狭小,生产力低下,既脆弱又易再生等特点。其本质特征就是物质与能量的封闭循环。到了工业社会,农业占比日渐减少,发展方式却发生了深刻变化,在农业生产技术、经营规模、经营机制、要素投入、功能作用等多方面呈现出新变化,其本质特征就是物质与能量循环由封闭转向开放,"小农"转型为"大农"。因此,"小农"与"大农"只是一字之差,却是两种不同的发展方式。前者是农业社会的产物,后者却是工业化的结果。

中国是四大文明古国之一,创造了灿烂的农业文明。在春秋战国时期,我国就告别了刀耕火种,形成了精耕细作的小农经济。在此后的两千多年,朝代更替不断,农业生产力水平提高不快,家庭分散经营形式基本不变,呈现出内卷化特征。资料显示,先秦时期我国小麦亩产已达51公斤,经两汉到隋唐仍只有53公斤,1000年左右只提高了2公斤。② 明清时期,我国出现了资本主义萌芽,鸦片战争后的五口通商又被卷入现代化的漩涡,继而又有洋务运动与民族资本主义的兴起,但这

---

① 张季直先生事业史编纂处:《大生纺织公司年鉴》(1895—1947),南京:江苏人民出版社1998年3月版,第407页。
② 转引自葛志华《现代化变迁中的农民》,南京:江苏人民出版社1999年9月版,第15页。

些都没有动摇小农经济的根基。与之相适应,统治者仍把以农为本、重农轻商作为基本国策,知识界对农业的认识仍是以不变应万变,信奉传统文化定义的重农抑商、重利轻义的那套说教。

张謇所处的年代,面临"三千年未有之大变局"。这个大变局由四个不同侧面,或者是四个不同的过程相互交织、相互激荡而成,包括统治集团自身衰败的过程、半殖民地化的过程、革命化的过程、现代化的过程。因此,近代中国既面临救亡图存的历史任务,又面临现代化的时代潮流。顺应这一潮流,扛起历史任务,就成为所有仁人志士的共同选择。正如张謇自己所说,"謇不幸而生中国,不幸而生今之时代,尤不幸而抱欲为中国伸眉书生吐气之意愿,致以皭然自待之身,涸秽浊不伦之俗"。① 因此"捐弃所持,舍身喂虎"就成为张謇的人生选择。

张謇"家世务农",在科场蹉跎了几十年,具有扎实的传统文化功底,终于"大魁天下",获得"天子门生"的殊荣。但张謇又不同于一般的士大夫,更不是两耳不闻窗外事的腐儒,而是继承了顾炎武等人经世致用思想,主张"载诸空言,不如见诸行事",并告诫世人"雄节不忘田子泰,书生莫笑顾亭林"。②

在与社会各界的接触中,在学习借鉴发达国家的经验中,在致力于早期现代化的实践中,张謇逐渐脱离了传统文化轨道,对农业有了新的认识,扬弃了传统的小农理论,形成了自己的"大农论"。

纵观张謇的文稿,他并没有就大农的概念与内涵做系统的阐述,而是从不同侧面丰富自己的"大农论"。择其要点有:

——农业不再是一个封闭的部门,而是实业的有机组成部分。"实业救国"是张謇的一贯主张与不懈追求,而实业并不是专指工业或商业,也包括农业。工业也不专指传统手工业,也包括机器大生产。张謇认为,所谓"实业者,西人赅农工商之名,义兼本末,较中国汉以后儒者重农抑商之说为完善,无工商则农困塞"。可见,张謇并不是就农业说农业,而是把农业作为实业的有机组成部分,进而提出"父救育、母实

---

① 《为实业致钱新之函》,《张季子九录·政闻录》,北京:中华书局1931年版。
② 《张季子九录·诗录》,北京:中华书局1931年版。

业"的主张。

——农工商三者是有机联系的。张謇非常重视农业,"凡有国家者,立国之本不在兵也,立国之本不在商也,在乎工与农,农为尤要"。但张謇重农并不抑商。张謇认为,"本对末而言,犹言原委,文有先后而无轻重。"这就从根本上否定了重农抑商的说教。他举例说:"棉之始,农之事;棉之终,商之事,其中则工之事。"在张謇眼中,农工商是一个有机联系的整体,形成了一个不可分割的产业循环链,"盖农不生则工无所作,工不作则商无所鬻。相应之势,理所固然"。因此,"农工商必兼计而后能相救"。

——"大农"与"小农"有诸多不同。张謇认为,"实业在农工商,在大农大工大商","大农"与"小农"有明显区别:在经营形式上,小农是一家一户的分散经营,而大农则是"仿泰西公司集资堤之","凡有大业者,皆以公司为之";在生产工具上,"小农"是人力加畜力,而"大农"主要是"用机器垦殖";在生产目的上,"小农"是自给自足,"大农"主要进行商品化生产,为工业化提供原料;在经营方式上,"小农"是分散的小规模经营,只能从事简单再生产,"大农"则是规模化经营,可进行扩大再生产。所谓"扩充棉产,奖励大农,非大农不能有此扩张之能力","种植棉花,需倚大农";在要素投入上,发展大农需要金融等社会化支持,"非大农不足以收宏效,然行大农法,必有一金融机构为之后援,乃可措手"。[①]

当同时代官僚士大夫围绕"中体西用"与"全盘西化"、围绕"以农立国"与"以商立国"等争论不休时,张謇已率先把他那深邃的目光转向农业转型,形成了自己的"大农论",开启了大农发展的先河,丰富了我国的农业发展思想宝库。

二、实践层面的快人一步

张謇不仅在理论层面上提出"大农论",还在实践层面率先实践"大农论",扮演了农业转型发展开路先锋的历史角色。

张謇的大农实践始于1901年。该年五月,张謇等集资创办的通海

---

① 转引自葛志华《从小农到大农》,载《江海纵横》2021年第4期,第50页。

垦牧公司正式成立。垦区总面积232平方公里,合12.5万亩,其中可垦地11.5万亩。经过十年的艰苦创业,历经"四难",即与天斗(雨涝)、与地斗(盐碱)、与海斗(风潮)、与人斗(地权),有计划地修筑海堤、兴修水利、招募垦户、建造农舍、改良土壤,引进良种,终于建成。1911年公司开始盈利,当年给股东分红31425两。从1911年到1925年,公司所获纯利高达84万两,几乎为原始投资的3倍。张謇在《垦牧乡志》记曰:"各堤之内,栖人有屋,待客有堂,储物有仓,种蔬有圃,佃有庐社,商有廛市,行有涂梁,若一小世界矣"。①

通海垦牧公司的成功带来了兴办垦牧公司的热潮。资料显示,到1920年止,张謇先后成立了大有晋、大豫、中孚、通遂、大丰、通兴、华成等公司。上述公司共投入资本2199万元,所占土地面积455万亩,已开垦土地70万亩之多。

在张謇的带领与影响下,江苏东部沿海北起阜宁,南至南通,绵延600多里的冲击带上,迅速崛起了众多盐垦公司,其中属于大生系统的有16家。这些公司进行大规模的废灶兴垦,改良土壤,兴修水利,引进驯化良种,在荒凉的盐碱地上谱写了垦荒史上雄伟、悲壮的乐章。至20世纪20年代,这些公司已拥有土地2000余万亩,植棉400余万亩,年产棉花60余万担。

虽然垦牧公司投资总额、所占面积、股东构成不同,但有以下共同点:在经营形式上,"仿泰西公司集资堤之",如通海垦牧公司"集股股本的规银二十二万两为准",每股规银一万两,共二千二万股;在经营机制上,采用公司加农户的形式,农户主要负责生产管理,公司主要负责规划、水利等任务;在生产目的上,主要为棉纺工业提供优质棉花,从事商品生产。因此,张謇的农业实践已明显地脱离了传统的小农轨道,既开垦了大量荒地,缓和了人地矛盾,增加了政府收入,支持了工业化,又成为我国农业现代化的有益探索,也可说是中国农业现代化的发轫。

从现有史料来看,张謇的大农实践保留了不少传统性,但更多地体现了现代性:

---

① 转引自葛志华《从小农到大农》,载《江海纵横》2021年第4期,第50页。

从要素投入来看,农业增长的贡献由主要依靠土地、劳动力等传统要素更明显地转向依靠资本、科技等现代要素。农业的发展离不开土地与劳动力,也就是所谓土地是财富之母,劳动是财富之父;"小农"如此,"大农"也是如此。两者的区别在于小农只是土地与劳动力的简单结合,一块土地与一个家庭就可进行周而复始的生产。大农固然离不开土地与劳动力,更离不开资本与科技等现代要素,张謇通过股份制这一全新的组织形式,把社会闲散资金汇集为巨额资本,滚动开发盐碱荒地,不仅获得了大量土地,缓和了人地矛盾,还有力地支持了早期工业化。在产前环节,垦牧公司投入大量资金围垦造田,开展水利工程建设与农田水利基本建设;在产中环节,又投入大量资金进行土壤改良、设立农校、棉纺试验场、推广新技术、引进驯化新品种,有效地提高了农业生产力;在产后环节,又用大量资金收购棉花,引导农民进行商品生产,促进了农业的内部分工,扩大了农业多样化联系,推动传统农业与农民的转型发展。可见,资本与科技在张謇的大农实践中发挥了关键性作用。

从经营机制来看,生产经营的形式由千家万户的分散经营转向公司加农户的产业化经营,形成了较为完善的农业经营模式。家庭分散经营是小农经济的基本特征。这种经营方式是一种"全把式"的小农业,内部没有分工,外部缺失联系。这种小农经济十分脆弱,又极易再生,是传统专制政治的经济基础。张謇的大农实践在家庭经营的基础上,又增加了公司这一市场主体,形成了公司加农户的新模式。就土地权限而言,张謇将垦牧公司的土地划分为"田底权"与"田面权",公司拥有"田底权",负责水利工程和农田基本建设,向政府缴纳田赋,承诺进行建设时优先雇用佃户,代建农舍(收费)等。公司将20亩为一埫出租给农户。佃户拥有"田面权",只要交付"顶首"(押金)每亩6元,佃户就可获得"田面权"。且佃户一旦获得"田面权",田主不可收回租佃权,实际上就是"永佃制",佃户拥有了处置土地的转租、典押、传给后代等权益,还可享有土地改良后部分地价的升值。这种土地关系与当时南通地区通行的"活佃制"相比,对公司与农户都有利,实现了"双赢"。农户多交了一倍的押金,但获得了永佃权,有了稳定的经济预期,且每年可少交一半田租;公司通过"伸佃顶"获得了更多资金,缓解资金困难,可以进行滚动开发。

就分配关系而言，在公司的引导下，农户以家庭经营方式进行生产经营，一年二熟，上半年种植谷类、豆类，下半年种植棉花。到收获时，由公司派人估产（议租），收获物按四六分成，公司为四，农户为六，纳税的棉花交与公司，多余的棉花也按市场价格，以现金形式兑付给农户。这种议租分成制调动了农民生产积极性，在歉年时，业佃双方共担损失，丰年时，业佃户双方共享其成。

就双方权责而言，公司负责水利建设、农田基本建设、新品种的引进与推广、棉花的收购、代建农舍等工作。公司还承担垦区内堤渠、涵洞、道路、桥梁工程公共设施的维修，所需人工则优先雇用佃户。农户主要职责是生产经营，以家庭为单位进行农业生产。

由此可见，公司与农户建立了一种特殊的生产关系。公司决定农户生产什么，负责将其产品变成工业原料，把农户纳入现代经济轨道；农户则按照公司的要求，组织农业生产，为家庭增加经济收入。农户与公司是一种互利关系，公司增加了现金流，有了稳定的工业原料基地；农户则提高了生产积极性，产品有了稳定的销路。土地为公司与农户共有，这与地主封建所有制有本质区别。

从功能作用来看，农业产业发展由单一的食品供给转向多功能拓展。在张謇的大农实践中，农业不再是封闭的循环，而是现代实业的一部分，与其他部门的联系越发紧密。就农业与工业的关系而言，大生公司与垦牧公司相互支持，融为一体。大生公司为垦牧公司提供资金支持，垦牧公司则为大生公司提供价廉质优的工业原料。在大生由盈转亏时，又给大生以可观的经济回报。就生态环境而言，张謇的大农实践改变了垦区的面貌，白茫茫的荒滩变成了良田与相对繁荣的村镇，成为"新世界的雏形"。就功能而言，农业产业的多功能作用日益明显，农业的产品贡献、要素贡献、市场贡献、外汇贡献等基本功能持续存在并得到加强，旅游观光、江海文化传承等新的功能逐渐显现。就产业发展而言，农业产业横向与纵向联系不断加强，产前、产中、产后紧密衔接，产加销、贸工农环环相扣，形成了多元化的产业形态与产业体系，初步形成农业经营的新局面。

与那些负气、空言的官僚士大夫相比,张謇的大农实践无疑是有价值的,不仅开垦了大量荒地,增加了物质财富,支持了工业化,而且成为我国早期农业现代化的有益探索。但张謇的大农实践又是不可能成功的,这不仅因为半殖民地中国缺乏现代化的环境与条件,也是因为张謇的大农实践是一个"早产儿"。中国工业化处于初始时期,自身力量十分弱小,没有也不可能形成改造传统农业的动力。因此,当大生集团进入下行通道后,垦牧公司也就摇摇欲坠了。

三、行政推动层面的胜人一筹

张謇的一生是丰富的,有时居庙堂之高,身居"总长"等要职;有时又处江湖之远,致力于"村落主义";更多是以"通官商之邮"的特殊地位为践行"实业救国""教育救国"的梦想呕心沥血。

张謇当过幕僚、翰林院修撰、实业总长、农林工商总长等职,拥有"天子门生"的光环,与当朝重臣翁同龢、张之洞、刘坤一、袁世凯等有千丝万缕的联系,拥有丰富的行政资源。他与执政当局的关系也很复杂,有依赖的一面,比如,张謇"奉旨总理通海商务",请两江总督派兵驻守垦区,打击"沙棍"与土匪,维护农业生产秩序等;也有抗争的一面,比如,张謇对一些官僚不识时务表示失望,对政府的苛捐杂税进行抵制,对军阀混战进行批评等。

虽然居官的时间不长,但张謇长袖善舞,抓住"窗口期",综合运用组织、行政、立法、经济等手段扶持大农,改造小农,并获得了一定的成效。

——提出设立农会。发展大农离不开农会。为了有效发展大农,张謇多次建议设立农会,加强对农业生产的研究、管理与指导。他提出,应在上海设立总会,各地设立分会,农会应开设农学堂,延聘外国农业人才。他还明确农会的三大任务,即辨土壤、考物产、筹资本。张謇还参考英国、美国农会的经验,提出了农会的创办方法、经济来源、功能作用等。张謇以"改良种植、发达农业"为宗旨,还在家乡南通创办农会,制订了《农会章程》。张謇认为,"南通现在农业之大缺点不在农民乡术之不精,操作之不勤,而在病虫害之无预防驱除,作物种子之不变换改良,买卖之无组合经营,市乡农会之无农学人才,田亩交涉之无完全契约"。① 在张謇的推动下,当时南通全县21乡,乡乡有农会,会员多达数百人。农民成为推动农业发展的重要力量。②

——强化行政推动。张謇在担任实业总长与农林工商总长期间,主持起草了一系列促进实业发展的政策措施,倡导兴农垦殖、废除苛捐杂税、制订银行条例、发布《商业注册章程》。他还发布了《关于征集植物病虫及害虫给各省民政长官的训令》,颁发《劝农员章程》。张謇还以总长身份对改良土壤、病虫害防治、种子改良、农具改进、金融服务等提出了具体要求,为大农发展创造良好的环境。

——推动农业立法。张謇以为,农林工商部第一计划,"即在立法"。在任职总长两年中,他亲自主持修订颁布了"二十余种农商部法规"③,诸如《森林法》《国有荒地承垦条例》《造林奖励条例》《植棉制糖牧羊条例施行细则》等,为农业发展特别是大农发展创造了法制条件。

——运用经济手段扶持大农。无论是垦荒,还是种植,张謇都把大农作为重点,在奖励方面向大农倾斜,支持建立规模化的生产基地。

张謇综合运用多种手段扶持大农发展,收到一定成效,有效地促成了民国初年的垦荒高潮,加速了民国初年的农业现代化进程。但因当时的历史条件,有的文件也成为一纸空文。

改进传统小农,发展现代大农是一个漫长的历史过程,没有也不可能在张謇手中完成。但张謇的先人一拍、快人一步、胜人一筹,无疑奠定了他在农业发展史上的历史地位。因此,研究中国工业发展史必须提到张謇,同样研究中国农业发展史也不能忽略张謇。

农村改革的前因后果

1949年,中华人民共和国成立,中国人民从此站起来了。新中国的成立,为现代化扫清了障碍,也为农民发展创造了条件。

---

① 《南通地方自治十九年之成绩》,南通:南通翰墨林印书馆1915年版。
② 转引自倪羌莉《张謇早期农业农村现代化的探索》,载《江海纵横》2021年第3期,第56页。
③ 《张季子九录·政闻录》卷七,北京:中华书局1931年版。

在社会主义改革与建设时期，中国人民在共产党领导下，艰苦奋斗，自力更生，短短二十多年就建立了独立的比较完整的工业体系与国民经济体系，奠定了现代化建设的物质基础。

为了建立社会主义制度、实现国家工业化，国家通过户籍制度等一系列制度构建了城乡分治的二元经济社会结构，出台了统购统销政策，开展了土地改革，发起了合作化运动与人民公社化运动，建立了计划经济体制，促进了工业的快速扩张。

由于人民公社体制脱离了农村生产力发展水平，存在政社合一、管理高度集中、分配上的平均主义等弊端，加之少数干部的瞎指挥，我国农村经济处于低增长的徘徊阶段，农民生活提高不快，获得感不强，埋下了农村改革的种子，一旦时机成熟就会野蛮生长。《伟大的历程：中国农村改革起步实录》对此有翔实的记录与分析。

《伟大的历程：中国农村改革起步实录》一书是吴象所著，主要讲述农村改革一波三折的艰难历程及前因后果。本书初版于2001年，农村改革四十周年之际，浙江人民出版社再版献礼，陈锡文、赵树凯分别作序。

与一般学者不同，吴象既是官员，曾任安徽省委、中央政策研究室重要领导职务，又是学者，出版了《昔阳到凤阳》等多部著作。理论与实践结合是他的鲜明特征。从1980年发表于《人民日报》，并于1984年荣获孙冶方经济科学奖的《阳光道与独木桥——试论包产到户的由来、利弊、性质与前景》，到1982年至1986年关于农村改革的五个中央一号文件，都汇聚着他的智慧与心血。虽然当年争议的焦点已成为共识，似有"李杜诗篇万口传，至今已觉不新鲜"之感，但这在当时的政治气候中需要何等勇气与胆识。正是这支如椽大笔，奠定了他在农村改革史上的重要地位。因此，凡治农村改革史者，不可不关注吴象。

作为农村改革的亲历者与推动者，吴象以历史为脉络，用实录的手法详细回顾了中国改革开放的第一步——中国改革起步的艰难历程，系统地阐述了前因后果，分析了经验教训及面临的问题，具体描述了在这段历史时期的重大事件与复杂矛盾，揭示了许多鲜为人知的史实，为读者展现出一幅珍贵的历史画卷。研读此书，既能从历史的长度了解几千年来特别是新中国成立以来,我国农村经济体制演变的轨迹及演变的前因后果,并从中更好地了解农村改革的缘由与曲折历程;又能从理论的高度,加深对现行农村基本经营制度的理解,并从中梳理出进一步深化农村改革,促进乡村振兴的思路;更能从现代化的角度,剖析农民的前世与今生,更好地把握农民发展的美好前景与现实路径。

首先,这幅珍贵的历史画卷叙说了改革的缘起。中国改革是被逼出来的。20世纪70年代后期,国民经济几乎到了崩溃的边缘,面对千疮百孔的窘境,中国尝试"摸着石头过河",试图从城市与农村同时突围。但城市中的计划经济体制束缚太强,扩大企业自主权等改革试点收效不大,一时难以打开局面。而农村则是计划经济的薄弱环节,广大农民改革的愿望也极迫切,使农业成为先摸到的那块"石头",恰好成为改革的突破口。因此,准确地讲,中国改革不是从农村开始的,而是农村率先突破的,是农民首创的。在此基础上,又来了一次"农村包围城市",推动改革全面开花,并取得实效,解放和发展了生产力。

农村改革改什么?主要是改革既存的人民公社体制。新中国成立二十多年,我国农民经历了三次体制调整,先是实行土地改革,农民实现了封建小农到"耕者有其田"个体农民的转变,不仅在政治上翻身做了主人,而且在经济上实现了农民与土地的直接结合,拥有了土地所有权与使用权,调动了农民生产积极性;继之以农业合作化运动,经互助组到初级社再到高级社,农民实现了由个体小农到集体农民的转变;此次调整时间很短,具有明显的过渡性质;再继之以人民公社体制,农民又由合作化时期的集体农民转变为人民公社社员。人民公社具有规模大、公有制程度高、政社合一等特征。这种体制适应了计划经济的需要,但脱离了农村生产力发展水平,成为我国农村现代化努力乃至整个国家现代化努力的一次痛苦的尝试。农民的幸福与苦难、希冀与失望,中国农村的发展与停滞,现代化建设的成就与代价,都与公社制度直接相关。人民公社作为计划经济载体,脱离了农村生产力发展水平,存在自身难以克服的生产中的监督成本、管理中的委托代理、分配上的激励不足等问题,导致农业系统低效率或无效率,既没有解决农业发展问题,也没有给农民更多的获得感。改革的种子已在农民的心中扎了根,条件成熟就会茁壮成长。据张乐天先生记载,人民公社时期,农民社员的离心倾向潜滋暗长,一有机会就做包产到户的美梦,而人民公社则通过一次又一次许愿(如楼上楼下、电灯电话)、一波又一波政治运动(如社教、"四清""割资本主义尾巴""农业学大寨")来维护人民公社体制。面对无形的压力,社员大多通过"工分挂帅""搭便车""爬梯级""负攀比"、消极怠工、损公肥私等方式进行抵制。政治高压一来,农民就安分一些;政治高压一松,农民就反弹。①

中国改革从农村突破,而农村改革又是从安徽开始。安徽省之所以能成为农村改革的突破口,是由多方面的因素促成的,是历史基因与现实因素考量相互渗透、大气候与小气候彼此激荡的结果。就历史基因而言,20世纪60年代,安徽省主要负责人曾希圣为应对三年自然灾害而推行的"责任田"试验深入人心。这次试验虽然"短命",却能"救命",解决了许多农民的吃饭问题。就现实因素而言,安徽地处江淮,土壤气候均适宜农业生产,是我国粮食集中产区之一。黄河夺淮后,自然灾害多发频发,小雨小灾,大雨大灾,无雨旱灾。凤阳是安徽的缩影,花鼓戏中所唱的"十年倒有九年荒"就是凤阳的真实写照。1978年,安徽省又遭遇了百年不遇的严重旱灾,农民的生计受到严重的威胁。作为权宜之计的借地度荒直接诱发了大包干。就"大气候"而言,1978年开展的"真理标准大讨论"有力地冲击了意识形态的束缚,重新确立了解放思想、实事求是的思想路线,促使人们思考"什么是社会主义""贫穷是不是社会主义"等关键问题,扫清了改革开放的思想障碍。就"小气候"而言,安徽省委闻风而动,运用多种形式,带头营造支持改革的小气候。《安徽日报》还在头版发表了《多年来农村工作就吃亏在一个"左"字上》的重磅文章,有力推动思想解放落地见效。1977年6月,万里同志担任安徽省委第一书记,在调查研究的基础上,主持制订了《省委六条》,巧妙化解了《人民日报》发表的"张浩来信"带来的无形压力,支持农民群众的首创精神,调动与保护了农民生产积极性,创造了让这株改革幼苗茁壮成长的"小气候"。

---

① 张乐天:《告别理想:人民公社制度研究》,上海:东方出版中心1998年1月版,第4—5页。

其次,这幅珍贵的历史画卷揭示了农村改革的艰难历程。农村改革并非一帆风顺,经历的时间之长、涉及的层次之多、推进的难度之大都是罕见的。就时间而言,从"不许"到"也可以"再到全面推开,前后经历了五年时间;就层次而言,从底层农民到中央决策层,从党政机关到《人民日报》再到学术机构,从自下而上的呐喊到自上而下的冲击,农村改革经历了多层次的博弈。而这多层次的博弈也不是一次完成的,而是多次往复、有进有退、一波三折;就难度而言,多次、双向与往复又夹杂着多方面的复杂因素,经济制度、所有制、思想观念、意识形态、利益关系、人际关系的矛盾等因素在一定程度上都影响着农村改革的进程。

再次,这幅珍贵的历史画卷昭示了大包干体制的优越性与生命力。据凤阳县有关资料,在人民公社体制内,凤阳县数万社员生产的粮食还不足以养活自己。实行大包干后,全县粮食产量达到4.4亿斤,比上年增长49%,人均收入152元,比上年增长85%。一年大包干,就结束了凤阳农民身背花鼓、四处行乞的历史。① 家庭经营为什么能让沉睡的土地猛然苏醒,大包干靠什么让倦怠的农民爆发活力?其中隐含着一个基本原理,那就是农业生产适合家庭经营。这既是古老历史传统的现代延续,也是普遍的世界现象,这是由农业产业特征、农业生产特点与家庭特点等多种因素共同决定的。就农业产业特征而言,农业生产是经济再生产与生物再生产的有机统一,农业的经济再生产建立在自然再生产基础之上。与工业品不同,农作物是不可分割的活的有机体,它生长发育的各个环节在时间上是连续的、不可中断的。农作物的生长发育需要一定的自然条件,必须根据土壤、肥力、季节、气候、光照、雨水和病虫害等自然条件的差异与变化,灵活机动地安排与组织生产,不能像工业品生产那样,按一定的程序按部就班地进行。就农业生产特点而言,农业生产环节多、周期长、分布广,众多的生产环节既不能单独计算价值,又都对最终产品价值

---

① 吴象:《伟大的历程:中国农村改革起步实录》,杭州:浙江人民出版社2019年版。

有直接的影响。在农业生产过程中,尽管生产的规模可以分割,但被分割的生产仍然是一个独立、完整的全过程。也就是说,农业在空间上可以分割,但是时间上不可分割,只有获得了最终成果,才可能对生产者付出的劳动给予准确的评价。这种劳动成果与劳动过程相分离的产业特征,决定了很难对劳动过程进行及时有效的监督,因此农业生产离不开劳动者的高度自觉与经验知识。就家庭特点而言,家庭是以血缘与姻缘关系为纽带的,集生产、消费、教育、抚育子女等多方面功能于一体的社会细胞,具有长期性、稳定性与利益一致性,既能解决农业生产的激励问题,又无须监督成本,适合农业生产的特殊要求。因此,无论是地少人多的东亚国家,还是人少地多的欧美国家,都把家庭经营作为农业生产的组织形式。由此可见,家庭经营可以容纳不同的生产力水平,既适合传统农业,又适应现代农业,既是中国传统农业的重要特征,又是世界各国的通用形式。

最后,这幅珍贵的历史画卷又给我们很多实践启示。农村改革不是一劳永逸的,只有进行时,没有完成时。大包干体制扬弃人民公社体制,有效地解决了"大锅饭""平均主义"等弊端,调动与保护了农民生产积极性,解放和发展了农业生产力。但这一体制也存有自身难以克服的弊端,如土地碎片化、经营规模狭小、小农户与大市场矛盾等。随着市场经济的发展与城镇化进程的加快,农村经济社会发生了深刻而复杂的变化,这一体制又面临许多新情况新挑战,如小农的困境、种田后继乏人等;加之第一轮改革并不彻底,有些方面也没有达到改革的预期,有的甚至出现了反复。如双层经营体制不完善,分有余而统不足,甚至只有分没有统;又如20世纪80年代推行的政经分开改革没有到位,绝大多数村委会与村集体经济组织依然是政经不分、产权混乱,集体经济组织没有获得独立的组织地位,也没有取得与城市国有产权平等的地位与职能,使得农村人口、土地及其他资源难以充分自由流动、合理配置等,致使"三农"问题累积成现代化进程中的"难中之难"。因此,必须在坚持与完善农村基本经营制度的基础上,继续深化农村改革,理顺土地关系,发展壮大合作经济组织,把农户分散经营的积极性与统一经营的优越性有机结合起来,构建充满活力的现代农业经营体系,促进产业兴旺,谱写农业农村现代化的新篇章。

大国小农扫描

20世纪80年代的农村改革确立的"家庭承包、双层经营"体制有效克服了人民公社体制弊端,解放和发展了农村生产力,有力地促进了农业发展与农民转型。但这种"农地均分"为主要特点的农村土地制度也奠定了大国小农的基本格局。

一、大国小农是我国的基本农情

小农不仅是数千年来我国农业生产的基本主体,也是传统农耕文明的重要载体,在中国经济社会发展中发挥着基础性作用。随着时代变迁与社会进步,虽然土地所有制发生了根本性变化,小农的概念也有了新的内涵,但家庭经营仍是现阶段农业的基本组织形式,小农户仍是现阶段我国农业生产经营的基本单元,大国小农仍是我国的基本国情与农情。

与历史上的小农不同,现阶段的小农主要是指实施家庭联产承包责任制所形成的两亿多农户,其主体既有自给型小农户,也包括商品型小农户。与新型农业经营主体相比,小农生产具有如下特征:家庭为基本生产单位、小块土地上的自主经营、家庭劳动力的合理分工、传统农业知识与经验的传承、兼业化与自足式的互助协作等。

首先,小农户是我国农业生产经营的基本单元。农耕是文明的基础,是人类生存与发展的前提。中国自古以农立国,家庭经营是基本的农业经营组织形式。这种家庭经营实现了农业生产特点与家庭特性的高度契合,最大限度地发挥了农业生产积极性。中华人民共和国成立后,国家实行"耕者有其田"的土改政策,继续沿袭家庭经营这一农业的基本组织形式。农业合作化运动后,我国又实行了"土地集体所有、集体统一经营"的经济制度,其间的20多年,虽取得了一些成绩,但也付出了沉重的代价。农村改革后,再次确立家庭经营在农业生产经营中的基础性地位,有效地克服了人民公社时期一直存在的生产上的"大呼隆"、分配上的平均主义等弊端,调动了农民的生产积极性,解放和发展了农村生产力。

鉴于人多地少的资源禀赋,家庭联产承包责任制在保持土地集体所有制不变的基础上,把承包经营权还给农民,实行两权分离。具体办法就是以农业户口为基数,把土地分割成若干块,肥瘦与远近搭配,实行家庭承包经营。土地的均分及其调整,导致了农地经营的小规模化、分散化与细碎化,使农业生产经营成为一种典型的小农生产。资料显示:1986年,农户户均耕地为9.2亩,分散为8.4块;2008年下降为7.4亩,分散为5.7块。2011年全国农户平均经营耕地仅5.58亩。世界银行把土地经营规模在2公顷以下的农户为"小土地所有者",而中国农户平均土地经营规模只及这一标准的1/3,被学界视为"超小规模"或"超小的土地经营者"。[①]

改革开放以来,随着农村生产力水平的提高与土地流转的加快,多种形式的新型农业经营主体快速发展,成为现代农业的弄潮儿。这些新型农业经营主体是农业先进生产力的代表和商品性农产品的主要提供者。据农业部2016年相关资料,全国已有超过87万家家庭农场,工商部门注册登记的农民专业合作社达190.8万家,农业产业化龙头企业达到13万家,各类公益性服务组织超过100万个。[②] 这些新型农业经营主体具有不同的功能与特点:以血缘和亲缘关系为基础的专业大户和家庭农场,是直接从事初级农产品生产的主力军,在保产能、保供给、保基本方面作用突出。农民合作社是联系农民、组织农民、服务自我的独特载体,在带动小农户实现与现代农业有机衔接方面具有独特优势。涉农企业产权关系明晰、治理结构完善,在高端化、品牌化、国际化农产品生产经营上发挥着示范引导作用。

新型农业经营主体的发展壮大并没有改变小农生产占主体的格

---

① 转引自葛志华《无为之为》,南京:江苏大学出版社,2019年9月版,第117—118页。
② 转引自葛志华《无为之为》,南京:江苏大学出版社,2019年9月版,第117 118页。

局。第三次农业普查数据显示,全国小农户数量占农业经营主体的98%以上,小农生产从业人员占农业从业人员的90%,小农户经营耕地面积占总耕地面积的70%左右。我国现有农户2.3亿户,户均经营面积7.8亩,经营耕地面积10亩以下的农户有2.1亿。① 除黑龙江省、内蒙古自治区、新疆维吾尔自治区等省区外,其他省区户均经营面积都在10亩以下,"人均一亩三分地,户均不过几亩地"是真实的写照。因此,在当前和今后很长一段时期内,一家一户的小规模家庭经营仍是我国农业经营的基本面。

其次,小农户与新型农业经营主体将长期共存。培育新型农业经营主体,发展多种形式的适度规模经营,是提高农业竞争力的有效途径,是建设现代农业的前进方向与必由之路。随着农业生产力水平的提高、土地流转的加快,特别是土地"三权分置"政策的推行,我国多种形式的新型农业经营主体发展更为迅猛。这些新型农业经营主体,以市场化为导向,以专业化为手段,以规模化为基础,以集约化为标志,是建设现代农业、推进农业现代化的骨干力量。以农民合作社为例,农民合作社既是带动农户进入市场的基本主体,又是发展农村集体经济与合作经济的新型实体。资料显示,截至2017年6月,全国依法登记的农民合作社196.9万家,是2012年的2.86倍,是2007年的76倍。到2018年9月,我国依法登记的农民专业合作社达到213.8万家,入社农户占全国农户总数的48.5%,平均每个村有3—4家合作社。② 农民专业合作社打通了农业生产的产前、产中和产后各阶段,连接了农业生产的收购、加工、营销、储运各环节,融合了农村第一、第二、第三产业各业态,提高了农业的组织化、市场化程度。新型农业经营主体的迅猛发展,不仅为粮食与农副产品有效供给提供了强有力支撑,而且在一定程度上重构了我国农业生产经营格局,小农户与新型农业经营主体并存成为我国现阶段农业经营的一大特征。

培育新型农业经营主体,既是发展现代农业的必由之路,又是把小

---

① 转引自葛志华《无为之为》,南京:江苏大学出版社,2019年9月版,第127页。
② 转引自葛志华《无为之为》,南京:江苏大学出版社,2019年9月版,第127页。

农生产引入现代农业轨道的有效途径。但这并不是改变农业经营体制,取代一家一户小生产,而是为小农生产提供示范与带动。况且,我国新型农业经营主体发展还处于初级阶段,面临的问题与挑战较多,普遍存在规模偏小、发育不足、人才缺乏、融资困难、运行不规范、带动能力弱等诸多问题,更无法取代小农户。资料显示,到2015年底,虽然土地流转取得一定进展,但经营耕地在10亩以下的农户仍多达2.1亿户,占全部农户的79.6%。① 因此,小农户占主体、小农户与新型农业经营主体长期并存就成为我国农业经营的重要特征,两者的此消彼长将贯穿农业现代化的全过程。

再次,小农分化是一个漫长的历史过程。在计划经济年代,人民公社体制、统购统销政策与二元户籍制度把农民牢牢地固定在土地上,农民的同质化特征极为明显,所谓"社员都是向阳花"。农村改革以来,随着资源配置方式的变化与市场经济的发展,特别是社会政策的调整,农民异质化现象明显加快,小农生产处于动态分化之中。

现代化有两个重要指向:一是让农民不当农民,加快农民非农化步伐,为工业化提供劳动力,为城镇化提供人口,为农业规模经营准备条件,使农民占全社会劳动力的比重与不断下滑的农业占GDP的比重大体相当,实现经济资源的合理配置;二是让农民当好农民,使农民的职业素养与现代农业的要求大体相当,实现农业资源的合理配置。

中国的现代化进程很大程度上演绎了这一规律。改革开放以来,随着现代化水平的不断提高,产业升级明显加快,突出表现为农业产业占比一路下滑,由1978年的28.2%下降到2014年的9.8%,每年下降2—3个百分点。从全球发展经验来看,农业增加值占整个GDP的10%是国民经济的转折点。而非农产业占比强势上扬,由1978年的71.8%上升到2014年的90.2%。产业升级又带来了农民的分化,突出表现为农民的非农化,涌起了一波又一波离土不离乡、离土又离乡的热潮。原本种田的小农户纷纷放下农具外出务工经商。据有关资料显

---

① 转引自葛志华《无为之为》,南京:江苏大学出版社2019年9月版,第127页。

示，2017年，我国进城务工人员总量达到2.87亿人，比2012年增加2391万人，年均增加480万人，年均增长率达到1.8%。①

农民的非农化既是工业化与城镇化的内在要求，又是让农民当好农民的基本前提。农民非农化不仅能改变自身的命运，还会给继续种田的农民带来三个有意义的变化：从人均资源来说，农民数量的减少能够有效提高农民的资源占有率，缓解紧张的人地关系，扩大农业经营规模，转变农业发展方式，提高土地产出率与劳动生产率；从农产品供求关系来说，农民非农化减少了农产品的生产者，又增加了农产品的消费者，导致农产品供给曲线内移与需求曲线外移；从农民收入来说，农民的收入会随农业经营规模的扩大与农产品供求关系的变化有所提高，能够让农业从业人员逐渐获得社会平均收入，为农民职业化创造条件，为农业现代化提供人力支撑。

农民非农化既是小农分化的重要表现，又为农民职业化创造了条件。改革开放以来，随着农业生产力水平的提高与土地流转的加快，小农户中相继分化出了一批新型农民经营主体，家庭农场、合作社、农业企业、新型服务主体快速发展，新型农民队伍不断壮大。经过40多年的发展，我国农业从业人员已分化为传统农户与新型主体两大类。前一类面广量大，占绝对主体，在农业生产经营中处于基础地位；后一类人数不多，但发展迅猛，既是现代农业的支撑力量，又是农民职业化的先驱。

随着现代化的深入发展，小农户的分化仍将继续，一些人可能上升为新型农业经营主体，一些人可能主动或被动地离开农业，一些人仍将惨淡经营农业，成为兼业农民。但这种分化过程是缓慢的、长期的，将贯穿农业现代化的全过程。素有"欧洲的中国"之称的法国用了几个世纪才终结了小农的分化，部分小农弃农进城，部分小农放弃土地成为农业工人，部分小农因经营有方而成为农场主。H.孟德拉斯的成名作《农民的终结》一书对此有详细的叙述。

---

① 转引自葛志华《无为之为》，南京：江苏大学出版社2019年9月版，第129页。

二、大国小农的历史机遇与现实挑战

小农户是我国农业的基本生产经营单元,也是农村社区基本生活单元,在我国农业生产经营中处于基础地位,对保障国家粮食安全与农副产品有效供给、传承农耕文明、维系农村社区功能、维持农村社会稳定,发挥了不可替代的作用。

现代化既给大国小农带来了千载难逢的历史机遇,也给大国小农带来日趋严峻的现实挑战。就机遇而言,主要有以下几方面:

一是农业的功能不断拓展。在现代化的演进过程中,农业不再是一个独立的部门与产业,而是现代经济体系的有机组成部分,与其他部门的联系更加紧密。从横向上看,农业产业的多功能日益明显,其产品贡献、市场贡献、要素贡献、外汇贡献等基本功能持续存在并得到加强,一些新的功能逐渐显现并不断拓展,如乡村旅游凸现的观光休闲与文化传承的功能。从纵向看,农业生产经营的一体化格局逐渐形成,产前、产中、产后紧密衔接,产加销、贸工农环环相扣,形成了多元化的产业形态与产业体系,逐渐形成了从田间到餐桌的全产业链。农业功能的不断拓展为小农生产提供了示范与启示,又创造了诸多发展机会与条件。

二是农业发展方式发生了根本性变化。产业的分工与融合是现代化的重要特征。这种分工与融合打破了传统农业物质与能量的封闭循环,形成了现代农业的开放式循环,改变了农业的发展方式。在生产技术上,随着工业化水平与科技水平的提高,化学肥料、机械化与信息化技术大量应用到农业生产上,有效地提高了农业生产力;在要素投入上,农业增长的贡献由主要依靠土地、劳动力等传统要素更明显地转向科技、市场、资本等现代要素;在经营主体上,生产组织的形式由千家万户的分散经营转向社会化服务带动下的联合合作;在功能作用上,产业发展的重点由单一保障食物供给转向多领域的拓展。这些变化又为小农生产融入现代农业创造了必要条件。

三是农业发展的外部环境发生了变化,逐渐形成了对农业的支持保护体系。在现代化发展的不同阶段,农业发展的外部环境明显不同。

在现代化初期,农业占比虽有所下降,但仍存在农业支持工业,农村支持城市,为工业化提供积累的普遍性的趋势。到了工业化中后期,国民经济的支柱产业由农业转变为非农产业,国民经济增长的主要动力来自非农产业,财政收入也主要来自非农产业。顺应这一趋势,农业也日渐由补助其他产业的部门转变为接受其他产业补助的部门,工业反哺农业,城市支持农村也成为一种普遍性的趋势,进而形成了一整套支持保护农业的体系。"补助"与"被补助"角色的互换,带来了一系列强农惠农政策,给小农生产带来了看得见、摸得着的获得感。

在给小农生产带来历史机遇的同时,现代化又给小农生产带来了严峻的现实挑战。这种挑战主要来自三个方面:

挑战之一:缺少动力与能力。

与新型农业经营主体相比,小农生产自身存在三个方面的突出问题。一是老龄化、兼业化问题严重。因生存与发展的现实需要,农户大多遵循代际分工的原则,青年人外出务工经商,中老年人在家种地,或丈夫外出务工,妻子在家种田,致使我国农业从业人员的老龄化现象日益严重,平均年龄在 50 岁以上,60 岁以上的从业者也不在少数。随着务工经商的人数逐年增加,农业的兼业化现象逐步凸现,农闲打工、农忙种地,种田成为副业,或让承包地抛荒半抛荒。据全国农村固定观测点监测数据,2015 年,我国农户大致可分为纯农户、兼业户、非农户等几类。其中,兼业户又可分为农业为主兼业其他、非农为主兼业农业等两类。在务农农户中,两类兼业户的比重超过 3/4。据清华大学中国农村研究院 2012 年至 2016 年连续五年的暑期调查,纯务农人口平均年龄约 55 岁,比外出务工劳动力大 16 岁。①

二是受教育年限短。务工经商都有相应的门槛与条件,唯独农业生产什么也不需要,只要有体力就行。从文化水平看,我国小农生产者中文盲、半文盲比例偏大,而大专以上学历的农民严重缺乏。据江苏省南通市统计局抽样调查资料,该市 2002 年农村劳动力中,不识字或很少识字的占 6.5%,小学文化程度的占 28.1%,初中文化程度的占

---

① 转引自葛志华《无为之为》,南京:江苏大学出版社 2019 年 9 月版,第 131—132 页。

48.1%,高中以上文化程度的占 28.1%。该市农业从业人员主要以初中以下文化程度为主。近几年,农民文化程度有所提高,但整体水平仍严重偏低,与现代农业发展严重不适应。据清华大学中国农村研究院 2012 年至 2016 年连续五年的暑期调查显示,务农人口平均受教育年限不到七年,比外出务工劳动力低三年左右。①

三是难以与现代农业进行衔接。小农生产囿于年龄、受教育程度、资源整合能力等因素,大多只能进行简单再生产,在碎片化的土地上进行年复一年的劳作,无法打破农业生产的"低水平均衡",没有运用现代生产技术、信息手段的动力与能力,更难以与现代市场、金融服务等要素对接。尤其在贫困地区、边远山区,囿于资源环境的约束,小农生产缺乏自我发展能力与造血功能,无法对接现代农业。

挑战之二:缺乏与新型农业经营主体的有机连接。

培育新型农业主体并不是要替代小农生产,而是通过示范带动作用,密切与农民的利益联结,把小农生产引入现代农业轨道。囿于多种因素,我国新型农业经营主体与小农生产缺乏内在联结,严重地影响了其把小农户引入现代农业发展轨道的绩效。我国新型农业主体发展势头较好,但仍处于初级阶段,经营规模不大,盈利能力不强,自身造血功能偏弱,特别是面对国外农产品"天花板"价格及国内劳动力成本、土地流转成本不断攀升的双层夹击,新型经营主体自身也面临生存与发展并存的严峻挑战,更谈不上与小农生产的利益联结。

在"公司+小农户"的农业产业经营中,小农户力量分散,商品量很小,与公司的谈判能力弱,难以形成稳定的合作与联合,难以分享公司发展的成果。一旦公司发生亏损,小农户就会面临企业主失踪、毁约等风险,利益难以保障。企业与农户都是相对独立的市场主体,无论是租赁农田还是订单农业,都存在双方利益不相容及合作不稳定的问题,包含着高昂的交易成本及治理成本;

合作社历来被视为弱小群体寻求互助合作的一种组织形式,其主

---

① 转引自叶兴庆《创新农业经营体制必须顺应三大结构性变化》,清华大学中国农村研究院网站 2018 年 8 月 22 日。

要目的在于资源共享和规避风险,将家庭农业生产经营的积极性与合作社的规模优势有机地结合在一起,既能降低交易费用与生产成本,又有助于增加收入,共享收益。虽然不乏专业合作社带领小农生产致富的案例,但由于多种原因,我国农民合作社总体发展质量不高,真正符合"所有者与惠顾者同一"这一本质规定的很少,名不符实现象十分普遍,合作社"虚化""异化"现象比比皆是。有的合作社未开展正常的经营服务活动,主要是奔着政府补助去的;也有的合作社因市场行情变化与经营不善等原因而停止了经营服务活动;有的经营正常的合作社也存在大户控制等问题,并未与小农户结成利益共同体。

挑战之三:农业社会化服务严重缺失。

农业社会化服务是现代农业的重要支撑。小农户要与现代农业衔接,需要三大社会化服务,即生产性服务、经营性服务、金融性服务。虽然近年来各类服务主体不断涌现,但真正面向小农生产的农业社会化服务仍然缺乏。从服务领域来看,服务内容大多为农机服务与农资服务,统防统治、测土配方等服务相对薄弱;产前、产中服务相对较多,产后服务,如农产品加工与收购、农业金融与保险服务更加缺乏;从服务主体来看,集体经济组织统防统治的功能比较缺失,合作经济组织的内部服务严重不足,政府的公益性服务覆盖不全,其服务主体大多为个体农机手与个体农资经营户等。小农户长期游离于政府的公益服务与合作经济组织内部服务之外,面临很大的不确定性与风险性。从服务供给来看,规模经营改变了社会化服务体系,新型服务主体青睐规模经营主体,排斥小农生产,期盼一定的经济效益。村民即使愿意种地,联合收割机也不会为"一亩三分地"开到村庄来,"飞防"中心更不肯为小农的"一亩三分地"浪费时间,交易成本过高使得小农生产边缘化。生产性服务主体,如农机、农技、农资等服务存在"马太效应",即帮大不扶小,帮强不帮弱;经营性服务主体,如农产品销售公司、加工仓储企业,也不愿与商品量较小的分散小农建立稳定的关系;金融性服务主体更不愿为小农生产服务,因为这种服务成本较高,收益较小,又因对方没有资产可供抵押而存在较大风险。

由此可见,与新型农业经营主体相比,小农生产囿于主客观因素的限制,难以与现代农业进行有效衔接,这种现象不仅会增大小农生产的自然风险与市场风险,加剧小农的边缘化与贫困化,还会延缓农业现代化进程,拖"四化同步"的后腿。

三、把小农引入现代农业发展轨道的途径与方法

大国小农是我国的基本国情与农情,小农为主体、小农与新型农业经营主体长期并存,两者的此消彼长将贯穿农业现代化的全过程。实现小农户与现代农业发展有机衔接,是实施乡村振兴战略的重要内容。因此,既要有历史的耐心,正确认识小农生产的合理性与长期性,循序渐进,示范带动,因势利导;又要有时代的紧迫感,多措并举,形成合力,努力把小农引入现代农业发展轨道。

第一,坚持家庭经营体制,发挥好基础作用。中国人多地少的基本国情、农业生产特点与家庭特点的高度契合、现代化国家的一般经验决定了家庭承包经营具有合理性与长期性。在未来较长时期内,家庭承包经营仍将是我国农业生产经营的主要形式,新型农业经营主体虽代表现代农业前进的方向,但仍处于非主导地位,是与家庭承包经营并存的经营形式。

一段时期以来,在家庭经营的基础地位方面也存在一些模糊认识。有人把小农生产与现代农业对立起来,认为两者不兼容,难以衔接;也有人认为,现代化的过程就是消灭小农生产的过程,小农户是现代化的牺牲品;还有人把小农生产与新型农业经营主体对立起来,认为小农生产是传统农业的代名词,而新型农业经营主体则等同于现代农业。受这种认识的影响,一些地方将规模经营与土地流转作为发展现代农业的必备条件,亲大户、垒规模,将土地流转率作为硬性考核指标,甚至违背小农意愿强行流转土地。一些地方存在忽视小农户的倾向,在资金项目等方面过度向新主体倾斜。

上述认识是模糊的,做法更是错误的。农业生产经营形式主要取决于一个国家的资源禀赋与技术条件。我国人多地少的资源禀赋,决定了我们不可能复制美国式农业现代化道路,只能立足于基本农情,承认小农生产的合理性与长期性,采取有针对性的措施,把小农生产引入

现代农业发展轨道。家庭经营有广泛的适应性与旺盛的生命力，具有很强的包容性，既适合传统农业，也适宜现代农业。因此，我们要坚持与完善农村基本经营制度，坚持家庭经营在农业中的基础地位，巩固和完善家庭承包经营为基础、统分结合的双层经营体制，保持土地承包关系稳定并长久不变。继续完善土地"三权分置"制度，落实所有权、保护承包权、放活经营权，为小农生产留下生存空间，为家庭农场创造成长空间。当前，要防止搞强制性的土地流转，防止将土地等生产资料集中到少数人手中，影响小农户的就业与生计。

从国际经验来看，小农生产与现代农业并非对立的关系，只要措施得当，小农生产完全可以与现代农业有效对接。不同国家受资源禀赋差异的影响，形成了各自的小农户与现代农业发展的经验。荷兰作为一个欧洲小国，农业发展存在"先天不足"：人口稠密，耕地资源贫乏，人均土地只有1.3亩。但荷兰通过组建社员所有、社员控制和社员受益的合作社，特别是组建各种社会化服务的合作社，实现了小农户生产与大市场的有效对接，创造了"小国大农"的奇迹，以不足世界0.07%的耕地面积，出口了占世界9%的农产品。日本则是通过农协组织为小农户提供综合性、规模化的社会化服务，将家庭经营的小农户纳入现代农业发展轨道，实现了小农户基础上的农业现代化。

第二，构建并完善支持小农生产的政策体系，发挥好扶持作用。制订并实施小农振兴计划，把小农的转型发展作为产业兴旺的重要内容。针对小农生产存在的生产规模小、要素集聚能力弱、抗风险能力差、自身缺乏技能等特点，处理好培育新型经营主体和扶持小农户的关系，既要支持新型经营主体发展壮大，培育现代农业的支撑力量，增强带动能力；又要从产业政策、财政资金、项目倾斜、金融服务、技术培训等多个层面制定和完善扶持政策，建立小农生产支持保护体系，让小农分享发展成果，逐步将小农户引入现代农业发展轨道。要适当调整与完善农业补贴政策，以股份形式量化到合作社与小农户，使小农户参与产业链与价值链的利益分配，让处于产业链低端的小农户也能分享到财政支农的红利。加强分类指导、精准施策，对退出型小农、自给型小农、兼业型小农、发展型小农采取更为精准的扶持政策。

第三，完善农业社会化服务体系，发挥好支撑作用。小农面临的发展困境，除了源于自身能力缺失，还源于外部服务的严重不足，突出表现为公益性服务组织功能低弱、合作经济组织严重缺失、市场化服务组织行为失序等问题。因此，要培育和发展多种类型的服务主体，加快构建以公共服务机构为依托、合作经济组织为基础、龙头企业为骨干、公益性服务与经营性服务相结合，专项服务与综合服务相协调的多元化、多层次、多形式的新型农业社会化服务体系，形成公益性服务、合作型服务、市场化服务有机结合、整体协调的新型社会化服务体系，为小农生产提供全方位服务。针对专业小农、兼业农户、外出农户的不同需求，培育不同类型的服务组织，发展生产性服务业、经营性服务业、金融性服务业，帮助小农户处理好农业生产经营中存在的问题，解决小农户依靠自身能力办不好、办不了、办得不经济等困难。

第四，深化供销合作社综合改革，发挥好带动作用。供销合作社是为农服务的合作经济组织，是为农服务的"国家队"。经过近几年的综合改革，已初步构建了综合性、规模化、可持续的为农服务体系，成为乡村振兴不可或缺的生力军。要继续深化供销合作社综合改革，不断增强服务乡村振兴的综合能力，以"实施供销合作社农业社会化服务惠农工程"和"供销服务带动小农户工程"为抓手，发挥组织网络与经营服务优势，完善面向小农户的生产生活服务，提升小农户组织化程度，提高小农户生产经营能力，拓宽小农户增收空间，促进传统小农户向现代小农户转变。要充分发挥供销合作社的带动作用，促进供销合作社与农民专业合作社的融合发展，进一步密切与农民的利益联结，推动供销合作社由流通服务向全程社会化服务延伸，向城乡社区服务拓展，向一二三产业融合渗透，逐渐把小农引入现代农业发展轨道。

第五，完善利益联结机制，发挥好新型经营主体的示范引导作用。支持新型主体通过订单收购、保底分红、二次返利、股份合作、吸纳就业、村企对接等多种形式带动小农户共同发展。鼓励新型主体通过"公司＋农户""公司＋合作社＋农户"等形式，延长产业链，保障供应链，完善利益链，将小农户纳入现代农业产业体系。调整相关政策，将新型主体以合同或股权方式带动小农户的数量以及与小农户建立稳定的利益纽带等作为其申请财政资金支持的必备条件，从而增强新型主体把小农户引入现代农业发展轨道的内在激励机制。

第六，创新合作社组织小农户机制，发挥好小农户的主体作用。作为劳动的联合，合作社是弱小群体互助合作的一种组织形式，能将家庭生产积极性与合作经济组织优势有机地结合起来。合作社集生产主体与服务主体于一身，融传统农户与新型主体于一体，具有组织小农服务自我的特殊功能。支持鼓励小农户围绕优势产业与特色产业，按合作制原则建立合作社，做到发展一个合作社，带动一个产业，致富一方农民。坚持农户成员在合作社中的主体地位，提升合作社运行质量。财政补助资金形成的资产应量化到小农户。健全盈余分配机制，使小农户共享合作收益。

二、转型之变：当代农民的侧影

新中国成立以来，经过短短二十多年的奋斗，我国就在一穷二白的基础上建立了独立的、比较完整的工业体系与国民经济体系。改革开放以来，我国现代化建设进入了快车道，实现了从站起来到富起来再到强起来的历史性跨越，进入了向第二个百年奋斗目标进军、建设社会主义现代化强国的新阶段。

伴随着现代化建设的一路高歌，我国进入了由传统农业向现代农业转变、由传统农民向现代农民转变、由传统农村向现代农村转变的关键时期。正确地认识三农发展所处的历史方位、科学评估农民的发展状况，是实施乡村振兴战略、协调推进四化同步的基本前提。

改革开放四十多年来，我国农民所处的时代方位、物质世界与精神世界都发生了深刻的变化。本章主要从不同侧面追踪分析这些"转型之变"，并从中找到一些规律性特点。

在传统与现代之间

传统与现代是两个既相互联系又有本质区别的范畴。传统是指历史相沿下来的、具有一定特色的物质与非物质的东西，是一个外延最宽、反映客观事物最一般的概念。而现代则是一个由时间过程与时代特征所组成的概念，是现代社会与现代人所具有的属性与特征，也就是人们常说的现代性。现代与传统没有截然的区分，只是一个相对而言的历史的时光概念。从通常意义上说,现代主要指工业文明的时代,而传统则是指农耕文明时代。

从传统到现代、从农业社会到工业社会是一个此消彼长的过程。在这持续性的过程中,传统元素渐行渐远,现代力量扑面而来,并在扬弃传统的基础上形成新的传统,学术界往往把这一过程界定为社会的转型期,亦即从农业文明向工业文明变迁的过程。

现代化是人类文明的重要标志。工业化是现代化的发动机,城市化是现代化的孵化器。现代化的过程既是工业化与城市化互动演进的过程,也是传统农业社会遭到系统解构与现代工业社会整合生成的过程。在现代化的历史进程中,工业化与城镇化的互动演进给传统农村带来多方面的影响与冲击:一是农业产业的小部门化。随着工业化的启动与产业升级的加速,农业产业占比直线下滑,由传统社会的支柱地位下降到平分秋色再进一步降为小比例化,发达国家甚至降到5%以下,成为名副其实的小部门。二是农业产业的现代化。农业份额越是减少,农业作为国民经济基础的意义也就越大,国家人口越多,农业的作用也就越大。工业化在降低农业产业占比的同时,又提高了农业的装备水平,逐渐终结了"面朝黄土背朝天"的劳动方式与小农的生产方式;市场化水平的提高又有效地冲击了自给自足的小农经济,"男耕女织"逐渐走进历史,现代农业经营方式应运而生。三是农业人口非农化与职业化。在产业升级的历史进程中,制造业与服务业像海绵吸水般吸纳了大量的农村劳动力,城市文明又吸引了大量的农村人口,改写了人口的分布结构。非农人口持续上升,农业人口不断下降,有的国家只占总人口的10%以下。伴随农业人口的减少与农业发展方式的转变,农业劳动力的素质有了明显提高,种田既要有力气与经验,更要有知识会经营。农民作为一种职业不再是与生俱来的不能选择的身份,而是需经过后天努力与系统培训才能获取的职业。四是现代化对"三农"的改造与发展既提出许多要求,又准备了必要的条件,也就是人们常说的"作诗功夫在诗外"。在这些因素的影响与冲击下,乡村有形的外观、无形的经济社会结构、乡村居民的精神世界与生活方式都与传统农村大相径庭,有的甚至面目全非,大有村将不村之势。

经过四十多年的改革发展,我国现代化建设取得了举世瞩目的成就,实现了从贫穷到温饱再到全面小康的历史性跨越,进入了向第二个百年奋斗目标进军的新时代。诚如世界银行专家所说:"中国只用了一代人的时间,取得了其他国家用了几个世纪才取得的成就。"①

伴随着工业化与城市化的节奏,在体制、政策、科技、投入等因素的作用下,农村经济社会发展进入了快车道,农业生产力水平稳步提高,粮棉油等主要农产品产量稳居世界前列,农村经济全面繁荣,农民收入节节攀升,社会转型明显加快,进入了由传统农业社会向现代工业社会的加速转型期。

转型期农村,既不同于传统意义上的农村,又有别于现代农村社区,而是滞留在现代化途中,兼有传统与现代两方面的特征。与传统农村相比,它多了不少现代气息,如现代农业生产技术、机器的轰鸣声等;与现代农村相比,它又残存不少传统的东西,如小农文化心理、随遇而安的人生哲学等。一方面,从传统的视角来看,当代农村已不再是传统意义上的农村,农村经济发展水平、农村社会发展水平与农村居民个人的发展水平都与传统农村相去甚远,有的甚至面目全非;另一方面,从现代的角度来观测,当代中国农村又不是纯粹意义上的现代社区,落后的生产力、传统的生产生活方式、破旧的村容村貌、不合时宜的价值观念等都不同程度地存在着,与现代社会仍有相当距离。从某种意义上说,当代中国农村犹如一艘巨轮,行驶在从传统到现代的航道上,传统如影相随,现代扑面而来,传统的与现代的、固有的与新生的、落后的与先进的、愚昧的与文明的,矛盾的双方并存于当代中国农村这一统一体之中。党的十七届三中全会用"三个进入"来界定转型期农村的历史方位,即我国总体上已进入了以工促农、以城带乡的发展阶段,进入了加快改造传统农业、走中国特色农业现代化道路的关键时期,进入了着力破除城乡二元结构、形成城乡经济社会发展一体化新格局的重要时期。

与传统农村相比,当代中国农村经济发展水平有了质的提高,农业生产力水平、农村产业结构、农村居民生活水平都有了明显的变化,离

---

① 转引自葛志华《在奔五途中》,南京:江苏人民出版社2011年8月版,第17页。

现代化指标体系越来越近。从农业生产力水平看:"面朝黄土背朝天"曾是小农经济落后生产方式的生动写照。正是这种落后的农业生产方式使国人长期在饥饿与温饱的边缘挣扎。新中国成立后,我国农业生产力水平有了一定的提高,但人民生活仍然贫穷。1978年,农民一个日工平均只有8毛钱,人均年消费粮食199公斤,绝对贫困人口仍有2.5亿人。改革开放以来,家庭联产承包责任制为农民松了绑。沐浴着连续几个中央一号文件的东风,农业生产力水平有了大幅提高,逐步走向产业化、机械化与规模化。随着农业生产经营方式的改变和市场化进程的加快,随着农业合作社＋农户、公司＋基地等生产经营方式的创新,随着农业装备水平的不断提高与农业社会化服务体系不断健全,我国农业逐渐走上了现代化之路。从1978年到2007年,我国粮食总产量由30477万吨增加到50150万吨。2007年比1978年棉花产量增长2.5倍;粮油增长3.9倍,糖料增长3.9倍,肉类增长6倍多,水产品增长9倍。全国农机总动力由1978年的11750万千瓦,增加到2007年的76590万千瓦,增长5.5倍。① 进入21世纪以来,我国粮食生产又"十二连增",2015年达到62143.9万吨。农作物耕种收综合机械化率超过70%,②农业生产实现从主要依靠人力畜力向主要依靠机械动力的根本转变。

从农村产业结构来看:在传统农业社会,农业是决定性的产业,其他部门或是需要依赖农业提供原料,或是处于为农业部门服务的附属地位。随着工业化的启动与不断演进,农业的支柱地位发生了动摇,日趋小部门化。2019年与1978年相比,第一产业增加值累计增长473%,粮食总产量累计增长117.8%,农民人均可支配收入累计增长19.7倍。③ 但农业占比仍显快速下降的趋势。资料表明:新中国成立以来特别是改革开放以来,我国产业结构快速变动,再次演绎了发达国家现代化的一般规律:农业与非农产业之比由1949年的90∶10变为1980年的30.1∶69.9,从1996年的20.2∶79.8,演变为2001年的

---

① 转引自葛志华《在奔五途中》,南京:江苏人民出版社2011年8月版,第19页。
② 转引自巩前文《当代中国"三农"发展研究》,北京:中央编译出版社2019年12月版,第6页。
③ 转引自葛志华《在奔五途中》,南京:江苏人民出版社2011年8月版,第19页。

15∶85左右。2021年,我国农业产业与非农产业之比为7.3∶92.7。①这一变动表明:虽然第一产业总量在不断放大,主要农产品产量稳居世界前列,但第一产业占比已日趋小部门化。短短70多年,农业与非农产业正好互换了位置,这不仅折射出中国现代化的巨大成就,而且标明了农村现代化的历史方位。

从农村居民生活水平来看:1978年至2007年,农民人均收入水平由134元增加到4140元,而同期农村居民恩格尔系数则由67.7%下降到43.1%。这一升一降不仅表明农村居民收入水平有了明显提高,而且还表明农民的生活质量也有了明显改善,实现了从生存到生活的转变。资料显示:同期农民肉类人均消费由9.1公斤增加到52公斤、水产品消费由5.5公斤增加到36公斤,医疗卫生、交通通信、文化娱乐等发展性支出不断上升,农村贫困人口逐年大幅减少,中国反贫困工作成效卓著,成为世界典范。进入21世纪,农民收入呈现出"十七连快"的可喜局面。2021年农村居民人均可支配收入达18931元,同比增长9.7%,高于城镇居民收入增速2.6个百分点。农村居民的恩格尔系数下降到32.7%。2020年,现行标准下9899万农村全国人口全部脱贫,书写了人类反贫困史上的中国奇迹。②

现代化不仅带来了农村经济发展水平的提高,也推高了社会发展水平,使农村面貌、农村居民的流动、农民的阶层化现象、农村社会结构等都呈现了新的气象,也越来越接近现代化指标。从农村面貌来看,全国基本实现了村村通公路、通电力、通电视、通有线电视和宽带,农民住房经过几轮翻新,生活垃圾及污水得到有效治理。农村社会保障从空白到逐步健全,城乡基本公共服务均等化水平显著提高。从社会成员流动来看,传统农村社区是一个相对静止的社会,社会成员同质性强,有点像"袋中的一个个马铃薯",是一个"没有陌生人的熟人社会",人们彼此间的信任源自相互间的熟悉,而非法律或契约的规定。而对于相邻的地域,则有所谓"鸡犬之声相闻,民至老死不相往来"之说。改革开

---

① 转引自葛志华《在奔五途中》,南京:江苏人民出版社2011年8月版,第19页。
② 转引自葛志华《在奔五途中》,南京:江苏人民出版社2011年8月版,第19页。

放以来，农村社会成员流动加快，熟人社会逐渐向半陌生人社会过渡。随着所有制结构与产业结构的变动以及社会管理政策的调整，新的社会位置大量增加，利益差别明显拉大，开放程度明显提高，为农民流动提供了前所未有的机会、动力与途径。农民由农村流向城市、由第一产业流向非农产业，由西部地区流向沿海地区与经济特区，由低收入、低社会地位的职业流向高收入、高社会地位的职业。资料显示：全国已有超过半数的农村劳动力转移到非农产业，大江南北涌动着一股"一江春水向东流"的民工潮。据相关资料，2020年，我国农民工人数高达2.8亿人。① 社会流动性增强，成为改革开放以来最为显著的社会特征之一。

在农村社会成员流动的基础上，社会分化也明显加快。农村社会结构构成要素种类明显增多，数量迅速扩大，形式也日趋丰富。在传统农村社区，农民的社会生活与社会关系彼此相似，就像同名数相加，社会呈现同质性。改革开放以来，农民身份变了，由人民公社体制下的社员变为独立的商品生产者；农民的职业多样化了，由过去单纯的农业生产者变成具有不同职业的庞大群体；农民分化了，由清一色的所谓农民阶级分化为农业劳动者、农民工等若干个经济利益、社会地位、生产方式和价值观念各不相同的阶层。整个农村正由过去封闭的身份群体不断向多样化职业群体、利益群体结构转化，由刚性的阶级向富有弹性的阶层转化。

农民的流动与分化又加快了社会结构的重组，明显地呈现出以下趋势：即从刚性到弹性，阶层之间相对开放；从简单到复杂，同质性在下降，而异质性在上升；从先赋性因素到自致性因素，社会流动机制逐渐形成；从强整合到弱失控，社会分化与社会整合不同步，社会整合机制发育明显滞后，使得一些地方出现了无序与半无序的状态。

与传统农村相比，农村居民个人的发展水平也有了明显提升。农村居民平均受教育年限、生产生活方式、思想观念、组织水平等都发生了并仍在发生积极向上的变化。在传统农村，农民是文盲、半文盲的代

---

① 《2020年农民工监测调研报告》，国家统计局网站，2021年4月30日发布。

名词,日出而作,日落而息是农民的生产生活方式,"三十亩地一头牛,老婆孩子热炕头"是农民的人生追求。改革开放以来,农村居民的发展水平也有了明显提高。一方面作为外在生存与发展的社会历史背景,经济社会发展水平发生了巨大的变化;另一方面,在内在的领域而言,农民的受教育年限、生产生活方式、价值观念也有了显著的变化,使得沿袭几千年的作为"乡下人"的固有特征正在消失,现代农民的特征正在演变形成之中。从农民平均受教育年限来看:旧中国80%以上的人是文盲,农村中文盲比重更大,全国学龄儿童入学率通常只有20%左右。① 新中国成立后,我国教育有了巨大发展。1986年国家又颁发了《中华人民共和国义务教育法》。到1988年,我国农村适龄儿童的入学率已上升到95%以上,文盲半文盲占人口比例已由新中国成立之初的80%下降到15.88%。1993年,我国农村劳动力平均受教育年限为6.76年。进入21世纪以后,农民平均受教育年限又有新的提高,2000年农村劳动力小学文化程度以下的占40%左右,比1985年下降了25个百分点,而初中及初中以上文化程度的占60%左右,比1985年上升了25个百分点。② 这一升一降表明,我国农民整体素质有了明显提高。与此同时,大众传播媒体深入农村,文化设施明显增多,这一切都有效地提高了农民的素质。从农民的生产生活方式来看:男耕女织、自给自足的小农经济在市场经济的冲击下已走向瓦解;日出而作、日落而息的农业文明生产生活方式逐渐被工业文明固定的上下班作息时间所取代。早起商贩的吆喝声、上班民工的车轮声划破了农村宁静的黎明。发达地区农村甚至兴起了"夜生活",一到晚上霓虹灯竞相闪烁。从农民的价值观念来看:中国农民长期受自给自足小农经济的影响与儒家文化的熏陶,新中国成立以后又在高度集中的统购统销计划经济体制中生活了二十多年,其思想观念固然不乏被誉为中华民族传统美德的勤劳、质朴、诚实等优良品质,但也传承了一些与现代化格格不入的思想观念,诸如自给自足的思想,保守与封闭的文化心理,赌博与迷信的

---

① 转引自葛自华《在奔五途中》,南京:江苏人民出版社2011年8月版,第22页。
② 转引自葛志华《在途五途中》,南京:江苏人民出版社2011年8月版,第22页。

陋习,因循守旧、随遇而安的人生哲学等。新中国成立后,特别是随着我国改革开放的深入和市场经济的发展,广大农民在现代化建设的崭新实践中逐渐摒弃了落后的思想观念,树立了现代化所需要的市场意识、竞争意识、科技意识与时间观念。虽然思想观念具有内涵性与模糊性,难以从数量上进行精确的把握和定量分析,但农民的所作所为都清楚地表明:当代农民的思想观念正变依赖为自主、变封闭为开放、变保守为进取,有文化、懂技术、会经营的新型农民正在形成之中。再从农民组织水平来看,截至2020年5月底,全国共有农民专业合作社222.54万家,入社农户占农户总数的一半以上。① 虽然其中不乏空壳社,但农民组织水平比过去有了质的提升,多少不等地拥有了可以依赖的组织资源,不再是单打独斗的"袋中马铃薯"。

总之,与传统农村相比,当代农村有长足的发展,离现代化指标越来越近;但与现代农村相比,当代农村这艘巨轮又尚未到达现代化的彼岸,存在着发展不平衡、不充分,经济社会发展不同步等诸多问题,使农村长期在传统与现代之间徘徊,农民长期滞留在现代化途中,致使"三农"问题仍然成为现代化建设的"难中之难"与全党工作的"重中之重"。但只要我们坚定城乡经济社会一体化的发展方向,扎实推进乡村振兴战略,农业农村一定能顺利走进现代。

从生存到生活

生存与生活虽只有一字之差,但意义却相去甚远。生存大致与马斯洛需求层次理论的第一层次相对应,只要满足温饱等基本生理需求即可;而生活则是以生存为基础的、以发展性与享受性为基本特征的一种人生状态,大致与马斯洛需求层次理论的后几个层次相呼应。

摆脱生存危机、追求美好生活是人类的共同憧憬。然而,囿于社会制度与生产力水平等因素,我国农民虽创造了灿烂的农业文明,但长期

---

① 《新京报》2020年9月3日第3版。

以来生活总体上并不美好,物质生活绝对贫困,恩格尔系数居高不下,精神生活也十分匮乏,有时甚至连基本的生存条件也得不到保证。在我国浩如烟海的史书中,"人食草木""饥寒交迫"等记载比比皆是,明朝后期刑部官员杨东明还根据自己的见闻,编绘了《饥民图说》一书,真实地记录了大明王朝农民的生存状态。唐代诗人李绅在《悯农》中,用"春种一粒粟,秋收万颗子。四海无闲田,农夫犹饿死"来表达对农民命运的关切与悲悯;大诗人杜甫留下了"朱门酒肉臭,路有冻死骨"的警句;白居易诗中也有"是岁江南旱,衢州人食人"等令人不寒而栗的句子。在十八九世纪陆续来华的传教士的眼中,中国并不像《马可·波罗游记》所描述的那样富裕,所谓遍地黄金、人人身穿绫罗绸缎,而是随处可见触目惊心的贫困,到处是如同乞丐的农民、矮小破旧的房舍以及太多茫然不知所措的目光。如乾隆五十八年夏天,也就是公元1793年,以马戛尔尼为首的英国使团发现中国人都"如此消瘦",很难找到类似英国公民的啤酒大肚或英国农民喜气洋洋的脸,中国农夫"每次接到残羹剩饭时,都要千恩万谢"。历史学家啧啧称颂的所谓"康乾盛世"在这位英国人眼中其实就是一个饥饿的盛世。农民在盛世尚且如此,遇到天灾人祸,更加痛苦不堪,吃糠咽菜、卖儿卖女十分普遍,甚至发出了"宁为太平犬,不作乱世人"的呼号。在历史学家的眼中,由饥饿问题累积生成的周期性的农民起义演绎了无数"你方唱罢我登台"式的改朝换代的故事,推翻了前一个王朝,换上了后一个王朝,一切又照旧复制一遍,历史并没有真实地前进,只是终点与起点的转换而已。

1949年新中国成立,中国历史掀开了崭新的一页。改革开放以来,我国现代化建设进入了快车道,实现了从贫穷到温饱到总体小康再到全面小康的历史性跨越,进入了向第二个百年目标进军的新时代。资料显示:新中国成立后经济基本恢复的1952年,我国国内生产总值为679亿元,1978年增加到3645亿元,2008年超过30万亿元,年平均增长8.1%,比1952年增加了77倍。也就是说,当今一天创造的财富就超过1952年一年的总量。短短60年,中国经济占世界经济总量从不足1%上升到1978年的1.8%再跃升到2008年的6.4%,居世界第三位。2011年,我国经济总量的份额又由2002年的4.4%提高到

10%,由第六位上升到第二位。成为世界举足轻重的经济体。如折合美元计算,我国 2008 年国内生产总值为 38600 亿美元,相当于美国的 27.2%,日本的 78.6%。2008 年我国人均国民总收入达到 3292 美元,按照世界银行的划分标准,我国跃升至世界中等收入国家行列。60 多年只是宇宙时间的短短一瞬,中华大地却是翻天覆地的一甲子。2021 年,我国的 GDP 总量首次超过 110 万亿元,占全球 18% 左右。这诚如美国记者西默·托平所说:"中国的变化看起来就像一部科幻小说。"①

新中国的成立,让农民在政治上翻了身,成为国家的主人;经济建设的巨大成就,又使农民生活有了保障,农民的收入水平、消费能力、社会保障水平都有了大幅提高,初步实现了从生存到生活的历史性跨越。2021 年,习近平总书记在全国脱贫攻坚总结表彰大会上庄严宣告:经过全党全国各族人民的共同努力,在迎接中国共产党百年华诞的重要时刻,我国脱贫攻坚取得全面胜利。现行标准下 9899 万农村贫困人口全部脱贫,832 个贫困县全部摘帽,12.8 万个贫困村全部出列,完成了消除绝对贫困的艰巨任务,创造了又一个彪炳史册的人间奇迹。②

——从收入水平来看,70 多年来,特别是改革开放以来,伴随着生产力水平的提高与现代化进程的加快,我国农民收入稳步增加,收入结构发生了历史性变化。新中国成立之初,我国农民人均收入在 44 元左右,1978 年为 134 元,2008 年为 4761 元,其中 1978 年至 2008 年平均实际增长 7.1%。2009 年上半年我国农村居民现金收入更是达到人均 2733 元,同比增长 8.1%。收入的增加使城乡居民拥有的财富呈快速增长的趋势。2008 年底,城乡居民人民币储蓄存款余额达 21.8 万亿元,比 1952 年底的 8.6 亿元增加 2.5 万倍,人均从 1.6 元增加到 16407 元。③ 在收入总量增加的同时,农民收入结构也发生了可喜的变化,家庭经营性收入、工资性收入、转移性收入、财产性收入都有不同程度的提高,呈现了多元化的态势。进入 21 世纪以来,农民人均收入持续增长,实现了"十七连快",由 2000 年的 2253.4 元上升到 2016 年的 12363

---

① 转引自葛自华《在奔五途中》,南京:江苏人民出版社 2011 年 8 月版,第 25—26 页。
② 《在全国脱贫攻坚总结表彰大会上的讲话》,中华人民共和国农业农村部网站,2021 年 5 月 24 日。
③ 转引自葛志华《在奔五途中》,南京:江苏人民出版社 2011 年版,第 26—27 页。

元,增长了5.5倍,年均增长10.5%,高于同时段城镇居民人均纯收入增长率10.4%。[1] 2021年,我国农村居民人均可支配收入18931元,较2012年翻了一番多。

——从消费水平来看:收入水平的稳步提高导致了恩格尔系数的缓慢下降。新中国成立之初,农村居民恩格尔系数在90%以上,属于绝对贫困;改革开放之初,农村居民恩格尔系数为60%左右,属于贫困阶段;2008年农村居民恩格尔系数则下降到43.7%;2020年,我国农村恩格尔系数又进一步下降到32.7%。按照联合国粮农组织的标准,属于小康型消费阶段,总体上进入了温饱有余、富裕不足的状态。恩格尔系数的下降又带来了消费能力与消费结构的变化。从1978年到2007年,农村居民人均生活消费支出由116元提高到3224元。在农民生活消费中,现金消费支出比重不断提高,2005年,现金消费支出占全部生活消费支出的比重为83.7%,比2000年提高6.8个百分点,绝对值净增加853元。农民心目中的高档消费品由20世纪五六十年代的百元级"老四件"——自行车、手表、缝纫机、收音机,升级为20世纪80年代的千元级"新六件"——电视机、洗衣机、录音机、电冰箱、电风扇、照相机;再进一步升级为90年代的万元级、十万元级、百万元级的电脑、汽车、商品房等。2020年,农村居民平均每百户汽车、微波炉、空调、热水器、油烟机和计算机的拥有量分别为26.4辆、19.7台、73.8台、76.2台、30.9台和28.3台。[2] 从消费结构来看,农民居民消费结构正在向追求生活便利、提高质量、注重健康方面进一步发展,用于交通通信、医疗保健和文教娱乐的支出增幅明显快于其他增幅,正在向享受性、发展性结构转变,而吃、穿、用等"生存型"消费逐渐退居次位。

消费水平的提高又引发了衣食住行用等一系列连锁反应。就衣而言,"新三年、旧三年,缝缝补补又三年"淡出视野,希望的田野涌动着姹紫嫣红的时装潮。短短70年,人们的衣着消费由颜色单一、御寒保暖为主逐步转向中高档,舒适、时兴、款式多样,农民越来越注重"包装"自

---

[1] 巩前文:《当代中国"三农"发展研究》,北京:中央编译出版社2019年12月版,第4页。
[2] 转引自葛志华《在奔五途中》,南京:江苏人民出版社2011年版,第26—27页。

己。就食而言,70年前让全家人吃饱是家庭主妇最大的心愿,而现在如何健康饮食、防止"三高"等富贵病成为农民关心的话题;过去农民大多因吃不饱而患病,现在则多了吃出来的"富贵病";农民像城里人一样开始讲究口感、安全与营养,吃得好逐渐取代吃得饱。资料显示:我国肉类人均占有量达到世界平均水平,蛋类也赶上发达国家平均水平。2008年,我国人均肉、蛋、奶占有量已分别达到54.9公斤、20.4公斤和28.5公斤,有效地丰富了菜篮子,改善了城乡居民的膳食结构。从1978年到2007年,我国农民肉类人均消费由9.1公斤增加到52公斤,水产品消费由5.5公斤增加到36公斤,医疗卫生、交通通信、文化娱乐等发展支出也不断上升。就"住"而言,短短70年就完成了从低矮的草房到瓦房到楼房再到别墅的升级,农村2007年人均住房面积则高达46.8平方米,且住房卫生条件明显改善,居住日趋舒适;住房质量则以砖瓦房和混凝土结构为主,矮小破旧的泥墙草舍成为历史;发达地区农村也兴起了装修热,家庭摆设与城里人家可以媲美,各类家用电器、现代厨房设备等一应俱全。就"行"而言,硬化的道路代替了泥泞的小道,自行车、摩托车、公交车、小轿车依次成为农民代步工具。就"用"而言,美丽乡村建设给农民带来了美化的环境,机械化替代了繁重的体力,乡镇工业给农民带来了电话、电视、电脑、汽车、银行、保险和更为广泛的交往天地,楼上楼下、电灯电话早已成为活生生的现实。统计资料显示:1978年农村居民家庭几乎没有任何电器,2007年每百户农村居民家庭拥有的电视机、电冰箱、洗衣机等耐用消费品分别达到106.5台、26.1台、45.9台。[①] 在传统耐用消费品稳步增加的同时,信息化设备在农村普及的速度明显加快,固定电话、移动电话、电脑网络已进入寻常百姓家。农民生活越来越富足与便捷。江苏等地农民还津津乐道地谈论起了幸福指数……这些变化都表明:饥饿与贫穷正离我们远去,富裕与幸福正向我们走来。农民生活越过越红火,越过越有滋味。

——从社会保障水平来看:社会保障是民生安全网,与农民幸福生活息息相关,也关系到国家的长治久安。旧中国民不聊生,饿殍遍野,

---

① 转引自葛志华《在奔五途中》,南京:江苏人民出版社2011年8月版,第28页。

农民缺乏基本的社会保障。改革开放以来,随着现代化进程的加快与社会统筹政策的推进,农民的社会保障水平有了明显提高。"少有所学,病有所医,老有所养"逐步由梦想变为现实。党的十八大提出"统筹推进城乡社会保障体系建设",国家出台了新农合、农村居民最低生活保障制度、农村养老制度等文件,逐步地建立了农村社会保障体系。各地通过建立"新农合",逐步解决农民病有所医的问题,截至2008年末,全国开展农村新型农村合作医疗的县(市、区)2792个,参合率为91.5%。通过实施《义务教育法》,实施农村义务教育"两免一补",大力提高农民的科学文化素质。截至2007年底,全国普及九年义务教育人口覆盖率达到99.3%,实现"普九"的县数已占全国总县数的98.5%。仅2007年中央财政就安排"两免一补"资金279亿元,免除了全国农村近1.5亿名义务教育阶段学生的学杂费。[①] 通过实施农村低保,推进农村养老保险、失地农民保险、农民工社会保障、农村社会救助等政策,建立覆盖城乡的社会保障制度。2008年,有4306万农村居民得到政府最低生活保障。2009年,全国10%的县试点"新农保",农民60岁后将可享受普惠式养老金。[②] 总的说来,我国农村地区社会保障水平仍处于初级阶段,养老保险、合作医疗和最低生活保障水平刚刚起步,存在统筹层次低、覆盖面小、共济性差、管理水平低、可持续性较弱等众多问题。因此,要以实施乡村振兴战略为契机,坚持城乡一体化的政策导向,逐步缩小城乡社会保障水平的差距,真正建立城乡一体化的社会保障体系,加快实现社会保障的公平与普惠,为经济发展提供良好的社会环境。在农民收入水平、消费水平与社会保障水平不断提高的同时,农民自身发展水平也有了明显提高。农民平均受教育年限、生产生活方式、思想观念都发生积极向上的变化,传统的"乡下人"的特征正在消失,有文化、懂技术、会经营的新型农民群体正在形成之中。

在从生存到生活的跨越过程中,也出现了一些新情况、新问题,如虽然农村扶贫工作取得惊人业绩,但仍有因病致贫、因病返贫的问

---

① 转引自葛志华《在奔五途中》,南京:江苏人民出版社2011年8月版,第29页。
② 转引自葛志华《在奔五途中》,南京:江苏人民出版社2011年8月版,第29页。

题；虽然农民收入水平整体有较大提高，但农村居民内部贫富差距明显拉大，基尼系数居高不下；虽然工业化拉高了农民的收入，但乡镇工业的浓烟与污水仍在一些地方浸染着村庄，带来了亟待治理的环境问题等。

总之，农民收入水平、消费水平、社会保障水平以及农民自身发展水平的提高，使我国农民逐渐告别了饥饿、贫困与落后，走向了小康、幸福与文明，初步实现了从生存到生活的历史性跨越。

从传统人到现代人

记得一位哲人说过：现代化的目标与中世纪的面孔相结合，任何现代化的努力都是徒劳的。现代化发展史也一再表明：一个国家的现代化并不只是一组能折射经济建设水平的数据，如人均GDP、工业化与城镇化水平、三次产业比例、恩格尔系数等；也不只是能折射现代化建设成就的高楼大厦、车水马龙、绿茵广场等；更重要更有价值的还表现为人自身的发展水平与人的现代化水准。

人既是现代化的主体，也是现代化建设的目标。作为主体，只有现代化的人，才能担当现代化的重任；作为目标，只有实现人的现代化，才能真正体现现代化的价值。而且，人的现代化并不是现代化过程结束后的副产品，而是现代化建设赖以长期发展并取得成功的先决条件。这正如法国著名学者让·莫内所说："现代化需要先化人后化物。"

所谓人的现代化是指人的生存方式和发展状态的历史转型，是人的素质全面发展的动态过程。虽然衡量人的现代化水准尚存在不少困难，比如，人的思想意识具有内含性与模糊性，难以从数量上进行精确的把握与定量分析；又比如，人的生活方式具有绵延性与持久性，难以从时间上进行截然的划分，需要在较长的时间跨度上才能看得出来；再比如，农民人数过于庞大且内部又存在较大的差异，对他们的理解不易走出以偏概全的阴影。但美国社会学家A.英克尔斯等人提出的人的现代化的"素质清单"以及我国学者的相关研究成果，为研究农民的现代化提供了分析的架构与启示。

新中国成立70多年来，我国现代化建设取得举世瞩目的成就，实现了从贫穷到温饱再到全面小康的历史性跨越，进入了建设现代化的新时代。尤其是改革开放40多年来，我国保持了经济高速发展，一个总人口比美国、日本、欧洲之和还要多的国家，走上了富裕安康的光明大道，谱写了一曲现代化的凯歌。从贫穷落后到初步繁荣，从温饱不足到全面小康，从"站起来了"到"富起来了"，再到"强起来"，古老而又年轻的中国走出了一条生气勃勃的现代化道路，创造了人类文明发展史上的奇迹。

这个发展奇迹给中国城乡带来了翻天覆地的变化。时至今日，中国的城市已与国外发达国家差不多，一样是鳞次栉比的高楼大厦，一样是川流不息的车水马龙，一样是芳草萋萋的绿茵广场，一样是鲜明欢快的生活节奏。在城市飞快发展的同时，农村也有了较大发展，经济发展水平、乡村建设水平、农民生活水平与社会保障水平等都有了明显提高。但与城市相比，城乡发展不平衡、农村发展不充分等问题依然存在，不少地方的农村仍难以摆脱相对贫困、劳碌、单调与缺乏生气的阴影，乃至使我国一些地方形成了"城市像欧洲，农村像非洲"的时代反差。

现代化既"化"物，又"化"人。现代化不仅改变了农民赖以生存的物质世界，给农民带来了城市化与工业化，带来了农业生产方式的新转变，带来了衣食住行用的新变化，而且改变了农民的精神世界，给农民带来了与工业文明相适应的生产生活方式。加快了传统农民向现代农民转变。

中国农民长期受自给自足小农经济与儒家文化的熏陶与影响，虽然养成了吃苦耐劳等传统美德，但也积淀了与现代社会格格不入的糟粕。有人把这些糟粕概括为"四个性"，即政治意识的淡薄性、经济意识的保守性、文化意识的伦理性、人格意识的依附性。中国农民身上既有勤劳、质朴、诚实、勇敢等闪光点，又不乏狭隘、保守、闭锁、愚昧等失分点。这样，现代化与农民就形成了一个难解悖论：农民既是现代化的推动力量，又是现代化的制约力量。没有农民，现代化无法实现；有了农民，又使现代化变得异常艰巨。这不仅造成了中国现代化的两难处境，也注定了"三农"问题的长期性、艰巨性与复杂性。

在扑面而来的现代化与市场化大潮的冲击下,我国农民在职业分化、阶层分化的基础上,又出现了自身发展状态的历史转型,并使农民呈现出既不同于"传统人",又有别于"现代人"的崭新特征。一方面,从传统的视角来看,农民已不再是"传统人",程度不同地脱离了传统的人生轨迹,背离了传统文化的角色期待。如"父母在,不远游"的古训对当代农村青年缺乏约束力,大批务工经商的农民回家次数明显减少,甚至春节也不回家团聚;另一方面,从现代性的角度来看,当代农民又不是完全意义上的"现代人",其思想观念、生产生活方式又程度不同地残留着传统人的印记,如现代社会需要与之相适应的自主进取开放的心态,但仍有不少农民抱残守缺,日出而作,日落而息,小富即安,小胜即喜。因此,当代农民既不是传统人,又不是现代人,而是同时兼具两类人特征的"过渡人"。可以说,当代农民虽离开了"传统"的此岸,却仍未到达"现代化"的彼岸,仍滞留在现代化途中,借用一部电影的名字,那就是"人在旅途"。

跨文化现象是过渡人的重要特征之一。当代农民程度不同地接受了两种价值观与意义系统。一方面,他们与传统存有千丝万缕的联系,其价值观念与生活方式仍时隐时现地出现传统的影子,农民仍在程度不同地复制"日出而作,日落而息"的生活方式,信奉随遇而安的人生哲学;另一方面,他们又对工业文明产生了无限的向往与追求。市场经济的竞争意识、工业文明的时间观念、现代社会的法治意识经多次反复后植入农民的头脑。传统的血缘与地缘关系也发生了前所未有的深刻变化,经济关系与利益关系甚至赤裸裸的金钱关系正在淡化农民的血缘与地缘关系。亲友关系被股份合作关系、老板与打工仔的关系注入新的内容,赋予新的色彩,变成经济交往的一条新纽带。因此,在农民内心时常会出现不同文化的矛盾与冲突,苦恼的农民、困惑的农民、蜕变的农民等等鲜活的面孔由此走上历史大舞台。

"双重人格"是过渡人的又一重要特征。一方面,当代农民存在传统人的人格品质,另一方面又融入了现代人的"人格品质",混合着传统的与现代的、固有的与新生的、落后的与先进的、愚昧的与文明的,矛盾的双方共存于农民这一统一体中。因此,在农民的行为上,"既……又……"式的二极文化心理结构表现得非常突出与鲜明。中国农民是务实的，没有应验的事不做，超出经验之外的事不信，一切均以"耳听为虚、眼见为实"作为尺度。但农民又讲究毫无实际意义的虚文礼数，爱传爱听些不着边际的谣言，爱贪小便宜，容易上骗子的当；中国农民是节俭的，平时锱铢必计，一柴一草一粒米也不肯轻易浪费，省吃俭用，精打细算，但到了逢年过节、婚丧嫁娶，都尽其所有地吃喝，人人饕餮。因此，当代农民既有可能融合两种人格的精华而成为时代的弄潮儿，也有可能因保留两种人格的糟粕而成为时代的落伍者。

不确定性也是过渡人的一个重要特征。过渡人混合着新旧两种特质，具有双重价值系统与双重人格，但这些要素并不是平起平坐静止不变的，而是呈现此消彼长的发展态势。随着乡村振兴进程的加快与现代化、市场化水平的提高，传统的东西渐行渐远，乃至式微，而现代性逐渐增强，占据主导，导致了农民脱胎换骨的变化。而且这种不确定性又因个人受教育水平、生存环境与阅历的不同表现出较大的差异性。有的人具有较强的现代意识，开拓创新敢为人先，成为市场经济的弄潮儿；有的既有现代意识，又有传统观念，犹如一个钟摆，在两种文化之间摆来摆去；还有的农民拒绝接受新东西，拘泥传统，以不变应不变，成为时代的落伍者。

过渡人是转型社会的产物。与传统人相比，过渡人思想观念、生活方式与素质能力有了明显的变化，依赖变为自主，封闭变为开放，保守变为进取，呈现出不同于传统人的新特征；与现代人相比，过渡人又程度不同地保持着与传统的联系，其思想观念、生活方式与素质能力又时隐时现地出现传统的影子，呈现出与现代人不同的旧特征。随着现代化进程的加快与乡村振兴战略的扎实推进，我国农民一定会告别传统，走向现代。

从身份到职业

身份与职业是两个不同范畴的概念。身份指个人在社会上的地位，类似于政治学意义上的等级秩序，而职业则是指个人在社会中所从事的作为主要生活来源的工作,类似于经济学意义上的理性人。从身份到职业的演进,既是农业现代化的内在要求,又是社会进步的重要标志。

传统农民作为一种身份、职业、阶级或阶层的混合体,其生产与生活方式与现代化格格不入,注定会成为"历史弃子";而作为现代职业称谓的新型农民,又是现代化特别是农业现代化不可或缺的主角,也注定会成为"时代宠儿"。从这个意义上说,现代化的过程也就是农民从身份到职业脱胎换骨的过程。

一、现代化对农民意味着什么

现代化是人类文明的发展方向,工业化是现代化的发动机,城镇化是现代化的孵化器。工业化与城镇化的互动是现代化最基本的演进方式。

在现代化的原点,传统农业社会呈现出如下特征:从产业结构来说,农业是经济的支柱,是决定性的生产部门,而非农产业则是农业的补充,处于服务和服从地位;从城乡关系来看,农村是国家的重心与基础,城市则是农村的附属;从人口结构来说,农民是人口的主体,在士、农、工、商中排序第二,城镇居民则是人口的少数。随着现代化的启动与不断演进,经过工业化与城镇化的洗礼,现代工业社会又将呈现出另一番景色:从产业来说,农业不再是经济的支柱,呈现出小比例化、小部门化的特征,而非农产业则取代农业上升为国家的支柱产业,并推动传统农业向现代农业转变;从城乡关系来说,集聚非农产业的城镇逐渐取代农村成为国家的政治与经济重心,并带动农村向城镇化及城乡一体化方向发展;从人口分布来说,城镇居民逐渐取代农村居民成为人口的主体,并带动农业劳动力走向职业化。

工业化是现代化的发动机。产业升级是现代化的基本特征。在现代化进程中,产业结构大致沿着三个阶段梯次演进,即由第一产业主导的经济,升级为第二产业主导的经济,再升级为第三产业占主导的经济。

在产业升级的过程中,作为第一产业的农业将会呈现出两个明显的"此消彼长"：一是在整个经济结构中，农业产业与非农产业此消彼长。在工业化与城镇化的推动下，农业生产力明显提高，农业增加值不断增大，但在整个经济大盘中，农业占比又不断下滑，逐渐呈现小比例的特征。而非农产业则一路上扬，逐渐取代农业成为整个经济的支柱产业。二是传统农业与现代农业此消彼长。传统农业在工业化、市场化、城镇化与科技革命的推动下，逐渐演变成现代农业，成为现代产业体系的重要组成部分，成为现代化的重要基础支撑。

现代化进程中的这两个"此消彼长"又对传统农民提出了相应的要求。从现代化的内在规律来看，现代化对农民有两大基本要求：一是让农民不当农民。农民离开田野走进车间，离开农村进入城市，既可为工业化提供源源不断的动力，为城镇化提供后备人口，又可缓解农业内部的人地矛盾，推进农业的规模经营，提高劳动生产率，增加农民收入，使农业劳动力占整个社会劳动力的比重与农业占GDP的比重大致吻合，实现资源的合理配置。二是让农民当好农民。传统农业的一大特征是能量与物质在农业内部周而复始循环，对从业者的要求不高，面朝黄土背朝天，有力气拿锄头即可。而现代农业固然离不开力气与经验，更需要一定的文化、专门的技术与经营管理水平，需要与现代农业相匹配的职业素养。现代化的这两个条件，相互影响，互为因果，统一于现代化的伟大实践，统一于"四化同步"的路线图。

现代化对农民的两大要求已在发达国家得到充分印证。在欧洲现代化的实践中，在长达几个世纪的圈地运动中，工业化与城镇化吸引或"掳掠"原有的农业劳动力，形成了两个与现代化相向而行的后果：一是农村劳动力进入车间与城市，既为工业化的扩张提供了大量劳动力，加速了工业化进程，又转移了农村人口，提高了城镇化水平，实现了工业化与城镇化的互动。二是农村人口外流，使人均农业资源呈算术级数或几何级数放大，更少的农民耕种更多的土地，逐渐形成了更有效率的农业经营体系，实现了从传统农业到现代农业的历史性跨越，有效地提高了劳动生产力，既使农业成为有奔头的产业，又使农民成为有吸引力的职业。发达国家现代化的历史表明，现代化的过程就是农民非农化与农民职业化有机统一的过程。

二、身份农民与职业农民的异同

从中文字面上讲,农民就是农民,并无身份与职业、传统与现代的区别。但在英语中,身份农民与职业农民却是两个不同的词语,peasant 和 farmer 都可译作农民,但两者所表达的词义是不一样的。peasant 词源于古法语,词义为异教徒、未开化者、堕落者。英语中的 peasant 在 18 世纪做名词用时,往往意味着"一头牲畜和一个大老粗";做动词用时,意即"附庸与奴役",强调社会身份的卑贱与依附性,既表示其职业又标识出其身份。farmer 一词源于古法语,以 farm(农业)为词根,强调的是职业含义,常与 fisher(渔民)、artisan(工匠)、merchant(商人)等职业并列。一个词强调身份,一个词强调职业,两者有着本质的区别。

身份农民与职业农民,虽都与农业农村有关,但存在三个方面的本质区别:

从来源上看,一个是先赋角色,一个是自致角色。身份农民是一种先赋角色,具有强制性与不可选择性,而职业农民则是自致角色,具有自主性与选择性。在农业社会,农民主要是由血缘、出生等先天因素确定的先赋角色,是一种无奈的制度安排,即所谓"农之子恒为农"。父母是农民,生下来的子女自然也是农民,这与种田与否关系不大。而在现代社会,农民作为一种职业,更多的是一种自致职业,是需要通过后天努力,考职业证书才能从事的职业。从世界现代化历程来看,农民大致可分为两种途径。一种是依附性的、被给予的,中国的情况即属此类。在这种情况下,务农并不是身份区分的标志,种田的农村人固然是农民,不种田的农村人也是农民。但同样种田的城里人(如国有农场职工、生产建设兵团战士等)就不是农民。另一种是毁灭性的、职业化的,这一种以英国最为典型。在历史上的圈地运动中,某种政治与社会身份的农民(peasant)毁灭了,某种职业标志的农民(farmer)诞生了。

从内涵来看,一个是混合概念,一个是单一角色。在传统社会,农民是一个混合概念,是一种包含身份、职业、阶级或阶层的混合体。在古代中国,农是职业,民是身份,农民既是身份,又是职业。农民的社会地位仅次于"士"而高于"工商业者"。在当代中国,主要通过户口来区别农民与非农民,凡属农业户口的皆是农民,与是否种田没有关系,与所从事的职业也无关系。在现代社会,农民更多是一种职业概念,是与商人、工程师、工匠等并列的现代职业。这种职业以种田收入作为生活的主要来源。如果说它和别的职业还有区别的话,则主要体现在两方面:一是生产经营的产品不同。农民从事农产品的生产经营,其余是非农就业岗位;二是交换对象不同,城里人主要与社会交换,而职业农民具有农业生产者、农业生产资料持有者和农产品经营者等多重身份,既与自然交换,又与社会交换。

从所处的经济社会环境来看,一个是传统农业的从业人员,一个是现代农业的微观主体。传统农民主要是指那些忙于维持生计,身份有别于市民的从业人员。这些农民大多土生土长,自给自足,流动性较差,生活相对封闭,所谓"鸡犬之声相闻,民至老死不相往来"。传统农业的一大特征是物质与能量在农业内部周而复始地循环,对其从业者素质没有特殊要求,只要有力气拿锄头即可,如有祖传的农业生产经验更好。而职业农民则是指充分融入市场,将农业作为产业、将农业收入作为其收入主要来源的从业人员。现代农业是技术与资金密集型产业,基本特点是物质与能量的开放式循环,其从业者在经营素质、科技知识、劳动技能、管理经验、资金投入等方面必须具备相应的条件。

职业农民与身份农民虽都与农业有关,但两者在来源、内涵、所处经济社会环境等方面存在本质区别。职业农民的出现又是有条件的,是农业现代化进程中农业内部分工、农民自身分化的必然结果,是工业化与城镇化达到相当水平之后出现的一种新型职业类别。

一是由多数变为少数。农民数量的减少与素质的提高是职业化的先决条件。现代化的历史表明:过多的低专业水平的农民集中在有限的土地上,就难以实现农业的规模化与农民的职业化。现代化的过程既是农民逐步离开土地,走进工厂与城市,转化为非农业劳动者的过程,也是具有比较优势的农民扩大农业经营规模,提高劳动生产力,实现职业化的过程。只有当农业劳动力占全社会劳动力的比例与农业占

GDP的比例大致吻合时,农业从业人员才能获得社会平均收入,才能真正实现农民的职业化。当务农也能获得社会平均收入时,农业才能对其从业者提出相应要求。谁来种田,谁有资格种地,不再取决于所谓的户口与世袭身份,而主要取决于后天的学习培训与资格认证。

二是从"单干"到"合作"。传统农业是一种自给自足的经济,农民只与土地交换,彼此之间没有多少联系。用马克思的话说就是:"小农人数众多,他们的生活条件相同,但是彼此间并没有发生多式多样的关系。他们的生产方式不是使他们相互交往,而是使他们相互隔离。……他们进行生产的地盘,即小块土地,不容许在耕作时进行分工、应用科学,因而也就没有多种多样的发展,没有各种不同的才能,没有丰富的社会关系。"① 随着市场化和农业产业化进程的加快,尤其是随着第一、第二、第三产业的融合发展,农民在生产经营过程中必将结成各种各样的联系,组成合作社等经济社会组织,农民不再是单打独斗的小农,不再是所谓同名数相加,而成为一个有机的整体,单干的农户结成合作伙伴,农民的职业化加速了农民的组织化。伴随这一历史进程,传统农民蜕变为具有一定组织资源与生产规模的职业农民。

三是从先赋身份到自致角色。身份农民是一种先赋身份,是一种无可奈何的制度安排。身份农民是世袭的,具有强制性与不可选择性,又是当地土生土长的,流动性差,生产生活相对封闭。职业农民则是自我选择的结果,具有自主性和开放性,既可以是本地人,也可以是外地人,既可以是农村人口,也可以是城镇人口。随着现代化的推进与户籍制度、社会保障制度等改革的深入,职业标签取代身份标签,是不是农民,不再查验户口本,而主要取决于所从事的职业,是不是以土地上的农作物作为劳动对象,是不是以农业收入作为经济收入的主要来源。农民不再是与生俱来的胎记,也不是难以变更的身份标签,而是需要经过后天努力才能从事的职业。

四是从自给转向市场。市场化既是资源配置的决定性力量,又是农民职业化的必备条件。身份农民是自给自足小农经济的微观经济主

---

① 《马克思恩格斯选集》第一卷,北京:人民出版社1995年版,第677页。

体,而市场化的现代农业则需要职业农民。没有农业的市场化也就没有农民的职业化。农民生产农产品主要不是自给自足,而是参与国际国内市场竞争,并在这种竞争中实现利益的最大化。现代农业是资本与技术密集型产业,这就要求其从业者不仅具有专门知识与专门技术,还要具备一定的市场经营管理能力。

三、我国农民职业化的现状分析

农民是农业文明的主要创造者。在农业社会,农业是决定性的生产部门,农民是社会的基本群体。社会成员分士、农、工、商四大类,农民的身份与职业基本一致,"农"标识职业,"民"标识身份,主要从事农业生产,农闲季节也从事手工业劳动等。中华人民共和国成立时,我国仍然是一个自给自足自然经济占主导地位的农业国,绝大部分人口从事农业生产,成为人民民主专政国家的阶级基础。1958年《中华人民共和国户口登记条例》颁布实施,构建起农村户口和城市户口二元的户籍管理制度,实行城乡分治、一国两策的管理制度。凡是拥有城镇户口的居民即为城镇居民,具有农村户口的居民就是农民。城镇居民与农民在公共服务和社会保障等方面有很大的区别,农民成为一种与城市居民相对应的社会身份,再通过人民公社制度把农民牢牢地束缚在土地上。虽然当时农民人数众多,占总人口的比例高达80%以上,但都有一个共同的称谓,即人民公社社员。

职业是随着人类社会劳动分工而产生的。在人类诸多职业分类中,农业是最古老的职业。但长期以来,农民并没有被当作一种职业来对待,《劳动法》中没有具体提及农业劳动者,农业劳动者自己也认为务农就是没有职业。法国著名学者H.孟德拉斯在《农民的终结》一书中对此做了生动的论述。

改革开放以来,以实行家庭联产承包责任制与废除人民公社为主要内容的改革赋予农民转换职业的自由;二元社会结构的解体与进城务工经商限制的废除,又为农民职业分化创造了宽松的社会环境;市场化水平的提高与现代农业的发展又为农民职业化营造了良好的条件;农民个体素质的提高又为农民职业分化注入了动力。在多种因素的共同作用下,身份农民正在向职业农民演变。

经过40多年现代化的洗礼,我国农民职业化呈现出良好的发展势头:一方面,农村外部有利因素加速集聚,工业化为农业发展注入现代要素,城镇化为扩大农业经营规模转移了农村人口,市场化与信息化为农业发展提供了优良的经济技术与社会化服务;另一方面,农村内部有利因素在分化整合中加速形成,现代农业带来了分工分业与三产融合,农民自身加剧分化,逐渐形成了过渡性的职业化特征。

其一,农民非农化趋势明显,但转移不彻底。20世纪80年代以来,我国农民纷纷离开土地与农村,走进车间与城市,去寻找生存与发展的新空间,形成了一波又一波"民工潮"。资料显示,我国2003年城市化率已达40.3%,其中包括1.69亿长期居留在城市的农民。2015年我国进城务工人员人数高达2亿多。[1] 但城乡二元体制的渗透力又悄然在城乡之间筑起了一道无形的屏障,导致农民非农化不彻底。这个庞大的群体为我国工业化与城市化做出了贡献,但这些人的身份仍是农民,在家乡仍有自己的宅基地与责任田,仍为集体经济组织的成员,这种实际职业与制度性身份的分离与错位现象,成为中国现代化进程中的一大特点。囿于二元社会结构,这些进城务工人员无法真正融进城市,享受不到与城市居民同等的医疗、教育、社会保障等公共服务,又与农村保持着千丝万缕的联系。从发达国家的经验来看,非农化、城镇化与市民化本应是"三位一体"的整体,而我国这三者又严重脱节,形成了独特的"半城市化现象"。这一现象不仅引发了一系列的社会问题,而且严重影响了农业现代化与农民职业化。

其二,农民组织化趋势明显,但内部联系不紧密。农民组织化水平是社会进步与发展的重要标志,也是农业现代化的内在要求。与社会其他成员相比,农民组织化又有其特殊的要求。其一是指农民生产经营过程中分工与协作的关系,它体现了农民与农民之间、农民与市场之间、农民与其他经济主体之间的经济关系。其二是指农民作为劳动者和集体经济主人的社会化组织关系,它反映了农民的社会地位与政治

---

[1] 转引自葛志华《无为之为》,南京:江苏大学出版社2019年9月版,第96页。

权利。长期以来,在分析农民组织化时,往往偏重农村基层党组织与群团组织、农村自治组织等,对其他组织特别是农民的合作经济组织重视支持不够。2006年,《中华人民共和国农民专业合作社法》颁布以来,我国农民专业合作社发展迅猛,建办数量不断增加,建办质量有所提高,有效地提高了农民的组织水平。但由于农民居住的分散性、生产方式的封闭性、社会交往与联系的局限性、思想观念上的保守性,无论是村民的自治组织,还是农民合作经济组织,都存在明显的弱点,既缺乏利益联结,又缺少制度约束,并没有形成一个紧密的经济社会组织,人数众多的优势被组织程度低的劣势所抵消。

其三,农民职业化程度有所提高,但缺少认证。经过工业化、市场化、城镇化的洗礼,我国农户分化程度稳步提高,大致可分为纯农业劳动者、兼业者、纯非农劳动者三类。在这三类人中,纯农业劳动者中又可细分为两类:一类是由种田大户、家庭农场、专业合作社、农业企业组成的新型农业经营主体,另一类是因多种原因未能转移出去的专兼职种田人。第一类人数虽少,却是农产品的有效供给者,是初步具备职业技能的现代农业的实践者。后一类人数众多,但劳动生产率不高,是传统农业的守望者。传统农户人数众多,文化水平低,经营规模狭小,收入水平差,随时都有弃农的可能,谈不上什么职业化。而由专业大户、农民专业合作社、农业企业、家庭农场等组成的新型经营主体,虽然人数占比不大,却是我国商品粮的主要供给者。这些人以农业为职业,占有一定的农业资源,具有一定的专业技能与市场经营能力,有一定的资金投入能力,收入主要来自农业。这些新型经营主体又可细分为生产型(如种养大户)、经营性(为农服务经纪人)、服务型(如植保类、农机类)、生产经营型等类型(如家庭农场、合作社等)。2014年8月底,全国已有平均种植规模200亩以上的家庭农场87.7万家。截至2019年12月,在市场监管部门登记的合作社成员数已达220.1万户。① 与传统农民相比,这些新型经营主体文化水平相对较高,经营规模较大,收入水平较高,集约化、专业化、市场化与社会化程度相对较

---

① 转引自葛志华《无为之为》,南京:江苏大学出版社2019年版,第97页。

高,符合现代农业发展方向。这类人职业化程度相对较高,是现代农业的从业者,也是新型农民的代表者。但除个别地区外,这些人又缺少权威机构的职业认证,没有从业证书,也没有接受过专门的教育培训,处于放任自流状态。

其四,农村的城镇化水平有所提高,但水平偏低。在城镇化进程中,越来越多的农民变为市民,实现了非农转移,分享现代化的成果。2000年,我国城镇化率为36%,2021年达到64.72%,①实现了由农村社会向城市社会的跨越。那些仍在农村的劳动者,沐浴着城镇化的阳光,其生产方式、价值观念、生活方式或快或慢地发生了变化,城镇化水平有所提高。从生产方式来看,工业化提高了农业的装备水平,改变了农民面朝黄土背朝天的劳动方式。从生活方式来看,农民也逐渐抛弃了日出而作、日落而息的生活方式,更多地服从市场的需求。从价值观念看,工业文明的时间观念、市场经济的法制意识,经多次反复已被植入农民的头脑,依赖转为自主、封闭转为开放、保守转为进取。更为可喜的是城镇化还以其特有的流动性、社会分工及契约性法理型关系模式,改变了农民的价值观念,塑造出现代社会特有的现代性素质。但这些变化又是初步的,且存有明显的不平衡性。

改革开放以来,经过工业化与城镇化的洗礼,伴随着现代化的脚步,越来越多的农民已经或正在分化到各行各业中,农民的非农化、组织化、职业化、城乡一体化趋势日趋增强,从身份向职业转化步伐明显加快,不仅为我国工业化与城镇化的发展提供了动能,也为农业现代化创造了条件。但这些变化又是初步的,存在明显的不彻底性与过渡性等特征。经过几十年的改革发展,我国已进入由传统农业向现代农业转变的关键时期,进入由传统农民向现代农民转变的关键时期,进入由社会学意义上的身份向经济学意义上的职业转变的关键时期。因此,我们要有时代紧迫感,按照"四化同步"的路线图,审时度势,顺势而为,多管齐下,加快农民职业化进程,促进农业现代化。

---

① 《人民日报》海外版,2022年3月22日第2版。

从二元到一体

马丁·雅克是当代世界的著名学者。畅销书《当中国统治世界》是他的最新力作。作者凭其多年东亚国家游历的经验，以丰富的历史知识、智慧幽默的文笔，对当今世界的发展潮流发表了独特的见解。

在这部畅销书中，作者给我们展示了1993年第一次到广东省考察时看到的"一幅各时代大融合的最生动画面"：

妇女牵着牲口、手拿农产品走上街头，农民骑着自行车或驾驶三轮车行色匆匆，城里的富人开着黑色梅赛德斯和雷克萨斯汽车，隐匿在黑色车窗玻璃里面，公路上还有一连串的面包车、皮卡、货车和微型客车，公路两旁的田地里，农民们正赶着水牛在小块的稻田里犁地。这个画面似乎把两百年的历史都浓缩到了某一瞬间某一点上。①

其实，马丁·雅克描绘的这幅"各时代大融合的最生动画面"就是二元结构鲜活形象的外在表现。

乡村是人类生活最初的社会共同体，是人类社会的本源与根基。而城市则是人类社会发展过程中有别于乡村的一种新的社会组织形态，是从乡村社会衍生和发展出的一种新型的人类生活共同体。乡村与城市是两个既相互联系，又存在巨大差异的空间范畴，既具有"重叠性"，又存在"异质性"，是两种完全不同的生存形态。

二元结构理论是美国著名经济学家、诺贝尔奖得主 W. A. 刘易斯首先提出来的。他在比较系统地考察了印度、埃及等发展中国家后认为，发展中国家经济发展的特点是二元经济结构，一元是以古代村落为载体的传统农业部门，另一元是以现代城市为标志的现代工业体系，从而形成了高效率的现代部门与低效率的传统部门并存的二元经济结构。

刘易斯的二元结构理论虽然是对发展中国家一般状况所做的概括，但也适用于中国这个世界上最大的发展中国家，而且在历史悠久的

---

① 转引自葛志华《在奔五途中》，南京：江苏人民出版社2011年8月版，第41页。

中国更具典型性与代表性。

所谓城乡二元结构是指在经济、行政和社会管理的制度或政策安排中,按照城市与乡村的行政区划加以分割,并采取不同等的要素资源配置方式和管理办法。其基本内容包括:城乡分割的户籍制度、城乡有别的土地资源配置体制、城乡割离的劳动力市场、城乡分离的财政及公共管理体制、城乡分割的社会福利与保障体制等。

城乡二元经济社会结构是我国历史上长期形成并遗留下来的产物。新中国成立后,顺应建设工业国的宏伟目标,适应计划经济体制的需要,国家确立了"一国两策,城乡分治"的政策,并通过统购统销、人民公社、户籍制度"三位一体"的管理体制和一系列配套政策,又进一步强化经济社会二元结构。改革开放以来,城乡关系虽有局部调整,城乡交流也在增多,但流动的部分又大多游离在体制之外,未能从根本上触动二元结构,乃至出现了"农民工""农民农"等不伦不类的社会称谓,形成了"城市像欧洲,农村像非洲"的时代反差,致使"三农"问题更加凸现,演变成现代化建设的"难中之难"。

这种城乡二元经济社会结构虽在历史上发挥过重要作用,支持了国家的工业化,却严重阻碍了农村的发展,拉大了城乡差距,阻碍了国家的现代化进程。

19世纪末英国城市学家霍华德提出的"城乡一体"观念,逐渐得到学术理论界与实际工作部门的认同,乃至成为全社会的共识与现代化的基本规律。与分割城乡的二元体制相比,城乡一体化旨在实现农村与城市的协调发展与同等发展,使农村的发展水平保持与城市发展相当或相协调的状况,构建新型的城乡关系。

所谓城乡一体化,是指城市与乡村在经济、社会、文化、教育及行政体制上实现统一,构建和谐相容、协调互动的城乡关系。从二元到一体是现代化的内在要求。现代化是人类文明的发展方向,工业化是现代化的发动机,城市化是现代化的孵化器。工业化与城市化的互动,既是现代化最主要的演进方式,也是衡量现代化水准最基本的指标体系。工业化与城市化互动又推动了乡村与城市的联动。一方面,乡村不断地朝城市化方向演化,农村有形的生产生活设施、无形的社会经济结构与居民生产生活方式越来越接近城市；另一方面，在工业化中日渐财大气粗的城市不断地向农村拓展，影响和带动农村走向城市化，并在这种工业化与城市化、城市与乡村的互动中最终走向城乡一体化。

从二元到一体又是发达国家的通用做法。欧美等发达国家在其现代化进程中都十分注重调整城乡关系，推进城乡一体化。这些发达国家大多通过立法等形式建立城乡均衡发展的协调机制，加快城乡协调均衡发展，实现农村与城市生活不同但等值的目标；德国宪法与英国《城乡规划法》为城乡一体化提供了重要法律与政策保障。这些国家又通过城乡互动与对农业扶持政策谋求工业化、城市化与农业现代化的良性循环；通过遍布城乡的交通运输网络促进城乡一体化；通过均等化的公共服务与统一而健全的社会保障体系来加速城乡一体化。日本在现代化过程中用20年的时间化解"农民工"问题。其户籍制度赋予"农民工"移动自由，没有城乡差别与限制；其住房制度让"农民工"居有其所；其教育制度让"农民工"子女上学不难；其社会保障网络又解决了"农民工"的后顾之忧，有效地避免了在公共服务方面歧视农民与农村的现象。

从二元到一体还是我国试点地区的经验总结。重庆市与成都市是我国统筹城乡、破解二元难题的试点地区。从2003年起，经过七年不懈的努力，试点工作取得明显成效，初步破解了长期以来形成的城乡二元体制矛盾和"三农"问题顽症，转变了发展方式，促进了城乡一体化，初步形成了城市与农村统筹考虑、三次产业联动发展、经济发展与公共服务配套推进的新型城乡关系。《人民日报》头版曾以《"统筹城乡"的改革样本》为题对此做了深度报道。从试点地区的做法来看，基本经验有三条：一是把农村与城镇作为一个整体进行规划与建设，通过实施规划、产业发展、基础设施、公共服务等六个一体化，构建城乡经济社会发展一体化的新格局；二是坚持以城带乡，发挥城市的区位功能，在具备条件的地区实施"三个集中"，即土地向规模经营集中、农民向城镇集中、工业向园区集中；在暂不具备条件的地区实施"三大工程"，即农村扶贫开发工程、农村发展环境建设工程、农业产业化经营工程。三是调整财政支出结构，加大各种要素向农村的覆盖，帮助农村更快地发展。

现代化的内在要求、世界现代化的一般经验与我国统筹城乡试点的成功做法都表明：城乡一体化既是建立在高度工业化与城市化基础之上的发展趋势，又是促进城乡协调发展的制度安排。

与二元结构相比，城乡一体化具有以下特征：

一是整体性。城市与农村不再是分割的彼此，而是一个有机的统一的整体。虽然城乡功能与特点有所不同，但都是现代化的有机组成部分。离开了工业化与城市化，农村发展就失去了动力与方向；而离开了农业农村发展，工业化与城市化又难以有效推进。因此，无论是各类生产要素的流动，还是公共服务资源的配置，都必须通盘考虑，一体运作，不能就"三农"抓"三农"，就城市谈城市。"作诗功夫在诗外"，应在统筹城乡发展的基础上，把农村发展建设与加快城市化结合起来，充分发挥城市对农村发展与建设的带动作用和乡村振兴对城市化的促进作用，加快整个国家现代化进程。

二是平等性。相对于城市发展水平来说，我国农村发展水平严重滞后，城市与农村形成巨大反差。其中有历史的原因，但体制与机制因素起着关键性的作用。以备受关注的农民工现象为例，这种制度安排本质就是政府只允许农村的劳动力流入城市，而不允许他们作为完整的人迁居城镇，成为享有完整权利和福利的市民。这一状况如长期得不到改变，我国不少城市将会出现一支可观的流动大军，加重城市负担，阻碍城市文明进程；而融不进城市的农民工在歧视与排斥中极易形成心理扭曲，形成新的社会隐患。被专家称为"拉美陷阱"的社会病应引起高度重视。因此，要逐渐改变"一国两策、城乡分治"的政策，消除对农村与农民的歧视，促进生产要素在城乡自由有序流动，公共资源在城乡之间均衡配置，城乡及其经济主体与居民都能享受公平的国民待遇，拥有平等的权利义务和发展机会，真正实现城乡平等。

三是差异性。城乡一体化的目标是城乡协调发展与均衡发展，城乡生活等值但生活不同，城乡一体化绝不是城乡一样化。由于历史与现实的因素，城乡在产业构成、社区管理、生活与生产方式等方面存在不小差距。这种差距既是客观存在，也是整个国家现代化的需要。城乡一体化是建立在工业化、城市化、农业现代化良性循环的基础之上的。中国作为一个人口大国,离开了农业这个国民经济的基础,粮食安全没有保证,经济建设就缺少产业支撑。不要说搞现代化,连社会稳定都会成为大问题。因此,农村发展与建设既不能忽视农业的现代化,更不能一味地模仿城市,把农房建成钢筋水泥森林,把农村道路全部硬化为清一色的水泥路,把内涵丰富的城乡一体化理解为视觉效果上的城乡一样化。

二元结构的形成是一个历史的过程。城乡二元体制不是一种简单的制度和政策,而是由多种制度性和结构性因素相互交织构成的复杂体制。改变城乡二元结构,构建新型城乡关系也将是一个长期的过程。当务之急,要做好三篇文章:

——推进城乡配套体制改革,确立新型城乡关系。促进资源在城乡之间自由流动,实现公共服务均等化;加快推进城乡规划、产业布局、基础设施、公共服务、劳动就业和社会保障一体化,形成城乡一体化新格局。

——调整国民收入分配格局,推动农村加快发展。建立向"三农"倾斜的资源要素配置体制,坚持以城带乡、以工促农的方针,加大各种要素向农村的覆盖,帮助农村更快的发展。健全农业投入保障制度、农业补贴与保险制度、健全农产品价格保护和市场调控制度,加快农业产业的建设,千方百计增加农业收入,不断缩小城乡差距。

——协调推进新型城镇化与乡村振兴战略。2010年中央一号文件把统筹城乡发展作为主题。我国城镇化水平为47%,2021年,我国城镇化率达到64.72%,到2025年,全国常住人口城镇化率将达到67%。与工业化国家70%相比,仍有差距。[1] 因此,要紧紧抓住这个发展机遇,协调推进城镇化与乡村振兴战略。一方面,乡村振兴战略是在工业化与城市化进程中进行的,是通过"工业反哺农业、城市带动农村"与统筹城乡发展来推进的,可以说,离开了城市的带动与工业的反哺,乡村振兴就寸步难行;另一方面,推进乡村振兴也不是城镇化的包袱和

---

[1] 《数说中国这十年:中国国内生产总值突破110万亿大关 城镇化率持续提高》,澎湃新闻客户端,2022年10月28日。

负担,现代农业发展了,农民收入提高了,消费能力增强了,不仅可以缩小城乡差距,而且可以有效地激活内需,构建新发展格局,为工业化、城镇化提供新动力,在更高起点上加快城乡协调均衡发展。

因此,要坚持以人为核心的新型城镇化战略,加快促进农业转移人口的市民化,持续优化城镇化空间布局与形态,推动城镇基础设施向乡村延伸,公共服务与社会事业向乡村覆盖,促进城乡融合发展,加快城乡一体化步伐。

从"产销"到"销产"

从"产销"到"销产",虽只是顺序的颠倒,但价值却非同一般。

这个价值既在于它适应了市场经济的内在要求,又在于它顺应了农村发展新阶段、新形势的客观需要,还在于它又是发展现代农业的必然选择。

从市场经济体制的内在要求来看,流通业是现代社会再生产过程的血脉与神经,在不同的经济体制中扮演着不同的角色。计划经济以生产决定消费,市场经济以消费需求决定生产。随着市场经济的发展,流通业已从计划经济的末端产业变成市场经济的先导产业,在整个国民经济中发挥着越来越大的作用。在计划经济体制中,生产既是经济的中心环节,又是经济的首要环节。其他环节都服从服务于这一中心环节。流通业作为计划经济的末端产业,其主要任务就是把生产出来的产品照计划要求进行调拨运输,按票证制度规定进行销售。随着计划经济向市场经济体制转变,生产继续发挥着不可替代的作用,但在资源配置市场化的大背景下,流通的作用日益凸现,逐渐取代生产环节而成为经济工作的"龙头"。龙头一动,整个龙身就会舞动起来。有了销售与订单,生产就能跟上去。在市场经济条件下,市场主体包括农户能不能有效地组织生产、生产出来的产品能不能卖出,在很大程度上取决于销售与流通环节:分散的农户种什么、怎么种,已不再听命于计划与官员,而是根据市场信号自主决定;农产品何时卖,以及以什么价格出售,也不再由承担统购统销职能的供销社说了算,而是按经济规律办事。在这种转变中,"产"与"销"一起向后转,"销"由"后卫"变为"前锋",由末端产业演变为先导产业。

从农村发展新阶段新形势来看,经过40多年的改革发展,我国农村实现了从贫穷到温饱再到全面小康的历史性跨越,踏上了基本现代化建设的新征程。伴随着这一历史性的跨越,农产品供求关系发生了质的变化,由短缺变为阶段性、结构性与地区性过剩。短缺的阴影渐行渐远,限量购买的各类票证走进历史,各类促销券应运而生,农产品市场由卖方市场转向买方市场。在消费结构决定生产结构的情况下,市场控制权已由生产领域转向流通领域,流通环节在引导消费,实现和提高农产品价格方面的作用日益增强。农产品供求关系的这一变化不仅意味着农业生产力水平的提高与农产品的丰富,还表明农业发展由过去受资源单一约束转变为受资源与市场的双重约束。尤其是我国加入WTO以后,我国农业发展被置于经济全球化与贸易自由化的大背景中,农产品价格既受国内市场的制约,又受到国际市场的影响。农业收成如何,农民收入如何,固然与勤快或懒惰有关,更与说不清道不明的市场流通有关。

从发展现代农业来看,发展现代农业既是乡村振兴的产业支撑,又是乡村振兴的首要任务。现代农业的一大特征是农业的发展超出了初级生产的范围,拓展了纵向和横向上与其他经济活动的联系,改变了以往农业产前、产中、产后分割的现象,形成了从"田间到餐桌"的完整的产业链条。其与传统农业的根本区别就在于它囊括了一、二、三产业,并具有要素投入集约化、资源配置市场化、生产手段科技化、产业经营一体化等基本特征。对照现代农业的基本要求,我国农业发展虽取得明显成效,但仍存在很大差距,生产与营销脱节,发展方式粗放。这不仅导致了农民丰产不丰收,又加剧了农产品市场的波动,有可能酿成"菜贱伤农"与"菜贵伤民"并存的双输局面。因此,牵住流通这个牛鼻子,实现生产经营一体化,就成为发展现代农业、转变农业发展方式的必然选择。

从"产销"到"销产"的转变,不仅具有上述理论依据,又具有实践价值。这既是典型样本的深刻启示,又是广大农民的真切期盼,还是保证农产品市场稳定的现实途径。

从典型样本来看,这几年山东农业发展亮点纷呈,现代农业突飞猛进,农民收入增长加快。其中的经验很多,关键的一条就是山东在抓好农业生产的同时,下大力气抓好农村流通体系建设,大力兴办各类农产品市场,发展电子商务、物流配送、冷链加工,具有较为完备的产前、产中与产后服务体系与农产品营销体系。山东也因此成为我国最重要的农产品生产基地与集散中心,成为我国农产品出口量增速最快的省份之一。山东人曾自豪地说:"只有生产不出来的蔬菜,没有卖不掉的蔬菜。"资料显示:该省自 2000 年超过广东成为我国最大的农产品出口省份后,一直保持快速的增长,2002—2007 年平均增长达 27.13%;出口份额从 2002 年的 21.8%上升到 2007 年的 25.3%。在 2006 年我国面临日本"肯定列表制度"和欧盟实施食品安全新法规限制的情况下,该省农产品出口仍保持强劲的增长势头。2007 年农产品出口高达 92.5 亿美元,比名列第二的广东省(41.4 亿美元)多出一倍多。① 2021 年,山东农产品出口 1238.4 亿元,占全国农产品出口总值的 22.7%,连续 23 年蝉联冠军。②

从农民的急切期盼来说:小农户与大市场的矛盾一直是政府与农民的心头之痛。从生产领域看,2 亿多分散的农户,土地经营规模狭小,地块零散,难以形成扩大农田经营规模并提高地块整合性的机制,极大地阻滞了生产要素的优化配置和规模效益的产生。而且分散弱小的个体农户又无力改善农业基础设施和进行农业技术改造,削弱了农业生产持续稳定发展的后劲,增大了农业生产的自然风险。从个体农户来说,分散的农户信息来源少,在市场上信息不对称,无法对行情进行准确的判断,其生产经营大多停留在低水平状态与无组织状态,要么以不变应万变,几十年种植同一种农作物;要么别人种什么我也种什么,从众与跟风比较普遍,从而增大了农业生产的市场风险。从流通领

---

① 转引自葛志华《在奔五途中》,南京:江苏人民出版社 2011 年 8 月版,第 51 页。
②《2021 年山东省农产品出口 1238.4 亿元,连续 23 年居全国各省市首位》,央广网 2022 年 1 月 17 日。

域来看，分散的农民商品量小，虽有广泛的社会参与度，但缺乏商业组织发育的内在机制，难以形成农民之间的联合与合作。加之，分散农民经济实力小，谈判地位低，交易成本高，或信息无法沟通，致使农副产品无法成交，货到地头死；或者被压级压价，人为增大交易成本。面对滞销的农产品，无奈而又无助的小农欲哭无泪，急切盼望将农产品卖出去，实现心中丰产又丰收的梦想。否则，老年人的医药费、小孩的上学费、家庭日常开支就没有着落。

从稳定农产品价格来说，保证农产品市场的稳定与繁荣，既是政府的责任，也符合生产者与消费者的利益。从政府来说，抓好"菜篮子工程"是义不容辞的职责，稳定农产品价格，是稳定社会的基础。谷贱伤农，谷贵伤民。农产品市场的剧烈波动对百姓生活、经济发展乃至社会稳定都是不利的。从农民来说，家庭承包田是一家人的衣食之源，只有市场稳定，收入才能稳定。对消费者来说，农产品价格上涨则意味着生活成本的上升。前几年，生猪价格剧烈波动，既给生产者带来了巨大冲击，又使消费者怨声不断，还让政府主管部门忙活了好一阵子。近年以来，农产品价格飞涨与暴跌并存，更让人捉摸不透。既有一些农产品价格上涨过快，如玉米、粳米等主要农产品和大蒜、绿豆等农副产品，又有一些农产品成交价低得出奇，甚至低于成本。以备受关注的大蒜为例，几年前大蒜出奇地价贱，一袋40斤的大蒜售价才两三元钱；时下这一袋大蒜要价200元，身价暴涨100倍，有网民甚至给这些价格飞涨的农产品取了特殊的名字，大蒜涨价叫"蒜你狠"，绿豆、红豆、黑豆涨价被戏称为"豆你玩"。与此同时，又有一些蔬菜价格暴跌。在全国第四大蔬菜产地批发市场——河北永年县南大堡蔬菜市场，大部分鲜菜价格大幅下滑，跌至近几年最低水平，有的甚至成本也收不回来。无论是价格飞涨，还是价格暴跌，都会影响生产者与消费者的利益，影响政府对农产品市场的宏观调控，对经济平稳发展与社会稳定产生不利影响。

从"产销"到"销产"的转变，是大势所趋，既有理论上的必需，又有实践上的必要。那么，如何才能实现这一转变呢？

首先，要顺应形势要求，调整工作思路。在市场经济条件下，在农产品结构性阶段性过剩的新时期,政府管理农业的任务由过去解决农产品短缺的问题转变为应对农产品阶段性与结构性过剩问题;由过去在生产环节上催收催种变为在流通环节上帮助销售;由过去执行票证制度变为稳定农产品市场。体制的变革、主题的转换与任务的变化要求政府及相关部门调整工作思路,优化职能配置,创新工作举措。在观念上,要切实改变重生产轻流通的传统思想,在继续重视农业生产的同时,把流通业摆到更加突出的位置,加快农产品流通体系建设,切实转变农业发展方式,夯实乡村振兴的产业基础。在工作布局上,要按照生产经营一体化的要求,适应新阶段的需要,调整工作重点,优化配置机关职能,在领导力量、政策扶持、人才配备、奖金安排等方面更多地向流通业倾斜。在工作措施上,要更加重视农产品流通体系建设,加快农产品批发市场建设、农贸市场升级改造步伐,大力发展电子商务、冷链加工、仓储、物流配送、精深加工,加快培育农民经纪人队伍与流通业龙头企业,构建从田头到餐桌的产业链。

  其次,加快市场体系建设,提升流通业态。我国农村市场体系不健全,功能不完善,现代流通方式与经营业态规模小、比重低,在很大程度上制约了农村流通业的发展。据全国政协委员、全国工商联副主席张近东的调研,我国 40% 的农户是自己销售农产品,47% 的农户是卖给个体商贩,10% 的农户是卖给连锁企业,仅有 3% 的农户是通过订单销售。① 又有学者认为,目前我国农业产业链较短,农产品加工转化率仅为 67.5%,低于发达国家近 18 个百分点。② 因此,要大力加强市场体系建设,改造与新建一批农产品物流中心,完善收购、加工、储藏、物流配送等基础设施,建立检验检测、信息管理、电子结算系统,尽快形成"畅通、快捷、低成本"的城乡物流网络,全面构建城乡一体化的市场。大力提升市场功能,保证农产品质量与安全。大力发展连锁配送、电子商务等现代流通方式,提升农产品经营业态。

  再次,培育农民专业合作社,激活微观经济组织。农民专业合作经

---

① 转引自葛志华《在奔五途中》,南京:江苏人民出版社 2011 年 8 月版,第 53 页。
② 转引自《新华文摘》2022 年第 5 期,第 30 页。

济组织是现代农业发展的基础,它不仅弥补了家庭分散经营的缺陷与不足,促进了土地、资金、技术等生产要素的重新流动组合,实现了农业资源的优化配置,还进一步完善了农村统分结合的双层经营体制,推动了农村微观组织的发展壮大。国外的经验也表明:政府对农民专业合作经济的扶持与培育,对加快传统农业向现代农业转变具有特殊意义。政府一方面要加大对农民专业合作社的税收、金融政策与资金扶持力度,支持农民专业合作社开展销售服务、信息服务、技术培训、农产品加工储藏等活动,另一方面要以贯彻实施《农民专业合作社法》为契机,引导鼓励农民立足本地主导产业与特色产业,积极创办各类专业合作社,把分散的农户组织起来,大力发展现代农业,提高农民组织程度,做到建一个组织,兴一个产业,活一方经济,富一批群众。大力培育农村各种营销协会与流通业龙头企业,加强农民经纪人队伍建设,抓好农产品品牌建设,提升市场竞争力。

城市化给乡村带来了什么

在人类历史上,城市已有数千年历史。战争的需要造就了城,交易的需求产生了市,城与市经过长期发展融合为城市。而城市化则是现代社会的产物,是伴随着高歌猛进的工业化步伐走上历史舞台的。

现代化是人类文明的发展方向。工业化是现代化的发动机,城市化则是现代化的孵化器。没有工业化,城市化就失去了动力;而没有城市化,工业化则难以立足与发展。因此,工业化与城市化的互动,既是现代化最主要的演进方式,也是衡量现代化水准最基本的指标体系。

所谓城市化是英文 urbanization 的中文译名。从英语角度来说,城市化就是都市化、市镇化所表达的一个过程。在这漫长的过程中,随着社会经济发展而引起的现代产业及其生产要素向城镇集中,从而不断地推动农村人口转化为城市人口,乡村社会转变为城市社会,农业社会变为工业社会。

由于社会历史条件与文化背景的差异,不同国家的城市化呈现出不同的特征。我国作为后发外生型现代化国家,城市化在近代艰难起步,到1949年,城市化水平只有7.3%。但这一阶段的城市化是建立在半殖民地半封建社会与低工业化水平的基础之上的,因而,城市化不仅步履维艰,而且呈现出畸形城市化的特征。新中国成立后,城市化进入了一个崭新的阶段。计划经济的近30年,我国虽付出了代价,但基本上完成了工业化的原始积累,在一穷二白的基础上建立了独立的比较完整的工业体系与国民经济体系,城市化水平随之有了明显提高,1978年达到17%。① 由于城乡分制的二元体制等政策因素,这一阶段的城市化也出现了严重的波折与停滞,导致工业化与城市化不同步,城市化滞后于工业化。改革开放以来,伴随着工业化的一路高歌,我国城市化水平有了大幅提高,并成为现代化建设的一大亮点。国家统计局资料显示,到2008年年底,我国城镇人口6.07亿人,城市化水平由1978年的17%迅速抽高到45.68%,城市数量由新中国成立之前的132个增加到2008年的655个。据2011年4月28日公布的第六次全国人口普查资料,全国城镇人口达到6.66亿人,占总人口的比重为49.68%,比2000年上升了13.46个百分点。② 2021年,我国常住人口城镇化率达到64.72%。③ 与此同时,小城镇蓬勃发展,城乡经济社会与基础设施建设突飞猛进,城乡居民生活水平与生活环境有了根本改善。

工业化与城市化的互动加速了我国现代化进程,短短70年就实现从贫穷到温饱再到全面小康的历史跨越,进入现代化建设的新时期,彻底改变了旧中国积弱积贫的面貌,创造了举世瞩目的"中国奇迹"。正如党的十七届四中全会《决定》所说,我国综合实力大幅跃升,人民生活明显改善,国际地位显著提高,中华民族巍然屹立于世界民族之林。

城市化是现代化最重要的外在表现,也是我国70多年现代化建设

---

① 转引自葛志华《在奔五途中》,南京:江苏人民出版社2011年8月版,第55—56页。
② 转引自葛志华《在奔五途中》,南京:江苏人民出版社2011年8月版,第56页。
③ 《人民日报》海外版,2022年3月22日第3版。

的突出亮点。城市化既塑造了城市,也改变了乡村。一方面,以工业化为动力的城市化有效地塑造了现代化城市的新形象,使古老而又破旧的城市旧貌换新颜,越来越像一幅由先进的流水生产线、鳞次栉比的高楼大厦、川流不息的车水马龙、芳草萋萋的绿茵广场、鲜明欢快的生活节奏等元素组成的油画,城市更像城市了。另一方面,城市化也有效地改变了农村,使古老的乡村变得越来越不像农村了,农村有形的生产生活设施、无形的社会经济结构与生活方式、乡村居民的自身发展等都与传统乡村、与人们记忆中的农村渐行渐远,大有村将不村之势。

城市化的动力源自城市的功能与优势。与乡村相比,城市在生产力发展、人类文明发展、人的生存与发展等方面具有不可比拟的优势。可以说,人类社会一切现代化的物质文明与精神文明,都是在城市化进程中产生和发展起来的,而且是通过城市化进程的交换、扩散和传播而发扬光大的。因此,只有经过城市化的洗礼,现代化才会露出神秘而真实的面孔。

作为现代化的演进方式,城市化也有其基本规律。城市聚变引力律、乡村裂变推力律、城市文明辐射律是城市化的三大基本规律。在这些基本规律的作用下,城市化沿着三个管道向前演进:一种是由于城市经济、社会、文化的发展产生了巨大的吸引力,使乡村的人口、资本和劳动力向原有的城市集中,原有的乡村变成了城市的一部分,有效地拓展了城市发展的空间,扩大了城市的规模;另一种是乡村经济、社会与文化的繁荣与质变,逐渐发展成一种新兴的城镇,乡村变成了城市,增加了城市的数量;第三种是城市物质文明与精神文明向乡村辐射,加快乡村社会向城市社会转变,逐渐形成城乡一体化的发展架构。

城市化进程表现为城市的扩张与乡村的裂变,表现为农村人口转变为城市人口,表现为乡村的分散居住变为城市的集中居住。这些变化有效地提高了城市化水平,既给城市带来了发展空间、活力与生产要素,塑造了城市新形象,也给乡村带来了一系列的新变化:

——城乡关系的新变化。马克思认为,在农业占主导地位的时代,表现为城市的乡村化;在工业占主导地位的时代,则表现为乡村的城市化。"现代的历史是乡村城市化,而不象在古代那样,是城市乡村化"。①农业受耕地属性的制约,决定了农业生产的分散性、不可转移性和规模扩展的局限性;而工业则是一项资金、技术、劳动力密集,作业过程连续以及需要相应的产前、产中、产后服务的经济活动。农业的增殖是一个自然的过程,且受天气等自然条件支配;而工业的增殖是人为的过程,受价值规律支配。工业化改变了财富的创造方式,改写了农业作为财富创造主渠道的历史,工业的集约又导致了城市的崛起与服务业的繁荣,加快了产业升级,非农产业替代农业逐渐成为主体经济,城市替代农村成为国家的经济重心。马克思曾动情地写道:"资产阶级争得自己的统治地位还不到一百年,它所造成的生产力却比过去世世代代总共造成的生产力还要大,还要多。"②但在工业化的不同阶段,城乡关系也会出现一些新变化。纵观一些工业化国家的发展历程,其在工业化的初始阶段,都存在着农业支持工业,为工业提供积累的普遍性趋势。但在工业化达到适当程度以后,国民经济主导产业由农业转变为非农产业,农业呈现小部门化,农业劳动力占比小比例化,国民经济增长的动力主要来自非农产业与城市,财政收入主要依赖二、三产业,农业由补助其他产业变为接受补助的产业,工业反哺农业,城市支持农村,实现工业与农业、城市与农村协调发展,更是一种普遍性的趋向。城乡关系的这一变化给乡村发展带来活力,给广大农民带来了实惠,一系列强农惠农政策与措施也开始出现。

——乡村发展的新变化。在农业社会,农村发展非常缓慢,农业耕作已集约化到了边际报酬收缩的程度,陷入所谓高水准均衡的陷阱,农村发展几乎处于停滞状态。美国学者德·希·珀金斯在其著作《中国农业的发展:1368—1968年》一书中,通过对比王祯的《农书》(1313)、徐光启《农政全书》(1628)、鄂尔泰等编的《授时通考》(1742)三部农书后得出一个惊人的结论:后两部书开出的农具清单,几乎都是前一部书的重复,农业生产工具的品种没有增加,性能没有改变,生产技术也没

---

① 《马克思恩格斯全集》第46卷,北京:人民出版社1956年版,第480页。
② 《马克思恩格斯全集》第4卷,北京:人民出版社1956年版,第471页。

有创新①。在工业社会,工业与城市化成为推动乡村发展的重要力量,给乡村发展带来了新机遇、新动力。工业与城市吸纳越来越多的农村就业人口,从而带来了农村就业结构的深刻变化,大大减少了农民的数量,缓和了人地矛盾。资料显示:在农林牧渔各业中就业的农村劳动力比重,由1978年的92.4%下降到2008年的64.8%,除了有近亿农村劳动力在本乡镇转移到非农产业就业外,到2008年6月底外出农村劳动力已超过1.5亿人。1978年到2019年,全国第一产业增加值占国内生产总值的比重从27.7%下降到7.1%,第一产业就业劳动力占全社会劳动力的比重从70.5%下降到25.1%。2019年,全国从事非农产业的"农民工"已达28961万人,这意味着全国已有约六成农村户籍劳动力转向非农产业。② 这不仅拓宽了农民的就业空间与增收渠道,而且为推动工业化与城镇化起到巨大的促进作用。城市化发展又带来了农村经济的发展与繁荣,在工业化与城市化的带动下,农业装备水平明显提高,农业经济发展迅速,主要农产品产量居世界前列。2008年,我国粮、棉、油、糖总产量比1978年分别增长了73.5%、245.6%、465.9%、463.4%,人均占有量明显提高。③ 2020年,我国谷物、肉类产量已分别占全国的21%、25%,人均粮食占有量多年超过世界平均水平。④ 在农业经济发展的基础上,农村非农产业快速发展,乡镇企业从无到有,发展迅猛,2008年的增加值达到8.4万亿,相当于当年国内生产总值的近28%。在农村产业结构不断升级的基础上,在国家政策的扶持下,农民人均收入显著提高,由1978年的134元上升到2008年的4761元,扣除物价因素后,年均实际增速为7.1%。与此同时,农民收入结构也发生了历史性的变化。1995年,农民人均收入中,工资性、家庭经营性、财产性和转移性收入所占比重分别为22.4%、71.4%、2.6%和3.6%。2020年,这个比例演变为40.7%、35.5%、2.4%和21.4%。工资性收入占比大幅提升,家庭经营性收入不断下滑。收入水平的提高又带来

---

① 转引自葛志华《在奔五途中》,南京:江苏人民出版社2011年8月版,第59—60页。
② 《2019年度人力资源和社会保障事业发展统计公报》,2021年6月30日发布。
③ 转引自葛志华《在奔五途中》,南京:江苏人民出版社2011年8月版,第59、60页。
④ 《新华文摘》2022年第5期,第30页。

了消费结构的变化,2008年农村居民恩格尔系数已降到43.7%,进入了温饱有余、富裕不足的状态。2021年,我国农村居民人均可支配收入18931元,同比增长9.1%,恩格尔系数下降到32.78%,农民生活水平又有新提高。①

——人的发展的新变化。受益于快速发展的城市化,越来越多的农民变为市民,分享现代化发展成果。那些仍在农村生活的农民,沐浴着城市化的阳光,其生产生活方式、价值观念等也都发生了深刻的变化。从生产方式来看,由于制造业的发展,农业装备水平有了明显提高,不仅有效地提高了农业生产力,还逐渐改变了农民面朝黄土背朝天的劳动方式,解放和发展了农村生产力。2020年全国农作物耕种收机械化率高达71%。其中小麦、水稻、玉米综合机械化率都在85%以上。② 从生活方式来看,在工业化与城市化的影响后,农村人口逐渐地放弃日出而作、日落而息的生活方式,开始按市场经济要求与工厂企业的制度安排生产生活。早起商贩的吆喝声,上班民工的车轮声划破了农村宁静的黎明。人们的作息时间不再是按太阳升落的时辰,而是被时钟严格划分的分分秒秒。从价值观念来看,在城市化的影响下,农民的思想观念也发生了变化,工业文明的时间观念、市场经济的法制观念经多次反复后植入农民的头脑,依赖变为自主、封闭变为开放、保守变为进取。更为可喜的是城市化还以其特有的流动性、社会分工以及契约性法理型关系模式,改变了人们的价值观念,铸造出现代社会特有的现代性素质。

当然,在城市化的进程中,也出现了一些值得注意的问题,如一些城市的"城市病"、游走于城市与农村之间的"农民工"问题、乡村人口的逆淘汰问题等。这些问题不解决,不仅影响城市的发展与城市化水平的提高,也会影响到乡村建设与发展。只要我们坚定城乡一体化的发展方向,扎实推进乡村振兴战略,统筹协调处理好各方面的关系,就一定能实现第二个百年奋斗目标。

---

① 转引自葛志华《在奔五途中》,南京:江苏人民出版社2011年8月版,第59—60页。
② 央视新闻客户端,2020年12月15日。

三、喜忧参半：现代化途中的农民境况

党的十九大提出：我国社会主义现代化建设已进入新时代。实施乡村振兴战略，推进农业农村现代化是新时代三农工作的总抓手。党的十九届五中全会站在两个百年奋斗目标的历史交汇点上，提出了立足新发展阶段，践行新发展理念，构建新发展格局，推动高质量发展的历史任务。

这一科学判断十分清楚地表明：我国现代化建设已取得重大突破，实现了从站起来到富起来再到强起来的历史性跨越，但仍滞留在现代化途中，尚未到达现代化彼岸，呈现了明显的阶段性特征。一方面，我们已经在总体上走出了前现代化阶段，并在现代化征程中走过了关键性几步，现代性因素不断生长，诸如产业升级加快，工业化与城镇化加速，农业转型明显等；另一方面，我们还没有走完现代化的路程，而且后面的路程更艰巨更复杂，所谓"行百里者半九十"。因此，当下的中国处于两个百年目标历史交汇点上，处于前现代化、现代化进程和后现代体验并存的时空背景中。

囿于城乡发展不平衡、农村发展不充分的现状，广大农民在现代化途中展现出一幅色彩斑斓的图画。本章主要从乡村变迁、小农户的困境、职业农民的兴起、农业经营体制的变化、农民的职业分化、乡村振兴的痛点等方面分析现代化途中的农民境况，并在此基础上提出对策建议。

村将不村

现代化是人类发展的必由之路,工业化是现代化的发动机,城市化则是现代化的孵化器。但现代化带给城市与乡村的则是两种不同方向的变化。一方面,现代化使城市变得更像城市,整洁的街道、完善的配套设施、宽阔的广场、千姿百态的建筑、迷人的霓虹灯、集聚的工业、发达的服务业等,所有这一切都让原先破旧的城市变得富有生机活力、变得绚丽多彩;另一方面,现代化又使乡村变得越来越不像乡村,传统乡村元素逐渐淡去,现代性元素深入农村,乡村有形的外观、无形的经济社会结构、农村居民的生活方式都变得模糊起来,有的甚至面目全非,与历史土壤中的乡村、与人们记忆中的乡村、与学者眼中的乡村渐行渐远,大有村将不村之势。

城市与乡村作为两个鲜明特征的社会共同体,是伴随着社会发展和国家建立而形成的。在历史的土壤中,乡村就像一幅由古老的帆船、低矮的草房、泥泞的小道、刀耕火种的生产方式、田园牧歌等元素组成的油画。油画中的主人公大多世代复制着"日出而作、日落而息"的生产生活方式,怀揣着"三十亩地一头牛,老婆孩子热炕头"的憧憬。

在人们的记忆中,乡村是一组田园诗。诗里有希望的田野、沟底的溪流、戏水的鹅鸭、村头的小树林、成片的玉米地、鸡犬之声、丰收的美酒……

在学者的眼中,乡村则有与城市有诸多不同的特定区域。城市具有集聚性,乡村则有分散性;城市以非农产业为主,而农村则以农业产业为主;城市人口具有异质性,而乡村人口以同质性居多;城市崇尚现代与时尚,而乡村则保留更多的传统。

在现代化大潮的不断冲刷下,无论是历史土壤中的乡村,还是人们记忆中的与学者眼中的乡村,都或多或少,或快或慢地发生着变化。这种变化使乡村变得模糊起来,变得令人感到陌生,变得越来越不像农村。而且乡村越发达,就离传统农村越远,离城市越近。这种变化与民间所谓的"女大十八变"一样,是一种成长的象征与喜悦,折射出现代化建设与乡村振兴战略的成效。

其实，马克思早就说过：在前现代化时期，城市呈现出乡村化的态势；而在工业占主导地位的时代，则更多地表现为乡村的城市化。中国作为后发外生型的现代化国家，在其现代化道路上也再一次演绎了这一著名的公式。①

从城乡关系来看，从城乡分割走向城乡一体化，为乡村变迁创造了良好外部环境。1954年，美国著名经济学家、诺贝尔奖获得者威廉·阿瑟·路易斯首次提出了二元社会结构理论。新中国成立后，新生的政权确立了"城乡分治，一国两策"的管理模式，即以户籍制度为核心，以就业、医疗、粮食及副食品供应等几十项政策为基本内容的城乡分割体系。整个社会被切成彼此不同又难以彼此转换的身份体系。以此为基础，国家又通过工农产品价格的"剪刀差"、土地价格的"剪刀差"、劳动力价格的"剪刀差"等途径，从农村吸纳资金，支撑国家的工业化与城市化，有效地巩固了政权，稳定了社会，发展了经济。改革开放以后，城乡分割政策有了松动，城乡关系处于调整之中。进入21世纪以后，随着工业化水平的提高，我党又提出"两个趋向"理论，适时调整城乡关系。党的十六大提出了统筹城乡经济社会发展的要求。十六届五中全会又吹响了社会主义新农村建设的号角。2006年我国全面取消农业税，实现了由从农业提取资源到向农村输入资源的战略转变。2008年党的十七届三中全会又确定了城乡一体化的发展方向。党的十九大又提出了乡村振兴战略。城乡关系的调整与变动，为乡村变迁创造了有利的条件。

从经济上看，从短缺经济走向结构性过剩经济。家庭联产承包责任制释放了农村生产力，农业生产上了几个新台阶，粮、棉、油等主要农产品产量稳居世界前列，农产品供求关系也因此发生了历史性的变化，由短缺经济变为结构性、地区性、阶段性过剩经济，各类票证因此走进历史，而多种促销券应运而生。在农业发展的基础上，农村非农产业迅猛发展，先进制造业与现代服务业逐渐成为农村经济的主体。虽然农

---

① 《马克思恩格斯全集》第46卷，北京：人民出版社1956年版，第480页。

业的基础地位没有变化,而且农业增加值与农业的装备水平较前有了明显提高,但农业已日趋小比例化,由新中国成立之初的90%下降到改革之初30%,再进一步下降到21世纪之初的15%左右,2020年又下降到7.7%。① 与此相对应,在农民收入构成中,来自农业的收入比例一路下滑,而非农收入则不断攀升。产业结构的上述变动,改写了农村只搞农业的历史,工业流水线落户农村,现代物流渗入乡村,三次产业加速融合,农村经济走向全面繁荣。

从职业与社会结构来看:从阶级划分走向阶层分化。农村现代化有两个基本要求:一是让农民不再当农民,二是让农民当好农民。让农民不再当农民,既是工业化与城市化的内在要求,也是让另一部分农民更好地当农民,缓解农村人地矛盾,扩大农业经营规模,发展现代农业的重要前提。这是因为那些务农劳动力一旦变为非农劳动力,就会由农产品的供应者变为农产品的需求者,导致农产品供给曲线内移与需求曲线外移,农村劳动力的收入可以随农村劳动力的减少而逐渐上升。改革开放以来,我国农村阶级与阶层分化呈现两大特点:一方面,阶级结构趋于简单化,阶级类别、政治标签在农村的作用日渐式微;另一方面,非阶级差别和不平等的作用日益突出,从而有力地推动了阶级内部阶层结构的分化,进而使阶层化成为中国现阶段最为突出的社会现象。伴随着农村产业结构与就业分布的变动,以及社会管理政策的调整,农民间的贫富差距拉大了,并随之出现了多样化的生活方式与价值观念,并逐渐分化成若干个经济利益、社会地位、生活方式和价值观念不同的阶层。按照收入、职业、社会声望与影响等多种指标综合考虑,学术界大多把农民划分为六至十个阶层。

从收入与生活水平来看,从贫穷走向富裕,收入水平一路攀升,恩格尔系数则缓慢下降。改革开放40多年来,我国农民人均收入有了大幅度提高,从1978年的134元提高到2007年的4000多元。2020年我国农村居民人均可支配收入达到18931元,同比增进9.7%。收入的提高带来了恩格尔系数的下降,农民恩格尔系数已从改革之初的68%下

---

① 参见历年国家统计局《国民经济和社会发展统计公报》。

降到43%左右,再进一步下降到2021年的32.7%,总体上进入温饱有余、富裕不足的状态。① 收入水平的提高,使农民的衣食住行发生了变化,与城市差异明显缩小。就衣而言,"新三年,旧三年,缝缝补补又三年"淡出视野,希望的田野涌动着姹紫嫣红的时装潮;就食而言,吃得好逐渐取代了吃得饱,过去的农民忧虑的是"今天能吃什么",如今的农民愁的是"今天想吃什么"。过上小康生活的农民开始像城里人一样讲究口感、安全与营养;就住而言,短短四十年就完成了从草房到瓦房至楼房再到别墅的升级,发达地区农村也兴起了家庭装修热,家庭摆设与城里人家可媲美,成套实木家具、各类家用电器、现代卫浴设施、现代厨房设备等一应俱全;就行而言,硬化的道路代替了泥泞的小道,自行车、摩托车、小轿车先后进入寻常百姓家……这些变化都表明:短缺与贫穷正离我们远去,富裕与幸福正向我们走来,农民生活越过越红火,越过越有滋味。

从乡村外观来看,美丽乡村建设改写了农村面貌。"晴天一身汗,雨天一身泥""面朝黄土背朝天"是长期以来农村居民生产生活的生动写照。如今的乡村振兴战略给农村带来了硬化的道路、洁化的河道、美好的环境。靠天吃饭的农业逐渐变成了设施农业,机械化替代了繁重的体力劳动。乡镇企业给农民带来了电话、电视、汽车、银行、保险和更广泛的交往天地。昔日的露天影剧场被综合性的文化中心所代替,旧时的小酒店让位于服务功能齐全的现代化星级饭店,破旧不堪的寺庙小学则被有体育场的新学校替代,昏暗的煤油灯被明亮的电灯所取代,过去走牛车、独轮车的乡间小路改建成等级公路,手摇电话换成程控电话,智慧手机与互联网大为普及,富裕起来的农民住上了楼房、喝上了自来水,用上了移动支付,有的甚至患上了"富贵病"。

从农民的价值观来看:从封闭保守逐渐走向自主进取。在传统农村社会,历史在村落中失去了本来的意义,时间似乎不是向前流逝,而是循环封闭的——日月的循环,四季的循环。农民的行为是祖先遗训的复制,复制得越精巧越受人尊崇。市场化进程的加快以及承载现代功能的各类媒体的进村入户,在改变农民物质世界的同时,也改写了农

---

① 参见历年国家统计局《国民经济和社会发展统计公报》。

民的精神世界。过去,农民的生活方式大多是"日出而作,日落而息";如今的农民,无论务工经商,还是从事农业生产经营,都必须有较强的时间观念,没有时间意识,有可能四处碰壁。务工的农民迟到或早退意味着扣除报酬,甚至意味着失去岗位,种田的农民也要有时间观念,农产品上市时间与价格有内在关联。小康后的农民则更多地追求生活质量与精神生活,夜生活开始在发达地区农村悄悄热起来,一到晚上霓虹灯竞相闪烁。过去以农事经验丰富在家庭享有独尊地位的家长逐渐失去了昔日的权威,而头脑活、思路新、能上网、信息灵的晚辈,开始在家里稳步获得权威地位,老一辈不得不把家里出谋划策和重大事情的拍板权转移给年轻一代,一种全新的经济纽带关系正渗透到家庭这一社会最基本的细胞之中。农民的法制观念不断增强,在如今的市场经济交往中,农民兄弟已不信"大丈夫一言既出,驷马难追"的所谓誓言了,只有立字为据,签订合同后心里才踏实。过去羞于"对簿公堂",如今也敢与亲朋好友到公堂去讨个公道。"父母在,不远游"的古训对当代农民缺乏约束力,外出打工的农民因种种原因回家次数明显减少,甚至春节也不回家。前几年,一首《常回家看看》得到广泛共鸣,与这种社会状况不无关系。传统的血缘与地缘关系在几千年文明史上发挥了重要作用,在市场经济冲击下,它们正在发生前所未有的变化,经济关系与利益关系甚至赤裸裸的金钱关系正在淡化农民的血缘与地缘关系。亲友关系被股份合作关系、老板与雇工关系注入新的内容,赋予新的色彩,变成经济交往的一条新纽带,传统的上下有序、尊卑分明、宗族性的人身依附关系,正悄悄地淡出,与现代化相适应的新观念新规范正在形成。传统的"熟人社会"在人口流动的冲击下逐渐变为"陌生人社会"。

在诸多变化中,也出现了一些值得关注的苗头:如因规划不到位而导致的只有新房没有新村的问题;少数农村居民人情在膨胀、人性在萎缩的问题;城乡差距拉大而导致的"农村像非洲,城市像欧洲"的问题;乡镇企业的浓烟与污水浸染着村庄山寨的问题等等。

虽然有这样那样的问题,但现代化带来农村的变化实在太大了,变得让人陌生,变出了一个令人刮目相看的大世界,变出了一个不像传统农村的新农村。

小农户的困境

大国小农是我国的基本农情,我国几千年来的历史一直保持着家庭经营的特点。从中华人民共和国成立到初级社建立的短暂时期内,我国农业仍然保持着家庭经营的形式。高级社与人民公社成立后,家庭不再是一个经营主体,而逐渐演变为单纯的消费单位,家庭经营由此中断了23年。1978年农村改革以后,我国又重新确立了家庭经营体制。进入21世纪以来,伴随土地流转的加快,特别是随着"三权分置"政策的推行,新型农业经营主体不断壮大,逐渐成为现代农业的弄潮儿。但这并没有从根本上改变小农户经营的格局。资料显示,到2015年年底,虽然土地流转取得一定进展,但经营耕地在10亩以下的农户仍然多达2.1亿户,占全部农户的79.6%。[①] 因此,小农户占主体,小农与新型农业经营主体并存成为当前农业经营体系的一大特征。小农与新型农业经营主体的此消彼长将贯穿农业现代化全过程。

小农户与新型农业经营主体都是农产品的生产者与经营者,都是现代农业的活跃因素,但两者又存在明显的差异。

差异之一:生产经营规模不同。小农户拥有小块土地的承包经营权,在自家承包地依靠个体或家庭劳动力进行生产,规模狭小,一般在10亩以下,且地块零散,缺乏先进的生产工具,只有传统的小型农具,难以容纳先进生产力。而新型农业经营主体不仅有自家的承包地,而且通过流转等手段扩大了生产经营规模,少则几十亩,多则几百亩,更多的千亩以上,其生产经营规模是小农户几十倍,甚至上百倍,因而既能有效地推广新技术,容纳先进生产力,又能提高土地产出率与劳动生产率。

差异之二:生产目的不同。小农一般以养家糊口为生产目的,几十年一贯制,一熟油菜,一熟粮食,与市场需求明显脱节,周期性地导致农

[①] 转引自葛志华《无为之为》,南京:江苏大学出版社2019年9月版,第118页。

产品的难卖现象。这种墨守成规就成为小农的一大通病。为了平衡家庭经济支出，不少小农农忙种地，农闲外出打工，或丈夫外出打工，妻子在家种田与照顾家庭，形成了半工半耕模式。而新型农业经营主体则是以追求种田经济利益为目标，因而能以市场为导向，根据市场信号，依据消费者对农产品多样化、优质化的要求，及时调整农业生产结构与农产品结构，改进生产工艺，发展农产品深加工与精加工，拉长产业链，打造价值链，促进三次产业融合发展，既能满足市场需求，保证国家粮食及重要农副产品的有效供给，又能谋求自身经济利益的最大化，实现自身的职业化。

　　差异之三：生产方式不同。农业以土地为主要生产资料，从事生物性生产，由此决定了它有"三大两差"的特点，即分散性大、地域性大、时空变异大和稳定性差、可控性差。小农户以养家糊口为目标，大多以主粮种植为主，或以主粮种植与副业为一副拐杖的兼业形式维持家庭经营的稳定性。但在市场化不断扩展的进程中，农业内部的分工不断细化，种植环节处于农业收益链条"微笑曲线"的低端，是收益较低的产业环节，而且又与市场需求脱节，内部缺乏分工，外部缺少联系，往往是"全把式"和"一单到底"。这种"全把式"扼杀了农业内部分工及分工基础上的合作。这种小农虽经常参加农业劳动，但无法完成职业化。而新型经营主体以利益最大化为目标，以市场为导向，与外部有多种联系与合作，内部又有分工与专业，更容易形成职业化。

　　小农户与新型农业经营主体虽然存在这样那样的差异，但又面对同样的外部环境、同样的市场、同样的消费者。与后者相比，作为传统经营主体的小农户，虽然人数众多，但囿于自身的局限性，在社会生活与农业生产经营过程中处于不利地位，日趋边缘化与贫困化。这种不利地位主要表现为以下四个方面：

　　从生产领域看，两亿多分散的农户，土地规模狭小，地块零散，难以形成扩大农田经营规模、提高地块整合性的机制，极大地阻滞了生产要素的合理配置和规模效益的产生。而且分散而弱小的个体小农无力改善农业基础设施和进行农业技术改造，削弱了农业生产持续稳定发展的后劲，增大了农业生产的自然风险。

从流通领域看,分散和小生产格局意味着市场中的农产品供给主体仍将是分散的小农,他们的商品量小,虽有广泛的参与度,但缺乏商业组织发育的内在机制,很难形成农民之间稳定的合作与联合。在市场经济环境中,分散的农民经济实力弱小,交易成本过高,或信息无法沟通,使农副产品成交太难,不是东奔西走,就是被降级压价,或批零差价"两头叫,中间笑",有的交易即使达成协议,但仍要为保证契约的实施支付很高的费用,这又增大了农业生产的市场风险。

从农民组织水平来看,家庭经营与建立在家庭经营基础上的合作经济组织是农业现代化的重要依托。西方发达国家的农业现代化,除了技术先进外,还有三个基本要素,即家庭经营、合作经济组织、社会化服务。农村改革以后,分散的农民虽然摆脱了人民公社的束缚,但也出现组织水平明显下降等问题。农村基层组织名义上比较健全,有村民委员会、经济合作社等,但真正发挥作用的组织并不多。在统分结合的双层经营体制框架内,往往是"分"有余而"统"不足,甚至只有"分"而没有"统",个体小农失去了组织依托。加之,农民居住的分散性、生产方式的封闭性、社会交往与联系的局限性、思想观念的保守性,使其没有能够形成一个紧密的利益共同体,人数众多的优势被组织程度低的劣势所抵消。因而,农民虽然人数众多,但利益表达方式先天不足,合法权益时常被强势利益集团侵占,在各类市场主体的竞争中处于边缘地位,政治上缺乏话语权,缺少影响政策的分量,经济上没有谈判地位与议价能力,导致了小农户的边缘化。

从利益博弈来看,新型农业经营主体是现代农业的关键支撑,也是推进农业现代化的重要依托。这些新型主体不仅自身素质高于普通农户,而且经济实力较强,善于在农业产业链的不同环节扩大自身利益,能在三次产业融合发展中谋求附加值,追求利益的最大化。因此,无论在政府眼中,还是在市场竞争中,都相对处于有利地位,更能得到政府的重视、项目与资金的倾斜,在市场上也有较高的议价能力与谈判地位。而小农户则"别有一番滋味在心头",生产生活面临诸多困难。从政策层面来说,除对所有农民的"两减免、三补贴"等普惠制政策外,对小农生产的政策扶持较少,精准性不够;从政府层面看,一些地方存在人为的"垒大户""造盆景""亲大户、远小农"等倾向,往往是对大户爱护有加,对小农缺少支持;从服务供给来看,虽然农业社会化服务体系日趋完善,但针对小农生产的社会化服务比较缺乏,特别是农产品销售、加工及金融保险服务滞后,小农户感到既无助又无奈。比如,农技服务的"马太效应",扶大不扶小,扶强不扶弱;再如,规模经营改变了生产服务体系,农机、农技服务往往青睐大户,而排斥交易成本相对较高的分散小农。从小农户自身素质来说,他们的文化水平相对较低,生产技能相对缺乏,囿于狭小的经营规模,不得不高价购买农业生产资料与农业生产服务,并以相对低的价格出售自己的生产成果。在这一高一低的剪刀形的价格下,农民的利益被腰斩了,虽然因土地与劳动力资源的紧缺,其收入一定程度上提高了,但这也改变不了小农户在生产、服务和销售等方面的不利地位,导致了小农的贫困化。

由此可见,与新型农业经营主体相比,小农户生产规模狭小,要素资源整合能力差,抗风险能力更弱,如不能有效地把小农业户引入现代农业发展轨道,不仅会增大小农生产的自然风险与市场风险,加剧小农的边缘化与贫困化,而且还会延缓农业现代化的步伐,拖"四化同步"的后腿。

大国小农是我国的基本国情和农情,小农与新型农业经营主将长期共存,甚至将贯穿农业农村现代化的全过程。因此,我们既要有历史的耐心,因势利导,循序渐进,又要有时代的紧迫感,多管齐下,多措并举,努力把小农引入现代农业发展轨道。

第一,要建设现代化经济体系,发挥好引领作用。现代化经济体系是由社会经济活动各个环节、各个层面、各个领域的相互关系和内在联系构成的一个有机整体,既是国家强盛的经济支撑,又是小农进入现代农业发展轨道的引领。现代农业体系是现代化经济体系的重要组成部分,也是"四化同步"的基础。十九大报告提出了实施乡村振兴战略的要求,加快建立农业产业体系、生产体系、经营体系的新要求。产业体系、生产体系、经营体系是现代农业的"三大支柱",生产体系重在提升农业生产率,经营体系重在完善农业生产关系,二者又共同支撑现代农业产业体系的发展。在构建三大体系的进程中,要不断创新农业经营体系,在充分保护农民土地承包经营权的基础上,推进多种形式的适度规模经营，培育新型农业经营主体与服务主体，构建"大产业小业主""小生产大发展"紧密联结的发展格局，以服务规模的扩大来弥补耕种规模的不足，把小农带入现代化发展轨道。

第二，要提高小农素质，使其发挥好主体作用。小农户与新型经济主体是相对的，也是可以转化的，小农户扩大了经营规模也能上升为新型农业经营主体。因此，要通过多种形式，不断提高小农户的科学文化水平，提升其生产经营技能，增强其发展的内在动力。鼓励小农通过订单带动、利润返还等形式主动接受新型经营主体的辐射与带动，与之结成更加紧密的利益共享机制。在此基础上，通过土地流转、股份合作等形式扩大生产经营规模，尽快转变为新型农业经营主体。

第三，要制定并完善支持小农生产的政策体系，发挥好扶持作用。针对小农存在的生产规模小、要素集聚能力弱、抗风险能力差、自身缺乏技能等特点，统筹兼顾培育新型农业经营主体和扶持小农户的关系。既要引导与支持种养大户、家庭农场发展壮大，使之逐渐成为发展现代农业的主导力量；又要从产业政策、财政资金、项目倾斜、融资担保、农业保险、技术培训等多个层面制订完善扶持政策，建立农业支持保护体系，让小农共同分享发展成果，逐步将小农户引入现代农业发展轨道。比如，适时调整与完善农业补贴政策，让财政补贴更多地惠及小农户，或将财政补贴资金以股份形式量化到合作社与农户，使小农户也能参与产业链和价值链的利益分配，让处于产业链低端的小农户也能分享到财政支农的红利。

第四，要完善农业社会化服务，发挥好支撑作用。相比新型经营主体，小农不仅土地规模狭小，而且农业生产服务设施也少，对农业社会化服务需求更为迫切。可以通过大力培育各类专业化与市场化服务组织，综合运用经济的、行政的手段，为小农提供产前、产中、产后系列化服务，帮助小农户节本增效，增加经营性收入。

第五，要发展多种形式的合作社，发挥好组织作用。作为一种经济组织，合作制是制度上的说法，旨在强化劳动者的联合，而在形式上分别叫合作经济与合作社。合作社是弱小群体寻求互助合作的一种组织形式，其主要目的在于资源共享和规避风险，力图将家庭农业生产积极性与合作组织的优势有机地结合起来。合作社集生产主体与服务主体于一身，融普遍农户与新型农户于一体，具有组织农民服务自我的独特功能。在农业供给侧结构性改革中，合作社既能根据市场需求做出有效响应，也能发挥传导市场信息、统一组织生产经营的载体作用。因此要让一家一户分散的农民按合作制原则组织起来，围绕优势产业与特色产业，发展多种形式的农民合作社，做到发展一个合作社，带动一个产业，致富一方农民。

第六，要发挥供销合作社的带动作用。供销合作社是为农服务的合作经济组织，是为农服务的"国家队"。经过近些年的改革，供销合作社已逐步构建起综合性、规模化、可持续的为农服务体系，成为乡村振兴不可或缺的生力军。因此，要充分发挥好供销合作社的带动作用，大力培育市场化服务主体，开展农超对接、农社对接，促进服务规模化与流通现代化，推动供销合作社由流通服务向全程社会化服务延伸，向城乡社区服务拓展，向三产融合渗透，逐渐把小农引入现代农业发展轨道。

职业农民的兴起

民以食为天。农业生产是人类生存与发展的基础，而农业生产又离不开作为从业者的农民。

农民是农业的主角。不同性质的农业又需要不同类型的农业劳动者。传统农业离不开分散小农，而现代农业更多需要职业农民。

随着"四化同步"的深入推进，我国涌现了一批有文化、懂技术、会经营的职业农民。职业农民群体的兴起与壮大，顺应了现代化的内在规律，具有划时代的意义，既成为农业现代化的主要支撑，又成为社会进步的重要标志。

一、谁来养活中国？

中华人民共和国成立以来，特别是改革开放几十年来，我国现代化建设取得了举世瞩目的成就，实现了从贫穷到温饱再到全面小康的历史性跨越,进入了现代化建设的新时期。

伴随着工业化与城镇化的步伐,在体制、政策、科技、投入等多种因素的作用下,我国农村经济社会发展步入了快车道。农业综合生产能力稳步提高,农村经济全面繁荣,农民收入节节攀升,农村面貌明显改变,初步探索出了一条具有中国特色的农业现代化道路。

然而,与快速发展的工业化相比,与日新月异的城镇化相比,我国农业现代化虽取得明显进展,但仍存在不少问题,面临诸多挑战,甚至引发了"谁来种地"和"怎样种地"的危机。

目前,我国农业主要有三种生产经营主体:一是分散的小规模农户。据农业部统计,截至2016年年底,我国经营规模在50亩以下的农户有近2.6亿,占农户总数的97%左右,户均耕地面积5亩左右;二是适度规模经营户。截至2016年年底,经营规模在50亩以上的新型农业经营主体约350万个,经营耕地面积约3.5亿亩,平均经营规模100亩左右;[①]三是农垦与兵团企业。由此可见,虽然我国已出现了一定数量的家庭农场、种田大户、合作社等新型经营主体,但普通承包农户仍占绝对多数,新型农业经营主体与传统小农将长期共存。这既是基本国情,又是基本农情。

从农业劳动力角度讲,我国主要存在以下问题:

第一,农业劳动力总量偏大。现代化的过程既是产业升级的过程,又是职业结构变动的过程,更是农民非农化的过程。农业产业占比的小比例化是现代化的一般规律,而农业占GDP比重的下滑,又会带来农业劳动力占全社会劳动力比例的相应下降。改革开放以来,伴随着工业化水平的不断提高,农业占比不断下滑,非农产业占比不断攀升,但农民非农化进程则相对缓慢,形成了经济结构与就业结构的严重错位,即我国农业劳动力占全社会劳动力的比重没有随农业占GDP的比重同步下降,并由此引发了一系列的经济社会问题。一方面,我国经济结构循产业升级的规律快速变动,农业占比一路下降,2012年我国农业占比下降到10.2%,非农产业占比89.8%。2016年我国第一产业增

---

① 转引自葛志华《无为之为》,南京:江苏大学出版社2019年9月版,第102—103页。

加值63671亿元,同比增长3.3%,占国内生产总值的比重为8.6%。2020年我国农业与非农产业占比为7.7∶92.3,农业日渐呈现出小比例、小部门的特征。与此同时,我国农业劳动力占比却下降缓慢,2010年,第一产业从业人员仍占全社会从业人员的38%,与农业占GDP的比重差28个百分点。1978年—2019年,我国第一产业增加值占国内生产总值的比重从27.7%下降到7.1%,第一产业就业人员占总就业人数的比重从70.5%下降到25.1%。① 两者形成一个明显的喇叭口。大量人口留在农村,大量劳动力留在农业,这不仅表明资源配置不合理,加剧了城乡、工农的分配不均,还意味着农业劳动力总量明显偏大,隐性失业现象比较严重。人们常说农民"一个月过年,三个月种田,八个月赋闲",就是农业劳动力剩余的形象写照。据专家测算,按照现有农业生产的科技含量与生产力水平,按照现有的农业占GDP的比例,我国18亿亩耕地只需要1亿多劳动力就可以解决问题,其余劳动力都需要在农业之外找出路。

第二,农业劳动力的弱质化。农民非农化是现代化的内在要求,也是农民职业化的先决条件。伴随着工业化与城镇化的步伐,我国农业劳动力纷纷跳出农门,离开农业进入非农产业,离开乡村进入城镇。据国家统计局对外公布的《2016年农民工监测报告》,截至2016年年底,我国进城务工人员,总数达到28171万人,月均收入为3275元。② 农业劳动力的非农转移,顺应了现代化的内在规律,既给工业化与城镇化增添了动力,又给农业劳动力带来新挑战,使农业劳动力呈现弱质化的趋势。从农村流出的劳动力,大多年纪轻、受教育程度高、头脑灵活,仍留在农村的人大多为文盲、半文盲的年老体弱者及妇女和儿童,也就是人们常说的"389961部队"。在2.8亿进城务工人员中,1980年以后出生的新生代已逐渐成为主体,占全国进城务工人员总数的49.7%。据有关资料显示,我国沿海地区农村种田人的平均年龄已超过50岁,正在沦为"老人农业"。有的农民70多岁仍在田里辛勤劳作。③ 这些人有吃

---

① 转引自葛志华《无为之为》,南京:江苏大学出版社2019年9月版,第102—103页。
② 国家统计局《2016年农民工监测报告》,2017年4月28日发布。
③ 转引自葛志华《无为之为》,南京:江苏大学出版社2019年9月版,第103页。

苦耐劳的精神,有丰富的农事经验,但文化层次低,头脑不灵活,市场意识不强,难以担当发展现代农业的重任。农业劳动力的弱质化对农业生产不利,影响了农业生产的机械化与专业化,阻碍了传统农业向现代农业的转变。囿于二元社会结构,在农民非农化的同时,并未形成有效的身份转换与农户土地承包经营权退出机制,造成了农民"离农"却没有"离地","进城"却没有"弃地",部分农民"弃耕"而另一部分农民又耕地不足等现象,导致了人地矛盾的固化。

第三,农业劳动力的兼业化。由于经营规模小与农业比较利益差等原因,有限的农业收入难以平衡家庭的经济支出,农业劳动力纷纷走上兼业化的道路。据相关资料,1986年全国农户户均耕地9.2亩,分散为8.4块;2008年下降到7.4亩,分散为5.7块。2011年全国户均耕地仅5.58亩,农业规模呈现小规模、分散化与细碎化特征。有限的耕地容纳不了这么多劳动力,兼业化就成为农业劳动力的普遍现象。不少农民农忙做农活,农闲又外出打工;白天务工经商,早晚耕种农田。据相关资料,在2.8亿进城务工人员中,离土不离乡的为11237万人。[①]这些人既务工经商,又从事农业生产;既有农业收入,又有打工收入。兼业化固然可以平衡家庭经济支出,拉高农民收入水平,却影响了农业的分工与商业组织的发育。这种兼业农民不以农业生产经营为主要来源,其对农业的态度属于消极应付,既不愿意为有限的农业收入而学习新技术,又不肯为微小的利益而加入合作社等组织。即使勉强加入,也只是凑人数而已,发挥不了多大作用。

第四,农业的副业化。改革开放以来,我国农民收入稳步提高,从1978年到2012年,农民人均收入由133.6元增加到7917元,按可比价格计算,增长了10.77倍。2015年,我国农民人均收入突破万元大关。与此同时,农民收入的结构发生了历史性的变化,工资性收入占比稳步提高,农业经营性收入占比不断下降。与1991年至1997年相比,2010年至2013年工资性收入对农村居民家庭人均收入增长的贡献率由26.8%提高到52.3%,而家庭经营收入的贡献率则由67.8%下降到

---

① 转引自葛志华《无为之为》,南京:江苏大学出版社2019年9月版,第104页。

33.8%。2014年,农村居民人均收入增长中,47.2%来自工资性收入,21.7%来自转移性收入,来自家庭经营性收入和财产性收入的贡献率分别为28.5%和2.6%。农业收入占比的下滑,使农业由主业变为副业,辛辛苦苦种田一年,不如外出打工两月。对农民来说,种田犹如"鸡肋",食之无味,弃之可惜。①

第五,农业劳动力后继乏人。农业比较利益差、生产条件差、农村基本公共服务滞后、精神文化生活匮乏,对成长中的年轻人失去了吸引力,"跳农门"成为不二选择。"70后"不愿种地,"80后"不会种地,"90后"不想种地,新世纪出生的人更不谈种地。崭新的住房、紧闭的门窗、种田的老人、粗放经营的农田成为农村的普遍现象。农村劳动力不断外流,二代进城务工人员不愿返乡,新成长的劳动力一心"跳农门",构成了"谁来种地"和"谁来养活中国"的现实危机。

人是生产力的第一要素。从农业劳动力角度来讲,我国存在着"总量大、素质差、结构不合理、收入少、后继乏人"等问题。这些问题不仅影响了国家的粮食安全与农产品的有效供给,而且严重制约了现代农业的发展,拖了"四化同步"的后腿。

二、又一历史拐点

虽然我国已有一定数量的新型农业经营主体,但就整体而言,又存在弱质化、兼业化、后继无人等问题,酝酿着"谁来种地"和"怎样种地"的危机。这种危机既是危机,又是转机,更是一种提示。它充分表明,我国农民正进入由传统农民向现代农民转型的关键时期,进入了凤凰涅槃的历史拐点。

这一历史拐点的形成,主要与三大因素有关:

首先,在"四化同步"的历史进程中,身份化的农民在职业上已经发生了分化,"谁是农民"变得模糊不清,给理论研究与政策制定带来了困难,需要对农民进行重新定义。现代化是人类文明的发展方向,工业化是现代化的发动机,城镇化是现代化的孵化器,工业化与城镇化的互动

---

① 转引自葛志华《无为之为》,南京:江苏大学出版社2019年9月版,第104页。

是现代化的基本演进方式。党的十八大从我国实际出发，规划了现代化的路线图，即推动工业化与信息化深度融合，工业化与城镇化良性互动，城镇化与农业现代化相互协调，促进工业化、信息化、城镇化、农业现代化同步发展。

现代化的过程，既是产业升级的过程，又是转变农业发展方式的过程。伴随着"四化同步"的深入推进，农业逐渐突破了自然经济条件下的封闭性，与整个经济社会发展紧紧地连为一体。这种紧密关系突出地表现为农业对现代化的贡献与现代化对农业的影响两方面。就农业对现代化的贡献而言，主要包括产品贡献、市场贡献、要素贡献、外汇贡献等。可以说，离开了农业的支撑，现代化就会失去依托。而现代化进程也在深刻地影响着农业，既有效地提高了农业的装备水平与农业生产力，又对其从业者提出新要求。可以说，没有现代化的拉动，农业发展就失去了动力。就对从业者的新要求而言，现代化既要让农民不当农民，推进农民非农化，为工业化提供劳动力，为城镇化提供人口，为农业规模经营创造条件，使农业劳动力占全社会劳动力的比例与不断下滑的农业占GDP的比例大致吻合，实现资源合理配置，实现城乡均衡发展；现代化又要让农民当好农民，实现农民的职业化，为农业现代化提供人才支撑，使农业劳动力的素质与现代农业的要求大致吻合。

现代化的这一内在规律在我国也得到充分体现。随着"四化同步"的深入推进，我国身份化的农民在职业上发生了分化，有的农民继续种地，有的农民兼业种地，有的农民根本不种地。有的农民在国内发展，有的农民在国外生活。有的学者还把农民分为农业劳动者、进城务工人员、农民企业家、农民知识分子、农村管理者等若干个不同的阶层。这些阶层具有不同的社会地位、不同的经济收入、不同的生活方式等，已很难用一个概念来界定这一庞大群体，也很难用农民企业家、"农民工""农民农"、农民知识分子等令人费解的名词来表述这一群体。我国农民的非农化、农业劳动力的弱质化和兼业化等现象，既是现代化发展到一定阶段的产物，又是现代化水平不高的表现，表明我国已进入现代化的阵痛期与调整期。因此，迫切需要对身份化的农民职业分化这一社会经济现象进行理论上的描述与概括，迫切需要用现代化的眼光对农民一词进行重新定义。

这正如法国著名学者 H. 孟德拉斯所说:"一二十亿农民站在工业文明的入口处,这就是当今世界向社会科学提出的主要问题。"在此基础上,才能在政策层面上科学制定产业与社会政策,加快推进农业现代化;才能在城乡关系上适时调整不合时宜的政策规定,推进城乡一体化。

其次,在农业现代化的历史进程中,农业从业者队伍难以担当发展现代农业的重任,时代在呼唤职业农民。在世界现代化历史上,农民非农化与农民职业化是相伴而生的,农民非农化是农民职业化的基本前提,农民职业化是农民非农化的必然结果,而农民非农化、城镇化与市民化又是三位一体的整体。但在我国这三者又严重脱节,形成了两个比较严重的问题:一是"半城镇化现象"。所谓"半城镇化现象",是指农民向市民转化过程中的一种不完整、不彻底的状态,其表现为农民已经离开乡村到城镇就业,但城市只需要农村劳动力,又排斥与歧视农民,致使他们在劳动报酬、子女教育、社会保障、住房与公共服务等方面不能与城市居民享受同等待遇,在城市也没有选举权与被选举权。资料显示,2020年来,我国常住人口城镇化率达到 63.89%,而户籍人口城镇化率只有 45.4%。两者相差 18.49 百分点。[①] 这种半城镇化现象固然支撑了低成本的工业化,但又引发了一系列的社会经济矛盾,不仅严重影响了城镇化的质量,而且阻碍了农民的职业化。二是农村人口逆淘汰,在世界现代化历史中,在工业化与城镇化进程中,率先选择离开农业农村的往往是那些生产与经营能力相对较差、生活比较贫困的农民,而那些种田能手则大多留在农村从事农业生产经营,并不断扩大农业经营规模,逐渐成为现代农业的实践者,以"职业农民"的面目获得社会公平收入。而我国在城镇化进程中,率先从农村流出去的人大多具有年纪轻、受教育程度高、头脑灵活、有一定门路等特征,而那些文盲、半文盲或年老体弱者大多仍在老家种地。从业者的弱质化、兼业化、副业化已严重制约了农业发展,更难以形成农业内部的分工。这些人吃苦耐劳,农事经验丰富,对生活要求不高,但缺少文化与技术,接受新知识能力差,缺乏市场开拓能力,难以担当发展现代农业的重任。而农业

---

① 国家统计局《经济社会发展统计图表》,2021 年 9 月 25 日发布。

现代化又是"四化同步"的基础与支撑,没有一定数量的职业农民、没有职业农民的示范、引领与带动,农业现代化就会成为空中楼阁。

最后,在城乡一体化历史进程中,迫切需要"去身份化"。城乡一体化是现代化发展到一定阶段的必然要求,是国家治理现代化的重要标志。所谓城乡一体化,是指城市与乡村在经济、社会、文化与公共服务上实现统一,构建和谐相容、协调互动的城乡关系。城乡居民享有公平的国民待遇,拥有平等的权利义务与发展机会,这既是城乡一体化的内在要求,又是国家治理现代化的基本要求。农民的身份化是历史的产物,既是二元社会结构的重要基础与制度安排,又是城乡一体化的最大障碍。改革开放以来,我国调整了"城乡分治,一国两策"的政策,城乡关系有了局部调整,城乡交流明显增多,有力地促进了经济发展与社会进步。但流动的部分又大多在体制之外,对农民的歧视依然存在,未能从根本上触动二元体制,乃至出现了"农民工""农民农"和"农民企业家"等混杂着身份与职业内涵的不伦不类的称呼,形成了"城市像欧洲,农村像非洲"的时代反差,不仅使作为整体的"三农"问题更加凸现,演变成现代化建设的"难中之难",而且使作为个体的农民被排斥在城市之外,形成了所谓"半城市化现象",加剧了工业化与城镇化的结构性错位。因此,迫切需要从推进城乡一体化与推进国家治理现代化的高度,调整城乡关系,坚持以人为本,制定实施"去身份化"的社会政策,让城乡居民拥有平等权利义务与发展机会,协调推进农民非农化与职业化,实现城乡一体化。

三、职业农民的兴起

农民职业化既是现代化的内在要求,又是社会进步的重要标志。所谓职业农民是指有文化、懂技术、会经营的新型农民。这类农民具有一定的科学文化素质、掌握一定的农业生产技能,以农业生产经营或服务为主要职业,以农业收入为主要经济来源。

20世纪80年代,随着农村改革的深入推进与商品经济的发展,我国农村涌现了一批专业户与万元户。这些人中,有的是种田能手,有的是养猪、养牛专业户,有的是水产养殖经营者,有的是农产品经营者,有的是农机作业能手。这类人数量不多,却是农副产品的有效供给者,是农民致富的带头人,也是职业农民的最初代表。进入21世纪以来,随着市场经济的发展,我国新型农民数量不断增多,质量明显提高,成为现代农业的弄潮儿。据相关资料显示,2015年,我国新型职业农民规模已达1272万人,比2010年增长了55%,到2018年,我国职业农民已超过1400万人。①

从来源看,新型农民主要由三部分人组成:

一是从原有农业劳动力提升而来。虽然我国农业从业者整体素质不高,但其中仍不乏佼佼者,一批有农事经验、吃苦耐劳、有经营头脑的农民面向市场,转变观念,提升技能,建办家庭农场,流转农业用地,发展规模化、集约化经营,开展标准化、专业化生产,为提高土地产出率与劳动生产率做了示范与引领,为确保国家粮食安全和重要农产品供给提供了支撑。

二是从非农劳动力转型而来。随着"大众创业、万众创新"的深入推进,农业领域正成为创业创新的沃土,工商资本的进入、农民专业合作社及联合社的创办、"互联网+现代农业"、农资服务商等产业又从非农劳动者中吸纳了一批从业者。一批返乡农民工、退伍军人、回乡初高中毕业生,纷纷加入新型农民队伍,为现代农业发展注入新鲜血液,加快了三次产业的融合发展。

三是从高学历人员中吸纳而来。一批高学历、爱农业的大学生和海归人员加入职业农民队伍,有的从事种植业与养殖业,有的从事农产品精加工与深加工,有的从事农产品销售,有的从事农产品电子商务,有的从事农业社会化服务,拉长了农业产业链,打造了价值链,推动了农业可持续发展。

经过几十年的发展演变,我国目前农业劳动力主要由两部分构成:一部分是由种田大户、家庭农场、农民专业合作社、农业企业组成的新型农业经营主体。这一部分人数不多,占比不大,却是我国农产品的有效供给者,是现代农业的实践者,是新型职业农民的代表。另一部分人

---

① 转引自葛志华《无为之为》,南京:江苏大学出版社2019年9月版,第129页。

是因多种原因未能转移出去的专职与兼职农业劳动力。这一部分人数众多,总体素质不高,劳动生产率低,属于小生产者,是传统农业的"守望者"。由于我国特殊的国情与农情,传统农民将会长期存在。随着"四化同步"的深入推进,在现代农业与传统农业的此消彼长中,我国职业农民队伍将不断壮大,素质也会稳步提高,逐渐成为现代农业的主导力量,成为农业现代化的支撑力量。

职业农民的兴起与壮大,引起了中央的高度关注。自2012年起,中央一号文件连续五年都把培育新型职业农民作为一项紧迫的重要任务。2014年,中央农村工作会议又特别强调:要让农业成为有奔头的产业,让农民成为有吸引力的职业。2016年中央一号文件又进一步明确:要将职业农民培训纳入国家教育培训体系,把职业农民培养成建设现代农业的主导力量,2019年的中央一号文件特别提出:开发农村人力资源,培养新型职业农民。农业农村部,以及陕西等11个省市还出台了《关于加快培育新型职业农民的意见》等文件,从根本上破解"谁来种地"和"怎样种地"等难题。

职业农民是现代化特别是农业现代化的产物,因而具有鲜明的时代特征:职业农民是面向市场的商品生产者,既与自然交换又与社会交换,属于新型农业的经营主体,而不再只是与自然交换、自给自足的传统小农。职业农民是规模农业的经营者,传统农户的分散经营状态只能产生兼业农民,而职业农民是建立在规模经营基础之上的。没有一定的规模,就没有经营效益,也就不可能实现职业化。职业农民具有高度的职业稳定性,不再是农忙务农、农闲打工的进城务工人员,不再是兼业农民,更不是身份化的农民,而是把务农作为自身选择,把农业生产经营作为本职工作,把农业生产经营收入作为主要经济来源。职业农民具有高度社会责任感和现代意识。因与市场连在一起,职业农民具有较强的市场开拓能力、法制意识,注重农产品的品质与市场价值,注重资源的合理配置。

四、职业农民的本质特征

从中文字面上讲,农民就是农民,并无身份与职业、传统与现代、旧式与新型的区别。但在英语世界里,职业农民与身份农民又有着质的不同,英语用 peasant 来称呼传统农民,强调社会身份的低下与依附性;用 farmer 来称谓新型农民,以 farm(农业)为词根,更多强调职业含义。

传统农民与新型农民,身份农民与职业农民,虽都与农业和农村有关,但两者又有本质的区别:

首先是内涵上有区别:一个侧重于身份,一个强调职业含义。传统农民是社会学意义上的身份农民,而职业农民则类似于经济学意义上的理性人。在古代中国,农民是一种具有浓厚身份色彩的概念。作为国家赋税与徭役的主要承担者,作为农业社会的主要支柱,农民在士、农、工、商中的地位,次于"士"而高于"工商业者"。在当代中国,主要是通过户籍来识别农民的,凡属农村户口皆是农民,与种田与否没有关系,与所从事职业也没关系。而在现代社会,农民则是一种职业,是一种以农产品生产经营收入作为生活主要来源的职业,是与工匠、工程师、教师等并列的现代职业类别。

其次是来源上有区别:一个是先赋角色,一个是自致角色。身份农民是一种先赋角色,具有强制性与不可选择性,只要父母是农民,子女就是农民,所谓"农之子恒为农"。农民又是土生土长的,流动性差,生产生活相对封闭,以土地为生产中心,以家族为生活中心,以村庄为交往空间的群体。而职业农民则具有自主性与选择性,当农民既不是制度安排,也不存在外在强迫,而是自我选择的结果。职业农民需要具备一定的资格,需要接受相应的专业学习与培训,需要取得相应的职业证书。可见,传统农民的"世袭"与"别无选择"和职业农民的自致与多种选择机会下的自主选择,形成了鲜明的对照。

再次是生产方式与收入上存在不同:一个谋求温饱,一个追求富裕。传统农民大多是小生产者,耕种自家的一亩三分地,往往自给自足,主要与自然交换,很少与社会交换,满足于养家糊口,有时甚至基本温饱也难以保证。而职业农民作为面向市场的商品生产者,既与自然交换,又与社会交换,不仅谋求温饱,更追求富裕;作为适度规模经营者,从事的是专业化与集约化生产,因而具有一定的经济效益,能够获得社会平均收入,使农业成为有奔头的产业。

最后是社会责任感不同：一个只对家庭及家族负责，一个既对家庭负责，又对社会负责。传统农民大多只与自然交换，很少与社会交换，满足于自给自足，因而只需要对家庭及至家族负责，其人生理想大多为传宗接代、"三十亩地一头牛，老婆孩子热炕头"。而职业农民不仅要有文化、懂技术、会经营，还必须有对消费者负责、对生态环境负责、对土地的可持续性负责的观念。加之，职业农民已充分融入市场，对农业政策、农业生产与加工技术、农产品市场体系、农产品市场信息特别敏感，具有强烈的社会责任感。

五、顺势而为，加速农民职业化

职业农民是农业现代化的实践者与推动者。职业农民的兴起具有划时代的伟大意义。它为现代农业的发展提供人力支撑，可以从根本上破解"谁来种地"和"怎样种地"等难题，进而为农副产品的有效供给、农业现代化和"四化同步"战略的顺利推进夯实基础。它又为农民的组织化准备了必要条件。职业化与组织化是一对孪生兄弟，职业化是组织化的前提，而组织化则是职业化的归属。没有一定数量的职业农民，就不可能有真正意义上的农民组织化。而农民的组织化又能进一步强化农民的职业化。我国台湾地区农会章程就特别规定：只有家庭收入中农业收入占一半以上者，方可成为正式会员，享有完整的会员权利，并须履行相关义务。

由于我国国情与农情的特殊性，我国新型农民与传统农民、新型农业经营主体与传统农业经营主体将长期并存。因此，我们既要有历史的耐心，尊重农民的意愿，渐进式地推进农业现代化；又要有历史的紧迫感，花大力气推进农民职业化，发挥其引领、示范与带动作用。

首先，确定职业标准，制定认证办法。职业标准既是职业认定的依据，又是职业的准入门槛。发达国家在农业现代化进程中，适时实行了农业职业准入制度。只有通过相关专业教育、培训与考试，获得农业从业资格证书，才能具备继承、购买或独立经营农场的权利，并相应享受国家和合作经济组织的农业补贴、贷款优惠及相关服务。

制定认证办法，关键是对职业农民的内涵做出界定。例如，职业农民既不是自给自足的传统农民,也不是靠工资收入的农业工人,更不是凭借资本获得经济收入的农业投资人或管理者;又如,职业农民必须以农业为稳定职业,占有一定的土地资源,具有农业专业技能与市场经营能力,收入主要来自农业等;再如,职业农民不是身份化存在,不是先天胎记,而是自主选择的结果,与出生地域等没有关系,农村居民可以报考,城市居民也可以应试。

根据现代农业发展的需要与职业农民队伍建设的实际,研究制定职业农民职业标准与认证办法,建立职业农民注册登记制度。在此基础上实行相应的教育培训制度、研究制定各类扶持政策,加快农民职业化步伐。

其次,实行"三权分置",加快土地流转。土地是农业生产第一要素,没有土地的适度规模,就不可能造就职业农民。因此要按照"四化同步"的路线图,大力发展第二、第三产业,实施新型城镇化战略,为农民非农转移提供空间,为农民扩大农业经营规模创造条件。坚持三权分置的原则,探索建立"人动、地动"的良性互动机制,使弱者离地,强者耕地,既促进农村劳动力的稳定转移,加快农民非农化步伐;又支持农业的规模化、集约化经营,加快农民职业化。稳定土地承包关系,引导与鼓励有稳定非农收入的农户流转或退出土地,让继续耕地的人形成适度规模经营。探索建立老年农民土地退出机制,通过财政支持,提高老年农民福利待遇,实施土地换取社会保障等政策,加快土地流转,让土地向种田能手等新型农业经营主体适度集中,让更少的农民耕种更多的土地,逐渐形成更有效率的农业经营体系,使农业成为有奔头的产业,使农民成为有吸引力的职业。

再次,调整相关政策,促进农业职业化。加快修订《劳动法》与劳动保险相关政策规定,把职业农民纳入其中,让农民与其他职业一样得到《劳动法》的保护。调整城镇化政策,破除"半城镇化"现象,推进农民市民化。综合运用行政、经济等多种手段,建立农民进城与农地退出联动机制。根据城乡一体化的要求,深化户籍制度改革,制定实施"去身份化"的社会政策,让农民与市民一样享有人生出彩的机会。

最后,完善支持政策,加快发展现代农业。根据农业的产业特点,进一步做实"以工补农、以城带乡"的体制。实施精准政策,扶持农业发展,使农业经营有规模、有效益。促进国家财政支农体系与职业农民培训有机结合,明确教育培训的内容、时间、方式与经费保障,不断提高职业农民的职业水平与职业技能,增加经济收入。加快供销合作社综合改革,培育农民专业合作社,奋力打造与农民利益连接更紧密、为农服务功能更完备、市场化运作更有效的合作经济组织体系,不断强化农民的职业归属感。

统分之间

农业经营体制是指以什么经营方式、组织形式、利益分配方法来经营或耕种的制度体系。党的十七届三中全会把以家庭承包经营为基础、统分结合的双层经营体制上升到"党的农村政策的基石"的高度。

农业生产经营既要"分",又离不开"统"。"统"与"分"各具优势,又各有不足,既对立,又统一。两者的有效契合既是决定农业生产效率的关键因素,又是完善农业经营体制的内在要求。

一、农业产业的基本特征

农业是人类社会生存与发展的基础,一切发展由此而来。按照现代产业部门划分的理论,整个国民经济可以划分为三次产业,农业为第一产业,加工制造业为第二产业,服务业为第三产业。由第一产业为主的经济向第二产业为主的经济,再向第三产业为主的经济转型,是现代化的一般规律。在产业转型升级过程中,上级产业是下级产业的基础,下级产业则是上级产业的延伸。

与二、三产业相比,作为第一产业的农业,具有明显的特征:

从地位作用来看:农业既是人类文明的源头,又是最基础的产业;既是人类社会赖以生存的物品与食品等生产生活资料的主要来源,又是现代国民经济许多部门独立门户的产业起点。也就是说,人类社会的存在与发展,归根到底都取决于农业的发展。离开农业这个基础与源头，一切都无从谈起。发展经济学通常把农业对经济发展的作用归纳为四个方面，即产品贡献、市场贡献、要素贡献、外汇贡献等。随着现代化的不断演进，农业四大基本功能持续存在并得到强化，一些新的功能逐渐显现并大为拓展，农业不再单纯提供食品，还提供生态休闲娱乐等产品，如乡村旅游凸现出农业的观光休闲与文化传承的功能等。

从农业生产力角度来看，农业的发展大体经历了原始农业、传统农业、现代农业等三个阶段。原始农业的主要特征是"刀耕火种"，其突出贡献在于对野生动植物的驯化，实现了由采集向种植业、狩猎向畜牧业的转变，人类不再被动依赖大自然提供的食物，从此有了稳定的食品来源。传统农业突破了原始农业的局限，生产工具与生产技术都有了质的提高，欧洲创造了"二圃制""三圃制"，古代中国则开创了精耕细作的农业技术体系，农业文明形成了，有力地推动了社会进步。但传统农业的物质与能量主要在农业内部周而复始地循环，具有技术停滞等不足，农业生产力提高缓慢。到了18世纪，中国农业耕作已到了边际报酬收缩的程度，陷入了外国学者所说的"高水准均衡的陷阱"。现代农业则是以资本高投入为基础，以工业化生产手段和先进科学技术为支撑，有社会化服务体系相配套，用科学经营理念管理的农业形态，其基本特征是能量与物质的开放式循环，农业与国民经济的联系日趋紧密。

从农业经营方式来看：主要形式为家庭的分散经营。在原始氏族公社，土地实行氏族公有制，氏族成员共有共耕土地。到了奴隶社会，主要推行井田制，实行土地国有制，并逐步演变出土地私有制。在封建社会，土地以私有制为主，国有制为辅，私田多于公田。虽然朝代更替不断，农业经营体制却相对稳定，其主要特征为：土地以私有制为主，但土地所有权的分布极不平衡，少数地主与官僚占有大量土地，多数农民只有较少土地；按农民与土地的结合方式大致可分为自耕地、佃农、依附农等；农业经营以家庭为基本单位，农民以自有或租佃土地进行规模细小的农业经营，一锄一镰、一个主要劳动力加上若干辅助劳动力，一旦与土地结合就可进行简单再生产。这种简单的生产组合十分灵活与方便，但也十分脆弱，经不起风吹雨打；农业与家庭手工业、畜牧业紧密结合，男耕女织、自给自足，农民家庭既是基本的生产经营单位，又是一个消费单位,既与自然交换,又与社会交换;农村市场发育较早,但成长缓慢,剩余农产品的市场交换、土地买卖、劳动力的流动都相对自由,土地兼并时隐时现,容易引发周期性的农民起义。正是在这个意义上,德国哲学大师黑格尔说:从本质上说,中国其实并无历史,只有封建王朝的再生与复制,由土地兼并引发的农民起义就成为王朝循环的杠杆。①

从产业特点来看:农业是典型的弱质产业。就生产环节而言,农业生产具有周期性、季节性等特征,具有时间上的季节性、空间作业的分散性、生产条件的复杂性等特点。农业生产又是一个自然的生长过程,具有特定的生命周期,对土地存在依赖,很难扩大生产规模,不能像制造业那样进行不间断的生产。在连续性生长过程中,容易遭受洪涝、干旱、沙尘暴、病虫害等侵袭,承受着变化莫测的自然风险。就流通环节而言,农业生产周期长,对价格波动反应滞后,农产品供给又缺乏弹性,市场的自行调节又会放大农产品供给短缺与过剩的效应,价格暴涨暴跌、"货到地头死"等现象在所难免,"姜你军""蒜你狠"现象时有发生。就投资回报而言,因为农业生产周期长、环节多,又承受自然风险与市场风险双重考验,产业发展充满不确定性,投资回报率低,亏损与血本无归现象时有发生。

从农业生产管理来看:农业是自然再生产与经济再生产相交织的特殊产业,是一种生命适应生命的复杂过程,这一不间断的生命生长过程所发生的信息,不仅流量极大,而且极不规则。因此,农业生产者必须根据生物需求的复杂的个性化的特征,做出及时有效的反应,农业也因此更适合分散作业,无法进行标准化的管理与生产。农业又是劳动成果与劳动过程相分离的产业。在连续性的生长周期中,在众多的生产环节中,每一个生产环节都不能单独计算价值,而每一个生产环节都对农产品最终价值有直接影响,哪一个生产环节出了问题,都会影响农产品产量与质量,甚至中断动植物的生长。农产品生产与工业品生产的最大区别在于,农产品生产所作用的对象是有生命的物体,这就决定了农业生产的劳动成果的不可分割性,更使人们无法对农业进行有效

---

① 转引自葛志华《从新农村到新国家》,南京:江苏人民出版社 2008 年 7 月版,第 51 页。

二、我国农业经营体制的历史考察

新中国成立七十多年来,我国农业经营制度大致经历了三个大的阶段:

一是土地私有基础上的家庭经营阶段。《中华人民共和国土地改革法》规定:农民既是土地的所有者,也是土地的经营者,土地的所有权、经营权、收益权、处置权高度统一,可以进行买卖、出租、典当、赠予等交易行为。新中国成立初期土地改革,废除了地主的封建土地所有制,实现了地权的平均分配,建立了农民土地所有制。既满足了农民对土地的渴求,又兑现了"耕者有其田"的主张,保证了政治动员的需要,更促进了农业的恢复与发展。资料显示,土地改革使全国3亿多无地少地的农民无偿获得了7亿多亩土地和其他生产资料,免除了每年向地主交纳700亿斤粮食的苛重地租。① 土地改革消灭了土地的地主所有制,以及由此形成的土地租佃关系,使广大农民变成了自耕农,无偿地获得了土地所有权与使用权,实现了农民与土地的直接结合,提高了农民的政治经济地位。就经营方式而言,农业生产仍以分散家庭为基本单位,农户是农业生产经营的基本单元,种植业、畜牧业、手工业和其他副业均建立了以家庭经营为特点的经营机制。土地改革契合了农业生产特点,适应了生产力发展水平,较好地释放了农民生产积极性。到1952年,我国主要农产品产量就已恢复到抗日战争前的最高生产水平。但这一农业经营体制与统购统销政策不协调,也容易滋生两极分化等新问题。

二是土地集体所有集体经营阶段。土地集体所有集体经营起源于农业合作化运动,成熟于高级社,固化于人民公社体制。为了配合建设工业国的目标,更好地推行"统购统销"政策,针对农村出现的新情况、新问题,国家制订了农业的社会主义改造的路线图,通过互动组——初级社——高级社等形式,调整与重构农业经营体制,变土地私有私营为

---

① 何东等:《中国共产党土地改革史》,北京:中国国际广播出版社1993年1月版,第398页。

集体所有集体经营体制。短短四五年时间,我国农业经营体制就在私有土地上分户经营基础上,先后经历了私有土地的互助经营(互助组时期)、私有土地上的合作经营(初级社时期)、集体公有土地上的集中统一经营(高级社时期)的三次大的调整与变化,将农民的土地私有制基础上的家庭分散经营改变为土地集体所有制基础上集体统一经营,并在后来的政社合一的人民公社体制中,形成了"三级所有、队为基础"的农村基本经营制度,以生产小队为基本核算单位,实行土地集体所有、统一经营,成员按人口与所挣工分分配劳动成果。

三是集体土地上的家庭承包双层经营阶段。1978年,起始于安徽省凤阳县小岗村的"大包干",带来了农业经营体制的又一次调整与变革。经过多次反复,最后确定了以家庭承包经营为基础、统分结合的双层经营体制。此后,又根据形势的变化,对这一双层经营体制进行了多次完善。其核心要义在于把土地所有权与使用权分开,在坚持土地集体所有性质的基础上,把以生产队为单位的集体统一经营改为以农民家庭为单位的分散经营,农民家庭重新成为农业的基本经营单位,进而确立了土地集体所有、农民分户承包、家庭自主经营、农民自负盈亏的基本经营制度;在家庭分散经营的同时,又不断充实集体统一经营的内容,一家一户办不了、办不好、办起来不合算的事情,乡村集体经济组织根据群众要求努力去办,把家庭分散经营的积极性与统一经营的优越性有机地结合起来,最大限度地解放和发展农村生产力。此后,国家又针对形势变化,继续深化农村改革,延长土地承包期,制定土地"三权"分置政策等,制订出台《中华人民共和国农民专业合作社法》,稳定与完善农村基本经营制度。1993年,《宪法》修正案正式把这一经营体制纳入《宪法》,确立为农村基本经营制度。

新中国成立七十多年,我国农业经营制度经历了三次大的调整,虽然历史背景、具体内容、法律规定、实际成效不一,但都围绕"统"与"分"的关系来做文章,也可以说统分关系贯穿始终。实践证明,统分关系处理得好,农业就有效率;反之,就会束缚农业生产力。

第一阶段的农业经营体制架构,主要特征是"分"多"统"少,甚至有"分"无"统"。作为农业最重要的生产资料的土地是农民私人的,所有权与使用权合一,基本没有"统"的内容。生产经营也是分户自主经营,生产什么,生产多少,生产成本与风险都由家庭分散自主决定,基本没有"统"的成分。可见,这种土地改革形成的家庭经营制与历史上的自耕农经营方式并无二致,虽然提高了农民的政治经济地位,调动了农民生产积极性,但也存在分散性、狭隘性、自给性、脆弱性等先天不足,难以扩大再生产,容易出现两极分化。这一经营体制对外与1953年出台的"统购统销"经济政策不协调,不可能为国家工业化提供更多的剩余积累,对内也容易引起两极分化,诱发新的社会矛盾。

第二阶段的农业经营体制架构,主要特征是"统"多"分"少,甚至有"统"无"分"。短短几年,经过互助组、初级社、高级社等不同阶段,综合运用行政与经济等手段,推进增"统"减"分",重新构建了农业经营体制,实现了由分多统少、有分无统,向分少统多、有统无分的转变。在互助组阶段,在坚持土地私有、家庭分散自主经营的基础上,逐渐增加统的内容,主要表现形式为生产资料共享,劳动帮工互助。到了初级生产合作社阶段,又一次进行增"统"减"分",虽然土地名义上仍由农民个人占有,但土地已入股,不再由家庭分散经营,改由初级社集体合作经营。到了高级生产合作社阶段,再次调整经营体制,进一步去"分"增"统",变土地私有制为集体所有制,变合作经营为集体统一经营。到了人民公社时期,作为政社合一的基层组织,再次强化统的功能,实施统一经营、统一核算、统一劳动、统一分配的经营制度,甚至一度取消了自留地,农户不再是一个生产经营单元,而成为消费单元。

人民公社既是政社合一的基层组织,又是农业计划经济的主要载体。人民公社的核心特征是所有权与经营权合一,统多分少,有统无分。这种经营体制适应了农业计划经济的需要,能与统购统销政策无缝对接,但也面临着天然的困境,如信息处理成本极高,易于导致生产决策的失误;又如劳动监督成本过高,极易导致偷懒与生产性努力不足的机会主义行为等。

第三阶段的农业经营体制架构,主要特征是减"统"增"分",统分结合。针对第二阶段农业经营体制的统得过多过死、束缚生产力发展的弊端,国家尊重农民意愿,调整农业政策,重构农业经营体制,主要手段是减"统"增"分",宜分则分,该统则统,统分结合。生产资料上的统分结合,主要表现为两权分离,农村土地所有权仍归集体经济组织所有,由家庭承包经营替代生产队集体统一经营;生产经营上的统分结合,主要体现为双层经营,由农户分散承担生产决策与经营活动,而集体经济组织主要从事一家一户干不了、干不好、干得不经济的事情,为分散农户统一提供生产服务,把农户分散经营的积极性与集体统一经营的优越性有机地结合起来,最大限度地解放和发展农业生产力。21世纪以来,国家又出台《农民专业合作社法》,制订了深化供销合作社综合改革措施,为统分结合农业经营体制注入新的活力。

三、现代农业需要怎样的农业经营体制

现代农业是乡村振兴的产业基础,是提高农业综合生产能力的重要举措,更是促进农民增收的基本途径。

农业的发展既受制于整个国民经济的发展,又具有内在规律性,呈现出明显的阶段性特征。不同阶段的农业对统分有不同的内在需求。传统农业的基本特征是小农经济,男耕女织、自给自足,对外表现为物质与能量的封闭式循环,对内没有社会分工,更多地表现为全把式农业,一家一户分散经营能够承担从播种到收割的全部任务。小农户虽然也有"统"的需求,但统的内容与形式相对单一,以自给自足为主要特征。现代农业与传统农业有质的区别,对外表现为与国民经济的联系更加紧密,物质与能量的封闭循环转变为开放式循环,对内分工不断细化,专业化水平逐渐提高,三产融合趋势更加明显。虽然形式上也是家庭分散经营,但对"统"的内容有了更多的需求,离开了"统",少了农业社会化服务,家庭分散经营就会成为无源之水。

"统"与"分"的有效耦合是现代农业发展的关键所在。从"分"这头来说,主要表现为"三个契合"。就农业生产特点而言,农业生产是自然再生产与经济再生产的统一,具有时间上的季节性、空间上的分散性以及生产条件的复杂性等特点,要求生产经营者随季节与农作物生长周期进行分散作业。规模生产者在产前与产后环节上有诸多优势,但在生产环节上存在诸多劣势。因此,农业生产的分散性、差异性的特点

决定了最适合的生产组织方式就是农户家庭经营。就家庭特点而言，家庭是以血缘关系为纽带的社会细胞。家庭经营所包含的社会分工以及所内生的灵活决策机制、行为响应的自觉性以及激励相容的自我执行机制，使其在农业生产活动中具有天然合理性与得天独厚的组织优势。用经济学家林毅夫的话就是："农业因具有内部规模经营不显著、劳动的监督和度量都极其困难等特点，而成为一个适合家庭作业的产业。"就农业管理的特点而言，农业生产周期长，环节多，农业劳动工种繁多，作业分散，无法像在工业中那样分别计量生产过程各个环节上劳动者付出的有效劳动的数量与质量，天然隐含着高昂的监督与计量成本。统一经营与集体劳动必然带来的集体行动困境，使得个人的劳动质量难以与他人的努力区别开来，并在劳动报酬中予以体现，使得对劳动绩效的计量和劳动过程的监督变得异常困难，而家庭分散经营能够有效进行优势互补与优化组合，不存在度量、监督与激励难题。

从"统"这一头来说，主要表现为"三个有利于"：首先，"统"有利于扩大经营规模，提高劳动生产率。我国人多地少，户均耕地面积小，地块分散。这种经营体制虽然能充分挖掘土地的生产能力，但缺乏生产规模，农业产出非常有限，更谈不上提高农民的劳动生产率。因此，只有"统"才能扩大经营规模，降低生产成本，有效地提高劳动生产率。二是有利于解决农业的外部性问题。发展现代农业既要解决内部性困难，又要处理外部性问题。农田水利、交通运输具有很强的外部性，是典型的公共产品，这些公共产品，一家一户干不了、干不好、干得不经济，需要发挥"统"的功能，将公共产品转化为俱乐部产品，为分散农户创造更好的发展条件。三是有利于提高农民谈判地位与议价能力。家庭联产承包责任制确立了农户的生产经营地位，重塑了农村经济组织的微观基础，但同时又将分散、弱小、信息不灵和对外经济联系渠道不畅的小农户卷入了竞争日益激烈的市场中。由于主体分散、势单力薄、信息不畅、组织化程度低，分散农户缺少市场谈判地位与议价能力，无法抵御变化无常的市场风险，虽有广泛的社会参与度，却难以形成有效的合作与联合，既无法与大市场对接，又无法与其他市场主体竞争，农民利益在多个环节流失。

物质与能量的开放式循环是现代农业的一大特征。这就要求农业生产经营既要"分",又要"统"。"统"与"分"各具优势,又各有劣势,各有适用范畴,两者既对立,又统一。两者的有效契合,才是农业经营体制的关键所在。两者耦合越好,农业生产效率越高。反之,就会影响农业生产经营效率。

四、我国农业经营体制分析

以家庭承包经营为基础、统分结合的双层经营体制,既是我国农村改革取得的最重要的制度成果,也是我国社会主义基本经济制度的有机组成部分。这个经营体制具有广泛的适应性。随着现代化进程的加快,与农村经济社会结构的深刻变化,现行农业经营体制面临着许多新情况新挑战,也存在明显不足。归纳起来,主要有:

一是统分结合明显失衡。从家庭的分散经营来看,家庭承包经营是以土地的小块分割为基础的,耕地规模小,地块零散,虽然三权分置与土地流转有利于扩大生产规模,但大国小农格局仍未根本改变。这种经营体制固然能挖掘每块土地生产潜力,但集约化、专业化水平不高,阻碍了农业的社会化分工,制约了现代农业的发展。随着城镇化水平不断提高,农村劳动力尤其是青壮年大量外流,家庭分散经营逐渐沦为"老人农业","谁来种田"成为迫切的社会问题。从统一经营来看,农户的联合与合作不够,农民组织化程度不高,农民专业合作社带动能力不强,供销合作社改革滞后,农业社会化服务供给不畅,乡村集体经济组织作用弱,"统"的主体发育缓慢,且存有内生弱点。从流通领域看,现行体制确立了农户在生产经营中的主体地位,但由于主体分散、势单力薄、信息不畅、组织化程度低,使分散农户缺少谈判地位与议价能力,无法与大市场对接,更无法与其他市场主体竞争。从功能看,突出表现为"分"有余而"统"不足,甚至只有"分"而没有"统",从而使双层经营体制产生了严重的缺陷与偏差,使农业成为国民经济最薄弱的环节,拖了"四化同步"的后腿。

二是农业经营主体收益水平不高。改革开放以来,农民收入一路攀升,但收入结构正在发生变化,突出表现为家庭经营收入增长缓慢,所占份额明显下滑,农业已不能给从业者带来社会平均收入。2002年,在我国整个国民经济结构中,农业增加值只占国内生产总值的15%左右,而农业人口却占70%左右。资料显示:从2001年到2008年,我国农村人均纯收入结构不断变动,工资性收入比重由32.6%上升到38.9%。来自农业的家庭经营性收入从47.6%下降到40.9%。2019年,我国第一产业增加值占国内生产总值的比重为7.1%。[①] 农村居民人均可支配收入16021元。其中,农村居民人均工资性收入6583元,占总收入的比重为41.09%;人均经营收入5762元,占比35.97%。[②] 农业产业已不足以给其从业者带来社会平均收入,种田犹如鸡肋,食之无味,弃之可惜,农田抛荒由此而生。

三是农业后继无人。由于农业产业收入低、农业生产成本高等原因,农村种田后继无人,出现"70后"不愿种田,"80后"不会种地,"90后"不提种田。现在种田的人大多为老人妇女儿童,也就是所谓"996138"部队。据抽样统计,我国从事农业生产的劳动力平均年龄在50岁以上,农业兼业化、农民老龄化、农村空心化现象日趋严重,家庭分散经营面临严峻挑战。

四是农业社会化服务体系不健全。农村改革以来,原有的服务体系已变得七零八落、摇摇欲坠。近几年来,农业社会化服务体系虽有所改善,但仍不健全。就公共服务而言,政府扶持农业总体不足与支持效率不高现象并存;就市场主体而言,存在供给不足与服务价格偏高的问题;加之农民组织程度低、商品量小、违约现象多等因素,市场服务主体与农民合作成本太高,难以有效对接,更难以形成稳定的合作关系;就合作经济组织而言,存在发育不全、改革滞后、带动能力不强的问题。分散农户生产经营活动中种子、农药化肥、农机、市场营销、金融保险、信息与技术、质量标准等方面多层次多元化服务体系仍不健全,严重地制约了农业的发展。

上述四个方面的问题,涉及农业生产经营体系的诸多方面,关系到

---

① 《从改革开放30年农民收入增长情况看农村改革成绩》,中央政府门户网站,2008年10月5日。
② 《农业农村部:2019年农村居民人均可支配收入突破1.6万元》,中国经济网,2020年10月27日。

统与分的有效结合。这些问题不解决，现代农业发展就会步履维艰。

五、合作制是统分结合的有效载体

作为一个经济学术语，合作制是制度上的说法，而形式与内容上则叫合作经济组织或合作社。从经济学原理与世界农业现代化经验来看，公司制是最适合非农产业的经济组织，而合作制则是最契合农业产业的组织形式，是统分结合的有效载体。

与公司制的资本联合不同，合作制作为一种劳动的联合，旨在满足自愿联合的人们的共同需求，其基本原则是开放的社员资格、民主的社会控制、对内服务与对外经营、社员的经济参与与盈余分配、社员的教育与培训等。按合作制原则组建的合作社，是一种特殊法人，兼有企业与共同体双重属性的社会经济组织。

之所以说合作制是统分结合的有效载体，主要基于以下三方面：

首先，与合作制的价值与使命有关。合作制对农户、对市场、对政府都有着特殊价值与意义。对分散经营的个体农户而言，合作社能有效地让分散农户组织起来，不再以单个自然人的形式出现在市场经济舞台上，实现从自然农户向法人农户的转变，变成新型农业经营主体，能有效改变自身的经济社会地位，拥有与其他市场主体相对等的法律地位和社会经济地位。合作社的经营参与与盈余分配原则，使它还可以在农业产业链环节进行不间断的投资，拉长产业链，打造价值链、化解市场风险、增加经济收入、维护社员利益。对市场来说，合作社既是农民的组织载体，又是市场经济的矫正机制，对内能为分散经营的农户提供统一服务，对外能有效提升农民的谈判地位与议价能力，改变农民市场交易中的不利处境，防止农民利益双向流失，防止分散农民在交易中边缘化。与分散自然农户相比，合作社有规模经营优势、成本控制优势、技术推广优势、谈判议价能力等，能有效地把分散经营的积极性与统一经营的优越性结合起来，实现利益最大化。对政府而言，合作社既是推进农业现代化的重要抓手，又是农村经济社会管理的有效平台，能够成为德治、自治、法治中的重要一环，沟通政府与分散农户的联系，辅助实施农业政策，降低政府管理成本，提高农民组织水平，维护农村社会稳定。

需要说明的是,合作社并不改变家庭分散经营的格局,而是以家庭承包经营为基础建立起来的劳动组合,不改变现存的生产关系,也不触及农民的财产关系,但又比分散农户更具组织化与专业化,较分散农户具有规模经营、资源集成等多种优势,既能降低交易成本,又能避免监督成本。在不改变分散经营的前提下,更好地发挥"统"的功能。

二是合作制契合了农业生产经营特点。农业的本质是自然再生产与经济再生产的统一。农业生产是一种生命适应生命的复杂过程,无法进行标准化生产,不适合"大呼隆"式的集体生产经营,更适应家庭经营。但分散经营的农户在生产上无法适应农业分工细化的趋势,在经营上无法同大市场对接,更无法与其他市场主体竞争,迫切需要在分散家庭经营之上建立合作经济组织,把分与统的积极性有机结合起来。

三是国际经验的深刻启示。从世界农业现代化的实践来看,虽然各国农业资源禀赋不同,农业现代化的道路各异,但有两点共性:一是农业生产经营大多以家庭为基本单位,不管人多地少,还是地少人多,农业都是家庭为基本经营单位的;二是在家庭经营之上,按自愿、民主与共享等原则建立合作经济组织,培育"统"的主体,为分散农户提供生产生活服务,维护农民利益,提高农民收入,合作社也因此成为统分结合的有效载体。

六、在内外兼修中坚持与完善农业经营体制

党的十八大提出要加快构建集约化、专业化、组织化、社会化相结合的新型农业经营体系,这是对农村基本经营制度的丰富与发展,充分体现了发展现代农业的客观要求,也是应对当前农业经营方式面临的挑战的有效途径。坚持与完善农业经营体系,要按照工业化、信息化、城镇化、农业现代化同步发展的要求,紧紧围绕建设现代农业的中心任务,以巩固家庭承包、统分结合体制为基础,以维护农民利益,提高农民收入为出发点,以保障国家粮食安全与农副产品有效供给为目标,大力培养各类经营主体,培育壮大合作经济组织,健全农业社会化服务体系,完善农业支持保护体系,为现代农业发展提供不竭动力。

一是坚持农村基本经营制度,加快实施两个转变。以家庭承包为基础、统分结合的双层经营制度,符合农业生产特点,解放和发展了农村生产力。构建新型农业经营体系,并不是否定这一制度,而是在毫不动摇坚持农村基本经营制度的基础上,适应现代农业的发展需要,着力在"统"和"分"两个层面推进农村经营体制创新,加快农业经营方式的"两个转变",即家庭经营要向采用先进科技和生产手段方向转变,增加技术、资本等生产要素的投入,着力提高集约化、专业化水平;统一经营要向发展农户联合与合作,形成多元化、多层次、多形式的经营服务体系方面转变,增强村级集体经济组织与合作经济组织服务功能,着力提高组织化、社会化程度。通过这两方面的调整,使"家庭经营"与"统一经营"这两个层次相互支撑,使"分"与"统"相互支持,把家庭分散经营的积极性与统一经营和服务的优势结合起来,形成充满活力的农业经营体系。

二是大力培育新型经营主体,实现多元互动。农业的生产方式和进入市场的组织化形式等因素,将直接影响生产效率与交易成本。农业的竞争,既是资源的竞争,也表现为农业经营主体之间的竞争。培育新型主体,并不是否定家庭经营,而是对原有制度的丰富与发展,实现多元互动,多元互补。因此,要大力培育与扶持各类新型主体,如新型职业农民、家庭农场、农民专业合作社、农业龙头企业、农业服务组织等,使之成为统分结合的经营主体,真正做到八仙过海,各显神通。要加快推进供销合作社综合改革,不断密切与农民的利益联结,完善为农服务功能,提高市场化运作水平,使之真正成为服务"三农"的"国家队",更好地担负起服务乡村振兴的历史责任。要以贯彻《农民专业合作社法》为契机,以农民专业合作社为依托,带领农户从事专业化生产,实现生产、加工、销售有机结合,形成利益共享,风险共担的利益共同体。要从实际出发,推进土地三权分置,积极稳妥地引导土地有序流转,发展多种形式的适度规模经营,提高农业劳动者的收入。

三是健全农业社会化服务体系。农村社会化服务,是现代农业的重要支撑,是新型农业经营体系的组成部分。我国农业社会化服务体系不健全,服务内容与农民需求有脱节,生产要素配置不合理。

因此，要从农村实际出发，发挥行政、合作经济组织与市场的多重作用，不断完善以政府公共服务机构为依托、农民合作经济组织为基础、公益性服务与经营性服务相结合，专项服务与综合服务相协调的多元化、多层次、多形式的新型农业社会化服务体系，搞好信息、技术、购销、金融、土地托管、农资、农机等全方面服务，不断丰富统分结合的农业经营体制。

四是不断健全农业支持保护体系。健全农业支持保护体系是发展现代农业的必备条件，也是构建新型农业经营体系的制度支撑。要根据工业化与城市化的进程，不断加大对农业的支持保护力度，建立以工补农、以城带乡的长效机制，完善财政金融支农政策，推动资源要素向农业农村领域配置，加快发展现代农业，改善农民生产条件，加速城乡一体化步伐，支持新型农业经营主体健康成长。

乡村振兴的痛点在哪里

作为为农服务的综合性合作经济组织，供销合作社是以合作经济组织形式推动"三农"工作的重要载体，是党和政府联系农民的桥梁和纽带，是实施乡村振兴战略不可或缺的生力军。供销合作社作用发挥好了，就会成为乡村振兴的一大亮点；反之，就会成为农业农村现代化的一大痛点。

一、计划经济体制的政策工具

农业是人类社会生存和发展的基础，一切发展都从这里开始。经济学家通常把农业对经济发展的作用归纳为四个方面，即产品贡献、市场贡献、要素贡献与外汇贡献等。

新中国成立后，我国学习借鉴苏联等社会主义国家的经验，明确了工业国的奋斗目标，建立与完善了社会主义计划经济体制。在计划经济体制中，计划是经济社会的指挥棒，在资源配置中起决定性作用，决定生产什么与生产多少。指令性计划与指导性计划是计划的两种基本形式。

农业既是国民经济的基础,又是计划经济的有机组成部分。新中国成立之初,国家通过土地改革,在全国范围内建立了"耕者有其田"的经济制度,实现了农民与土地的直接结合,解放和发展了农业生产力。为了把农业纳入计划经济的轨道,国家制订出台了统购统销的经济政策、城乡分治的社会政策,发动了"农业合作化"与"人民公社化"运动,构建了计划经济体制的"四梁八柱",从生产、流通、分配、消费等多个环节夯实了计划经济的基石,有效地把农村经济与农民生产生活纳入计划经济轨道。

在农村计划经济的架构中,人民公社是计划经济的体制依托,农村信用合作社、供销合作社是计划经济的政策工具。三者内部分工明确,运行顺畅,彼此运转协调,功能耦合,成为计划经济在农村的有效载体。

根据党在过渡时期总路线与总任务的要求,国家实施了对农业、手工业和资本主义工商业的社会主义改造,构建了社会主义的基本经济制度。在农村,主要通过"互助组——初级生产合作社——高级生产合作社"等三个阶段,不间断地调整农业生产关系,由私有土地上的分户经营变成了集体土地上的统一经营。1958年,又在全国迅速掀起了人民公社化运动,并把人民公社描绘成"建设社会主义和逐步向共产主义过渡的最好的组织形式"。

与高级社相比,人民公社既不是一个经济组织,也不是一个单纯的政权组织,其主要特征在于"政社合一""一大二公",其管理范围包括"工、农、商、学、兵"各个方面。此后不久,国家又对人民公社体制进行了调整,制订出台了"人民公社六十条",确立了"三级所有、队为基础"的体制架构。但没过多久,又受到"四清"运动、"文化大革命""割资本主义尾巴"、阶级斗争以及"农业学大寨"运动的多次冲击。

与城市的"单位制"一样,人民公社是一个集政治、经济、社会等多种功能于一身的综合性组织,履行着经济资源配置、社会整合及社会动员功能,是当时中国社会一个高度融合和低度分化的基本组织形式。国家依托人民公社体制,全面渗入农村经济社会生活的各个领域与层面,构建了"总体性社会",垄断经济与社会资源,政治、经济、意识形态高度重叠,对社会实行全面而有效的控制。人民公社具有双重属性,既是基层政权组织,行使行政管理职能,又承担生产经营职能,主要任务是按照计划经济的要求组织农民开展农业生产,把种植面积、收益分配、农民生活纳入计划轨道。对外寓分配于不平等的交换之中,一手按计划组织农业生产,并向国家缴纳粮食等农产品;一手从供销社购买农业生产资料和日用工业品;对内则实施集中劳动与统一经营,通过由户籍制度衍生出来的口粮制度、劳动工分制度进行平均主义分配。通过这种双重职能,人民公社把农民牢牢地束缚在土地上,把农民的生产生活纳入计划经济的轨道。离开了人民公社体制,国家就无法对农民实施有效管控,农民则得不到生产资料与生活资料,连生存都会成为问题。因此,"理解的要执行,不理解的也要执行"就成为当时社会现象的真实写照。在人民公社二十多年中,我国农业生产、农田水利建设、农村合作医疗等取得一定成绩,有力地支持了国家工业化,但囿于单一公有制与统一经营体制,存在生产上的"大呼隆"、分配上的平均主义"大锅饭"等体制性弊端,脱离了农业生产力发展水平,农村普遍缺少活力,农民生活普遍贫困,成为我国农村现代化的一次痛苦尝试。

人民公社体制不可能孤立地运作,需要与之匹配的政策工具。农村信用社与供销合作社就是两种有效的政策工具。作为计划经济体制的金融政策工具,农村信用合作社原先是由农民自愿入股组建的合作金融组织,后又异化为计划经济的金融政策工具。1951年,中国人民银行决定开展农村金融工作,大范围建立与普及农信社系统,旨在筹集农村闲散资金,抑制高利贷盘剥,为农民生产生活提供金融服务。1955年,中国人民银行又颁布《农村信用合作社章程(草案)》,对农村信用合作社的性质与任务做了明确规定:信用合作社是劳动群众根据自愿原则,组织起来的资金互助组织。其任务是在中国农业银行的指导与监督下,举办储蓄、存款、发放低利贷款,为农村生产服务,扶持农业(丝、棉)、手工业生产合作社的发展,与高利贷做经济斗争。资料显示:1954年至1956年,信用合作社发展迅猛,数量超过16万个,入社社员达到9500万人,包括6800多万农户,占全国农户总数的60%左右,全国

80%以上的乡都建立了信用合作社。①

短暂的繁荣后,农信社经历了波折与混乱,突出表现为体制多变、机制更迭,包袱沉重、风险积聚。先是下放给人民公社、生产大队与贫下中农管理,基本上成为基层社队的财务部门,而后又成为国家银行在农村的基层金融机构,涂上了"官办"的色彩,既丧失了合作金融的属性,又失去了金融组织的特征,其干部队伍、资金与业务都受到严重的破坏。虽然如此,农信社在服务农业生产、服务农民生活、抵制高利贷等方面仍做出了独特的贡献。

供销合作社是计划经济体制在农村流通行业的政策工具。1950年,国家就把发展供销合作社提上议事日程,成立了中华全国合作社联合总社。到1952年底,供销合作社遍布广大农村,拥有1.3亿社员。1954年召开了第一次全国社员代表大会,并更名为中华全国供销合作总社。1958年"大跃进"时期,国家把供销合作社一分为二,县以上供销合作社与国营商业合并,把基层社下放给人民公社。1962年,供销社与商业部分开,定性为集体所有制。1970年又再次合并,由集体所有制调整为全民所有制。1975年,中央再次恢复全国供销合作总社,不再作为群众经济组织,而成为各级政府的组成部门。

在计划经济年代,供销合作社服务网点遍布农村,肩负着发展经济、保障供给的重任,行使统购统销的职能,成为推动农村经济社会发展的重要力量。需要指出的是,计划经济体制下的供销合作社,与农信社一样,有合作社之名,无合作制之实,都是短缺经济背景下农村计划经济体制的政策工具。

人民公社、农村信用社、供销合作社既分工明确,执行有力;又相互配合,功能耦合,共同构建了计划经济运行秩序。其中,人民公社是计划经济的农业生产主体与体制依托。人民公社是农业生产单位,负责按国家下达的计划组织生产队进行种植,并按统购统销的渠道向国家缴纳农副产品。《农村人民公社工作条例》(1961年,简称《六十条》)明确规定:生产队有完成国家征购粮食、棉花、油料和派购农副产品的义

---

① 《中国农村信用社60年发展历程回顾》,百度文库2022年5月18日发布。

务。供销合作社是农村流通的政策工具,肩负发展经济、保障供给的历史使命,行使统购统销的职能,为人民公社执行经济政策提供了有力的外部支撑。信用合作社是为农服务的金融组织,配合人民公社做好生产信贷与农民生活信贷,落实计划任务。

据《告别理想——人民公社制度研究》一书记载:人民公社时期物资短缺,许多生活必需品和主要农业生产资料都实行配给供给。1962年,政府确定农业生产资料为"综合换购"物资,即农民只有多出售廉价的农副产品,才能从供销社买到较多的农业生产资料,凭奖励票到供销社买化肥。农副产品的收购和供应也完全纳入计划供销渠道。可见,人民公社的资源垄断与供销合作社的市场控制是计划经济得以实施的根本保证。在短缺经济年代,农民生活资料和生产资料的供应都处于"短缺"状态,"短缺"虽不利于农民的生产生活,但有于控制农业生产经营,控制农民生活,就更容易把生产队生产经营纳入计划轨道。当时供销社推出配购、换购与奖售,信用社通过发放贷款与预购定金来协助人民公社执行农业计划,共同维护计划经济秩序。

二、改革开放给供销合作社带来了什么

以十一届三中全会为标志,我国进入了改革开放的新时期。经过四十多年的改革开放,我国实现了从贫穷到温饱再到全面小康的历史性跨越,进入了社会主义现代化建设的新时代。

改革是发展的不竭动力。改革的目标是建立完善社会主义市场经济体制,实现"三步走"的战略目标。农村是改革的突破口。农村改革又从生产与流通环节入手。人民公社、农村信用社、供销合作社是计划经济体制的有效载体与政策工具,承载着组织农业生产、农村金融供给、农村商品流通等关键职责,成为构建社会主义市场经济体制的体制性障碍,自然也成为改革的首选目标。

在改革浪潮中,这些计划经济的"制度遗产"命运各异。人民公社体制在一波三折中走进历史。1984年,国家正式宣布废除农村人民公社,其基层政权职能被乡政府替代,生产经营职责被"家庭承包,双层经营"所取代,而土地集体所有制则保存下来。农村信用社虽未退出历史

舞台,但在总体上陷入困境。为了构建市场化金融服务体系,帮助农信社脱困,国家相继出台了多个农信社改革方案。1983年,中央有关文件提出对信用社进行以恢复合作金融为核心内容的改革试点。1984年,国务院提出要求,恢复和加强信用合作社组织上的群众性、管理上的民主性、经营上的灵活性。20世纪90年代以后,国务院又明确了农信社市场化、商业化改革方向,对农信社实施"去合作化"改革。在此基础上,成立农信联社、农合行、农商行三类独立法人。截至2012年末,我国共组建农商行85家、农村合作银行223家、农信联社2646家。2017年,农信社系统(含三类法人)资产规模31.06万亿,成为农村商业金融服务的有生力量。[①] 经过改革,我国农村有效地建立了市场化金融服务体系,却抛弃了农村原有的合作金融服务体系,滋长了农信社脱离"三农"的倾向。

与人民公社、农村信用社的改革路径不同,供销合作社既没有退出历史舞台,也没有实施"去合作化"改革,而是在坚持市场化方向、坚持为农服务宗旨、坚持合作制前提下,推进改革发展,使之成为为农服务的合作经济组织,成为为农服务的"国家队"。

经过四十多年的改革开放,供销合作社的自身定位、制度环境、服务方式、服务对象、服务内容等都发生了质的变化。

一是性质任务的新变化。改革开放以来,国家根据形势任务的需要,出台了多个文件,不断调整供销合作社的改革思路,明确供销合作社的性质任务。1982年11月,中共中央转发的《全国农村工作会议纪要》第一次正式提出对供销社进行改革。《纪要》指出:农村供销社要恢复和加强组织上的群众性、管理上的民主性和经营上的灵活性,使它在组织农村经济生活中发挥更大的作用。1982年,国务院要求把供销合作社办成农民群众集体所有的合作性商业组织。1987年又要求供销合作社按照合作制原则办成农民合作商业组织。20世纪90年代以来,中央与国务院下发了三个有关推进供销合作社改革的重要文件,对供销合作社的性质进行了新规定。1995年,党中央与国务院联合下发了

---

① 转引自葛志华《乡村振兴的痛点在哪里?》,载《中国合作经济》2020年第4期,第54页。

《关于深化供销合作社改革的决定》，提出要把供销合作社真正办成农民的合作经济组织。具体提出"三个坚持"，即必须坚持供销合作社集体经济性质，必须坚持自愿、互利、民主、平等的合作制原则，必须坚持为农业、农村、农民提供综合服务的办社宗旨。2009年，国务院又提出了加快供销合作社改革发展的若干意见，提出"三个坚持""三个力量"，加快构建运转高效、功能完备、城乡并举、工贸并重的农村现代经营服务体系。2015年，《中共中央、国务院关于深化供销合作社综合改革的决定》下发，指出要把供销合作社办成为农服务的合作经济组织，转变为强农惠农的综合平台、联系农民群众的桥梁与纽带。2016年，习近平总书记在农村改革座谈会上要求要把供销合作社建成与农民利益联结更紧密、为农服务功能更完备、市场化运作更有效的合作经济组织。

二是制度环境的新变化。计划经济与市场经济是两种不同的资源配置方式。计划经济离不开垄断经营主体，而市场经济则需要有序竞争的市场主体。计划经济时期，农民以及所在的生产队既没有农业生产经营自主权，更没有农产品销售自主权，只能机械执行上级下达的种植计划，按统购统销的要求向国家缴纳农副产品，并从供销社这个单一渠道购买农业生产资料与生活资料。供销合作社是执行统购统销政策的垄断经营组织，处于农村经济社会的关键位置，有职有权又有利。作为各级政府的组成部门，供销合作社既有行政管理权力，又有按计划配置资源的经济职能，这种双重职能在短缺经济的映衬下有了呼风唤雨的能量，成为令人"高看一眼"的部门。但这种垄断地位对外抑制了农村经济社会活力，对内滋长了衙门作风与官商习气。在市场经济条件下，市场机制取代计划在资源配置中起决定性作用，二元社会结构逐渐松弛，统购统销政策日渐式微，市场化的农村商品流通体制不断完善。供销合作社失去了统购统销的特权，原先的经营业务受到各类新兴市场主体的挤压，又没有及时拓展新的服务领域，在经济社会生活中趋于边缘化。由于自身机制不活与包袱太重等原因，供销社面临严重的生存危机与发展困境。

三是服务方式的新变化。在计划经济时期，囿于生产力水平低下与产品不丰富等原因，短缺经济成为挥之不去的阴影，票证制度应运而生。无论是农业生产资料,还是农民生活必需品,都处于紧缺状态。作为这些紧缺物资的垄断经营者,供销合作社既没有丝毫竞争,又有巨大的消费需求,所谓"皇帝的女儿不愁嫁",服务态度再坏、商品质量再差,也不存在滞销的问题。在市场经济时期,多个市场主体茁壮成长,市场竞争日趋激烈,生产力水平稳步提高,阶段性与结构性过剩取代短缺成为新常态,卖方市场逐渐变成了买方市场,给供销合作社带来了诸多压力。在短缺经济的背景下,农民与供销社的关系是单向依赖关系。农业生产资料与农民生活资料都由这个政策工具垄断,离开了供销社,农业生产资料与生活必需品都无从谈起。现在的农户、新型农业经营主体与供销社都是平等的市场主体,由单一依赖变成了相互依赖。农民需要供销社的系列化社会服务,圆一个丰产又丰收的美梦;供销社也离不开农民的有效需求,需要不断做大农村客户群,并在为农经营服务中实现自身的发展壮大。离开了农民,供销社就会成为无源之水。在这样的转变中,供销社的经营服务既面临着市场主体的激烈竞争,又面临着消费者的挑剔目光。如何为各类消费者提供物美价廉质优的经营服务,如何在激烈的市场竞争中立于不败之地,如何提高市场竞争力与行业话语权,就成为供销合作社生死攸关的必答题。

四是服务对象的新变化。从经济属性来看,计划经济体制下的农民(包括统一经营的生产队),只有按计划生产和交售农副产品的义务,没有生产经营自主权,也不需要承担经济风险。改革以后,农户成为独立的生产经营者,有了生产经营自主权,既有选择购买农药化肥的自主权,又有选择销售农产品的自主权。进入21世纪以来,在分散农户的基础上,又出现一批新型农业经营主体,如家庭农场、涉农企业、合作社等。作为独立的商品生产经营者,农户与新型经营主体在摆脱了统购统销束缚的同时,又面临着变幻莫测的市场风险。囿于自身的弱势地位,单个农民虽有广泛的市场参与度,但缺少谈判地位与议价能力,在"卖"与"买"等诸多环节存在利益流失的黑洞,存在小农户与大市场等诸多矛盾,加之三产融合发展的趋势,又内生出联合合作的新需求,产生了对供销合作社这个合作经济组织的新需要,这又对供销合作社提出新要求。

五是服务内容的新变化。计划经济时期,原来的国营商业机构垄断城市商业,供销社服务对象局限于农业与农民,主营业务局限于农业生产资料、土特产经营、日用工业品流通、部分农副产品收购、再生资源回收等狭小领域。虽有统购统销的大棒,但农村生产力水平低下,农民普遍贫穷,购买力不强等诸多因素,又在很大程度上限制了供销合作社的发展。市场经济打破了垄断,出现了交叉经营,农户及其他市场主体可以进入供销合作社的传统经营领域,供销合作社也可以扩大经营范围,拓展服务内容,提升服务业态;既可以服务"三农",也可以服务全社会;既能在流通行业做大做强,又能够将自身业务向全程农业社会化服务延伸,向城乡社区服务拓展,向一二三产业融合发展渗透,这些都为供销合作社开辟了广阔的发展空间。

以上五个方面的分析,粗线条地勾勒出改革开放给供销合作社带来的新变化。这些变化既是挑战,又有机遇;既有危机,又有转机。顺应了这些变化,抓住了机遇,就能化危为机,在为农服务中再度崛起,成为乡村振兴的生力军。反之,以不变应万变,就会变成无所事事,可有可无的机构,成为乡村振兴的又一痛点。

三、实施乡村振兴战略对供销合作社提出了新要求

党的十九大提出了乡村振兴战略。乡村振兴战略既是农业农村现代化的总目标,又是新时代"三农"工作的总抓手。产业兴旺、生态宜居、乡风文明、治理有效、生活富裕是乡村振兴的总目标。

实施乡村振兴战略需要凝聚各方面的力量与智慧,既要统筹外力,又要培育内力;既要政府主导,又要农民主体;既有行政推动,又要市场驱动;既要统一要求,又要分类指导。

具有为农服务深厚基础的供销合作社,既能为计划经济条件下的农村经济社会发展服务,又能为市场经济条件下的"三农"工作服务。与农业行政部门、一般市场主体不同,作为为农服务的合作经济组织,供销合作社既能发挥市场在配置资源中的决定性作用,增强发展活力;又能更好地发挥政府的作用,弥补市场失灵;既能打好政府与市场的"组合拳",又能跳好经营与服务的"双人舞",是推进乡村振兴不可或

缺、不可替代的生力军。

对照乡村振兴的新目标,对照2015年中发11号文件的新要求,对照"三农"工作新形势,对照"四化同步"的新任务,农业农村现代化需要供销合作社发挥四方面的独特优势与重要作用:

一是农村基本经济制度的完善功能。"家庭承包、双层经营"体制,适应了我国农业生产力发展水平,适应了农业生产的特点,克服了人民公社体制存在的生产上的"大呼隆"、分配上的平均主义等弊端,解放和发展了农村生产力,被确定为我国农村基本经营制度。十九届四中全会特别指出:要坚持统分结合的双层经营体制,完善农村基本经营制度,创新农业经营方式,丰富农业经营主体,推进家庭经营、集体经营、合作经营、企业经营共同发展。构建现代农业产业体系、生产体系、经营体系,健全农业社会化服务体系,实现小农户同现代农业发展的有机衔接。

以家庭为单位的分散经营有效地激发了农民生产积极性,节约了政府监督成本,但也存在体制与功能的局限,需要不断地加以完善。就体制而言,生产领域主要表现在土地零碎,缺乏规模经营,劳动生产率低下;在流通领域则表现为大市场与小农户的矛盾。就功能而言,主要表现为"分"有余而"统"不足,甚至只有"分"而没有"统",从而使"统分结合、双层经营"为主要特征的农村基本经济制度产生了严重的缺陷与偏差。与此同时,形势的发展又对"统"提出了更高的要求,既有农业内部分散农户对"统"的新期盼,又有工业化、城镇化发展对"统"的新要求,更有三产融合对"统"的新期待。

坚持和完善农村基本经济制度,关键在于加快"两个转变",即家庭经营要向采用先进科技和生产手段方向转变,增加技术、资本等生产要素投入;统一经营要向发展农户联合与合作,形成多元化、多层次、多形式经营服务体系方向转变。村级集体经济组织与合作经济组织是双层经营的重要依托。作为为农服务的合作经济组织,供销合作社具有服务"三农"的深厚基础,又在改革发展中完善了为农服务功能,具有独特的系统优势、经营服务优势,能够解决村级集体组织"统"不了、农服组织"包"不了、农户自身办不了的困难,在推进农户联合合作、强化与专业合作社的融合发展、推进农业社会化服务、缓解小农户与大市场的矛盾、实现小农户与现代农业的有机衔接等方面具有独特优势与重要作用,是坚持与完善农村基本经济制度的有效载体。

二是"三农"工作的突击队作用。农村基本经济制度具有稳定性与基础性特征,而"三农"工作则具有导向性与阶段性特点。供销合作社既能履行好基本经济制度的完善功能,又能发挥好"突击队"的导向作用,更好地推进"三农"工作。

供销合作社是以合作经济组织形式推动"三农"工作的重要载体,能打市场与政府的"组合拳",可跳经营与服务的"双人舞",具有为农服务的深厚基础和独特优势,又有日趋完备的为农服务功能,完全有条件成为党和政府抓得住、用得上的为农服务骨干力量,在组织农民、服务农民中发挥特殊作用,在发展现代农业、服务农民生产生活、繁荣城乡经济中担当更大责任,在引导"三农"发展方向,承接"三农"项目,补好"三农"短板,开展消费扶贫、农产品加工、冷链物流等阶段性重点工作等诸多领域发挥"突击队"作用,解决一家一户做不了做不好做得不经济的问题,促进乡村振兴。

三是经营服务功能。在市场经济条件下,农业产业具有基础性与弱质性等特征,面临自然风险与市场风险的双重考验。分散农户有了生产经营自主权,摆脱了统购统销的束缚,又在生产与流通环节都处于不利地位。从生产领域来看,家庭承包经营是以土地的小块分割为基础的,耕地规模小,地块零散。这种体制虽能充分挖掘每块土地的生产潜力,但难以容纳先进的生产力,从而导致土地产出率高,而劳动生产率却很低。这种不计代价的"劳动替代资本"投入机制,阻碍了农业的社会化分工;从流通领域看,这种体制确立了农户独立生产者的地位,重塑了农业经济组织的微观基础。但由于农民主体分散、势单力薄、信息不畅,组织化程度低,导致农民市场地位低,议价能力差,难以抵御变化不定的市场风险。

鉴于农业的特殊性、弱质性与农民的分散性,发达国家大多以发展合作经济组织来构建农业经营体制和社会化服务体系,配置农业资源,组织农业生产,为农户与新型经营主体提供生产要素供给和全程农业社会化服务。

供销合作社是中国特色的合作经济组织,自成体系,点多面广,具有经营服务的深厚基础与独特优势。十八大以来,供销合作社紧紧抓住综合改革的契机,苦练内功,拓宽经营服务领域,完善为农服务功能,在三产融合发展、农业社会化服务、培育新型服务主体等方面取得明显成效,逐渐成为农村经营服务的骨干力量。

四是乡村治理体系中的平台作用。党的十九大明确提出:健全法治、德治、自治相结合的乡村治理体系,推进乡村治理现代化。自治是健全乡村治理体系的基础内容,是中国特色社会主义在乡村治理领域的实现形式。村民自治制度是自治的重要形式,具有自我教育、自我管理、自我服务功能,核心内容是"四个民主",即民主选举、民主决策、民主管理、民主监督。

合作社的自治功能也是乡村治理的有效平台。合作制具有双重目标,即经济目标与社会目标。从经济目标来说,作为劳动联合的合作社是市场经济的矫正机制,通过对内服务与对外经营来维护农民利益,降低生产成本,增加农民收入。就社会目标而言,合作社秉承民主、民管、民治等原则,兼顾公平与效率,帮助农民树立互助合作意识,为农民谋取更多福利,实现社会公平与社会发展的目标。供销合作社与农民专业合作社都是合作制的组织形式,各有优势又各有不足,需要融合发展,共同构建中国特色的合作经济组织体系。

包括供销合作社在内的合作经济组织,既是农民组织化的有效载体,又是自我服务、自我管理的有效平台,能够降低生产成本与国家治理成本,提升农民组织水平,提高参与治理的积极性,丰富乡村自治的实现形式,成为大市场与小农户、政府与农民联系的桥梁与纽带,实现产业兴旺与治理有效的有机统一。

四、供销合作社现状分析

新中国 70 多年来,供销合作社经历了计划经济体制与市场经济体制两个阶段,呈现出三种不同的发展态势:

在计划经济年代,供销合作社在天下一统中呼风唤雨。供销合作社肩负发展经济、保障供给的重任,行使统购统销的职权,成为顶着合作社牌子的农村商品流通垄断者,成为计划经济的政策工具。在短缺经济与垄断经营的背景下,无论是农业生产资料供应,还是农民生活必需品,都由供销合作独家收购与配供,既没有竞争者,又有大量有效需求,在经济社会交换中处于强势地位,要风得风,要雨得雨,可以说是在政府眼中有地位,在社会上有位置,职工心中也有优越感。

在经济体制转轨时期,供销合作社风雨飘摇。在"去垄断化""去行政化"的改革进程中,在"短缺经济"转向"结构性过剩经济"的历程中,供销合作社既失去了统购统销的特权,又面临着激烈的市场竞争,加之内部机制不活、历史包袱重等因素,经历了令人心痛的阵痛,暴露出组织定位模糊、功能萎缩、组织涣散以及经营绩效差等诸多问题,自身经营难以为继,在农村经济社会发展中日趋边缘化。不少地方的供销合作社因社有企业经营困难、社员股金风波等原因,引发了多轮上访,成为社会不稳定因素。基于这些困难,不少地方套用国有企业改制办法,用资产与人员身份双置换的办法推进改革,资产卖光、人员走光,供销合作社只剩下瘦骨嶙峋的外壳,真正的内涵早已消失。

进入21世纪,特别是党的十八大以来,供销合作社进入了风生水起、分化严重的新阶段。经历了体制转轨的阵痛以后,供销合作社主动适应形势任务的变化,创新体制机制,在为农服务中再度崛超。十八大以来,供销合作社抓住综合改革的契机,不断优化联合社治理机制,抓好基层社分类改造,加快社有企业转型升级,强化与专业社的融合发展,不断拓宽为农服务领域,完善为农服务功能,有效地增强了发展活力,壮大了经济实力,提升了为农服务能力,成为乡村振兴不可或缺的生力军。但就全国而言,供销合作社分化比较严重,地区间、企业间存在明显不平衡,单位性质、业务范围、人员构成都出现了明显差异。

经过几十年的改革发展,供销合作社呈现出以下发展特征:

一是确定了发展方向。习近平总书记指出:供销合作社是党领导下的综合性的合作经济组织。在新的历史条件下,要继续办好供销合作社,发挥其独特优势与重要作用。要通过改革,把供销合作社建设成与农民利益联结更紧密、为农服务功能更完备、市场化动作更有效的合作经济组织体系。① 2015年《中共中央国务院关于深化供销合作社综合改革的决定》(中发11号文件)明确规定：供销合作社是为农服务的合作经济组织，是推动农村经济社会发展的重要力量，也是党和政府联系农民群众的桥梁和纽带。习总书记的讲话与2015年中发11号文件，明确了新时代供销合作社的性质任务，为供销合作社指明了发展方向。

二是增强了发展活力。通过综合改革，供销合作社的活力明显增强，具体表现为：联合社治理机制得到优化，建立健全了三会制度，构建了双线运行机制；基层社分类改造取得新进展，基层社的数量明显增多，功能不断增强，在此基础上，形成了一批标杆基层社；社有企业转型升级结出新硕果，既有铺天盖地的经营服务网络，也有顶天立地的社有企业。强化与农民专业合作社的融合发展，实现了功能互补、服务渗透；供销合作社干部职工的精神面貌、年龄结构、知识结构、专业结构都有了可喜的变化。

三是为农服务功能逐渐完备。供销合作社坚持目标导向与问题导向，积极拓展为农服务领域，不断完善为农服务功能，初步实现了由流通服务向全程农业社会化服务延伸，向全方位城乡社区服务拓展，向一二三产业融合发展服务渗透，基本形成了综合性、规模化、可持续的为农服务体系，为农服务综合平台作用初步显现。

四是壮大了合作经济实力。全系统经济实力明显增强，2019年，全系统实现销售总额4.6万亿元，实现利润466.6亿元。② 全系统培育了一批骨干龙头企业，构建了以联合社为主导的行业指导体系和以社有企业为支撑的经营服务体系。基层基础工作更加扎实，基层社、专业社、社有企业协同发力，既服务了"三农"，又壮大了自身，成为乡村振兴不可或缺的生力军。

五是不平衡性加剧。分化日趋严重，基层社之间、社有企业之间、地区之间存在不平衡；有的地方风生水起，有的地方则是一潭死水；有的地方通过综合改革，初步构建了"三个更"的合作经济组织体系，有的

---

① 《习近平在安徽凤阳小岗村农村改革座谈会发表重要讲话》，央广网，2016年4月29日。
② 转引自葛志华《乡村振兴的痛点在哪里？》，载《中国合作经济》2020年第4期，第55页。

地方的供销合作社仍是无所作为，两手空空；联合社之间的性质也不一样，有的是参公机关，有的是事业单位，有的是企业性质；各地供销合作社做的事也不一样，有的固守原有阵地，有的已拓展了新领域。

六是仍存在明显短板。有的把所有制和所有制的实现形式混同起来，有的对供销合作社的合作经济组织属性认识不清，不会用行政与市场的双重手段推动工作；不少地方基层社发展质量不高，总体经济实力不强，服务功能偏弱；社有企业小散弱，管理比较粗放，经营绩效不理想，企业职工对供销合作社缺乏认同感等，有的融合文章做得不够，与专业合作社融合、线上线下融合、一二三产业融合刚刚破题，激励机制明显缺失等。

五、在内外兼修中推进综合改革

办好新时代的供销合作社，关键是内外兼修，双向发力。当务之急是做好"两个眼"。一个"眼"在外部，不断优化供销合作社改革发展的外部环境；一个"眼"在内部，不断完善为农服务功能，打造服务"三农"的独特优势。这两个"眼"做好了，乡村振兴这盘大棋就活了。

做好外部这个"眼"，关键在于：

一要转变观念，充分认识供销合作社这个合作经济组织的特殊性与重要性。在推进乡村振兴的实践中，供销社不是可有可无的，而是不可或缺的。经济学理论与现代化国家的经验反复证明：家庭经营与建立在家庭经营之上的合作经济组织的有机结合，是推进农业农村现代化的有效组织形式，两者缺一不可。因此，要牢固树立支持供销合作社就是支持农民，扶持供销合作社就是扶持农民的理念，在统筹城乡发展、推进乡村振兴中更好地扶持供销合作社，发挥其独特优势与重要作用，推进农业农村现代化，促进"四化同步"。

二要统筹配置"三农"工作力量。在配优配强农业行政力量的同时，统筹配置经营服务力量，从实际出发，通过权责统一、购买服务等多种形式，帮助供销合作社完善为农服务功能，增强凝聚力与向心力，使供销合作社成为推动"三农"工作，执行"三农"政策的有力工具。比如，可在农民专业合作社的指导管理服务、职业农民的认定、合作金融等方面发挥供销合作社的独特作用；强化供销社与专业社的融合发展，把职业农民变成供销社重要社员，使两者产业交叉渗透，功能相互补充，进一步密切与农民的利益联结。

三要灵活运用政府购买服务与专项物资储备的方式，委托供销社承担更多的公益性、中介性与经营性服务，更深地介入农民生产生活。帮助供销合作社打好组合拳，灵活运用政策、资金、金融、税收等经济手段扶持供销社发展。帮助供销社解决历史遗留问题，解决制约发展的体制机制问题，为做强供销合作社创造条件。

四要关心供销合作社干部队伍建设和人才兴社工作，尤其要把那些既有行政管理能力，懂"三农"与合作社工作，又有经营头脑、肯吃苦奉献的干部充实到供销合作社，打造一支"在岗在行在状态"的干部队伍，为改革发展提供组织保证与人才支撑。

在外部做"眼"的同时，下功夫做好内部的"眼"。按照"改造自我、服务农民"的总要求，以综合改革为契机，以密切与农民利益联系为核心，以创新创优为动力，在综合改革中苦练内功，完善功能；在服务乡村振兴中精准发力，释放效能。

一要深化改革，完善为农服务新功能。协调推进联合社、基层社、社有企业改革，强化与专业社融合发展，增强服务"三农"的综合能力。优化联合社治理机制，建立健全"三会"制度，加快构建联合社主导的行业指导体系与社有企业支撑的经营服务体系；全面激活基层社，抓好分类指导，推动基层社由无到有、由弱到强、由资产出租到经营服务，增强服务功能，密切与社员的利益连结；加快社有企业转型升级，推动农资企业由"卖农资"向"卖服务"转变，流通企业由"一买一卖"向综合服务商转变，提升市场竞争力与行业话语权；强化供销合作社与农民专业合作社的融合发展，以融合发展促进优势叠加，产业交叉渗透，功能相互补充，加快构建"三个更"的合作经济组织体系。

二要强化合作，加快打造系统新优势。加强业务对接，联合相关部门与单位，组织开展各类活动，搭建产销对接平台，整合各类资源，加快市场开发、会展合作与项目融合，促进产业兴旺；加强资本融合，依托投资平台，以产权、资本、品牌、业务为纽带，联合系统内外企业，开展跨区域跨层级项目合作,完善经营服务网络,打造系统优势与规模优势。推进组织融合。以基层社、专业合作社、社有企业为载体,多种形式吸引农村能人、村合作经济组织、新型农业经营主体参与共建共享,实现组织融合。广泛开展"党建带社建"活动,以党建为引领,以社建为载体,不断提高合作社建设水平,夯实高质量发展的组织基础。

三要优化服务,彰显服务"三农"新作为。牢固树立新发展理念,在综合改革中完善服务功能,在为农服务中精准发力,努力彰显服务"三农"新作为。发挥合作经济组织的独特优势,拓宽为农服务领域,创新为农服务方式,推动供销合作社由流通服务向全程社会化服务延伸、向全方位城乡社区服务拓展、向一二三产业融合发展渗透,为农户与新型经营主体提供经营性、中介性、公益性服务;培育新型服务主体,通过传统产业的转型升级、新兴产业的培育引进、基层社的分类改造、经营服务网络的扩容,构建具有供销合作社特色的经营服务体系,为农民提供系列化、个性化服务。不断丰富经营业态;发挥政府与市场的双重作用,推进产业融合、线上线下融合,延长产业链,打造价值链,全面增强服务"三农"的综合能力。

四要实化举措,打造一支"在岗在行在状态"的团队。以"争第一、创唯一"来定位,抬高标杆,自我加压,不甘落后,敢与强者比,集中力量突破关键环节,破解体制机制障碍,全力以赴推进高质量发展。全面落实"三项机制",激发干部干事创业的积极性,让敢作敢为、勇于担当的干部有施展才华的舞台,让安于现状、得过且过、慢作为、不作为的干部有压力。结合"机关作风整治月"活动,大力整治"松散软""慵拖懒"等现象,转变作风,狠抓落实,弘扬正气,鼓励先进,鞭策后进,打造一支"在岗在行在状态"的团队,为供销合作社事业的高质量发展提供人才支撑。

农民的职业分化

20世纪60年代,法国著名学者H.孟德拉斯在《农民的终结》一书中,开宗明义地指出:一二十亿农民站在工业文明的入口处,这就是20

世纪下半叶,当今世界向社会科学提出的主要问题。从理论上阐述并在实践中解决好这个问题,既事关亿万农民的命运,也决定现代化的成败。

一、现代化对农民意味着什么

现代化是人类文明的发展方向,也是我国第二个百年奋斗目标。工业化与城镇化的互动是现代化的基本演进方式,"四化同步"是我国现代化的路线图。

现代化是渐进性过程与整体性变革的有机统一。作为渐进性的过程,现代化在带来工业化与城镇化的同时,又给农业农村带来了新动力与新变化。从现代化的内在规律与发达国家的成功实践来看,现代化对农业的影响至少表现在三个方面:

——农业产业的小比例化。现代化的过程就是产业升级的过程。伴随着持续不断的产业升级,农业产业与非农产业呈现出此消彼长的不可逆转发展态势。在这种趋势中,农业产业占比一路下滑,由农业社会的经济支柱下降为半壁江山,再进一步下降为小比例;而非农产业占比则一路攀升,由服务服从攀升到重要地位,再进一步上升为国民经济的支柱。这一升一降,既是现代化的过程,更是现代化的成果。

——农业发展方式的转变。物质与能量的封闭式循环是传统农业的基本特征。在工业化与城镇化的作用下,农业的发展方式有了质的转变,由封闭式循环转变为开放式循环。伴随这一转变,现代农业逐渐取代传统农业,成为现代经济体系的有机组成部分。这种转变表现在生产技术上,就是化学肥料、机械化与信息化大量使用在农业,有效地提高了农业生产力;表现在要素投入上,就是农业增长的贡献主要由依靠土地、劳动力等传统要素更明显地转向科技、资本等现代要素;表现在经营机制上,就是生产组织形式由千家万户的分散经营转向合作经济组织与社会化服务组织带动下的规模经营,形成了完善的现代农业经营体系;表现在功能作用上,就是农业产业发展的重点由单一保障食物供应转向越来越重视向多领域拓展。现代农业与传统农业的此消彼长,成为现代化特别是农业现代化的突出标志。

——农业发展的外部环境发生逆转。在现代化的不同阶段,农业发展的外部环境有质的区别。在现代化早期,农业占比虽有所下降,但仍是经济的根基与主干,存在农业支持工业、农村支持城市,为工业化提供积累的普遍化趋势;到了工业化中后期,国民经济的决定性产业已由农业转向非农产业,国民经济增长的主要动力也主要来自城市与非农产业。顺应这一趋势,农业也由补助其他产业的部门转变为接受其他产业补助的部门,工业反哺农业,城市支持农村也成为一种普遍性趋势。伴随"补助"与"被补助"角色的互换,国家逐渐形成了一整套对农业的支持保护体系,出台了一系列强农惠农政策,给农业带来了新动力,给农民带来了新实惠。

农业农村的这些新变化新特征,又给农民带来了新机遇与新挑战。作为农业文明的创造者,农民创造了灿烂的物质文明,养成了吃苦耐劳等优秀品质,但生产方式、生活方式又与工业文明格格不入。作为"现代化的初民",农民站在工业文明的入口处,既面临着前所未有的挑战,又有千载难逢的机遇。

这种机遇与挑战对农民提出了两个基本要求:一是让农民不当农民,推进农民非农化,为工业化提供劳动力,为城镇化提供人口,使农业占GDP的比重与农业劳动力占全社会劳动力的比重相一致,使职业结构与就业结构在新的水平上大致吻合,实现资源的合理配置,促进"四化同步";二是让农民当好农民,推进农民职业化,为现代农业提供人力支撑,为农民组织化准备条件,使农业从业者的素质与现代农业的内在要求大致吻合,使农业成为现代经济体系的有机组成部分。因此,现代化既要让农民成为"历史弃子",又要让农民蜕变为"时代宠儿",既要让农民不当农民,又要让农民当好农民。对农民而言,现代化既是何去何从的严峻挑战,更是脱胎换骨的历史机遇。

农民的非农化与职业化是相互关联、不可分割的,是在融合互动中发挥作用的,统一于现代化的伟大实践。没有农民非农化,农业经营规模难以扩大,农民收入也难以提高,更谈不上农民职业化;而只有农业非农化,而没有农民的职业化,现代农业难以健康成长,农民非农化更难以持久,四化同步也就失去了基础支撑。

经过现代化的浸润与洗礼,工业化、信息化、城镇化结出新硕果,三农问题也会迎刃而解,呈现出蓬勃生机,展现出全新的姿态。农业不再是没有前途的产业,而是产业兴旺的代名词,成为有奔头的产业;农民不再是低贱的社会身份,或是没有就业的代名词,而成为有吸引力的职业;农村不再是脏乱差,或是贫穷落后的代名词,而成为安居乐业的家园,农业强、农村美、农民富就会由蓝图变为现实。需要说明的是,那时的农民虽然仍叫农民,内涵却发生了质的变化,蕴含政治与社会身份的农民定义(peasant)走进历史,标志职业类别的农民定义粉墨登场(farmer)。谁当农民?怎样当农民?不再是无可奈何的制度安排,而是需要经过努力,参加职业考试才能获取的职业岗位。这与历史舞台上的"你方唱罢我登台"如出一辙。这些职业农民与非农领域的中小业主以及其他阶层一起成为社会中间层的组成部分,橄榄型社会结构也正式形成。这既是农民的终结,也是农民的新生。

二、我国农民非农化的历程与特征

我国正处在两个百年的历史交汇点,党的十九届五中全会描绘了历史交汇点上的宏伟蓝图,开启了现代化建设的新征程。作为全党工作的"重中之重",我国三农总体上已在现代化征途上走了很长一段路,初步具有了现代化的一些特征,但这个过程并没有终结,仍需要走相当一段路,才能到达现代化的彼岸。

在前现代化时期,农业是决定性的生产部门,社会成员分"士农工商"四大类,农民的身份与职业基本一致,主要从事农业生产,农闲季节也从事一些手工业与商业服务业。农业与家庭手工业相结合、自给自足的小农经济成为农业社会的基本特征。

新中国成立后,我国确立了建设工业国的奋斗目标。经过短短几十年的奋斗,我国就在旧中国"一穷二白"的基础上,建立了独立的比较完整的工业体系与国民经济体系,经济结构发生了历史性的变化。1949年,我国是落后的农业国,非农产业占比微不足道,只有10%左右的工业成分。1980年,我国农业占比降为30%左右,非农产业占比70%左右。1997年农业与非农产业占比为18.7∶81.3。2019年这一比例又变为7.1∶92.9。①

农业的小比例化必须带来农民的非农化。新中国成立70多年来，农民非农化经历了曲折的过程。新中国成立初期，农村劳动力既有在农村内部选择就业的权利，也有自由迁居城市的权利，具有广泛的流动自由。1958年至1963年，在政府行政力量的干预下，农民非农化经历了大起大落局面。"大跃进"时期，城市与工业从农村招聘大量劳动力，农民非农化快速推进。三年经济调整时期，大批劳动力又重新退回农村。1964年至1978年，在户籍制度、统购统销政策与人民公社体制的多重控制下，农民非农化处于政府的严格控制之下，基本处于停滞状态，农民只有通过当兵提干、推荐上大学、子女顶替等狭小渠道才能"跳农门"。资料显示：1952年，我国87.5%的人口生活在农村；到了1978年，缓慢地下降为82.1%。1980年以前，我国农村高度稳定，流出率为6.4%，流入率为3.7%。1978年，我国农村劳动力占全社会劳动力的份额仍高达70.3%左右②。

十一届三中全会开启了现代化的新征程。家庭承包、双层经营的新体制，在解放和发展农村生产力的同时，又把广大农民从人民公社的人身依附中解脱出来，让他们获得了土地使用权、生产收益权和产品处置权，为农民职业分化创造了条件。40多年来，在农村"推力"与城市"拉力"的共同作用下，农民职业分化日趋活跃，呈现出以下几个特征：

从流动人数来看，呈逐年上升态势。改革开放以来，伴随工业化与城镇化步伐，相当数量的农民从农业生产中分离出来，由田头到车间、由农村到城市，由西部到东部，从事非农生产，获取经济收入，分化数量逐年增多，规模越来越大。资料显示，改革开放前10年（1978年至1988年），我国农业劳动力在社会劳动力中的份额由70.5%下降到59.3%，平均每年下降1.72%。20世纪90年代每年大约有8000万农民工走南闯北，潮起潮落。从1985年至2010年的25年，我国农村就业劳动力中，从事非农产业的人数从7033万人增加到2.2763亿，规模

---

① 参见国家统计局历年《国民经济和社会发展统计公报》。
② 国家统计局《城镇化率：全国》，2019年8月14日发布。

扩张了1.573倍。2019年,我国农民工人数就高达29077万人,比上年又增加241万人,其中,本地农民工11652万人,比上年增加82万人;外出农民工17425万人,比上年增加159万人[①]。

从农民收入结构来看,来自非农产业的工资性收入占比不断攀升,家庭经营性收入占比不断下滑。收入结构犹如一面镜子,直接折射出农民的职业分化情况。从1978年到2019年,我国农村居民平均收入从134元攀升到16000多元。在总数增加的同时,农民收入结构发生了根本变化,农业收入占比明显下降,工资性收入快速提升,并成为农民收入的主要来源。资料显示,从2001年到2008年,我国农村人均收入结构不断变动,工资性收入比重由32.6%上升到38.9%,家庭农业经营性收入从47.6%下降到40.9%。从1990年至2000年,农民工资性收入增加了4倍,2011年又比2000年翻了两番多[②]。

从职业分化态势来看,呈现多元化趋势。从农村中分离出来的劳动力大多务工经商,分布在一二三产业的不同领域与不同层面,呈现出流动人数越来越多、涉及行业与地区越来越广、流动的时间越来越长、流动的方式越来越复杂等特征。就岗位而言,农民工大多分布在建筑业、物流运输业、工业流水线、商业服务业低端,处于完全竞争行业与初级岗位。

从阶层分化来看,改革开放前的农村社会是一个相对静止的社会,社会成员同质性强,流动较少,用当时的话就是"社员都是向阳花"。改革开放以来,随着产业结构的调整,新的社会位置大量增加,利益差别不断拉大,为农民职业分化提供了前所未有的机会、动力与途径。40多年的职业分化又带来了阶层化现象,我国农民已由人民公社时期清一色的农民阶级分化为若干个经济利益、社会地位、生产方式和价值观念不同的阶层。有学者还把农村居民分为农业劳动者、"农民工"、农村管理者、私营业主等十个左右阶层。

农民非农化是农民职业化的重要前提。农民职业化是农业非农

---

① 国家统计局网站《农民工监测调查报告》,2020年4月30日发布。
② 国务院新闻办公室《中国的全面小康》白皮书,2021年9月29日发布。

化的有力支撑。农民非农化在为工业化与城镇化提供劳动力的同时,又会给农业农村带来三个有价值的变化。从人均资源来说,用减少农民数量的办法提高农业资源占有率,缓和紧张的人地关系,扩大农业经营规模,转变农业发展方式,提高土地产出率与劳动生产率;从农产品供求关系来说,可以减少农产品生产者,增加农产品消费者,从而导致农产品供给曲线内移与需求曲线外移;从农民收入来看,家庭农业经营收入会随农业经营规模扩大与农产品供给关系的变化有所提高,农业也就能给其从业者带来社会平均收入,为农民职业化创造条件。

三、农民职业化的历程与特征

从中文字面上讲,农民就是农民,并无身份与职业、传统与现代之分。但在英语词语中,身份农民与职业农民却是两个不同的词语,peasant 和 farmer 都可译作农民,但两者所表达的词义是不一样的,peasant 用来标识身份,而 farmer 用来指称职业。身份农民与职业农民虽都与农业有关,但两者的来源、内涵、责任等方面存有本质区别。就来源而言,一个是先赋角色,具有强制性与不可选择性,即所谓"农之子恒为农";一个是自致角色,具有自主性与选择性,也就是需要通过后天努力,考取农民职业资格证书后才能获取的工作岗位;就内涵而言,一个是混合角色,是一种包含身份、职业、阶层等内容的综合概念,其生活方式与生产方式与工业文明格格不入,在西方学者眼中属"现代化初民",被经典现代化理论定义为"历史弃子"。诚如恩格斯所说:"我们的小农,同过了时的生产方式的任何残余一样,在不可挽回地走向灭亡。"①一个是单一定义,主要指以农业生产经营收入为主要收入的劳动者,是一种与教师、工匠、工程师、医生并列的现代职业门类。在 H. 孟德拉斯看来,这种转变就是从小农到农业生产经营者的转变,是一种乡村生活逻辑在现代职业分类框架体系下的转变,是身份认同体系的大众化过程。"农民"一词将不再具有浓厚的身份色彩或现代化的意识形

---

① 《马克思恩格斯选集》第四卷,北京:人民出版社 1995 年版,第 487 页。

态色彩,不再是现代社会中的"落伍者",或现代文明社会中的"初民",而是现代社会职业分类中的一种职业。如果说还有区别的话,主要体现在两方面。一是两者生产经营的产业不同,一个从事第一产业生产经营,另一个从事非农产业;二是交换对象不同,非农产业从业者主要与社会交换,而农民既要与社会交换,又要与自然交换。就责任而言,传统农民与职业农民也有质的区别,一个只对家庭与家族负责,一个既对家庭家族负责,又对社会负责。传统农民大多与自然交换,很少与社会交换,自给自足,只需要对家庭与家族负责;而职业农民不仅要有文化、懂技术、会经营,还必须对消费者负责,对生态环境负责,对土地的可持续性负责,具有强烈的社会责任感。

  职业是随着人类社会劳动分工而产生的。农业是最古老的产业,农民是最早的职业。囿于多种因素,农民并没有被当作一种职业来对待,许多国家的《劳动法》中也没有提及农业劳动者,农民心中大多也没把种田当作一种职业,他们中许多人都把"跳农门"作为人生追求。法国著名学者 H. 孟德拉斯在《农民的终结》一书中对此做了生动的论述。

  改革开放以来,在多重因素的共同作用下,我国农民职业化呈现出良好发展态势。20 世纪 80 年代,随着改革的深入与商品经济的发展,我国农村涌现了一批专业户与万元户。这些人中,有的是种田能手,有的是养殖专业户,有的是农产品的经营者,还有的是农机操作手。这类人数量不多,却是农业产业化的实践者,是农副产品的有效供给者,是农民致富的带头人,也是职业农民的最初代表。进入 21 世纪以来,随着市场经济的发展,土地"三权分置"政策的推行,新型农业经营主体如雨后春笋,层出不穷,数量不断增多,质量明显提高,成为现代农业的弄潮儿。据相关资料,2015 年,我国新型职业农民规模已达 1272 万人,比 2010 年增长了 55%[1]。2020 年,我国职业农民人数将超过 2000 万人[2]。这些新型职业农民活跃在农业生产经营一线,成为发展现代农业的主体力量。这些职业农民有的是从原有农业劳动力提升而来,有的

---

[1] 转引自葛志华《无为之为》,南京:江苏大学出版社 2019 年 9 月版,第 109 页。
[2]《农业部:2020 年我国新型职业农民将超 2000 万人》,新华网 2017 年 1 月 29 日。

是从非农劳动力转型而来，有的是从高学历人员中吸纳而来。这些职业农民，是农业现代化的产物，具有鲜明的时代特征。与自给自足的传统小农不同，这些职业农民都是面向市场的商品生产者，既与自然交换，又与社会交换，具有法制意识与社会责任感；与传统小农不同，这些职业农民都是规模农业的生产经营者，具有高度的职业稳定性，既不是自给自足的分散小农，更不是农忙务农、农闲务工的兼业农民，而是把务农作为自身选择，把农业生产经营收入作为主要经济来源，具有高度的社会责任感与现代意识。因与市场连在一起，职业农民具有较高的市场开拓能力、法制意识，注重农产品的品质与市场价值，注重资源的合理配置。

四、非农化与职业化的双重困境

经过四十多年的现代化洗礼，我国的"四化同步"取得了突破性的进展，第一个百年目标已经实现，正在向第二个百年目标迈进。顺应这一历史趋势，我国农民的非农化与职业化也取得了历史性的进展，成为农业农村现代化的一大亮点。但对照现代化的指标体系，仍存在不容忽视的困难与问题。

一是就业结构与产业结构不同步，也就是工业化与城镇化不同步。改革开放前，我国的工业化是在割裂城乡要素的基础上实施的，导致城市化严重地滞后于工业化。1952年到1978年，我国工业化水平从17.6%增加到44.1%，增加了26.5个百分点，而同期的城镇化水平则从12.5%增至17%左右，只增加了4.5个百分点，两者相差27个百分点。改革开放以来，随着经济发展与政策调整，工业化与城镇化差距有所缩小，1995年我国城镇化率为29%，与工业化率的差距缩小到12个百分点。2011年，我国城镇化率超过50%，2019年，我国城镇化率为61%，仍滞后于工业化，远远低于发达国家水平，低于人均GDP 1万美元国家的平均水平，甚至低于世界平均水平。第一产业就业人数占总就业人数的比重仍有25.1%。① 工业化与城镇化的反差，意味着经济

---

① 国家统计局《城镇化率：全国》，2019年8月16日发布。

资源配置不合理与低效率。这种就业结构滞后于产业结构,把大量人口留在农村,把大量劳动力留在农业,农业经营规模难以扩展,农业生产率难以提高,农民收入难以增加,农村社会事业严重滞后,农业现代化进展缓慢,"三农"问题更加积重难返,逐渐成为"难中之难""重中之重"。

二是农民非农化趋势明显,但转移不彻底。改革开放以来,在"农村推力"与"城市拉力"的共同作用下,我国农民纷纷离开熟悉的土地与农村,走进陌生的车间与城市,形成了一波又一波"民工潮"。资料显示,2003年,我国已有1亿多农村劳动力转移到非农产业。2019年我国进城务工经商人数已近3亿[1]。农民的职业分化为我国工业化与城镇化做出了贡献,但这些人的身份仍是农民,并被冠以"农民工""农民企业家"等不伦不类的称呼,在故乡仍有自己的宅基地与承包地,仍为村集体经济组织成员。这种实际职业与制度性身份的分离与错位现象,成为我国现代化进程的一大特点。囿于二元社会结构,这些外出农民既无法真正融入城市,享受不到城市居民的医疗、教育、社会保障等公共服务,没有归属感,又割舍不了与农村千丝万缕的联系,形成了独特的"半城市化现象"。资料显示,2019年,我国城镇化水平61%,但其中有城市户籍人口只有44%,差距为17个百分点,大约2.4亿人[2]。这一现象固然降低了我国城镇化成本,也引发了一系列的社会问题,严重地制约了农业现代化与农民职业化。

三是农村劳动力逆淘汰问题。我国农村劳动力基数偏大,存在总量大、素质差、结构不合理、后继乏人等问题。农业劳动力占全社会劳动力的比重没有随农业占GDP的比重同步下降,显性失业与隐性失业现象并存。2010年,第一产业从业人员仍占全社会从业人员的38%,与农业占GDP的比重差28个百分点,形成了一个明显的喇叭口。2019年,农业占GDP比重只有7%左右,而农村户籍人口占比为56%,约7.8亿人,其中包括近3亿农民工[3]。据专家测算,按照农业生产的

---

[1] 《2019年农民工监测调查报告》,国家统计局网站,2020年4月30日发布。
[2] 《经济日报》2020年2月28日。
[3] 《2019年农民工监测调查报告》,国家统计局网站,2020年4月30日发布。

科技含量与生产力水平,我国18亿亩耕地只需1亿多劳动力,其余劳动力都需要在农业之外找出路。与总量偏大并存的还有农业劳动力弱质化现象。农民的非农化顺应了现代化的内在规律,既给工业化与城镇化增添了动力,又给农业现代化带来挑战,使农业劳动力呈弱质化趋势。外出劳动力大多具有年轻、文化水平相对较高、头脑灵活等特点,留在农村种田的大多为妇女、老人与儿童,也就是人们常说的"389961部队"。此外,还有农业生产劳动的兼业化、副业化,以及农业劳动力后继乏人等问题。70后不愿种地,80后不说种地,90后不提种地,50后、60后的中老年人成为种田的主角,"谁来养活中国"成为一大挑战。

四是农民职业化水平提高缓慢,认证与培训不够。经过现代化的洗礼,我国农户大致可分为农业劳动者、兼业者、非农劳动者三类。在农业劳动者中,又可细分为两类:一类是由种田大户、家庭农场、专业合作社、涉农企业组成的新型农业经营主体;另一类是因多种原因未能转移出去的专兼职种田人。第一类人数量不多,却是农产品的有效供给者,是初步具备职业技能的职业农民;后一类人数量虽多,但经营规模狭小、文化水平偏低,收入也差,随时都有弃农的可能。这些新型农业经营主体,以农业为职业,占有数量不等的农业资源,具有一定的专业技能与市场经营能力,有一定的资金投入能力,收入也主要来自农业。这些新型经营主体又可细分为生产型、服务型、经营型等。除个别地区外,职业农民也只是说说而已,缺少权威机构的职业认证,以及由此而来的各种政策支持,也没有接受专门的职业培训,处于放任自流状态。

五是农民组织化趋势渐强,但内部联系不紧密。改革开放以来,我国农民既是农村集体经济组织与村民自治组织的重要成员,又是各类合作社的成员。资料显示,到2019年10月底,我国依法登记的农民合作社达到220.3万家,通过共同出资、共创品牌等形式,辐射带动全国近一半的农户。① 但由于农民入社意愿不强、行政"拔苗助长"等原因,农民合作社"挂牌""空壳"问题较为突出。囿于农民居住的分散性、生

---

① 参见《2020年中国新型农业经营主体发展分析报告(一)基于农民专业合作社的调查数据》,载《农民日报》2020年9月27日。

产方式的封闭性、社会交往的局限性、思想观念上的保守性，无论是村民的自治组织、村集体的经济组织，还是农民合作经济组织，都存在明显的弱点，既缺少利益联结，又缺乏制度约束，并没有形成一个紧密的经济社会组织，人数众多的优势被组织程度低的劣势所抵消，组织化趋势不断增强，但内部联系并不紧密。

五、在多要素联动中推进农民职业分化

农民的非农化与职业化是农民终结的有效途径。改革开放以来，伴随着现代化的不断深入，我国农民的非农化与职业化都取得历史性的进展，但仍滞留在现代化途中，存在这样那样的不足与困境。因此，我们既要有历史的耐心，因势利导地推进农民职业化与非农化；又要有时代的紧迫感，在多要素联动中协调推进非农化与职业化。

一要坚持四化同步，为农民职业分化提供外部动力。工业化、信息化、城镇化既是现代化的重要内容，又是推动农民职业分化的外部动力。人们常说作诗功夫在诗外，没有工业化与城镇化，农民非农化就失去动力与依托。因此，要适应工业化、城镇化的发展趋势，坚持"以城带乡、以工补农"的方略，加快构建城乡一体化融合发展的体制机制，不断增强农民职业分化的动力，推动农民非农化与职业化。要创新机制，重点解决就业结构与产业结构不同步、半城镇化问题、农村人口逆淘汰等突出问题，使农业劳动力占全社会劳动力的比重与农业占 GDP 的比重大致吻合、使农业从业人员的素质与现代农业的要求大致吻合，真正让农业成为有奔头的产业，让农民成为有吸引力的职业。

二要坚持分类施策，推进农民职业分化。大国小农是我国的基本国情，新型农业经营主体与传统小农户长期并存是现实农情。因此，要顺应现代化的发展趋势，统筹处理好培育新型农业经营主体、扶持小农户与加速农民非农化的关系，针对不同类型农户的愿望诉求，进行差别化施策，加快农村职业分化。对那些已有一定规模的新型经营主体，要完善相关政策，加强培训与扶持，促进健康成长，使之成为中坚农民。对已在城镇落户的农民，既要重点规范土地流转，完善利益共享、风险防范机制，让土地更多地向种田能手集中，推进农业规模经营；又要帮

助他们真正融入城市，帮助解决公共服务等问题，使之彻底城镇化，增强城市归属感。对常年务工兼业或劳动力不足、基本脱离农业生产的小农户要在完善土地确权颁证的基础上，做好政策宣传解读，促进小农户在依法、自愿、有偿基础上，按照土地"三权分置"原则有序流转土地，明确承包农户与新型经营主体在土地上的权利，既加快小农分化，又扶持新型经营主体；对那些有长期稳定务农意愿，有能力发展规模经营的小农户，要加强扶持与保障，引导合理确定农业经营规模，加大金融保险扶持力度，提高抵御风险的能力，使之逐渐成为现代农业的生力军，逐渐成为职业农民；对那些渴望发展规模经营，但能力又不足的小农户，应发挥农民专业合作社与供销合作社等合作经济组织的带动作用，建立健全社会化服务体系，把小农户纳入现代农业发展轨道；对那些有一定资源禀赋，又不愿意放弃农业的小农户，应通过健全农业社会化服务体系，发挥涉农企业与工商资本的带动作用，引导他们发展现代农业。

三是坚持和完善农村基本经营制度，加快推进"两个转变"。以家庭承包为基础、统分结合的双层经营制度，适应了农业生产特点，解放和发展了农业生产力，是党的农村政策的基石。要针对"分有余而统不足""只有分没有统"等弊端，适应现代农业的发展需要，着力在"统"和"分"两个层面推进农村经营体制创新。加快农业经营方式的"两个转变"，使"家庭经营"与"统一经营"这两个层次相互支撑，相互支持，把家庭分散经营的积极性与统一经营服务的优势结合起来，形成更有活力的经营体系。当前，要重点做好培育新型职业农民、小农户的社会化服务、高质量发展合作经济组织等突出问题。

四是全面深化农村改革，增强内在活力。解决乡村振兴面临的各种矛盾和问题，推进农民分化，根本在于全面深化改革。要重点处理好农民与土地的关系，坚持农村土地集体所有，坚持家庭经营基础地位，坚持稳定土地承包关系，真正让农民吃上"定心丸"。要按照"三权分置"政策，放活土地经营权，推动土地经营权有序流转，推动农业适度规模经营。放活土地经营权要与城镇化进程和农村劳动力转移规模相适应、与农业科技进步和生产手段改进程度相适应、与农业社会化服务水平相适应。在推进土地"三权分置"改革的同时,协调推进农村集体资产确权和股份合作制改革、供销合作社综合改革,增强农村发展内在活力。

五是大力发展农业社会化服务。农业社会化服务是现代农业的重要支撑,我国农业社会化服务体系建设虽取得明显成效,初步形成了覆盖全程、综合配套、便捷高效的服务体系,但也存在体制不顺、基础不牢、需求不旺、供求脱节等问题。因此,要从现代农业发展需要与农民期盼出发,发挥市场、政府、合作经济组织的多重作用,加快构建以公共服务机构为依托、合作经济组织为基础、龙头企业为骨干、其他社会力量为补充,公益性服务与经营性服务相结合、专项服务与综合服务相协调的新型农业社会化服务体系,形成主体多元、形式多样、竞争充分的发展格局。

六是不断健全农业支持保护体系。坚持农业农村优先发展,根据工业化城镇化的进程,不断加大农业的支持保护力度,建立以工补农、以城带乡的长效机制。完善财政金融支农政策,推动资源要素向农业农村领域配置,加快城乡一体化发展步伐。要适应现代化需求,从我国国情农情出发,以高质量发展与绿色发展为导向,不断完善符合WTO规则的农业支持保护政策体系。

四、"三农沙龙":现代化与农民

从古到今,人类生产方式大致经历了四次重大变化:最早的生产方式是渔猎采集,那是原始社会的生存状态;后来发展出农业生产,包含耕作和饲养家畜;再后来,大约在200多年前,工业化浪潮席卷全球,推动社会巨大变化;从20世纪80年代起,人类逐渐进入信息时代与智能时代。后两个阶段就是人们常说的现代化。

现代化是人类文明的发展方向,也是我国第二个百年奋斗目标。现代化不是一个或多个领域的单点突围,而是一场整体性变迁,涉及经济社会的各个方面,因此,现代化是社会各领域的协调互动与有机统一,是农业文明向工业社会、传统社会向现代社会的整体性跃进,其核心内容是经济方面的工业化、政治上的民主化、社会领域的城镇化和价值领域的理性化及其互动过程。

对农业农民而言,现代化不是消灭农业,而是用工业化的力量改造传统农业,使之成为现代产业体系的有机组成部分;也不是毁灭农民,而是用工业文明的逻辑改造传统农民,使之成为现代公民社会的有机群体,并在此基础上重新定义农民,全面完成发展现代经济与建设现代社会的历史任务,实现国家现代化。

现代化与农民的关系扑朔迷离,没有农业农民,现代化无法启动与深入;而有了农业农民,现代化又变得异常艰巨与困难。在这个意义上说,现代化是"化物"与"化人"的有机统一。本章主要从理论与实践、历史与现实、国际与国内结合的角度,透过现象看本质,分析现代化与农民的内在关联,并从中梳理出解决"三农"问题,补齐现代化短板的思路与途径。

亨廷顿悖论

"现代性产生稳定,而现代化却引起不稳定。"①这是美国著名学者亨廷顿在其名著《变革社会中的政治秩序》一书中提出的一个悖论。

亨廷顿认为:"现代化是近代以来世界历史发展的潮流与趋势,是一个世界性的历史进程",但"现代性孕育着稳定,而现代化过程却滋生着动乱"。产生秩序混乱的原因,不在于缺乏现代性,而在于为实现现代化所进行的努力。也就是说,发展中国家在追求现代化的进程中容易出现动荡、混乱与失序,现代化与现代性之间存在着矛盾。

亨廷顿在这部名著中分析了20世纪五六十年代发展中国家普遍发生政治动乱的原因,指出这些国家之所以动荡不安,就是由于它们激进地推进政治现代化。高度传统的社会和高度现代化的社会都是十分稳定的,而恰恰是那种处在现代化的过程中的社会最容易发生动乱。因此,对发展中国家来说,"首要的问题不是自由,而是建立合法的公共秩序。人类可以无自由而有秩序,但不能无秩序而有自由。"②亨廷顿还从现代化的速度与动乱、社会动员与动荡、经济发展和动乱、收入差距和动乱,不平等和动乱等不同角度来论证"现代性孕育着稳定,而现代化过程却滋生着动乱"这一悖论。

尽管亨廷顿在书中强调实证的力量,善于在各国具体的历史过程中把握政治、经济与社会发展的规律,并运用大量数据和个案分析来阐述问题,以增强命题的说服力,但这一悖论仍遭到不少持自由主义信仰的学者的批评。虽然如此,亨廷顿的这一悖论仍具有一定的客观性和科学性。特别是亨廷顿理论中的"政治民主与政治社会稳定具有同等价值,缺少政治稳定与秩序的政治发展只会导致政治衰败"等观念,具有较高的理论价值。

---

① [美]塞缪尔·亨廷顿:《变革社会中的政治秩序》,北京:华夏出版社1988年版,第5页。
② [美]塞缪尔·亨廷顿:《变革社会中的政治秩序》,北京:华夏出版社1988年版,第2页。

社会转型是社会形态演进的一种特殊形式,是以社会结构的变迁为主要内容的涉及社会各领域的全面变革,是推进社会形态演进的重要动力。与静态的传统社会以及已经定型的现代社会相比,处于转型期的社会矛盾相对较多,各种矛盾比较普遍,比较尖锐,甚至比较激烈,处理不当甚至会演变成对抗性矛盾,引发社会动荡与政治危机。转型期矛盾增多与转型期社会形态的特点有密切关系。

失衡现象是转型期的一大特点。社会转型是以社会结构变迁为主要内容的,甚至可以说,社会转型的过程就是社会结构不断调整的过程。但社会结构不同于经济结构,调整更为复杂,其间必然充斥矛盾冲突和利益摩擦,因为原有的社会结构经过无数次分化与整合,已达到较高水平的互补协调与平衡,而调整社会结构,推动社会转型则要引发社会结构基本要素的分化与重组,原有的社会结构平衡被打破,新的社会结构要素不断生成。这是一个从平衡到不平衡再到新的平衡的历史发展过程。因此,在社会转型中,难免会出现一些社会失衡现象,如收入多元结构的失衡,基尼系数的扩大与社会贫富差距的拉大;区域结构与城乡结构的失衡;经济文化结构的失衡等。也有人用经济容易失调、社会容易失序、心理容易失衡、社会伦理容易失范来形容这种现象。转型期失衡现象增多,是由转型期社会结构要素的变动所造成的,其中既包括传统因素与新体制的矛盾,又有现代化因素与旧体制惯性的冲突。而且,转型期的社会失衡,也同社会发展中大量非理性因素的存在与扩张有关。处理不当不及时,容易引发社会危机。

社会矛盾的复杂性是转型期社会形态的又一显著特点。在社会转型过程中,新旧体制交替、社会要素急剧分化重组、社会生活的激烈变化乃至价值观、道德观、生活方式等方面的巨大冲击,使社会生活呈现出千姿百态的景象,各种社会矛盾错综复杂,既有老矛盾新特点,又有老关系新矛盾,还有新关系新矛盾;许多社会问题可能集中出现。而且矛盾成因的复杂性加大,既有历史原因、政策因素、国际因素,也有处理不当工作失误的原因。所有这些因素使得社会转型期成为社会矛盾的高发期、多发期。

除了失衡现象和社会矛盾的复杂性之外,中国农村社会转型还有前现代、现代、后现代这一特殊的矛盾交织。与英国等早发内生型现代化类型不同,中国属后发外生型现代化类型。这种赶超型现代化模式,明显地超越了早期内发型现代化国家那种自然有序的演进关系,打破了中国社会根基于传统农业文明的相对和谐及稳定秩序。中国要在短时期内完成西方现代化国家需几百年才能解决的大量问题,西方社会不同阶段的历时性的矛盾在当代中国容易变为共时性的矛盾,从而形成特殊的前现代、现代、后现代的矛盾交织,使赶超的中国肩负着双重使命,既要在较短的时间内实现西方国家在较长时间内所实现的现代化,完成从农业社会向工业社会、传统社会向现代社会的转变,解决前现代与现代之间的矛盾;又要在同一过程中消除西方国家所经历的"现代化痛楚""发展性危机",解决现代与后现代的矛盾,表现为历时性的风险类型共时态地存在。这种前现代、现代、后现代的矛盾交织使得中国社会转型呈现两大特点,即顺序性发展与跳跃性发展的统一;社会发展水平的先进性与落后性并存。

不仅如此,中国的社会转型表现为结构转型与体制转轨的同步启动,旧的社会资源分配体制、控制机制、整合机制正在趋于解体,而新的体系与机制尚未完善并真正起作用,因而有可能诱发和加剧一些特殊类型的风险,从而使转型期社会有可能成为高风险社会。

正如诺贝尔经济学奖获得者西蒙·库兹涅茨所说,持续性高增长是一个连续性的破坏过程,因为它对各个部门(即构成总人口的各个集团)的影响大不相同。在高速增长过程中,增长较慢部门的人口集团较之增长较快部门的人口集团相对受损,他们付出的代价往往不是少数受益者获得的利益所能补偿的,因而可能发生摩擦和对抗①。社会利益关系主要由相互关联的经济利益关系和政治利益关系两大部分组成,政治利益关系是指权力在社会人群中的分配关系,包括社会人群对生存与发展、民主、自由、法律保护、社会保障等政治权利的占有与享受,而经济利益关系主要是指社会人群之间对社会物质财富的占有和分配关系。政治利益关系决定一个社会人群的地位以及获得利益的多少与

---

① 《经济越发展,问题反而越多:怎样跨过库兹涅茨阶段》,载《新京报》2020年10月16日。

难易,而经济利益关系涉及各个社会成员的切身利益。因此这种社会利益受到人们的高度关注,是社会两根最为敏感的神经。社会利益关系调整与变化、游戏规则的改变与倾斜都会引起社会成员的赞同或不满、拥护和反对,引发社会矛盾与不稳定。

经过四十多年的改革开放与现代化建设,我国跃上一个新的发展平台。从发展阶段看,2003 年人均 GDP 超过 1000 美元,标志着中国由低收入国家进入中低收入国家行列。2010 年,我国 GDP 总量第一次达到世界第二位。2020 年,我国人均 GDP 超过 1 万美元。2021 年,我国国内生产总值达到 114 万亿元,占全球经济的比重由 2012 年的 11.4% 上升到 18% 以上,人均国内生产总值达到 1.25 万美元,超过世界平均水平[1]。从发展道路来说,立足新发展阶段,践行新发展理念,构建新发展格局,推进高质量发展,成为新阶段我国事关发展全局的重大战略思想。从利益关系来说,中国已经从一个利益平均的社会进入了一个利益分化的社会。这种分化主要表现为社会利益多元化与多样化的发展趋势。改革在某种意义上讲就是利益关系的再调整。在计划经济时期,人们的收入水平和经济利益大体处于同一水平线上,那时的利益矛盾不是很明显,即使有也是被压抑着,或是隐性的、潜在的。改革开放以来,游戏规则发生了显著变化,利益格局和利益关系处于急剧的变化之中,人们追求利益欲望也得到不同程度的释放,社会的利益关系发生了倾斜与变化。主要表现有三:一是基尼系数上升较快,按照国际上通用衡量贫富差别的基尼系数测量方法,基尼系数低于 0.2 表示收入绝对平均;0.2—0.3 表示比较平均,0.3—0.4 表示相对合理,0.4—0.5 表示收入差距较大,0.6 以上表示收入差距悬殊。国际上公认 0.4 为警戒线。改革开放以来,我国基尼系数上升较快,已从绝对平均状态的 0.2 左右上升到 2002 年左右的 0.458,越过了国际公认的警戒线。根据中国社科院经济所收入分配课题组的最新数据,基尼系数 1995 年为 0.437,2002 年为 0.454。[2] 2008 年达到最高点 0.491 后,

---

[1] 国家统计局《党的十八大以来经济社会发展成就系列报告之十三》,中国产业经济信息网,2020 年 10 月 4 日发布。

[2] 转引自葛志华《虚实之间》,南京:江苏人民出版社 2015 年 7 月版,第 148 页。

2009至今呈波动下降趋势,2012年降至0.468,中国成为世界上贫富差距最大的国家之一①。二是在一个具有"不患寡而患不均"传统意识的国度内,逐渐形成富豪阶层与贫困阶层。在这两极化的社会结构中,一端是以拥有大量财富为特征的社会强势群体,一端则是以拥有众多人口为特征的弱势贫困群体,中间阶层则发展相当缓慢。平均主义"大锅饭"式的分配格局被打破,城乡居民的收入在国家、集体、个人的分配格局中逐渐占据重要地位,个人收入占国内生产总值的比重由1978年的50.5%迅速上升到1997年的80.9%。但这个硕大无比的蛋糕并不是平均分摊到每个人的头上,而是因政策导向、体制转轨因素、行业垄断、个人素质等不同而悬殊较大,以至出现了富裕群体与弱势贫穷群体的分野。调查资料显示,20世纪90年代中期以后,贫富差距呈现出继续扩大的趋势,中国城镇家庭最高20%收入户与最低20%收入户,年人均收入差距已从1990年的4.2倍、1993年的6.9倍增加到1998年的9.6倍,而且由于过渡期存在大量隐性收入,差距情况可能比这一数据严重得多②。在富裕群体中,既有在生产力发展的基础上产生的数量相当的高收入者,有因经济体制改革催生出来的数量可观的先富者,也有在政策作用下的高收入者,还有采用不正当竞争手段和途径的暴富者。与此同时,也有不少人囿于多种因素致富无门,收入微薄。据世界银行统计,1998年,我国的基尼系数为0.403,最低的10%和最高的10%,其收入的百分比分别为2.4%和30.4%,相对差距为12.7倍。2002年,我国农村有2820万人处于人均627元(相当于农村人均纯收入的1/4)贫困线以下。农户与农户之间、农民与农民之间的收入差距也不断拉大③。据南通市农村住户抽样调查资料:2000年,低收入组家庭人均纯收入为1682.43元,占总收入的9.27%;高收入组家庭人均纯收入为7236.95元,占总收入的33.22%。2002年,低收入组家庭人均纯收入为1455.67元,占总收入的7.26%,在总收入中所占份额较两年前下降2个多百分点,而高收入组家庭人均纯收入8824.72元,在总收入

---

① 参见中宣部《中国这十年》系列主题新闻发布会,央视网,2022年6月27日。
② 转引自《新华文摘》2001年第6期,第15页。
③ 葛志华:《虚实之间》,南京:江苏人民出版社2015年7月版,第149页。

中的份额为37.24%,较两年前上升了4个多百分点。这一升一降表明,虽然高收入组与低收入组农民家庭人均绝对值都在增长,但农民收入的库茨涅次比率(库茨涅次比率是指一定百分比,如10%、20%等的高收入人口所拥有的整个收入的份额,与一定比率的低收入人口,如20%、40%等的整个收入的份额之比)呈不断扩大之势,高收入组与低收入组的距离越来越大。一份调查显示,10%的富裕家庭占城市居民全部财产的45%,最低收入的10%的家庭财产,总额占城市全部居民财产的1.4%。城市居民金融资产出现了向高收入家庭集中的趋势,户均金融资产最多的20%家庭占金融资产总值的比例约为66.4%。[①]一般说来,在市场经济国家,初始收入的分配差距都是很大的,但国家通过各种财政税收政策和福利保障措施,可以大大缩小初始收入分配的差距。我国目前市场经济体制不够完善,调节分配的手段不够有力,导致了两极分化现象。三是社会分配秩序尚未理顺,社会保障制度不健全,社会救济体系不完善,社会减压阀作用发挥不够等等。四是社会结构急剧变化,基本社会关系和社会结构已经发生较大的变化,原来承担社会管理和社会控制职能的"单位体制"正趋于解体,传统社区和社群的力量受到削弱,例如村庄的解体与宗族的衰落使社会成员自我管理的条件丧失,能力下降,而现代社会力量尚缺乏约束力。

转型期社会是一个不定型的分化社会,是一个处在矛盾多发期的高风险社会。过去四十多年中国经历了持续的高速增长,出现了空前的经济繁荣,一跃成为世界第二大经济体。2021年,中国全年GDP突破110万亿,比上年增长8.1%,占世界经济的比重超过18%,对世界经济增长的突破率达到25%左右[②]。人均GDP超过世界平均水平。但是,经济繁荣并不必然或自动导致社会稳定,在经济繁荣的背后,存在社会不稳定的因素,其中包括大规模的结构调整;大规模的"下岗洪水"和"失业洪水";显著的城乡差距和地区差距;成为世界上基尼系数增长最快的国家之一;严重的腐败及其导致的经济损失;生态环境恶化

---

① 中国产业经济信息网,2022年10月4日发布。
② 国家统计局《党的十八大以来经济社会发展成就系列报告之十三》。

等。清华大学教授孙立平在《断裂——20世纪90年代以来的中国社会》一书中,用"断裂"这个很有穿透力的概念来表明目前我国社会生活中存在的种种不和谐现象及其背后的原因,用《社会的断裂》《再谈社会的断裂》《多元社会与断裂社会》《人世与中国社会的断裂》等较多篇幅来分析20世纪90年代以来中国社会断裂的种种表现及其危害。孙立平认为,我国的社会利益结构和社会阶层构成已经发生并正在发生深刻的变化,由于发展中的不平衡、不协调、不全面,出现了各种各样的社会矛盾,有的矛盾还比较尖锐和激烈。更为重要的是,在这种正在定型化的社会结构中,出现了多方面的断裂,首先是一部分人被甩到社会结构之外,成为事实上的被淘汰者;其次,城乡之间出现新的断裂,由过去行政主导型二元结构,叠加上市场主导型二元结构。转型期社会又是一个高风险社会,从非典危机到高致病性禽流感,再到新冠疫情,到各种安全生产事故等等,这一切都表明,我国正进入一个高风险社会。从风险分析角度看,表现为历时性的风险类型共时态地存在,即所谓风险共生现象,既有传统类型的风险,又有现代化进程中的新型的社会风险。这种风险共生还表现为中国社会转型具有结构转型和体制转轨同步启动的双重因素,容易诱发和加剧一些特殊类型的风险,比如贫富差距过大、社会越轨乃至犯罪激增、传染病控制难度加大、族群冲突加剧、道德失范、信任危机乃至控制失灵等等。因此,现代化作为一个客观的社会进程,是一个双面刃,既创造也毁灭,它在带给人们可见的许多实惠的同时,也使整个社会处于越来越大的风险之中,灰犀牛与黑天鹅时隐时现。

但是,风险本身并不是危险或灾难,而是一种危险和灾难的可能性。只要防范有力,调控得法,风险就可能转化为机遇。中国现代化是人类历史上人口规模最为巨大、难度最为复杂的现代化,既体现了人类发展的一般规律,丰富了现代化的内涵,又切合中国特色,体现了社会主义建设规律,拓展了发展中国家走向现代化的途径。中国的现代化,不是简单地延续我国历史文化的母版,不是简单地套用马克思主义经典作家设计的模板,不是其他国家社会主义实践的再版,也不是西方国家现代化发展的翻版,而是中国人民在中国共产党领导下正在创造的一种崭新的人类文明形态。"凡事预则立,不预则废",只要我们正确认识和科学把握转型期的各种矛盾,统筹处理改革、发展、稳定三者关系,加快制度创新与理论创新,推进社会有序转型,就一定能化解矛盾、转危为机,如期实现第二个百年奋斗目标。

苦恼的农村

著名的社会学家 M. 列维在考察不同国家现代化历程及启动方式的基础上,将现代化分为"内源发展者"和"后来者"两大类型,即"早发内生型现代化"与"后发外生型现代化",前者以英法等国为典型个案。这些国家的现代化早在十六七世纪就开始起步,其启动因素与推动力都源自本社会内部,是其自身历史的绵延与发展。到 19 世纪中期,英国工业产值已经是农业产值的两倍以上,形成了世界上第一个工业化国家,成为"世界工厂"。到 20 世纪 80 年代,英法等国家城市化水平已达到 80% 左右,第三产业比重超过 60%,人均国内生产总值已接近 1.7 万美元,进入了所谓"后工业化时代"。

后发外生型现代化国家主要包括俄国、日本以及一些发展中国家。这些国家现代化起步时间较英法等发达国家迟了 1—2 个世纪,有的国家 19 世纪开始艰难起步,有的国家 20 世纪才开始启动。其现代化的诱发因素主要是外部世界的生存挑战与早发内生型国家的示范效应。

虽然现代化模式有"早发内生型"与"后发外生型"之分,但在一路高歌猛进的现代化进程中,农村都无一例外地扮演了"苦恼者"的角色。日本社会学家莲见音彦在其著作《苦恼的农村——国家政策与农村社会的变化》一书中分析了日本农村的苦恼。这种苦恼在很大程度上可以理解为现代化引起的不适应症与阵痛、城市化引起的城乡关系的变化、工业化引起的社会结构变动等。

所谓农村,是与城市相对的一个概念,是城市以外的地域(不包括海洋),是由这些地域的生态系统和经济社会系统组成的复合体。与城市相比,农村的基本特点是人口密度小、生产场所分散、专业化分工程度较低、家族血缘关系较重等。随着生产力的发展,农村经历了由低级向高级的发展过程。从世界角度来看,这一历程大致可分为三个阶段:即从原始村落的出现到中世纪自然经济占主导地位的古代型农村;随着商品经济发展,机器大生产代替了工场手工业,工业逐渐在城市集聚,农村成为城市附庸,形成城乡分离与对立的近代型农村;随着现代化不断演进与农村改造步伐的加快,城乡差别开始缩小直至融合,城乡一体化日渐形成,现代型农村和社区成为农村的主要存在形式。在农村由低级向高级发展的过程中,由于财富创造方式、产业结构与城乡关系等的一系列变化,农村进入了"苦恼"阶段:

(1)由城乡关系新变化引起的"苦恼"。马克思认为,在农业占主导地位的时代表现出城市的乡村化,在工业占主导地位的时代,则表现为乡村的城市化。在工业化以前的西欧,城市是农村的附庸,是被农村包围的小岛。农村是国家的基础,也是权力的重心,更是创造财富的源泉。用威廉·配第的话说就是土地是财富之母。农村也因这种特殊地位与作用成为整个社会的重心,土地也以其不可移动性与不可再生性成为农业社会各种财富的最后归宿。即使是那些居住在城里的有地位有钱的人也视土地为财富之母,千方百计地占有土地获取土地。中央政府虽设在城市,但权力的根基却在农村,那些居住在乡村的上院贵族、那些地主出身的下院议员、那些遍布四乡的治安法官是真正的统治者。

工业化改变了财富的创造方式,进而完全改变了城乡关系。在工业化进程中日渐财大气粗的城市,逐渐成为财富与地位的发源地,进而代替农村成为国家的支柱。1848年,马克思和恩格斯在描述这一时期欧洲的工业革命时说:"自然力的征服,机器的采用,化学在工农业中的应用,轮船的行驶,铁路的通行,电报的往返,大陆一洲一洲的垦殖,河川的通航,仿佛用法术从地底下呼唤出来的大量人口——试问在过去哪一个世纪能够料想到竟有这样大的生产力潜伏在社会劳动里面呢?"①这种创造了比以往一切世代所创造财富的总和还多的财富的动

---

① 《马克思恩格斯全集》第4卷,北京:人民出版社1956年版,第471页。

力正是来自工业化。工业化的推进,又使货币成为一切权力中的权力,财富成了荣誉与地位的象征。社会不再以农村为中心,而以城市为中心,人口在城市迅速增长,经济重心明显偏向城市,文化教育卫生事业的重点在城市,行政枢纽也在城市。在农业经济时代,土地为财富之母,劳动为财富之父,最基本的生产资料——耕地属性的制约,决定了农业生产的分散化、不可转移性和规模扩展的局限性。与农业的这种特性不同,工业则是一项资金、技术、劳动力密集、作业过程联结以及需要相应的产前、产中、产后不间断服务的社会活动。农业的增值是一个自然的过程且受自然规律的支配,而工业的增值是惊人的、受价值规律的左右。工业的集聚导致城市的崛起与商业、服务业的繁荣,农村沦为城市的附庸,农业逐渐成为工业化的农业,农村也成为工业化的农村。工业化还以其特有的动力与理念酿造了城市文明与工业文明,引起了生产方式、生活方式以及价值观念的相应变化,并以其势不可挡的能量吸引农村人口向城市转移,由农业向工业转移,形成一波又一波的城市化浪潮。工业化与城市化成为现代化的重要标志,一个是发动机,一个是孵化器,推动人类文明向前发展。据历史资料,在工业化之前,虽然也有农村人口向城市转移,但数量非常有限,城市发展也十分缓慢,直到1800年,世界的城市人口仅占总人口的3%。1760年,英国只有伦敦人口达到20万,第二大城市布里斯托尔只有5万人,其他的所谓城市,则只是两三万人的小城镇。工业化的演进引发了大规模的城市化浪潮。在工业革命的推动下,英国早在1900年,城市人口比重便达到75%,法国从1800年到1980年,整个城市人口比重由10%增至73%;美国城市人口比重由1790年的5%增加到1975年的76%;日本在1920年到1976年的55年间城镇人口比重由18%增加到76%,城市数目由83个增至644个①。

(2)由农村劳动力外流与农村人口减少引发的"苦恼"。伴随着一个国家的工业化进程及农业生产率水平的提高,农村人口会逐渐向城市、向工业转移,并最终实现城市化。不同的时期、不同制度、不同发展

---

① 葛志华:《为中国"三农"求解》,南京:江苏人民出版社2004年11月版,第258—259页。

水平国家的工业化和城市化进程都证明了这个规律的正确性。农村劳动力外流与农村人口减少是现代化的一般规律,无论是早发内生型现代化国家,还是后发外生型现代化国家,都无一例外地出现了这一现象。而造成这一现象的动力来自工业化与城市化。一方面,工厂的设立与不断扩大需要源源不断的劳动力供应,从而拉动农民离开土地进入车间;另一方面,工业化水平的提高,不仅动摇了农业的支柱地位,改写了农业作为创造财富主渠道的历史,还意味着农业生产装备与农业生产技术水平的提高,动力文明使得农民的体力得以延伸,为单个农民耕种更多的农田提供了现实的可能性。工业化水平的提高,迫切需要农业提供更多的原料,城市化水平的提高更需要农业提供更多的农副产品,从而把农业纳入了现代经济体系。

《第一个工业化社会》一书为我们展示了工业化进程中劳动力转移的一般规律。据格雷戈里·金的研究成果,在1696年前后,英国有人口550万,其中农村人口410万,占总人数的3/4。在18世纪上半叶工业革命之前,英国一直是个农业国,绝大多数人口从事农业,80%的人住在农村。随着工业革命的兴起与发展,到了1861年,英国工业产值已经是农业的两倍多,工农业在国民收入中所占比例分别为36.5%和17.8%。到20世纪初,这个比例更新为40.2%和6.4%。产业结构的变动引起就业结构的相应变化,导致了农民人数的减少。1851年英国农业劳动力有205.4万人,占劳动力总数的22%;10年以后的1861年为198.2万,占劳动力总数的18.8%;20年以后的1871年为181.7万人,占劳动力总数的15.3%。1901年农业劳动力只有147.6万人;占劳动力总数的比例急剧下降到9.0%[①]。

与英国一样,法国的现代化基本上也是内生性。内生性的或自上而下的现代化的特点之一就是传统农村结构的率先变化。但在具体道路上,法国又不完全等同于英国。法国农村也有圈地运动的历史记载,但时间短暂且范围有限。英国是羊毛编织,而法国是葡萄酒生产,英国畜牧业对土地面积的需求大于对劳动力的需求,而法国葡

[①] 钱乘旦:《第一个工业化社会》,成都:四川人民出版社1988年3月版,第74页。

萄的种植与葡萄酒的生产则需要更多的农村劳动力。因此,法国农村并没有出现大规模长时间的农民离开土地现象,而是自发地朝着小农与两极分化的方向发展。经过农民起义等几次反复,法国农民减少呈加速趋势。据有关统计资料,经过几个世纪的农业人员外流,到20世纪下半叶,法国农业劳动者只剩下100多万人,占总就业人口的5%左右。

与英、法两国相比,美国的现代化过程中农民数量的减少规律表现得更为典型。美国学者埃弗里特·M.罗吉斯和拉伯尔·J.伯德格合著的《乡村社会变迁》对此有详细的记载与分析。美国人均农业生产能力的提高与农业人口的减少基本是同步的。农业机械和其他技术发明,不仅可以提高单位产量,而且扩大了每个农民的耕作面积,技术革新的不断涌现,使农业人口不断减少。1960年每个农民可以供给24个人所需的粮食、纤维、烟草。10年以后,这个数字增加到45人,而在1940年,同样供养45人,则需要4个劳动力。农业劳动生产率的提高导致了农民数量的减少,从1920—1970年,美国农业工人年平均数量下降了将近一半。20世纪30年代至60年代,每10年农民数量减少超过100万人。1850年,美国的农民占人口的64%,每个农民可养活4个人。20世纪80年代,美国农业工人只占总人口的3.1%,而每个人的生产可供养78人①。

与英、法、美等第一批现代化国家一样,俄国、日本、韩国等后起之秀的国家也经历了工业化与城市化背景下的农业生产力提高与农民减少的过程。乡村一度是俄罗斯人生活的中心。但随着经济的发展,越来越多的人涌进了城市,乡村人口急剧缩减,致使许多原有的乡村空无一人。据最新统计,俄罗斯共有15.5万个村庄,其中有3.7万个村庄不超过50人,有3.5万个村庄的人口不到10人,还有1.3万个村庄根本无人居住,只是在地图上挂个名字。② 到目前为止,现代化国家农民所占比例不到10%,个别国家甚至降到5%以下。

---

① [美]埃弗里特·M.罗吉斯、[美]拉伯尔·J.伯德格:《乡村社会变迁》,王晓毅、王地宁译,杭州:浙江人民出版社1988年7月版,第5页。
② 转引自《生活文摘报》2004年3月20日第8版。

应当说明的是,农业人口减少的途径各国有所不同。在英国,主要是通过圈地运动来减少并合法地消灭农民。这场延续数百年的圈地运动,几乎贯穿了英国农村经济向资本主义转变的整个历史。这是一场漫长而又合法的毁灭农民的运动。在这场运动中,某种政治与社会身份的农民(peasant)毁灭了,生成了标志某种职业类别的农民(farmer)。这也是一场合法的破坏英国农村的封建庄园制度的运动,使资本主义生产关系深入农村。在这个农村巨变中,除了发财致富的资产阶级外,还升起了一个庞大的中间阶级,农村社会结构发生了质的变化。在法国,虽有圈地运动的短暂和局部记录,但没有形成消灭农民阶级的巨大浪潮。法国农村的商品化过程,只是把新的生命注入老朽的社会躯壳中,并没有改变社会老骨架。法国农村的商品化是以葡萄种植和葡萄酒的生产为主,而葡萄的种植则需要更多的农村劳动力,因此法国贵族在农村商品化的浪潮中,总是把农民固定在土地上,1804年3月公布的《法国民法典》(1807年改为《拿破仑法典》)更是以法律的形式巩固了这种制度,维持农村人口的稳定。所以,在现代化过程中,法国的城市化远远落后于其近邻英国和德国。19世纪中期法国的农村人口仍在75%左右,经过漫长的小农分化阶段,农村农业人口逐渐减少,但仍比英国的比例要高。时至今日,小农在法国仍占一定比例,并对法国农业保护政策具有很大的依赖性。

(3) 由同质群体到异质群体引起的"苦恼"。马克思在《路易·波拿巴的雾月十八日》中谈到法国农民时曾形象地说:"小农人数众多,他们的生活条件相同,但是彼此间并没有发生多式多样的关系。他们的生产方式不是使他们相互交往,而是使他们相互隔离……他们进行生产的地盘,即小块土地,不容许在耕作时进行分工,应用科学,因而也就没有多种多样的发展,没有各种不同的才能,没有丰富的社会关系。每一个农户差不多都是自给自足的,都是直接生产自己的大部分消费品,因而他们取得生产资料多半是靠与自然交换,而不是靠与社会交往。一小块土地,一个农民和一个家庭,旁边是另一小块土地,另一个农民和另一个家庭。一批这样的单位就形成一个村子;一批这样的村子就形成一个省。这样,法国国民的广大群众,便是由一些同名数简单相加形成的,好像一袋马铃薯是由袋中的一个个马铃薯所集成的那样。"①马克思所说的同名数,就是指农民高度的同质性。在高度同质性社会,每一个农村社区都是一个互识的群体,人们之间彼此认识,大半都是熟人,其中的每个人差不多都认识所有的人和他人的所有特点,社会关系是人格化的、非功能性的和分割成部分的。在这样的社会体系中,最重要的分层常常是土地占有情况、社会经济方面的威望以及辈分。农民个人一般不需要适应新的情况,不需要多大创新,基本不需要与陌生人打交道。只需按照世代交替的节奏与四季更替行事,天增岁月人增寿而已。

工业化水平的提高使农业成为依附于工业的农业,有效地提高了农产品商品化率,加快了农村社会转型。农村因此出现了崭新气象:一方面,城乡交往密切,农业与非农业部门联系的加强,农民不得不与陌生人打交道,互识群体不复存在;另一方面,由于商品与市场因素的导入,农民阶级出现了严重的分化,农民与农民不再是同名数相加,异质因素明显扩大,出现了农业专业户,部分时间农、一类非业户、二类兼业户、农场主以及各种农业产业化组织从业人员、中介和农协组织负责人等。以美国为例,美国的农民可分为五个阶层:

——农场所有者,经营的土地都是自己私有的。1958年,美国58%的农民完全是在自己土地上耕作,其面积约占土地总数的20%;

——部分所有者,既有自己的土地,另外还要租种土地。1969年,部分所有者占美国农户总数的25%,耕种土地的48%;

——租地耕种的佃农,1969年只有17%的农民是佃农,耕种美国全部土地的23%,佃农又有分成制佃农等多种;

——农场农工,农场农工大部分为季节工人,参加农业劳动主要是为了获取工资;

——由多个股东所有的大型农业实体——企业型农场,企业型农场一般产量很高,但品质比较单一,与拉美及非洲的大庄园有很多相似之处。

---

①《马克思恩格斯选集》第一卷,北京:人民出版社1995年版,第677页。

在发达国家出现了逆城市化现象以后,代表工业文明的城市出现了空壳化的趋势,不少有地位有金钱的人又到郊区或农区居住,一些地方的农村居民人数出现上升的趋势,但这些人口已不再是传统意义上的农村人口,这进一步增加了农村人口的异质性。在当今法国,村庄日趋现代化,人口又多起来。一个拥有20户人家和若干处第二住宅的村庄只有二三户是经营农业的,乡村重新变成一个生活的场所。

(4)由初级社会群体作用降低引发的"苦恼"。以成员互动关系特征为标准,将社会群体划分为初级群体与次级群体,这是社会学研究中最经典的划分类型之一。所谓初级群体是指成员之间的互动具有面对面的交往与合作特征的群体。在这种群体里,成员之间在社会问题上极为接近,很大程度上表现为互识群体,并具有强烈的群体一致感和自我意识。初级关系大多表现为血缘和地缘关系。而在次级群体中,成员之间的互动形式主要是间接的,成员之间的相互了解比较有限,个人的情感投入受到一定的限制。在工业化以前的农村社会,农民年复一年地跟着季节的变化,从事简单的再生产。这种相互隔绝的生产方式不产生分工,不形成广泛的联系,唯一可能的社会联系就是地区统属、等级服从的行政关系,封建庄园制中的依附关系以及与生俱来的血缘与地缘关系。这种抬头不见低头见的地缘关系以及"打断胳膊连着筋"的血缘关系对农民的生存具有极为重要的影响。离开了这些初级关系,他们也就失去了生存保障与精神寄托。

工业化引起农村社会的变迁。在这变迁过程中,初级社会关系的重要性日渐式微,次级关系(如具有共同利益的正式组织、政府机构和商业公司)的重要性不断提高,乡村居民的社会关系变得更加正式、更加非人化和多层化,封建隶属关系逐渐变为契约关系、权利与义务关系,温情脉脉的亲属关系逐渐变为雇佣关系与赤裸裸的金钱关系,"亲不亲、故乡人"的地缘关系日渐变为共同的利益关系。当然,这种地域与血缘等初级社会关系还存在,仍在一定范围内起作用,只是重要性有所降低而已。现在,一些农民组成的各种协会,如奶牛协会等在经济生活中发挥越来越大的作用;以共同利益为纽带,由不同地域农民组成的压力集团在政治生活中发挥着越来越大的作用。

(5)由农业职业角色与农业组织方式的变化引起的"烦恼"。在前现代化时期,农业与农村生活几乎是同义语,在当今的不发达国家,这一状况仍在延续。那时的农民在谈及子女时常说:"儿子将做他想做的事情,但不要当农民,要选择一门职业",似乎农民被排斥在职业之外。在农村社会变迁中,在农产品商品化的浪潮中,农业正在成为一种企业,农业劳动成为一种职业,有自己独特的地位、权利与义务系统。虽然仍有一些农民从外观上难以完全褪去传统农民的色彩,但多数农民与城里人的区别已经消失。如果说有区别的话,一是两者经营的产品不同,挣钱的方式不同,二是角色不同,城里人单一角色居多,而职业农民则是混合角色,具有农业生产者、生产资料持有者和企业家的混合角色,既与自然交换,又与社会交换。

与农民职业化同时,农业生产组织形式发生了变化,正在朝专业化与企业化方向发展。以前的农民为了满足自己家族的需要,各种作物都种,以平衡各种需求。而现在为了追赶千变万化的市场行情,则以市场为导向,集中在几个有优势的品种上,"把所有的鸡蛋放在一个篮子"中,进行专业化生产与集约化经营。与此同时,农民合作经济组织、各种农业生产服务组织不断涌现,农业生产、服务与经营越来越专业化。面对瞬息万变的市场行情,农业生产的决策已完全不同于传统的扳手指掐算,而是越来越企业化,农业综合企业、农民合作社、农业协调组织应运而生,出现了更多的企业型农场。下面是一段美国农民一天的工作生活情况,更有助于我们从一个侧面了解这一变化:

> 上星期的一个早晨,印第安纳的法姆·沃伦·诺斯5:30分起床,开始了一天的工作。他家有12间房,全部用石头砌成,配上白色的框架。吃过早餐后,他离家去场院。在早晨的暮霭中,低矮白色的谷仓就像是航行在大海上的军舰一样。谷仓的周围,紧紧环绕着5个黑蓝色的地窖。刚一走近,就听到400头白脸的赫勒福德牛饥饿的叫声,500头汉普郡猪的哼哼声。这种声音夹杂在一起,就像拍岸的涛声。它们一排排地在槽边等待喂食。在谷仓里,诺斯登上一个复杂的控制台,按动一些电钮,打开一些龙头,整个

谷仓立即震动起来。磨好的谷物、青贮饲料和没有脱壳的谷物从不同的地方流泻出来。

法姆·诺斯再打开另外一些龙头，便加进了适量的维生素、矿物质以及营养激素。在地窖前的槽中，有个滚筒开始启动。随着滚筒的滚动，便把饲料推上一个斜面，然后送入一个架在槽上的330英尺长的管道。管道上小门自动地把饲料均匀地分给每个牲畜。

如果用桶和草叉来干的话，这些活需要5个人干半天，而法姆·诺斯仅用10分钟就干完了。他有自己的业余爱好。他回到家中，斟上一杯咖啡，开始读《华尔街月刊》上一篇关于农场问题的小说。等咖啡凉了，他便端着咖啡和雪茄，走进起居室。他的起居室有40英尺长，墙上挂满了壁毯。房间的一面摆上一架双层管风琴、两台电子琴和一架大钢琴。法姆·诺斯坐在琴前，顺手弹了几个和弦和琶音，接着便弹奏起约翰·塞巴斯蒂安·巴赫的赞美诗：《耶稣，人们祈求欢乐》。

法姆·诺斯作为一个典型，反映了机械化和自动化给美国农业带来的深刻变化。①

这五个方面的变化是发达国家农村社会变迁的五个侧面，这五个侧面构成了农村社会进步的全景图。工业化引起了城乡关系的变化，农业生产能力的提高导致了农民数量的减少与发展方式的变化；工业化与市场化的一路高歌使长期处于支柱地位的农业成为依附工业的农业，从而使农业职业角色和农业组织形式发生了质的变化；市场化进程的加快以及传媒、通讯、道路等基础设施的改善，使农村逐渐走向开放，地域与血缘等初级社会关系的作用走向式微，次级社会关系的重要性不断提高，农村社会群体也由同质性向异质性转变。一位美国学者曾从七个方面概括了美国乡村社会的变迁：① 农业生产力提高，农民人

---

① 转引自[美]埃弗里特·M·罗吉斯、[美]拉伯尔·J·伯德格《乡村社会变迁》，王晓毅、王地宁译，南京：江苏人民出版社，1988年7月版，第3—4页。

数减少;② 美国社会中的农业与非农业部门联系加强;③ 农业生产中的专业化趋势;④ 在美国进入大众社会的过程中,城市与乡村价值观的差距逐渐缩小;⑤ 大众传播工具和交通的改善,地方群体重组,使得乡村更加开放;⑥ 乡村中的集权化;⑦ 初级关系的重要性降低,次级关系的重要性增强。农村社会的转型与变迁,使传统农村社会走向解体,旧式农民群体走向瓦解,传统农业人格走向分裂,传统社会结构走向瓦解……所有这些都使变迁中的农民变得无奈、苦恼与彷徨,使农村处在无穷无尽的苦恼之中。① "羊吃人"的圈地运动、英国作家狄更斯笔下的城市贫民、哈代笔下的西撒克逊乡村,无不反映着那个农村社会变迁的时代普通人沉重的历史脚步。但这个苦恼又是农村现代化必不可少的阶段,孕育着现代化的希望,没有这些变迁,便没有现代化的降临,就像没有十月怀胎,就没有一朝分娩一样。因此,可以说,这些苦恼与不适只是现代化的阵痛而已。阵痛过后就会获得新生,阳光总在风雨后。

疼痛的沃土

现代化是人类文明发展的方向。在迈向现代化的征程中,不少国家积累了成功的经验,也有一些国家尝到了失误的苦果。前者以英法韩等国为代表,而后者则以拉丁美洲的一些国家为例证。

拉丁美洲是指从墨西哥湾格兰德河以南,一直到南美洲极南端的合恩角的广大地区。它包括北美洲的西南端、中美洲、西印度群岛和南美洲,面积为2070万平方公里。这一地区长期处于西班牙、葡萄牙和法国的殖民统治下,在19世纪初独立战争后,各国都以拉丁语系的语言(西班牙语、葡萄牙语和法语)为官方语言,并在宗教、风俗习惯和文化艺术方面具有浓厚的拉丁语系国家色彩,拉丁美洲便由此得名。

---

① 转引自[美]埃弗里特·M·罗吉斯、[美]拉伯尔·J·伯德格《乡村社会变迁》,王晓毅、王地宁译,南京:江苏人民出版社,1988年7月版,第3—4页。

拉丁美洲是印第安文明与伊比利亚文化结合的产物。印第安文明是土著居民在与旧大陆完全隔绝的情况下创造的，并逐渐形成古代墨西哥地区、古代玛雅地区、古代印加地区三个巨大的文化中心，对人类社会的发展做出了自己的贡献。而伊比利亚文化则是由西班牙、葡萄牙等国从外部输入的。自1492年哥伦布发现新大陆后，西班牙与葡萄牙等国不断地向拉丁美洲进行殖民侵略，占领了大部分地区，并按照伊比利亚文化传统建立了殖民统治。

拉丁美洲土地肥沃，物产丰富，具有较为发达的种植业与采矿业，到17世纪时，拉丁美洲的经济与社会发展水平明显高于北美洲。但伊比利亚文化的保守观念、西班牙与葡萄牙的殖民地政治、拉丁美洲的肥沃土壤与众多的印第安廉价劳动力、中心国家的经济需求等多种因素促使拉丁美洲逐渐形成了单一的经济结构。

殖民统治对拉丁美洲的掠夺与奴役，严重地阻碍了当地经济社会的发展，激起了人民的反抗。19世纪初期，拉丁美洲独立运动风起云涌，并形成了以西蒙·玻利瓦尔、圣马丁为代表的领袖人物。继1804年海地独立，委内瑞拉、哥伦比亚、阿根廷也相继独立。除加勒比附近少数几个殖民地外，拉丁美洲广大地区先后实现了独立。

拉丁美洲独立后的国家政权在经济上大多没有触动大地产制，在政治上推行考迪略主义，即军事独裁制度。多数国家实行重商主义政策，制订了许多贸易优惠政策。经过多方努力，拉丁美洲出口额迅速增加，带动了经济与国民生产总值(GNP)的增长。巴西1900年生产了世界三分之二的咖啡，智利在19世纪90年代出口铜的数量比50年代增长了10倍。1853—1873年，阿根廷的出口量翻了3.7倍，1877—1900年，阿根廷的出口翻了四番。①

拉丁美洲出口额的急剧上升以及由此而来的经济增长虽然改变了拉美在国际贸易竞争中衰退的趋势，但并没有改变拉美国家在国际经济分工中低端的产业地位，其出口产品大多为初级产品，如智利出口石油与矿石、加勒比地区出口热带产品、阿根廷等出口羊毛、肉等产品，逐

---

① 转引自葛志华《从新农村到新国家》，南京：江苏人民出版社2008年7月版，第330页。

渐沦为工业国家的农业附庸。加之,拉美国家大多未建立民族工业体系,其初级产品与中心国家的工业品交换是一种极不平等的交换,不仅不能给生产国带来大的经济效益,进而实现产业升级,反而是在帮助推进西方国家的工业化。因此,拉丁美洲独立后的 100 年实际上走了一条"没有发展的经济增长"之路。虽然拉美各国已逐渐形成了自己的民族认同,政治秩序也基本稳定下来,但经济发展的道路仍然模糊不清,其在国际经济分工的地位依然如旧。十九、二十世纪之交,美国成为世界头号经济强国时,比北美开拓早一个世纪的拉丁美洲仍为发展中国家与欠发达国家,被美国远远地抛在后面。

从 20 世纪 20 年代起,拉丁美洲各国纷纷调整发展模式,大力推进工业化与城市化战略,并取得阶段性成效,有的国家还一度创造了经济发展奇迹。1930 年后的 20 年,巴西、阿根廷等国的工业化进展就超过了整个 19 世纪。20 世纪 30—60 年代,巴西全面实施进口替代工业化战略,综合运用关税等手段,扶植民族工业的发展,制造业部门发展明显加快。1947 年到 1960 年,国内生产总值平均每年增长 7.3%。巴西在 1968—1974 年期间出现了空前的经济增长时期,国内生产总值平均增长率高达 10.1%,人均产值平均年增长率也超过了 7%,获得"巴西奇迹"的美誉。阿根廷政府也采取了扶植民族工业的政策,20 世纪 20—30 年代,纺织、服装、食品加工业有了较大的发展。20 世纪 30 年代到二战期间,阿根廷实施第一阶段"进口替代"战略,制订实施了一系列保护民族工业发展的措施,取得明显成效。到 1946 年,阿根廷就建立了比较完善的工业品生产体系①。

然而,拉丁美洲的这一发展战略与发展模式存有明显的自身缺陷,在创造所谓经济奇迹的过程中也留下不少隐患:一是工业领域中国有企业的膨胀与低效。20 世纪 70 年代,阿根廷国有企业垄断了天然气、煤炭、炼铁、公共电力、铁路、通信、城市公用事业等部门,控制了石油生产、轧钢、水运等部门,还延伸到电器、饮料、制糖等部门。巴西国有企业的数量、规模与垄断程度比阿根廷有过之而无不及。尽管拉美的国

---

① 转引自葛志华《从新农村到新国家》,南京:江苏人民出版社 2008 年 7 月版,第 331 页。

有企业在发展民族工业中发挥了重要的作用,但国有企业本身也存在产权不清、腐败与低效等问题,而且也时常承受来自政府过多的经济干预。如巴西石油公司是效益较好的国有企业,其生产率也只相当于同规模私营企业的二分之一。二是收入分配状况的持续恶化。拉美国家的经济发展并没有带来分配状况的改观,反而一步步把贫穷差距拉大。巴西1960年时的收入分配差距就比较大,1976年分配情况进一步恶化。1960年,巴西收入最高的5%的人口占有的分配比例为27.7%,1976年又上升为39.0%;而收入最低的50%的人口所占的比例,1960年仅为17.7%,1976年又下降为11.8%。这表明:1976年最高层的5%的人口的平均收入是社会下层50%人口的平均收入的33倍。墨西哥的收入差距也在工业化中不断拉大。该国的基尼系数1963年为0.534,1975年又上升为0.57,1995年又进一步上升到了0.6。属于严重的分配不公,阿根廷在1974—1985年期间短短10多年中,上层10%的家庭收入份额由33%增加到37%,而下层40%的家庭收入份额则由16%下降到14%。① 这一升一降表明收入分配状况在进一步恶化。三是畸形城市化。拉美一些国家在推进现代化的进程中实施了畸形城市化战略,致使城市化速度过快,引发了许多社会问题。据资料显示:拉丁美洲自20世纪30年代工业化以来,城市人口1930年占总人口的32%,1990年上升到71.2%。目前已超过75%,接近欧洲水平。欧洲城市人口由占总人口的40%提高到60%,大约经历了50年时间,而拉丁美洲实现相同水平的跨越仅用了25年。1950—1980年的30年中,墨西哥城人口由不足300万增加到1500万人。1987年该国总人口8300万,而首都墨西哥城就有人口近1900万人,其中4000个家庭依靠捡垃圾为生。圣保罗市人口则由250万增加到1350万人,里约热内卢市人口由290万增至1070万。② 拉美城市化快速膨胀并不是工业增长自然引起的反应,而是大量农村人口盲目拥入而造成城市人口迅速增加,从而导致就业岗位缺乏,市政基础设施不足,医疗、教育等服务设施

---

① 转引自葛志华《从新农村到新国家》,南京:江苏人民出版社2008年7月版,第332—333页。
② 转引自葛志华《从新农村到新国家》,南京:江苏人民出版社2008年7月版,第332—333页。

短缺以及城市规划与管理工作的滞后,导致"贫民窟"问题的恶性发展,引起社会动荡不安。据有关资料,巴西早在1987年全国就有2500万人居住在贫民窟中,2000年的人口普查中,巴西还有贫民窟3905个。

四是忽视农村的发展与建设。拉美国家没有适时调整城乡关系,重城市轻农村。一方面,拉美大都市的发展是以牺牲农民与农村为代价的。城市的工业与商业中心就如巨大的吸管,不断地吸食农村的资源与资金,导致农民贫穷、农村落后。城市的"贫民窟"主要不是城市产生的,而是农民迫于生计向城市平移的结果。在城市不断吸食农村资源的同时,政府又很少向农村投入,致使农村发展缓慢。巴西具有发达的农业,是世界上重要的农产品出口基地,而政府很少投入农村,致使农村面貌依旧,农民大量外流。另一方面,拉美国家大多维持了农村的大地产制。占农村人口比例很小的大庄园主占据了农村的大部分土地,而为数众多的小农户不得不在一小块耕地上勉强度日营生。资料显示,阿根廷的小农户占农村就业量的30%,而只占有3%的耕地。巴西占农村就业量的11%的小农户没有耕地,大庄园占耕地面积的60%。而这些大庄园主与英、美等国的农场主又有本质区别,陈旧的观念与落后的管理使这些庄园难以转变为有效率的现代化农业企业。而缺少土地、朝不保夕的农民收入微薄,生活困难,只能一批批地挤进城市。快速的城市化使城市就业岗位缺乏,失业现象严重,加之这些农民又缺乏知识与技术,很难在现代工业部门找到对应的岗位,沦为以捡垃圾为主的城市贫民,城市贫民人口在一段时期内以10%—15%的比例递增,贫民窟现象日渐严重。这样就在拉丁美洲形成二极现象:一极是现代化的大都市,一极是落后的农村;一边是奢侈的高消费,一边是不堪入目的贫民窟。①

因此,虽然拉美国家的现代化取得阶段性成就,甚至创造了所谓发展奇迹,但这些失误与隐患,加之长期积累的债务危机以及石油危机与金融危机的相继爆发,使拉美国家在20世纪80年代整整十年出现了严重的经济停滞与倒退。1980—1993年,巴西GDP增长只有0.3%,

---

① 转引自葛志华《从新农村到新国家》,南京:江苏人民出版社2008年7月版,第333—334页。

而通货膨胀则高达423.4%;墨西哥经济出现负增长,1983年为－5.3%,1986年为－3.8%,而通货膨胀率1982年为98.8%,1983年为80.8%,1984年为59.2%,1985年为54.8%,1986年为105.7%,经济的停滞与衰退又引发了社会动荡,现代化一波三折。①

"三农"这道坎

中国是个典型的早熟的以农立国的国家。虽然创造了辉煌灿烂的中华文明,但农村问题由来已久,而且具有扑朔迷离的历史意象。启蒙时必读的《锄禾诗》,用"锄禾日当午,汗滴禾下土"真实而形象地描述了面朝黄土背朝天的农民形象。唐代诗人李绅在《悯农》中则用:"春种一粒粟,秋收万颗子。四海无闲田,农夫犹饿死"来表达对农民不幸命运的关切与悲悯。聂夷中的《伤田家》:"二月卖新丝,五月粜新谷,医得眼前疮,剜却心头肉",生动地刻画了农民的悲惨命运。而由农民与农村问题累积而生成的周期性的农民起义则演绎了多少"你方唱罢我登台"式的改朝换代的故事,推倒了前一个朝代,换上了后一个王朝,一切再照旧重复一遍,历史并没有真实地向前,只是起点与终点的转换而已。

农民与农村问题不仅是封建王朝不得不面对的难题,而且是中国革命的根本问题。谁赢得农民谁就赢得中国,成为以毛泽东为代表的中国共产党人的共识,成为选择中国革命道路的认识源头。从建立井冈山农村革命根据地开始,革命力量由小变大、由弱变强、由星星之火变为燎原之势,并最终在"农民的小轮车"推动下取得革命的胜利,建立了新中国。

新中国的成立标志着国体与政体的根本变化,广大农民不仅在政治上翻身做了国家主人,而且在经济上得到了实惠与利益。资料显示,经过土地改革,全国3亿多无地、少地的农民无偿地获得了7亿亩耕地和其他生产资料,免除了过去每年向地主缴纳700亿斤粮食的苛重的

---

① 转引自葛志华《从新农村到新国家》,南京:江苏人民出版社2008年7月版,第333—334页。

地租,废除了统治中国几千年的封建剥削制度。农民喜笑颜开,农业生产迅速得到恢复与发展。①

新中国的成立标志着中国结束了半殖民地半封建的历史,历史掀开了崭新的一页。但这个新中国又是从旧中国脱胎而来。与政治上的狂欢与激情燃烧不同,中国经济却是千疮百孔、百废待兴。资料显示,1949 年新中国成立那年,我国国民经济中,旧式农业与手工业竟占 90% 左右,现代工业只占 10% 左右,其中使用机器的工业只占 17% 左右。而且这些工业的技术基础又非常薄弱,部门行业残缺不全,布局极不合理,内部管理较为混乱,具有严重的半殖民地与半封建性。由于长期战乱,1949 年与抗战前最高年份比较,工业产值下降了一半左右,重工业降低 70%,轻工业降低 30%。1949 年工业固定资产约为 128 亿元,工业职工仅为 300 万人,约占全国总人口的 5.6‰。1949 年全世界生产了 1.6 亿吨钢,而中国只生产了 15.8 万吨钢,占世界人口的 1/5 的中国,钢产量远不及世界钢产量的千分之一。② 不用说一根钢轨,一吨优质钢材都要从国外进口,就是建筑用的钢窗和铁钉,也要向工业国家订购。而作为国民经济装备部门的机械工业也是十分落后,大多只能承接修配业务。因此,用现代化的指标体系来观测,中国虽然在政治上获得了独立,但在经济上仍是一个典型的落后的农业国,工业化与城市化水平严重偏低,属于前现代化国家。

为了改变一穷二白的落后面貌,新生政权提出了在恢复与发展国民经济的基础上,实现从农业国向工业国转变的战略目标,并做出了相应的部署。1953 年,我党又提出了过渡时期的总路线,就是要在一个相当长的时期内,实现国家的社会主义工业化,并逐步实现国家对农业、手工业和资本主义工商业的社会主义改造。毛泽东又在《论十大关系》《关于正确处理人民内部矛盾的问题》的讲话中,多次提出我国现代化建设的基本方针。在此后的 1975 年,四届人大一次会议上又提出实现四个现代化的宏伟目标。

---

① 国家统计局:《伟大的十年》,北京:人民出版社,1959 年 9 月版,第 29 页。
② 郝侠君等主编:《中西 500 年比较》,北京:中国工人出版社 1989 年 10 月版,第 553 页。

为了适应工业化战略的需要,国家采取了"一国两策、城乡分治"的体制。通过统购统销、人民公社与户籍制度"三位一体"的管理体制和其他一系列配套政策,确立了城市与工业偏向政策,使城市处于相对有利地位,在生产要素流动、产品交换、社会福利、公共产品的供给等方面都出现了城乡之间的不公平。这些城乡分治的政策束缚了农村发展,但有力地加速了工业化进程,经过几个五年计划,我国就建立了独立的比较完整的工业体系与国民经济体系,工业化水平有了明显提高。1952年,工生产值为119.8亿元,1978年上升到1607亿元,人均国内生产总值也从1952年的119元提高到1978年379元,1978年,城镇人口总数为1.7245亿,城市人口占社会总人口的17.92%。1949年我国工农业净产值比为15.5∶84.5,到了1970年,这一比例变为50.5∶49.5,[①]它标志着我国农业社会正在向半工业化社会转变。但这些措施也强化了城乡二元体制,造成了工业化与城市化的脱节。据统计,1952年到1977年的国家工业化进程中,工业净产值占国民收入的份额上升了30个百分点,而工业就业人口占全国就业人口的份额只上升了10个百分点。十一届三中全会以来,我国又提出了实现小康和现代化的新目标。在这些新目标的指引下,我国经济发展驶入快车道。从1978年到2003年,中国经济(GDP)年均增长9.4%,这一增速是同期世界经济平均增速的3倍、发达国家的4倍、发展中国家的2倍。2003年,我国经济总量高达11.67万亿元,相当于1978年3624亿元的32倍多,占世界经济总量的4%,成为对世界经济发展具有重大影响的第六大经济体。按当时汇率计算,相当于1.4万亿美元,人均GDP达到1090美元,中国由低收入国家进入了中低收入国家行列。[②]按照世界经济与社会发展的规律,它标志着中国的发展已进入了一个"黄金发展期"与"矛盾凸现期"并存的关键时期。2003年以来,中国经济继续保持高速发展的势头,连续保持10%以上的增长速度,其中2003年为10%,2004年为10.1%,2005年为10.4%,2006年为11.1%。2006

---

① 转引自葛志华《从新农村到新国家》,南京:江苏人民出版社2008年7月版,第345—346页。
② 转引自葛志华《从新农村到新国家》,南京:江苏人民出版社2008年7月版,第345—346页。

年,在国际货币基金组织统计的 180 个国家和地区中,我国经济增长速度居第 11 位。按当时汇率计算的经济总量达到 26452 亿美元,居世界的位次由 2002 年的第 6 位上升到第 4 位,占世界 GDP 总量的比重由 2002 年的 4.4% 提高到 5.5%,经济增长对世界 GDP 增长贡献率排名第二。外汇储备突破万亿美元大关,达到 10663 亿美元,超过日本成为全球外汇储备最多的国家。2007 年,我国经济总量达到 246619 亿元,比上年增长 11.4%。由 2002 年的 12 万多亿元跃升到 24 万亿元,5 年净增 12 万多亿元。2021 年,中国经济的成绩单为:国内生产总值为 1143.670 亿元,稳居世界第二位,占全球经济比重超过 18%,对世界经济增长的贡献率达到 25% 左右,人均国内生产总值超 8 万元人民币,按平均汇率折算为 12551 美元,超过世界人均 GDP 水平,接近高收入国家人均水平下限。① 这些发展势头与业绩,特别是连续几十年的增长,使中国逐渐成为"全球经济增长的发动机"。

在推进从农业国向工业国转变过程中,在全面小康建设与现代化进程中,我国仅用了半个世纪的时间走完了西方发达国家历一百余年走过的现代化之路,并且还将在今后几十年内以赶超的方式持续完成它们历时二百余年走过的现代化历程,成为一个崭新的现代化国家。但在这些成就的背后,也存在"前进中的发展"与"发展中的问题":如区域发展失衡,有"一个国家、三个世界"之论;城乡发展失衡,有"城市像欧洲,农村像非洲"之议;农业基础比较薄弱,有"谁来养活中国"之争;二元社会结构比较稳固,有"城乡分治、一国两策"之实等等。这些问题虽然是发展中的问题,有的还是历史积累的问题,但如不重视并切实加以解决,不仅矛盾会更加突出,还会危及整个现代化进程。

在这些诸多问题中,"三农"问题不仅日渐凸现,逐渐成为全面建设小康社会与现代化建设的"难中之难",而且越来越受到关注与重视,成为全党工作的"重中之重"。所谓"三农"问题是农业、农村、农民问题的总称。这些问题既密切相关又有所区别。农业问题作为一个产业发展问题,是指发展农业所要解决的问题,包括农产品的供给

---

① 转引自葛志华《从新农村到新国家》,南京:江苏人民出版社 2008 年 7 月版,第 345—346 页。

数量和农产品质量等。农村问题,是指农村区域中所涉及和需要解决的问题,主要包括农村社会公共服务(水、电、路等基础设施,教育、卫生、文化和社会保障等社会事业)和生态环境保护等问题。农民问题,是与农民切身利益直接相关的问题,包括农民的经济收入和政治权利等。其中农民的收入决定了农民的吃、穿、用、住、行等方面的生活消费水平。政治权利涉及农民是否得到公平平等的政治与社会待遇,也涉及农民的平等就业权利等问题。"三农"问题的存在与凸现,不仅使农业成为国民经济最薄弱的环节,而且严重地制约了整个国家的现代化进程。

作为"难中之难"与"重中之重"的"三农"问题虽然表现在农业与农村,但又与整个国家的历史与政策体制密不可分。有学者认为,粮食是问题,但不是粮食的问题;"三农"是问题,也不单纯是"三农"的问题。这些问题的背后,有着深刻的政策体制因素与历史因素等。我国"三农"问题专家杜润生据此多次发出"我们欠农民太多"的感叹并呼吁:破除城乡二元结构,明令废除原有的歧视性法规制度。城市的公共服务系统,像规划、绿化、环卫、自来水、电力、电话、有线电视、道路等,都要做出规划延伸到农村,启动一场新农村建设运动,实现城乡一体化。

以备受关注的农民收入为例:发达国家农民收入与其他职业劳动者的收入大致持平,或者维持在 0.9∶1 的水平,日本等国家农业劳动者的收入甚至超过非农职业者。而我国农民收入偏低,与城市居民收入差呈扩大的态势。资料显示:改革开放以来,我国农民收入水平有了明显的提高,已由 1978 年的 134 元上升到 1997 年的 2090 元,再由 2003 年的 2622 元上升到 2007 年的 4140 元。农村实现了从贫穷到温饱再到总体小康的历史性跨越。2021 年,我国农村居民人均可支配收入达到 18931 元,实际增长 9.7%。农民的生活水平明显提高,恩格尔系数缓慢下降,2006 年已下降到 43%,2020 年又进一步下降到 32.7%。①但与城镇居民相比,农民收入总体水平偏低,增幅偏小,城乡

---

① 转引自葛志华《从新农村到新国家》,南京:江苏人民出版社 2008 年 7 月版,第 348—349 页。

居民收入差距呈扩大态势。资料显示:1997年到2003年的这7年中,农民人均年收入只增加4%。2003年,我国农民人均纯收入2622元,比上年增加了146元,扣除物价因素后的实际增长幅度只有4.3%。而这7年中城镇居民收入年均增长达到8%左右。如果从1998年算起,6年中农民人均纯收入总额增加了532元。但城镇居民在这6年中人均可支配收入增加了3312元,也就是每年增加了552元,这就是说农民6年的收入增加总额比城镇居民平均每年收入的增加额还要少20元。资料还显示:从20世纪80年代到2003年,我国城镇居民人均可支配收入与农村居民人均收入之比由1.8∶1扩大到3.24∶1。2002年,全国农民人均收入为2476元,城镇居民的人均可支配收入为7703元,二者的比例为1∶3.1,第一次突破3∶1的警戒线。2005年,由于取消"农业两税"和实行粮食三项直补,农民收入有了明显增加,但城乡居民收入差距仍然很大。当年农民人均纯收入为3255元,比上年增加了6.2%,而城市居民可支配收入为10493元,比上年增加9.6%,农民收入增幅比上年低0.6%,而城市居民增比上年高1.6%。① 如果把所有东西包括城镇居民的财政补贴都折算进来,城乡居民收入水平差距大致为6∶1。如果农民收入上不去,城乡差距继续拉大,不但政治稳定会出问题,经济迟早也要崩溃。

  农村居民收入水平低、城乡收入差距扩大固然有人均耕地水平低、农业比较效益差等原因,但也与国家政策及城乡关系有重大关联。比如,在传统二元社会结构体制下,在重城市、轻农村的政策偏向中,国家通过一系列制度限制城乡生产要素的合理流动和优化组合,致使城乡之间在资金、技术、劳动力、发展上的失衡,造成农业与非农产业、农村与城市、农民与市民发展机会与条件不均等,城乡交换关系不平等,存在比较严重的工农产品的"剪刀差",财政分配收支差、金融存货差、土地征用价格差、城乡居民税费差等。又比如,城乡公共物品的供应也不平等,造成了三个明显不协调。一是就业结构与产业结构不协调,农业劳动力所占比重没有随农业占GDP比重而同步下降,导致农业劳动生

---

① 转引自葛志华《从新农村到新国家》,南京:江苏人民出版社2008年7月版,第348—349页。

产力和农业效益低下,2002年我国农业所创造的GDP约占整个经济总量的15.9%左右,而我国农业劳动力数量居高不下,约占社会总劳动力的50%左右。这不仅意味着城乡分配不公,农业就业人口分享的财富偏少,还意味着经济资源配置的不合理和低效率。二是城镇化与工业化不协调,城镇化明显滞后于工业化,目前,我国已经到了工业化中后期,而城市化质量不高,信息化才破题,经济结构与就业结构严重失衡,引发了不少社会问题。三是公共资源(包括文化、教育、卫生、社会保障等)和国民收入在城乡之间分配不协调,"三农"长期处于不利地位。资料显示:2004年,占人口60%的农村人口只占23%的义务教育经费,享有25%的公共卫生资源。农民收入低、城乡差距大在很大程度上就是这诸多不平等所造成的。[①]

城乡分治、一国两策政策的推行、城乡交换关系与公共产品供给的不平等,造成了农业的停滞和农村的落后,城乡差距不断扩大。这不仅严重违背了社会公平,而且进一步降低了农业与农村的自我发展能力,形成了"城市像欧洲、农村像非洲"的时代反差,导致了各种社会经济的结构性矛盾越来越突出,最终拖了整个国家现代化的后腿。以至有学者说:"到了美国农村,就知道美国有多富;到了中国农村,就知道中国有多穷。"[②]因此,从历史发展的宏观视野来看,作为当代中国现代化难中之难的"三农"问题,虽然表现症状在农业与农村,但又与整个国家的历史与政策密不可分,是中国仍滞留在现代化途中的方位特征,也可以说是中国从传统农业社会向现代工业社会转型尚未完成的一种特殊表现。

当然,这些问题的存在并不否定已取得的成就。经过几十年的发展与建设,我国经济社会与城乡面貌都发生了巨大的变化:一是现代化水平明显提高,经济总量与人均水平已进入了一个新台阶,处于工业化中后期阶段。2007年,国内生产总值246619万亿元,三次产业的比例为11.7∶49.2∶39.1。2020年,我国GDP114万亿元,农业与非农产

---

① 转引自葛志华《从新农村到新国家》,南京:江苏人民出版社2008年7月版,第349—350页。
② 转引自葛志华《从新农村到新国家》,南京:江苏人民出版社2008年7月版,第349—350页。

业之比为 7.3∶92.7。① 二是城市变得越来越像城市,进入了城市化的加速期,城市数量、规模与带动能力已不可小视,基本具备了工业反哺农业、城市带动农村的能力与条件。2020 年来,全国常住人口城镇化率已达到 63.89%。三是农村变得越来越不像农村。农村的产业结构、社会结构、村容村貌以及农民的整体素质都有了较大的变化。农业文明的诗情画意渐行渐远,而工业文明带来的噪音与污染、商业文明带来的竞争与压力扑面而来,传统意义上的农村已逐渐走进历史,已不再像歌中所唱"我的家乡并不美,低矮的草房,苦涩的井水,过了一年又一年,生活了一辈又一辈"的老样子。中国农村正处于从传统到现代的转型期。四是人民生活水平有了明显提高,整体上实现了从贫穷到温饱再到全面小康的历史性跨越,个体上则处于从生存到生活的跨越之中。从 2003 年到 2007 年,我国农村居民人均纯收入由 2622 元增加到 4140元,城镇居民人均可支配收入由 8472 元增加到 13786 元。恩格尔系数明显下降,农民由 45.6% 下降到 43.1%,城镇居民则由 37.1% 下降到 36.3%。② 2020 年,全国居民恩格尔系数为 30.2%,其中城镇为 29.2%,农村为 32.7%。③ 这数字一升一降表明我国人民的收入水平与消费水平有了明显提高。这四个方面的巨大变化表明:当代中国既不是成立时的一穷二白的落后农业国,一个需要农民勒紧裤带推进工业化的落后国家;又不是像美国、日本一样发达的现代化国家,而是一个处于"黄金发展期"与"矛盾多发期"并存阶段上的发展中国家,一个基本具备了工业反哺农业、城市带动农村条件的国家,处于从传统向现代转型的关键时期。

实现从传统到现代的转型,建设一个现代化的新国家,当务之急是跨越"三农"问题这道坎。没有农民的小康,就没有全国人民的小康,没有农村的现代化,就没有国家的现代化。"三农"问题解决得如何,在很大程度上决定了我国能不能成为现代化的新国家。因此,进入 21 世纪以来,中央从建设中国特色的社会主义现代化国家的总目标出发,与时

---

① 转引自葛志华《从新农村到新国家》,南京:江苏人民出版社 2008 年 7 月版,第 350—351 页。
② 转引自葛志华《从新农村到新国家》,南京:江苏人民出版社 2008 年 7 月版,第 350—351 页。
③ 中国经济网,2021 年 2 月 28 日。

俱进地制订了加强"三农"工作的大政方针,形成了一系列指导"三农"工作的新理念、新认识,出台了许多符合我国国情、符合农村实际的新政策、新举措,党的十九大又提出乡村振兴战略。这些新理念、新举措、新任务可归纳为"五个基本":即提出了"三农"问题作为"重中之重"的基本要求;明确了"城乡一体化发展"的基本方针;做出了我国总体上已到了"以工促农、以城带乡"发展阶段的基本判断;制订了"多予少取放活"和"工业反哺农业、城市支持农村"的基本方针;规划了乡村振兴与农村建设的基本任务。这"五个基本"为解决"三农"问题指明了方向,必将全面推动农业、农村与农民问题的解决。

在"五个基本"的指导下,我国"三农"工作取得明显成效,乡村振兴也有了一个良好的基础与开篇。进入21世纪以来,农民收入持续增长,实现了十七连快,从2000年的2253.4元上升到2016年的12363元,增长了5.5倍,年均增长10.5%。粮食生产实现十二连增,从2003年的43070万吨上升到2015年的62143.9万吨。[①] 人均粮食占有量多年超过世界平均水平。中国人的饭碗牢牢端在自己手里。与此同时,农业基础设施加快改善,公共服务水平明显提高,社会事业和脱贫攻坚迈出重大步伐;农村改革取得历史性突破,发展活力不断增强。经过几十年的接续奋斗,我国农村发展出现了四大变化。一是农业生产方式明显改变,机械化水平明显提高,农作物耕种收综合机械化率超过70%,农业生产实现从主要依靠人力畜力向主要依靠机械动力的根本转变。设施农业比例有所上升;二是农村面貌焕然一新,农村设施条件明显改善,道路、饮水、通信、垃圾处理等问题得到较好的解决;三是劳动力就业结构明显改变,外出务工人员已超过2亿;四是农民生活条件明显改善,住房升级,家用电器等拥有量明显提高。第二次全国农业普查结果显示,早在2006年末,全国95.5%的乡村和82.6%的自然村通公路,98.7%的村和98.3%的自然村通电,97.6%的村和93.7%的自然村通电话,97.6%的村能接收电视节目。87.6%的村在3公里范围内有小学,69.4%的村在5公里范围内有医院或卫生院,74.3%的村有

[①] 巩前文:《当代中国"三农"发展研究》,北京:中国编译出版社2019年12月版,第1页,第7页。

卫生室①。到目前为止,全国基本实现村村通公路、通电力、通电话、通有线电视和宽带。

浙江省作为我国新农村建设与乡村振兴的领跑者,按照农业农村现代化的要求,认真贯彻中央有关精神,从全面进入以工促农、以城带乡发展新阶段的实际出发,遵循"两个趋向"的重要论断,充分发挥工业化、城镇化、市场化对"三农"的带动作用,新农村建设与乡村振兴取得明显成效。2007年,全省农民人均纯收入达到8265元,连续23年位居全国各省区第一位。全省"三农"财政投入达到496亿元,全国百强县中浙江占30席,全国千强镇中浙江占268个。② 2021年,浙江省全省平均及城乡居民人均可支配收入分别为57541元、68487元和35247元,比上年增长9.8%、9.2%和10.4%,城乡居民收入比为1.94,比上年缩小0.02,相当于农村居民收入多增加300元,连续九年呈缩小态势。③ 在新农村建设与乡村振兴实践中,浙江省把保障农产品有效供给与发展现代农业有机地统一起来,努力探索中国特色农业现代化之路;把推动农民持续增收与促进农民充分就业有机统一起来,努力推动农民创业创新和农村经济发展繁荣;把推进城镇发展与加快农民市民化有机统一起来,努力形成新型城镇化和新农村建设及乡村振兴双轮驱动的新机制;把破解民生难题与加强农村社会建设有机统一起来,努力推进城乡基本公共服务均等化;把加强农村民主政治建设与保持农村社会的和谐稳定有机统一起来,不断推进新形势下的农村基层组织建设;把推进城乡统筹与推进城乡配套改革有机统一起来,努力形成城乡经济社会发展一体化新格局,努力使浙江社会主义新农村建设与乡村振兴再上新台阶。浙江的经验为我国其他省区跨越"三农"问题这道坎树立了榜样。

在取得各项成绩的同时,目前"三农"工作也遇到不少深层次的问题。比如小规模的农业经营难以孕育新型农民,农民收入增长的长效机制也难以真正形成;又比如,金融是现代经济的血液,而农村金融服

---

① 转引自葛志华《从新农村到新国家》,南京:江苏人民出版社2008年7月版,第352页、353页。
② 转引自葛志华《从新农村到新国家》,南京:江苏人民出版社2008年7月版,第352页、353页。
③ 参见《钱江晚报》2022年2月11日。

务供给严重不足,现代农业发展受到严重制约;再比如,我国农村建设投入欠账太多,村庄又比较分散,320万个自然村、60万个行政村、7.4亿常住人口需要一个天文数字的资金。① 这些资金即使投进去,由此产生的固定资产维护与更新成本,国家和农民都付不起。诸如此类的问题如不认真加以解决,乡村振兴战略就难以顺利推进。

"三农"问题的由来与终结

近年来,随着现代化进程的加快,"三农"问题一直处于升温之中,逐渐成为全社会关注的热点问题,再次成为继20世纪80年代以来连续几个中央一号文件锁定的主题,并被提到"现代化建设的难中之难""全党工作的重中之重"等前所未有的战略高度。

何谓"三农"问题,"三农"问题是如何形成的,又将如何终结?这些问题不仅是重大的理论问题,而且是紧迫的现实课题。弄清这些问题,不仅能丰富"三农"理论,澄清模糊认识,而且有助于更好地推进乡村振兴战略。

在汉语中,"问题"的一般用法是指称代词,只不过它所表示的那个事物内容比较多,或者情况比较复杂,用"问题"来指称比较方便。"三农"问题并不是一个问题,而是一个由农业问题、农民问题、农村问题及其相互作用形成的系统问题。其中,农业问题是一个产业发展问题,农民问题是一个特定身份群体的生存与发展问题,而农村问题则更多地表现了区域社会问题。这三个问题既相互联系又相互区别,作为一个整体可以简称为"三农"问题。

作为学术研究的"三农"问题理论,是现代化与改革开放的产物。20世纪80年代以来,我国学者以科学理论为指导,在总结现代化建设经验和教训的基础上,依据中国特有的国情,对农业、农民、农村问题进行调查与分析研究,既分析这三者的内在联系,又研究各自需要解决的

---

① 转引自葛志华《从新农村到新国家》,南京:江苏人民出版社2008年7月版,第353页。

突出问题,提出了"三农"问题理论,并以此作为认识实践、分析问题的理论框架。理论学术界的研究引起了中央与社会各界的重视,1993年,党中央出台了《九十年代中国农业发展纲要》,第一次把农业、农村和农民一起称为"三农",从整体与联系的高度来重视和解决这一系统问题。

与"三农"定义或提法相比,"三农"问题作为客观存在则早已根植于历史与现实的土壤之中,并随着时代的推移而不断变化其主题。从某种意义上说,一部中国历史就是农业与农村社会发展史,一个以农民活动为主体而构成的历史。历史上周期性的农民起义就是农民问题的集中爆发。这种"三农"问题存在在前,"三农"概念形成在后的现象,多少有点像小孩长大以后再取学名这一社会现象。

"三农"问题像一堆乱麻,剪不断,理还乱。而"三农"问题的形成则有复杂的历史根源与现实原因。既有内部因素,又有外部环境影响;既有历史因素的积淀,又有现实因素的发酵;既源于现代化的一般规律,又与中国特殊的国情及现代化模式分不开。

从历史根源来说,我国是传统的农业大国与农民大国,是早熟的农业文明古国,小农经济长期占据统治地位,这就是"三农"问题形成的历史根源。这一历史根源对"三农"问题的形成至少有三重影响。

——就经济而言,农业是古代中国决定性的生产部门,农业与家庭手工业相结合的自然经济是小农经济的重要特征。这种使用简单生产工具进行个体生产的小农经济,具有经营规模狭小、生产力低下、男耕女织、自给自足等特征。这种小农经济是中国封建社会的经济基础。小农经济的盛衰往往决定着专制王期的盛衰和整个社会的治乱。而且,这种分散的小农经济虽然规模十分细小,生产比较简单,彼此不产生分工与联系,但这种耕织结合的小农经济再生能力极强,只要有简单的工具和一块土地,这种经济很快就会被复制出来。因此,虽然朝代更替不断,你方唱罢我登台,但小农经济基础却从未动摇,一直在延续。虽然专制政治已走进历史,但这种小农经济仍在程度不同地影响着农业与农民,滋生出这样那样的问题。

——就政治影响而言,在封建专制时代,农民既是小生产者,又是小私有者,地位低下、负担沉重、生活困难,农民问题逐渐积累,最终演变为周期性的农民起义。农民起义失败,表示封建王朝的得救和得以苟延残喘;而农民起义成功,则意味着农民领袖的得意,戴上被自己打落的皇冠,成为开国君王。因此,农民起义往往自觉不自觉地成为改朝换代的工具,成为封建专制制度再生与复制的重要杠杆。在中国历史上十一次重要的王朝更替(分裂时期小王朝更替不算),虽然直接由农民起义建立的王朝只有四个,但几乎所有的王朝更替都与农民起义有关。因此,黑格尔说,从本质上说,中国没有历史,只有封建王朝的再生与复制,只是封建王朝的起点与终点的转换而已。

周期性农民起义的原因很多,但都与土地兼并有关。土地是农民的命根子,失去土地的农民只有揭竿而起才有一线希望。但中国历史上的土地兼并与英国的"圈地运动"又有本质区别。以明清为例,我国明清之际的土地兼并在时间上大致与英国圈地运动同期。据史书记载,明朝中后期的土地兼并已达到严重的程度,仅宦官头目魏忠贤兼并的土地就多达100万亩以上,超过当今一个县的耕地面积。清兵入关后,又对土地进行疯狂的掠夺,顺治二年(1645年),清王朝正式颁布圈地令,土地兼并与集中的程度远远高于同期进行圈地的英国。但同样是圈地,却存在着目的与手段的本质区别。英国的圈地更多是受到商品经济的刺激,为了获取更高的经济收益而进行,并进而增加了社会的总财富;而中国的土地兼并则是统治阶级扩充自己财富和势力的手段,并不能增加社会总财富,只不过是社会财富的重新分配,只能加剧社会矛盾与社会动荡。英国的圈地更多是通过经济手段,通过竞争逐渐淘汰小生产者,消灭封建小农,从而提高了土地的经济效益,加速了资本的原始积累,加快了现代化进程,使之成为地球上第一个工业化国家;而明清时期的土地兼并主要是统治阶级依靠强权与特权进行的,把广大以土地为命根子的农民逼上梁山,引发周期性的社会危机。不同的目的与手段,导致了不同结果:圈地在我国造成了严重的社会矛盾与动荡,阻碍了经济发展与社会进步;而英国的圈地却促进了资本主义经济的发展,扩大了农业经营规模,加速了工业革命的进程。虽然历史已翻开了新的一页,但农民作为小生产者与小私有者而养成的特殊性格与特征,仍在程度不同地产生影响。

——就社会心理而言,农业、农村与农民是组成中国经济与社会的基本要素,也是形成传统文化最深厚的土壤与资源。中国农民是传统文化的重要载体与根,其身上积淀与传承了许多中华民族特有的优良传统,如勤劳勇敢、吃苦耐劳等;但也背上了不少精神包袱,其价值观念、思维方式、生活方式、心理结构中有不少与现代化不相适应的元素,如安土重迁的人生哲学、日出而作日落而息的生产生活方式以及农民身上程度不同存在的狭隘、保守、封闭、愚昧、迷信等问题。这些精神包袱是润物细无声的长期熏陶形成的,具有内在性、稳定性、持久性等特征,影响着一代又一代的农民。

"三农"问题的形成不仅有深刻的历史背景,而且与社会转型分不开,甚至可以说,"三农"问题就是现代化所引起的社会转型的产物,是一种转型之痛。

这种转型之痛主要源于两个方面:即现代化的一般规律和中国特殊的现代化模式。从一般规律来说,现代化是指人类社会从工业革命以来所经历的一场变革,这一变革以工业化为推动力,导致传统农业社会向现代工业社会转变。现代化包含紧密相连不能分割的两个方面:一方面是传统农业社会的分化解体,一方面是现代工业社会的整合生成。根据现代化的经典理论,现代化的核心内容是国民经济的工业化与人口的城市化。随着现代化的启动与推进,城市逐渐取代农村而成为整个社会的重心、工业逐渐取代农业成为社会的支柱产业。这种现代化不可避免地给"三农"带来三大趋势:一是工业化的推进与产业结构的升级造成农业的小部门化,农业由支柱产业变为一般产业再变为小比例产业,发达国家农业占比一般都在10%以下;二是城市化的推进与非农就业的增多造成农民人数的减少,农民占总人口的比例由绝对优势到平分秋色再到小比例化,发达国家农民人口一般在12%以下。在现代化进程中,庞大的农民群众分化明显,要么从一种自给自足的自在小农转变为市场体系中的新型职业农民,要么实现非农就业,转变为城市市民;三是农民的职业化,由传统农民变为现代农民,由 peasant 变为 farmer,由先赋性身份变为后致性的职业选择。在这种趋势中,城乡关系发生了质的变化,用马克思的话说就是:在农业占主导地位的时代,城乡关系表现为城市的乡村化;而在工业时代,则表现为乡村的城市化。这意味着城市与乡村的关系逐渐变为中心与边缘、支配与被支配的关系。在一定时期内,城市的兴起与农村的衰败形成鲜明的对比,城乡差距、工农差距开始形成,乡村社会承受着前所未有的转型之痛。日本社会学家莲见音彦在其著作《苦恼的农村——国家政策与农村社会的变化》一书中分析了现代化引起的农村社会的变局,以及由这种变局引发的苦恼。这种苦恼就是现代化引起的不适应症与阵痛,就是一种由农业社会变为工业社会的转型之痛。

现代化的一般规律引发了"三农"问题,而中国特殊的现代化模式则加剧了"三农"问题。著名社会学家 M. 列维认为,现代化模式大致可分为两类:一类是早发内生型现代化,这类现代化是一个自发的、自下而上的、渐进的变革过程。这一类现代化以英法为典型个案;另一类是后发外生型现代化,这类现代化是在自身内部因素软弱或不足的条件下,由外来因素的冲击与压力成为主要推动力。这类现代化大多发生在发展中国家。中国就属于这一类型。

中国的现代化来得太迟、太被动、太突然。1840 年的鸦片战争充当了"历史不自觉的工具",古老的中国被卷入现代化浪潮,走上了坎坷的现代化之路。经洋务运动、近代民族工业的产生与发展、一战期间的经济发展等几个阶段,中国现代化取得了一定的成效,但发展又十分有限。到新中国成立时,中国仍为典型的农业国,现代经济成分只有10%左右,其中,使用机器的工业只占 17% 左右。1949 年工业固定资产约为 128 亿元,工业职工仅为 300 万人。①

新中国成立后,我国现代化进程明显加快,短短二十多年就建立了独立的比较完整的工业体系与国民经济体系。改革开放以来,我国驶入了现代化的快车道,产业结构与城乡结构发生了历史性的变化,到 2019 年底,农业增加值占 GDP 的比例由 1979 年的 30.7% 下降为 7.1%,常住人口城镇化率从 1979 年的 19% 上升到 60.6%。2000 年到

---

① 郝侠君等主编:《中西 500 年比较》,北京:中国工人出版社 1989 年 10 月版,第 552 页。

2018年,我国农业从业人员的数量从3.6亿减少至2亿多,占全社会劳动力的比例则由52%下降到26.1%。①中国用了半个多世纪的时间走上了西方现代化国家耗时一百多年的发展历程,用一代人的时间创造了几代人的奇迹。

中国这种后发外生型现代化模式固然有后发优势,也不可避免存在四大后发劣势,即由传统因素的瓦解和现代因素生成的差异性而生成的错位现象,由发展不平衡引起的失衡现象、畸变现象与两难现象等。这种后发外生型的现代化不可能循序渐进地按现代化的内在规律与时序关系来推进,而是要在较短的时间内实现西方国家在较长时间内实现的现代化,解决前现代与现代之间的矛盾,又要在同一进程中消除西方国家所经历的"现代化痛楚"和"发展性危机",解决现代与后现代的问题,实现由农业社会向工业社会的转型。这就是人们常说的工业化尚未完成,信息化又迫在眉睫。这就等于要在相当程度上把先发内生型现代化国家的现代化不同阶段、不同时期的矛盾与任务浓缩为后发外生型国家现代化过程的相同阶段与相同时期的任务与矛盾,表现为历时性的风险类型共时态地存在。这种前现代、现代、后现代矛盾的交织使得中国的现代化出现两大特点:即顺序性发展与跳跃性发展的统一、社会发展水平先进性与落后性并存。这些特点又加剧了转型之痛。

中国"三农"问题还与中国特定的发展战略与制度安排分不开。新中国成立以后,鉴于当时特定的国际国内形势,为加速从农业国向工业国的转变,我国实施了工业优先发展战略,推行"以农补工"政策。从1953年开始实行的农产品统购统销政策,人为地扩大工农产品的不等价交换,以剪刀差、农业税等形式源源不断地提取农业剩余,从农村抽取巨额资金支持工业化发展战略。据测算,1954—1978年,国家通过剪刀差从农民手中获取的资金高达5100亿元,而1978—1991年,剪刀差累计高达12329.5亿元,相当于同期农业生产总值的22%,也就是说广大农民将自己创造的1/5财富无偿地贡献给国家的工业化,而自己

---

① 《经济日报》2020年2月28日。

收入提高不快。改革开放以来,国家又通过土地价格的剪刀差从农村抽取资金,支持城市建设。据专家估算,按照当时的征地制度,征地价格大致为实际价格1/20,失地农民一年要为城市建设贡献1万亿资金,城市越建越美,而农村面貌改变不大,以致形成了"城市像欧洲,农村像非洲"的时代反差。[1]

与工业优先发展战略相适应,国家又建立了"城乡分治,一国两策"的二元社会制度。国家通过户籍制度把全国人口一分为二,即城镇人口与农村人口。以此为依据,国家再通过一系列制度安排,将所控制的政治经济资源通过城市的"单位制"、农村的"公社制"分配给个人。在二元社会结构中,不同的社会成员具有不同的社会身份,不同身份成员占有不等的社会资源,拥有不同的社会权利,且相互之间存在刚性的制度鸿沟。在这种结构中,农民是二等公民,所占有的资源、享有的权利明显偏小。而且农民的这种身份又具有先赋性与遗传性。改革开放以来,政策有所松动,但农民的身份地位改变不大,农民的政治权益、就业、社会保障、社会福利等政策仍未落实到位,又出现了劳动力价格的剪刀差、农民工权益保护不到位等新问题。

总之,"三农"问题的形成具有复杂的因素,既是历史与现实相互影响的结果,又是现代化一般规律与中国特色的现代化模式共同作用的产物,还是发展战略与制度性安排的反弹。

"三农"问题的形成是一个历史过程,解决"三农"问题是全党工作的重中之重,是现代化进程中重大的历史任务。只有当农业转变为一个正常的、有竞争力的现代产业,只有当农民转变成为一个与工人、教师等职业一样的职业化类别,只有当农村成为城乡一体化的农村,"三农"问题才能得到真正解决。而这三项转变既是乡村振兴的必由之路,又是现代化建设的内在要求。因此,现代化的成功之日,才是"三农"问题的终结之时。"三农"问题的终结意味着历史真正翻开了崭新的一页,进入一个全新的时代。

---

[1] 转引自葛志华《在奔五途中》,南京:江苏人民出版社2011年8月版,第153—154页。

五、他山之石：发达国家的农民群体

马克思在《资本论》序言中写道："工业较发达的国家向工业较不发达的国家所显示的，只是后者未来的景象。"①

早在十八九世纪，英法美等国家紧紧抓住工业革命的历史契机，在推进工业化与城市化的同时，不失时机地调整城乡关系，加快改造传统农民与传统农业，率先建成了工业社会，整个国家面貌焕然一新。日本、韩国在现代化进程中，综合运用法律、市场、行政、经济组织等多种手段，协调推进工业化、城镇化与农业现代化，成为现代化的后起之秀。

经过现代化的洗礼，农业农村农民依然存在，但内涵发生了颠覆性的变化：农业不再是靠天吃饭的传统产业，而成为现代经济体系的有机组成部分，具有独特的竞争力；农村不再是落后的代名词，而成为安居乐业的美丽家园，具有特殊的价值；农民不再是无可奈何的制度安排与没有职业的代名词，而脱胎换骨为受人尊敬的职业称谓，由"现代化初民"蜕变为现代社会的公民。

他山之石，可以攻玉。虽然这些国家的现代化模式、历史背景、社会制度、发展阶段与我国不同，但它们推进农业农村现代化，实现农民非农化、职业化、组织化、公民化的做法值得我们学习借鉴。

---

① 《资本论》第一卷，北京：人民出版社2004年版，第8页。

乡村振兴的一般经验

其实,"农村的苦恼"既引发了新的社会经济问题,也孕育着现代化的希望。在现代化进程中,如果能及时调整城乡关系与工农关系,重视农村建设与乡村振兴,不仅能有效地解决困扰现代化的"三农"问题,而且能为现代化建设提供有力的战略支撑。反之,不仅"三农"问题越来越凸现,而且整个现代化也会一波三折。

在现代化进程中,随着产业升级的加快,农业在 GDP 中的比重一般呈下降态势,但这并不意味着农业与农村重要性的下降。不重视农业,吃饭就有问题;不重视农村发展,工业化与城市化就搞不好,农民的贫民就会平移到城市,变为城市的贫民窟;不重视培养现代农民,粮食安全就得不到保证,国家就难以长治久安。而且,国家越大,人口越多,"三农"的意义也就越大。

在现代化进程中,要下活"三农"这盘棋,关键是要做好"二个眼":一个"眼"是政府的适应性调整,包括调整城乡关系与工农关系,综合运用市场、法律、经济、行政等手段处理"三农"问题,并按现代化的内在要求,加快农村建设与发展,推进农村现代化与城乡一体化。另一个"眼"是农民自身的适应性调整,包括身份转换、观念更新、能力提升、组织化水平的提高等。借助这两个"眼"互动,乡村振兴就能从山重水复疑无路变为柳暗花明又一村。

无论是现代化的先行者,还是现代化的后起之秀,在现代化进程中,都比较注重乡村振兴,并积累了丰富的经验。这些做法主要有:

(1) 及时调整城乡关系与工农关系。以工业化与城市化为主要特征的现代化是在农业社会的基础上起步的。在现代化的初始阶段,国民收入的绝大部分来源于农业,劳动人口的绝大部分在农村。因而,为工业提供原始积累的重担责无旁贷地落到农业与农民身上。这一阶段资源流动的特征是农业剩余流向工业,农村流向城市,属于农业支援工业发展阶段。因此,世界上许多国家和地区在现代化初期一般也只能从农业提取剩余,或采用超经济手段从农民手中夺取土地,为工业化准备原始积累。英国在工业化初期,主要采取暴力与合法的手段进行所谓"圈地运动",剥夺农民的生产资料,使农民与土地分离,进行资本主义大规模农场经营,既保证了农业剩余对工业的支持,又使农业适应了工业发展的需要。20世纪60—90年代,韩国用了30多年的时间走完了西方国家近百年的工业化道路,创造了举世瞩目的"汉江奇迹"。由于受政治动乱与战争的影响,韩国一直处于贫穷落后的状态。1962年,韩国人均国民生产总值仅为82美元,农业增加值占GDP的43%,农业劳动力占就业人口的63%,"住草房,用油灯,吃两顿饭"是当时韩国农民生活的真实写照。① 为了推进现代化,韩国政府一方面集中精力发展工业,实施出口导向型经济发展战略,政府投资集中投向工业与城市,取得了明显成效。从1962—1971年,经过两个五年计划,人均GDP十年翻了二番,工业化与城市化速度明显加快;另一方面,政府又从农村抽取资金支援工业,强制性地以低价向农民征购大米和以大米换化肥,从农业抽取资金支持工业发展。韩国政府重视城市与工业的政策,加速了工业化进程,却导致了工农关系失调,城乡差距扩大,农村发展缓慢。

  农业支援工业加快了工业化进程。而工业化中期以后,工业借助农业剩余已发展到本身开始具有自我积累能力的新阶段。工业化后期,工业的成长更趋于成熟。到了这一阶段,城乡关系开始出现三大变化:一是工业化的进一步展开可以依靠工业自身积累来进行,这种自身剩余除了可以支撑工业化的进一步发展外,还可以扶持其他产业的发展,形成了工业支持农业的物质基础;二是工业自身的发展方式逐渐发生了变化,从量的简单扩张变为质的改造提升;三是与工业相比,农业具有弱质性,比较利益低下,工农收入差距、城乡差距明显拉大。而产业升级的加快与农业的弱质性又决定了农业与农村现代化不可能仅仅依靠农民自身的力量,而应建立公共财政体制,完善转移支付制度,形成符合世贸规则与本国特色的农业支持保护体系。因此,这一阶段资源流动的特征是工业剩余回流农业,进入了工业反哺农业、城市带动农

---

① 转引自葛志华《从新农村到新国家》,南京:江苏人民出版社2008年7月版,第282页。

村的新阶段。

从国际来看,许多国家和地区在其工业化发展到一定阶段以后,就着手调整城乡关系,修订农业政策,通过外力扶持农业与农村的发展。其具体措施有:

——进行农业与农村立法。根据形势与任务,及时制订相应的法律法规,调整城乡关系与农业政策。美国在1923年制订了《中间信贷法》,1933年又通过了《联邦作物保险法》,支持农业的发展。日本在20世纪50年代制订了《农业法》《农业机械化促进法》,60年代又颁布了《农业基本法》《农业现代化资金助成法》等14个法规,并多次修改《农业协同组合法》。1999年日本又颁布了新的《食品、农业、农村基本法》,为农业与农村发展提供法律保障。

——加大对农业的投入,保障公共财政向"三农"倾斜,公共设施向"三农"延伸,公共服务向"三农"覆盖。1960—1975年的15年间,日本政府用于农业的财政支出增长了13倍,有效地保证了农产品价格的稳定,①持续进行了大规模的包括灌排水、农道、土地平整、格子化等内容在内的农业基础建设。巴西与德国农业都很发达,但农村却完全不同。巴西是现代的农业与落后的农村融为一体。巴西是世界第三大农产品出口国,咖啡、蔗糖、酒精和橙汁的产量与出口均居世界首位,大豆、牛肉、鸡肉和烟叶出口量居世界第二,但巴西农村发展缓慢,到处是尘土飞扬的农道、雨过泥泞的土路、简陋的木板房子与红砖房,农村贫困现象比较突出,农村教育卫生事业滞后,缺水缺电与环境污染,生存环境恶化。迅速发展的农业生产与贫困落后的农村面貌形成强烈反差,突出地表明了巴西在农村现代化进程中所面临的问题。而德国不仅农业发达,平均一个农业劳动力所能生产的农产品从战后初期的能养活10人上升到能养活130人,而且农村也高度发达,其基础设施与城市没有什么不同,城乡一体化早已形成。这其中的区别并非德国的农民比巴西农民更能干,而在于德国对农村的投入多,而巴西投入少。据巴西官方资料,2003年该国用于农业基础设施建设的投入只有6000万美元,

---

① 转引自葛志华《从新农村到新国家》,南京:江苏人民出版社2008年7月版,第284—285页。

而欧盟每年的投入则在1000亿美元左右。①

——对农业进行补贴。发达国家一般运用财政与税收等经济手段对农业进行保护与补贴。2002年,欧盟用于农业与农村发展的财政支出,平均到每个农业人口身上,每人为6520美元,美国为6150美元,日本为5920美元,韩国也达到1770美元。② 日本的农业是一个受到高度保护的产业,生产、加工、销售每个环节都有一些优惠的扶持政策。美国早在20世纪30年代就实施对农业的补贴政策,并以立法与制度设定的方式,把补贴资金直接落实到个人,还出台了减免税赋、提供社会保险、限制产量与种植面积、增加基础教育与举办科技服务等优惠政策。我国台湾地区早在20世纪50年代末已基本实现了粮食自给有余。60年代大力发展轻工业。70年代前后,台湾实行战略调整,即由原来的"农业培养工业"转变为"以工业培养农业",并进行了相应的政策调整:从1974年开始,设置粮食平准基金,对稻米等农产品实行保证价格的收购政策,增加农村公共投资,包括进行水利设施、防风林、道路及乡村自来水等项目的投资,加速推广农业综合技术和农业机械化。

——实行税收优惠政策与农业保险制度。发达国家运用经济手段支持农业与农村发展,美国在个人所得税、财产税、投资税、遗产税等方面,都对农业与农村规定了特别的优惠政策,农业投资被认为是农户合法的"避税所"。美国还通过三个层次的农业保险,为农民撑起一把保护伞。

(2) 大力发展现代农业。工业化的启动与推进,既为农业发展创造了有利条件,也对农业提出相应的要求。发达国家在现代化进程中,通过经济与政治的手段,解除了农民对土地的依附关系,打破了封建地主对土地的垄断,为现代农业发展提供了必要的制度保障。在此基础上,又综合运用经济与行政手段,扩大土地经营规模,加速土地流转,创造农业产业化所需要的规模化条件。与此同时,发达国家十分注重培育中介组织,把农业的产前、产中与产后的所有环节组成一个有机的整

---

① 转引自葛志华《从新农村到新国家》,南京:江苏人民出版社2008年7月版,第284—285页。
② 转引自葛志华《从新农村到新国家》,南京:江苏人民出版社2008年7月版,第284—285页。

体,实行工业化生产与产业化经营,形成农工贸紧密衔接、产加销融为一体、多元化产业形态和多功能产业体系。日本在战后进行了农地改革,形成了耕者有其田的自耕农经济。随着工业化水平的不断提高,日本政府及时调整相关政策,鼓励土地使用权流转,提高土地利用效率。1986年以后,日本又鼓励土地集中,提高农业的竞争力,大力发展现代农业。我国台湾省也在1982年组织实施第二阶段农地改革方案,旨在解决农地分散、农业经营规模过小而成本过高等问题,更好地推进农户产业化经营。

(3) 努力提高农民收入。不少国家通过农业产业化拉长农业产业链,提高农业收益;通过农业的高额补贴来增加农民收入。早在1961年,日本就把提高农业收入列为制订农业基本法的三大目标之一。当年,日本农民收入大致为城市工人的76%左右。1970年前后,日本农户收入基本与城市家族持平。2002年日本一个农户家庭平均收入大致为44000美元,人均10000美元以上。日本提高农民收入的办法大致有价格支持、限制农产品进口、扩大农户经营规模、调整农业生产结构等办法。韩国则通过提高农产品价格、推进新村运动、扩大农户经营规模等办法来提高农民收入。1966年,韩国农民收入约为城市居民的71%,1970年则下降到61%,2004年又上升到90%。①

(4) 提高农民组织水平。在现代化进程中,各国非常重视农民的组织建设,不断提高农民组织水平。美国主要通过各类合作社与行业协会为农业生产提供信息咨询、限产提价、协调关系、市场销售、法律维权、制订产品标准、集体讨价、沟通政府关系、争取政策支持等各项服务。美国有80%的农场主参加了各类组织。政府还鼓励农民参加各类行业协会,参加农民可以优先得到政府补贴。日本与韩国主要通过农协为农民提供生产指导、农产品销售、集中采购生产与生活资料、金融与信用合作、共济与社会福利等各类服务。加拿大现有农业人口约100万人,每户农民都参加各类合作社。合作社除提供各种服务外,还承担联系政府与农民、向政府游说争取政策与立法支持的重任。新西兰农

---

① 转引自葛志华《从新农村到新国家》,南京:江苏人民出版社2008年7月版,第286页。

民在高度分散经营的同时，又具有高度的组织化水平。一方面，新西兰农业生产经营高度分散，大大小小的牧场分散各地；另一方面，各种各样的协会又把分散的农民组织起来，形成了整体竞争优势。如新西兰肉牛种畜评估协会有17个正式雇员和4个兼职人员，服务对象是1000多个农户的6万头牛，主要提供基因改良、生长记录、产品销售等服务。德国主要通过合作社的形式把农民组织起来。到2006年底，德国共有各类合作社3000多个，销售收入总计383亿欧元。[①] 这种合作社是一种互助性的生产与销售组织，它是农民与农场主根据自愿的原则，本着共同参与、共同塑造、自我管理和共同负责的精神组建的自助性机构，其宗旨是帮助社员解决在经济活动中遇到的困难与问题，对内以服务为主，对外则以营利为目的，为社员提供育种、采购、加工、销售、农机具和农业新技术的普及与推广、农业信贷、农民住房、农产品运输、信息咨询、农艺师的培训等服务。合作社渗透到德国农业的各个领域，为农业发展做出了重大贡献。

（5）推进科技创新，培养新型农民。发达国家普遍认为，农业科技是一项最有远见、经济效益最高的投资。1950—1985年的35年间，美国用于农业科技研究与推广等服务项目的投资增加了22.46倍。自20世纪50年代中期以来，美国农业生产增长的82%、生产率提高的70%以上都归功于农业科技研究与推广工作。[②] 荷兰、以色列的农业科技研究与推广更是成就卓著。不少国家都有专门的机构从事农民培训工作，提高农民素质。德国规定，年轻人必须经过9年义务教育，再经过3年的学徒生涯，考核合格后才有资格担任农民。这种严格的培训考核为新农民打下坚实的就业基础。英国的农场雇员早已不再是传统意义上的有把力气就行，而必须是经过技术培训、有专门证书的农业技术工人。农业劳动力与非农产业劳动力一样，其最低工资受到国家法律保护。

---

① 转引自葛志华《从新农村到新国家》，南京：江苏人民出版社2008年7月版，第287页。
② 转引自葛志华《从新农村到新国家》，南京：江苏人民出版社2008年7月版，第287—288页。

日本农村变迁路线图

对中国人来说,日本是一衣带水的邻邦,是一个既远又近、既熟悉又陌生的国度。在遥远的古代,日本受儒家文化影响至深,以至于当今日本社会仍可感觉到这一烙印。在刀光剑影的近代,日本是亚洲唯一一个避免了殖民地半殖民地命运的国家,并通过明治维新运动而成为唯一非西方世界的工业化国家。20世纪三四十年代,发动侵略战争的日本自己也遭受了一次战争的毁灭,并成为地球上唯一遭受核打击的国家。但在二战后短短的几十年时间里,日本又迅速崛起为世界上第二大经济体,通过和平的道路实现了其历史上从未实现的目标。

鲁思·本尼迪克特是一位勤学多思的学者。她虽然没有到过日本,却写出了一部有关日本的名著——《菊花与刀:日本文化的诸模式》。这是一部难得的好书,轰动一时并影响深远。文化作为一种精神现象,既决定于社会存在,又反作用于社会存在。"神风""和服""茶道""生鱼片""武士道"等文化现象不仅折射出大和民族的性格,也映照出日本的社会发展史,特别是农村社会变迁史。

日本具有悠久的历史,其社会发展大致可分为以下三个阶段:

日本从出现人类社会到1868年明治维新为古代社会。其间有7世纪的"大化改新"、9世纪的庄园制、12世纪至19世纪中叶以武士阶级为核心的军事领主分封制,共长达700年的封建统治制度等。在这700年中,整个社会通过将军、大名和武士的逐级分封,形成了由士、农、工、商组成的封建等级社会。

从明治维新到1945年日本战败为日本的近代社会。面对西方殖民主义的冲击,以下级武士为核心的改革派发起了倒幕革新运动,推翻了封建政权,走上了明治维新的道路,摆脱了殖民地危机,成为非西方的工业化国家,被冠以"军事封建帝国主义"称号,[1]并在对外关系上表现出强烈的殖民扩张主义倾向,较早地加入了帝国主义瓜分世界的战

---

[1] 转引自葛志华《从新农村到新国家》,南京:江苏人民出版社2008年7月版,第309页。

争,直至走上发动第二次世界大战的侵略之路。

从1945年战败和被盟军占领开始,日本步入现代社会。在美国的支持和扶持下,经过战后复兴时期、经济高速增长和产业社会急剧成熟、经济稳定增长和产业社会完全成熟时期、经济低速增长和社会转型时期等几个阶段,日本快速地完成了过去被战争中断的现代化与工业化,迅速崛起为世界第二大经济体,并开始追求从经济大国走向政治大国和军事大国的目标。

明治维新既是日本从古代社会走向近代社会的历史标志,又是日本农村社会变迁的起点。明治维新前的日本处于德川幕府统治时期。封建土地所有制是德川封建统治的经济基础。马克思在《资本论》中曾对当时的日本农村做过以下论述:"日本有纯粹封建性的土地占有组织和发达的小农经济。"①大小封建领主占有全部土地,农民自己没有土地,只好按照租佃权来使用土地,并缴纳"年贡米",其数量一般为"六公四民"(即收获物的60%归领主,40%归农民),重的达"七公三民",甚至还有"八公二民"。与此同时,统治阶级还禁止任何农民迁移,限制其自由地从事手工业和商业等。19世纪40年代以后,德川幕府下令禁止从农村招雇"机织下女",勒令农民还乡。封建统治阶级还把农村分成许多五家小组,用连环保制度把农民捆在一起,村长是封建主在农村的代理人,并配有若干助手。封建统治阶级还歧视农民,对其生活进行了严格限制,不准农民吃大米,只能吃粗粮,不准穿丝、麻衣裳,所着衣裳的样式和布的颜色也有严格的规定。此外,还禁止农民建筑宽大住宅和使用奢侈品,不准其相互拜访,一切娱乐活动都要受到限制。这些严密而残酷的封建剥削制度和社会管理制度,严重地阻碍了日本经济发展,使日本长期处于落后状态。

明治维新打开了日本农村社会变迁之门,一方面,明治政府在"富国强兵""殖产兴业""文化开化"的口号下,自上而下推行"维新改革",以加速资本的原始积累,促使日本社会由封建制度向资本主义制度过渡。经过这次变革,日本比较顺利地摆脱了殖民地半殖民地危机,并在

---

① 《马克思恩格斯全集》第23卷,北京:人民出版社1956年版,第785页。

不到半个世纪时间内,走完了西方资本主义国家差不多用了两百年时间才走完的近代化路程,成为非西方世界的工业化国家。20世纪初,日本已完成了产业革命,其工业化水平已接近欧美资本主义各国的水平;另一方面,明治政府在废藩置县、废除封建特权、发展资本主义的同时,又调整了农村政策。主要内容有:消除歧视,废除旧的等级身份制,解除束缚平民的一切法规,做到"四民平等",使平民获得了人身、就业、居住、婚姻和穿戴等方面的自由权;颁发土地牌照,允许土地买卖、占有和耕种的自由,取消了原来不许农民转业的禁令,允许农民离农,改就工商业,为资本主义发展提供廉价劳动力;允许农民自由栽培农作物,通过改良土壤和作物品种、改革农具、增施有机肥料等措施发展农业生产;颁发地税改革条例,废除过去以土地产量为标准、水田纳米、旱田纳款的旧税制,改为水田、旱田一律按地价的3%加附加税(等于地税的1/3)缴纳现款,并规定丰年不增税,荒年不减税,不论土地是否由所有者亲自经营,一律向土地所有者征税。1877年初,面对农民起义的压力,明治政府又将地税降低为地价的2.5%,附加税由地税的1/3降低到1/5。农业农村政策的调整,促进了农业发展和资本原始积累,加速了农民的分化,顺应了农民离农趋势,推动了农村社会变迁。

然而,明治维新又是一场自上而下的改革。虽然经过明治初期的一系列改革,日本农业开始从落后的封建生产关系中解放出来,但并未建立起近代资本主义大农业,而是走上了以半封建的寄生地主土地所有制为基础的农业发展道路。这条道路的缺陷是,很难通过改革摧毁旧的阶级结构,土地自由买卖制度建立起来了,但旧地主依然保留,他们人数很少,却占有全国大部分土地,那些住在城市或经营其他行业的地主,把土地租给农民,被称为"不在村地主"。1903年,全国可耕地的44.5%是由租佃农耕作的,1938年这个数字又上升到46.5%。封建生产关系在广大农村仍占统治地位,导致资本主义生产关系在农村发展缓慢,进而出现了迅猛发展的资本主义工业与落后农业之间的严重失衡。

在日本工业化进程中,那些富人(通常是旧贵族或大地主)通过投资近代工业或购买国有企业,并得到国家的大力扶植,转化为资产阶级,成为工业化的最大受益者;而那些贫困农民,则同西欧工业化进程中的农民一样,受到更严重的剥削与掠夺。1883年至1890年,被剥夺土地的农户共有36744户,失去土地的农民成为工业化廉价劳动力的主要来源。而工厂里的工人每天要工作十五六个小时,工资又十分低廉,工业化初期使用童工现象十分普遍。① 日本正是靠这种低工资与这样的所谓劳动力比较优势来进行原始积累,以加速工业化进程。

  日本这种资本积累方式造成了尖锐的社会矛盾。明治政府的产业政策和加速工业化的举措,不仅遭到农民的强烈反抗,也引起了弃农从工群体的不满。在明治政府统治的头10年里,农民暴动超过200起,频繁程度超过幕府统治时期的任何一个年头。面对强烈的社会反抗与激烈的社会矛盾,日本政府或依靠专制制度来压制,或者发动战争以转嫁危机。从明治维新到1945年,日本先后卷入10次战争:1875年武装入侵朝鲜,1894年对中国发动甲午战争,1900年充当"八国联军"的主力,1905年又在日俄战争中战胜俄国,参加第一次世界大战,1931年侵占中国东北,1941年发动太平洋战争。日本虽然从战争中获得赔款、经济资源等巨大利益,但是其代价却是无法补偿的,不仅搬起石头砸了自己的脚,成为地球上唯一遭受核打击的国家,而且社会发育与变迁过程被严重地扭曲了。

  二战既毁灭了日本,也给日本农村带来了社会变迁的新转机。二次大战以后,日本农村经历了农地改革、农民阶层分化与村落共同体解体、农村社会重建三大阶段,走完了农村现代化的准备期、起飞期和成熟期。如果以产业组织的合理化、政治形态的民主化、社会形态的生活方式城市化,以及自律与自觉的人格类型形成为标准,日本农村已基本实现了现代化。

  二战后日本农村社会变迁大致可分为三个阶段:从1945年到1955年的最初10年,为实现农地改革和经济恢复时期。在这一阶段,以美国为首的占领军按照英美模式改造日本,在推进政治体制改革,确立三权分立的政治体制的同时,大力推进"三大经济民主化改革"——解散

---

① 转引自葛志华《从新农村到新国家》,南京:江苏人民出版社2008年7月版,第312—313页。

财阀、农地改革与劳动立法。农地改革的主要目的是彻底铲除日本农村社会经济结构中的封建半封建因素,确立近代土地占有制度和农业生产关系。1946年11月21日,第一届吉田茂内阁按照美国的意见,颁布了《建立自耕农特别措施法》和《农地改革法案》。在这个法案下,由国家收购不在村地主的全部土地、在村地主每户超过1町步的土地、自耕农每户3町步以上土地;国家将收购的土地转卖给"可望成为精于农业者的自耕农";残存的租佃地以货币地租形式交纳及规定最高地租等。在农地改革中,176万户地主的土地被征购,不在村地主销声匿迹,在村地主变成小土地出租者。佃农从1941年的151.6万户减少到1950年的31.2万多户,而同一时期的自耕地由312.5万町步增加到551.4万町步,自耕农从149万多户增加到382.1万户。① 改革后,日本总佃耕地面积的80.1%被国家赎买并售给佃农,佃耕地比重从45.9%降低到9.9%。1947年至1950年所实行的农地改革,不在村地主被完全消灭,在村地主部分自耕农化,战前的日本地主制被废除,自耕农以及自耕为主的兼业佃农的农户超过80%,实现了耕者有其田的体制。农地改革导致了日本地主制的解体,战前由零散佃耕制为基础的农业生产结构发生了根本变化,形成了以自耕农为主的更加零散的农业经营体制,遏制了向大农场制发展的趋势。新形成的自耕农构成了农民阶层的主体,它的解体与消失则成为日本农村社会变迁的核心问题。农地改革使农民成为土地所有者,提高了农民的生产积极性,加之一系列复兴时期的经济政策与国土开发计划的实施,农业生产力不断提高,并从实物经济向小商品经济转化。日本政府还适时制定了农业协同组合法,扶持组建农民协同组合,以促进生产与流通,为农民提供系列化的社会服务。从1953年到1974年,日本农业生产出现了前所未有的大发展,农业实现了现代化与生产机械化。从1960年至1973年,动力耕耘机和农用拖拉机从51万台激增至360万台,动力喷雾器从23万台增至121万台,农用卡车从10万台增至113万台。②

---

① 吴廷璆主编:《日本史》,天津:南开大学出版社1994年版,第816页。
② 转引自葛志华《从新农村到新国家》,南京:江苏人民出版社2008年7月版,第314—315页。

随着美国对日政策从破坏转向扶植,以及农业发展带来的粮食供应状况的好转,日本的经济复兴重点也从农业和农村转向工业与城市,转向以煤炭、钢铁、电力、肥料等资源开发为重点的"倾斜生产法式",颁布了《国土综合开发法》,加之朝鲜战争的爆发使日本成为美国在远东地区的军用物资供应基地,数额巨大的需求有效地刺激了日本经济的复苏。1952年,日本工农业就恢复到战前水平,到1955年,除个别指标外全面恢复到战前最高水平,从而给经济恢复期画上一个圆满的句号。

从1955年至1968年为第二时期,也是日本农村社会变迁最快的时期。经过10年复兴,1956年日本进入了以工业化为核心的经济高速增长期,以私人企业为主导、以技术革新为特征的设备投资在日本列岛形成热潮。重化学工业特别是机械工业的发展提高了工业化水平,推动了经济结构由第一产业向以钢铁、石油化学工业为主的第二产业转变。1968年日本国民生产总值超过1000亿美元,超过西德,仅次于美国,居资本主义国家第二位,国民收入达到西方国家的平均水平。① 与1955年后开始的以工业化为主要特征的经济高速增长相对应,在农业恢复的基础上,日本适时调整农业政策,由农地改革政策和农地法体制向农业基本法体制转变。20世纪60年代初,日本制订了国民所得倍增计划,1961年制定了《农业基本法》,积极主动地推动农业劳动力向非农生产领域转移,有选择地扩大农业经营规模,调整农业生产结构,增加农业劳动力收入,创造和扩大工业产品的消费市场。日本农村还根据《农业基本法》的要求,从1961年至1969年,实施了农业结构改善政策,该项事业的主要目的是提高农业生产率,扩大农业经营规模,对以零散耕作为主的传统农业结构进行改革,以1.5公顷为界,扶持经营规模在1.5公顷以上能够自立经营的农户,促使低于这一标准的农户垂直分化,使经营规模在1公顷以下的农户脱离农业。农业规模的扩大,为农业的机械化生产提高了条件,有效地提高了农业生产率。

《农业基本法》与农业结构改善政策虽然没有能如愿创造出能够自立经营的农户,但却在四个方面推动了农村社会变迁:

---

① 转引自葛志华《从新农村到新国家》,南京:江苏人民出版社2008年7月版,第314—315页。

一是随着工业化水平的不断提高,农业生产部门占国内生产比值及农业劳动力占全社会劳动力的比重双双下降。在政府与市场的双重推动下,农民的离农化趋势势不可挡,农村人口的就业结构明显变化,大量农村人口流向城市与企业,成为工业化与城市化的主要承担者,日本出现了20世纪以来的第二次城市化高潮,城市人口从1955年的56.1%增长到1975年的75.9%,1995年增长到78.1%,实际人口为9801万人,人口的城乡分布在75年中正好颠倒过来,1920年有20%的人口居住在城市,75年之后有20%的人居住在农村。城市人口的不断增加意味着农村人口的减少,从1960年至1973年日本农业就业人口从1196万人锐减到618万人。专业农户从208万户,占34.3%,锐减至68万户,占13.2%,兼业农户从389万户,占65.7%,激增至443万户,占86.8%。从1955年至1995年的40年间,农业就业人口从1611万人减少到327万人,减少了80%,占就业人口总数的比例从39%下降到5.1%,日本农户总数从604万户降到344万户,减少了43%,占全国总户数的7.8%;1965年日本全国第二产业就业人员比例首次超过第一产业,农业就业人员就业比例从1947年的50%下降到1968年的22.1%。①

二是农民的兼业化趋势明显,农户与非农户的收入差距不断缩小。农业机械化的实现,不仅提高了农业生产力,而且改变了农民的生产观念,带动了传统经营方式的变革,经营方式开始从传统的把全部劳动都投入田地的家族劳作经营向以追求效率为基础的机械化经营转变。机械化使农业劳动出现剩余,劳动人口出现了离农与兼职化的趋势。工业化水平的提高,不仅导致农业份额的下降,而且还在特定时期造成农民和其他产业就业者之间经济收入差距的日益扩大。最高经营规模的农户收入仅相当于最低规模的家庭企业的收入,一个农户的平均农业收入水平仅相当于一个制造业工人平均工资水平的一半。面对这种来自农业外部的压力,部分农业劳动者弃农务工,选择了离农,部分农业劳动者选择了兼业化。兼业化改变了农民内部的经济阶层地位,自耕

---

① 转引自葛志华《从新农村到新国家》,南京:江苏人民出版社2008年7月版,第314页。

农阶层一分为三：先是原先经营规模在 0.5 公顷以下的农户家庭成员全部脱离农业，成为企业正式员工，收入水平高于农民；而那些经营规模在 2.5 公顷以上从事高附加值农业生产的专业农户也能取得较多收入；经济收入最低的是从事季节性兼业或外出打工的、土地经营规模在 0.5—2.5 公顷之间的中层农户。据统计，从 1960 年至 1970 年间，专业农户（家庭成员中没有非农产业就业者的农户）比例从 34.3% 下降到 15.6%，10 年中下降了 18.7 个百分点。在专业经营农地的农户中，经营作物也日益单一化，同一农户生产经营的自我完结性也在日益消失，而将生产的一部分或全部委托给外部的形式增多了，出现了委托组织、共同利用组织、承包、农业法人等新事物。第一种兼业农户（家庭成员中至少有一人从事非农产业），农业收入超过非农产业收入的农户保持在 33.6%—33.7% 的水平，而第二种兼业农户（以非农业收入为主的农户）比例则从 32.1% 上升到 50.7%，10 年上升了 18.6 个百分点。① 农民的兼业化现象使农户的收入构成与农村劳动力的就业结构发生了历史性的变化。1963 年以后，在农户的全部收入中，非农收入已超过农业收入，从而逐渐缩小了农业与非农产业就业人员的收入差距。

　　三是日本工业化的快速发展、农业现代化的顺利实现和农村都市化进程的加快，使旧的以村落共同体为特征的农村地域社会发生了急剧的变化，村落共同体逐渐走向解体。由于居民的职业分化和人口的混居化，社会关系的累积程度与封闭程度降低，社会的异质性增大，地域社会的共同体基础趋于解体，村落的行政功能不断弱化，原先的生产组织功能改由"农业协同组合"承担。加之在商品经济大潮的冲击下，村落共同体性质的无偿的农业生产互助组织解体，取而代之的是以雇佣关系为基础的新的功能组织，以及各种商品作物销售组织和生产服务组织。村落的行政功能仅限于传达政令和协助地方政府执行政务。虽然村落中人们共同祈祷的神社、祭祀祖先的佛寺等宗教场所及其宗教礼仪活动仍在强化地域居民的认同感，维系着所谓地缘关系，但农村的血缘关系也因长子以外的子女离开故乡进入城市而导致村内亲族关

---

① 转引自葛志华《从新农村到新国家》，南京：江苏人民出版社 2008 年 7 月版，第 316 页。

系密度降低，相互交往的频率也随之降低。

四是自耕农阶层的分化解体。工业的快速增长创造了大量的劳动力需求，将农业劳动力卷入全国统一的劳动力市场，工农业生产率的差异使农业在国民经济中的占比逐年下降，从事小商品生产的农户出现了整体性的地位下降和相对贫困化的趋势，导致了农户在自身生产条件差异性基础上的剧烈分化，专业农户人数大量减少而经营规模不断扩大。1955年减少的多是土地经营规模在0.5公顷以下的农户，1960年减少的则是土地经营规模在1公顷以下的农户，到1975年分化线上升为2.5公顷。农户的分化线每隔五年上升0.5公顷。1968年日本政府减少稻米生产的政策出台以后，自耕农面临全面崩溃的命运，进一步分化为半无产阶级、持有土地的工人阶层、部分上层农民等。①

从1968年至今为第三阶段，日本开始实施"综合农业政策"，对日本农产品的结构、农业生产流通过程及农村生活环境进行综合调整，其主要内容包括调整稻米供求关系，保障粮食及副产品的稳定供给；制定并实施《农村地区工业导入促进法》，修改农作物价格政策，促进农产品加工和流通的现代化；调整进口结构，促进耕地所有权和使用权的流动，以促使农民脱离农业；推进农村生活环境的建设开发，提高社会福利水平，以增强农村活力。

在这一阶段，日本农村出现了以下变化：

第一，农村劳动力外流，造成农村人口的过疏化现象日益严重。在工业化与城市化过程中，农村劳动力大量外流，1955年农业就业人员的比例为40％，1964年锐减到18.0％，1975年又进一步减少到14％，1985年剧减至7％，30年减少了33％。农业劳动力的外流并不是均匀地流向各个城市与地区，而是相对集中地流向东京、大阪和名古屋三大城市圈，分布极不均匀，造成了部分城市人口的过密化。1990年，三大城市圈的人口多达5900万人，占全国人口的比例接近40％。② 特别是以东京都为核心，包括千叶县、琦玉县和神奈川县在

---

① 转引自葛志华《从新农村到新国家》，南京：江苏人民出版社2008年7月版，第318—319页。
② 转引自葛志华《从新农村到新国家》，南京：江苏人民出版社2008年7月版，第318—319页。

内的一都三县地区,形成了一个巨大的城市复合体。与此同时,农村人口因劳动力大量外流出现了过疏化问题,因人口迁移与出生率下降等原因,日本农村居住人口过疏化现象日趋严重,带来了老龄化速度加快、地方财政基础脆弱化、社区公共活动难以维持等多种社会问题。1997年,国家认定的人口过疏地区有1231个,占全国市町村的40%,这些地区的面积占全国近一半的面积,但人口仅占全国总人口的6%。为了解决人口的过密与过疏问题,日本根据《新全国综合开发计划》的要求,制定了《山村振兴法》《农村地域工业导入促进法》《工业再配置法》《过疏地区对策紧急措施法》《国土利用法》,不断向农村地区导入工业,振兴农村地区的产业,提高财政收入水平,增加就业机会,并通过农村广域生活圈来创造对青年人有吸引力的安居乐业环境,解决人口过疏问题。这些措施都取得了一定成效,但问题仍未得到有效解决。

第二,农业就业人口收入大幅提高,与非农就业人口几无差距。加入关贸总协定与世贸组织以后,日本调整农业政策,扩大财政对农业的投入,调整国内农业制度与扶持政策。1999年经日本国会讨论,正式出台了《粮食、农业、农村基本法》,加大对农业的补贴范围与力度,充分发挥农协组织的作用,努力增加农业收入。与此同时,专业农户的经营规模有所扩大,农业生产条件不断改善,机械化水平明显提高,农业生产结构不断优化,有效地提高了农民收入;兼业农民的非农收入不断增加,在农户收入中的比例不断扩大。在多种因素的作用下,日本农业就业人口收入大幅提高,1961年至1970年,每一农户的平均收入增长2.4倍。从1972年开始,农户的生活费支出水平开始超出非农户,到1991年超过了10.8%。日本著名社会学家富永健一按照SSM框架的关键大类分析了1955年至1975年经济高速增长时期各阶层的年平均收入,发现管理者阶层的平均收入在1955年、1965年、1975年3个时点上都是最高的,内部的差异也最大,但管理者阶层与商业人员一样,收入的增长幅度最小,1965年为1955年的2.4倍,1975年为1955年7.2倍。而这个时期非熟练职业者的增长率分别为3.7倍和12倍,农业职业者的收入增长率分别为3.1倍和13.8倍。收入较低阶层的增长率超过高收入阶层。富永健一把这20年间经济高速发展带来的这一收入差距缩小的趋势称为"分配的民主化"。另据《社会阶层：富裕社会中的不平等》①的相关资料，1955年至1995年的40年间，8个职业阶层的收入差距在整体上呈均等化的趋势，其中农户按户计算的消费水平在1973年后超过城市工薪阶层家庭。这虽同兼业收入增加和出卖农地的资金流入等非农因素有关，却是日本自明治维新以来的百年资本主义发展进程中的第一次，具有非同寻常的意义。

第三，农业严重缺乏国际竞争力。日本在工业化过程中较好地解决了农户的收入分配问题，不同职业群体之间收入差距出现了均等化趋势。虽然日本拥有较先进的农业生产设备，但在世界上没有相应的地位，明显缺乏国际竞争力。环顾全球农业，法国农业咄咄逼人，荷兰农业举足轻重，德国农业日臻完善，北欧农业规模宏大，美国农业遥遥领先。欧美各国的农业生产，无论是技术、规模，还是在结构调整上都代表世界领先水平，具有非常明显的竞争优势。与欧美先进农业比起来，日本农业可以说是行驶在坡道上的自行车，步履维艰。从贸易角度而言，主要存在两大突出问题：一是过高的内外价差和过低的国际竞争力，日本的农产品价格远远高于国际农产品价格，粮食、蔬菜、肉食品价格比国际平均价格高出许多，大米价格是美国的5—6倍，是泰国的9.5倍。形成农产品内外差价的原因是多方面的，如汇率的变动（日元升值）、价格制定中的政治因素等，但从根本上说是日本农业相对高昂的生产成本费用。二是低自给率与粮食安全保障。与其他国家比较，日本是农产品自给率最低的国家之一，也是世界上最大的农产品进口国。1996年，按供给热量算得自给率仅为42%，按粮食供给（包括食用和饲料用的谷物类）算自给率仅29%，1993年粮食进口额达到4.6万亿日元（约为340亿美元），比石油进口额还高。日本进口海产品贸易占世界总量的1/4，包括金枪鱼消费量的1/3和海虾消费量的2/5。日本农业的两大突出问题又与日本农业的特点有关。② 日本农业的特点可以

---

① 引自周维宏、宋金文等编：《日本社会解读》，北京：时事出版社2003年版，第102页。
② 转引自葛志华《从新农村到新国家》，南京：江苏人民出版社2008年7月版，第322页。

概括为以下几点:① 以小规模农户经营为基础;② 农户和农业劳动力的非农兼业化高度发展;③ 农业生产实现高度现代化;④ 农业经营效益与农产品竞争能力极其低下;⑤ 农业发展处于停滞状态;⑥ 农业结构过于畸形,农产品自给率不断降低;⑦ 农村人口与农业劳动力严重高龄化和农村地区的"过疏化",1995年,65岁以上老人占农业就业人口的42.3%,女性占农业就业人口的48%,农业劳动力结构出现了显著的老龄化和女性化趋势。①

1993年的《日本农业白皮书》指出,日本的农业、农村正面临着前所未有的困难,主要存在三大问题:一是农业劳动力的衰退和放弃耕作所导致的国内生产力的停滞;二是由于1993年开始的日元急剧升值,从1991年起持续减速的日本经济再次受到重创,加上气候异常等因素,农业和农村受到巨大影响;三是迫于关贸总协定、世贸组织及美国的压力,日本实行除稻米之外的所有限制进口数量农产品关税化,开放部分稻米市场,降低关税率和减少国内对农业的支援与保护,削减出口补贴。为了解决这些问题,日本农村重点推进"以搞活农业农村为目标的农业结构改善事业"计划,实施《粮食、农业、农村基本法》,以尽力缓和WTO农业协议的影响,促使农业成为一个有魅力的产业。为此,日本采取多种措施保护农民利益,包括对农民实施税收优惠,对从事农业生产的农户提供城市居民不能享受的特殊优惠政策,农业企业或个人可以在法人事业税、法人所得税等方面得到优惠;还包括通过关税壁垒和技术壁垒,保护本国农民的利益,阻止和减少外国农产品的进入,对内实施高投入、高补贴的扶助政策,为农民建立起多重保护网。20世纪80年代以来,日本政府每年对农业的补贴都在4万亿日元以上,2000年则高达6.4万亿日元,约为国内生产总值的1.3%,而同期的农业产值只有9.12万亿日元,对农业的补贴率达70%,日本农业生产者收入总额中有一半以上来自政府补贴。②

第四,农村地域社会的"个别化"发展。在日本现代化进程中,日本

---

① 转引自葛志华《从新农村到新国家》,南京:江苏人民出版社2008年7月版,第323页。
② 转引自葛志华《从新农村到新国家》,南京:江苏人民出版社2008年7月版,第323页。

农村地域社会出现了三大新因素。一是作为农村地域社会主体的农民意识与行动的个人主义化。随着自耕农阶层的分化瓦解与金钱至上观念的确立,农村居民的思想观念日趋多样化和个人主义化,加之民法的修正、旧家庭制度的解体与城市文明的渗透,传统农村的规范逐渐被个别化的生活方式所取代。虽然农村村落仍保留一些共同祈祷的神社、祭祀祖先的佛寺等宗教场所与活动仪式,但大多只具有象征意义。二是在现代化进程中,不仅都市膨胀与农村缩小成为一种趋势,而且随着《农村工业导入法》的推进,工厂和住宅向农村发展,村域已渐渐从单纯的农业地域变成一种混住社会,农户比重从优势比例到平分秋色再到不到半数。在这一趋势下,虽然农业仍是地域社会的生活基础,但已不是唯一目的。这种广域化与混居化的趋势,剥夺了农村的共同目的,使农村地域变成多目的的社会,使农村逐渐丢失地域的统一性,向个别化、多样化、分散化的方向发展。三是农民内部异质化取代同质化,多样化的利益取代利害关系的一致性。在市场化与工业化的挤压下,农户兼业化、专业农户经营作物的单一化、农业生产的社会化,使农民内部的地缘关系日渐淡薄,地域连带性走向崩溃。这三大因素的植入,促成了旧的村落集合体的解体,农村地域社会发生急剧变迁。

一个特殊的组织

在日本农业农村现代化进程中,有一个特殊的组织发挥了关键性的作用,这个组织就是日本农业协同组合,简称日本农协。

所谓组织就是人们有意识建构起来的旨在达到特定目标的社会单元。与经济组织、政治组织、群众组织相比,日本农协是一个特殊的存在。这种特殊性主要表现在性质、功能、作用等三方面。正是基于这三个特殊性,农协成为日本现代化进程中一个不可或缺的复合型变量因素。

日本是一个岛国,国土面积37.8万平方公里,占世界第62位;人口1.26(2021年)亿,占世界第11位;是世界上人口密度最大的国家之一。其中山地与丘陵面积占总面积的 80%,耕地面积约占 13.5%,户均耕地只有 1.8 公顷,是典型的人多地少的国家。就是在这片资源禀赋匮乏的土地上,二战后的日本在多种因素的作用下,快速崛起为世界上举足轻重的经济体。2018 年,GDP 高达 4.971 亿美元,成为世界上首屈一指的现代化国家。

工业化与农业现代化基本同步是日本现代化的一大特点。在现代化进程中,工业化为农业提供了技术支持、先进的农业机械和化肥农药等,提高了农业生产力,解放了农村劳动力;城市化又吸纳了大量的农村剩余劳动力,既促进了工业化,又缓和了农村人地矛盾,促进了规模经营。现代农业的发展又为整个国家提供了必不可少的生活资料与工业原料,保障了国民经济的发展与社会稳定。

经过现代化的洗礼,日本较好地解决了农业农村农民问题,使"三农"呈现出全新的景象:

——在农业日趋小比例化的同时,逐渐形成了有效率的农业经营体系,200 万左右的农民养活了 1.26 亿人口;在人均不到七分地的情况下,大米做到自给有余,食品综合自给率保持在 80% 左右;农业生产技术领先全球。

——在农业劳动力占比下降的同时,农民实现了职业化、组织化与公民化,农业生产变得轻松自在,农民收入自 20 世纪 70 年代起就超过了城市居民的平均收入,又能享受到市民一样的基础设施与公共服务。农民已不再是受鄙视的社会身份,而成为令人羡慕的职业。

——农村不再凋敝,在外观上与城市区别不大,从建筑样式到公共设施的配备,从生活习惯到人的精神状态都毫无二致,成为宜居宜业的区域。虽然城乡功能有别,但已基本实现了城乡一体化。

"三农"问题是现代化进程中普遍存在的问题,至今仍在困扰着广大发展中国家。日本之所以能较好地解决这一难题,在很大程度上与农协这个特殊的组织密不可分。

早在 1900 年,日本就颁发《产业组合法》,创立了"信用组合""贩卖组合""购买组合""生产组合"四种制度,以帮助中小生产者通过互助合作提高生产能力。二战期间,为适应对外侵略战争的需要,日本又颁了《农业团体法》,将农业领域的各种产业组合与其他农业团体合并成"农业会",承担统制农业的职能。二战以后,依据《农业组合协同法》,日本又解散了农业会,成立了农业协同组合,旨在"促进发展农民的合作组织,提高农业生产力和农民在社会上的经济地位,同时促进国民经济的发展"。七十多年来,农协不断适应形势需要,发挥自身优势,改善农业经营计划,完善为农服务功能,逐渐成为联系农户与市场、农户与政府的桥梁与纽带,在乡村振兴中扮演不可或缺的特殊角色。

从性质上看,农协既不是农业行政机关,也不是单纯的商业组织,而是建立在小农分散经营基础上的合作经济组织。二战结束以后,日本实施"农地改革",实现了"耕者有其田"的目标,构建了分散的农业经营方式,有效地调动了农民的生产积极性,但这种小农体制存在生产上的盲目性、流通中的不确定性等内在弊端。为巩固农地改革成果,维护自耕农分散经营体制,日本继《农地改革法案》《建立自耕农特别措施法》后,又颁布了《农业协同组合法》,依据行政区划组建农协,为分散农户提供系列化服务,将农户家庭经营的积极性与合作经济组织的规模优势有机地结合起来,构建了统分结合的农业经营机制。

日本农协以合作制为基本原则,加入社自愿、退社自由、民主管理、自我监督、对内服务与对外经营等。这与资本组合的公司制具有质的不同,是一种劳动者的联合,旨在满足自愿联合的人们的共同需求。但日本农协又有别于欧美国家人少地多的合作社,而是建立在小农经营基础之上的合作经济组织,在不改变土地权属关系、不改变家庭分散经营形式、不取代农户的主体地位的基础上,通过政策影响力、经济竞争力和完备的业务能力为分散农户提供系列化服务,弥补小农经营的缺陷,在小农基础上实现了专业化分工与规模化经营,既扬家庭经营之长,又享规模经营之利。

为了确保农协真正成为农民的、由农民组成的、真正为农民利益服务的合作组织,真正做到所有者、控制者和受益者三位一体,相关法律作了明确规定。一是对会员资格进行限制,以确保共同需求。农协成员由正社员与准社员组成。正社员必须是农户,准社员一般是指交过会费的非农户。正社员可以利用农协的各种设施与服务,参与农协的民主管理,享有选举权与被选举权、表决权。准社员享有与正社员一样的经济待遇,但没有选举与被选举权、表决权等。二是组织体系比较健全,依托行政区域建立了由基层农协——府道县农协——全国农协系统(后又把三级调整为二级),每个农户都自愿成为成员,横向到边纵向到底,形成了庞大的组织网络。三是建立了完备的制度。社员代表大会是农协的最高权力机构,由全体正社员组成,主要职责是决定农协运营方针和重大事项,选举产生理事会、监事会。基层农协负责人(组合长)由农民选举产生,只对农民负责,定期向农民汇报工作,并随时接受农民的监督,理事会中至少有四分之三必须是正式组合成员。四是按权能分开的原则,聘请专业人员参与经营管理,不断提高经营服务水平。

从功能来看,日本农协在几十年的发展历程中逐渐形成了集经济功能、社会功能及政治功能为一体的综合性合作经济组织。经济功能主要体现在购买事业、销售事业及信用事业等方面。在生产环节,为农户提供农业经营、生产技术等方面的指导;在流通环节,为社员统一购买农药化肥、统一农产品的收购、存储与销售;农协还设有专业信用机构,为农户开设账户、吸纳乡村储蓄,用于会员的销售、购买结算,并为农户提供生产生活贷款。农协的社会功能主要表现为共济事业和厚生事业等方面。共济事业是指为农户生产生活分担风险的事业,包括保险事业等,如农协的养老生命共济,农民退休以后的生活费、医疗费不用自己操心,去世后还有一笔生命共济金。厚生事业主要指保健、福利、卫生等方面的事业。农协的政治功能主要表现为政府农业政策服务、为政党选举政治服务、为维护社会稳定服务等方面。

农协不仅功能广泛,涉及经济、社会、政治生活的各个方面,而且履职能力比较强,效果比较好,成为乡村振兴不可或缺的骨干力量。就农业而言,在农协组织下,以户为单位的"零散小农"结成了以村为单位的合作经营,既保护了家庭经营的积极性,又让分散小农分享到规模经营带来的巨大利益,降低了生产成本与交易成本,增加了农户收入。就政策而言,农协成为政府农业振兴政策的受益平台,保证了政府的农业政策不被中间人或其他阶层所侵占与挪用,既降低了政府管理成本,又真正让农民得利。就农村商业而言,农协承担了农户90%左右的生活资料和生产资料的采购,农产品的加工销售,为农民减少了不少商业成本支出,又给农村带来了不少的就业岗位,避免了农村凋敝。在金融方面,日本农协银行在2016—2018年度经营目标是存款总额达100万亿日元。2017年农协保费等经营收入达5.7万亿日元,经营利润在0.2万亿,基础利润0.7万亿,总资产达58亿日元,雇员6382人。这些业务构成农协重要的利润来源。[①]

农协不仅经济规模大,而且发展速度快。资料显示,1983年与1962年相比,农协各项事业的增长率分别是:贩卖事业10倍左右,购买事业18倍,信用事业48倍,共济事业达185倍。全国农协联合会的购销总额,在全国著名商社中次于住友商事公司,位居第四;农协中央金库资金总额超过第一劝业银行而名列前茅。[②]

从作用来看,基于特殊的地位与功能,农协已成为现代社会的不可或缺的角色,成为联系政府、农户、市场的桥梁。

——农协的存在与发展,使分散农户在不改变生产关系的前提下,又多了一个合作经营的平台,既保护了家庭经营的积极性,又有效缓解了自然风险与市场风险。农协的经营业务涉及方方面面,渗透到农民生活的各个领域,既有购销、信息、保险、农产品加工存储、农村工业、技术指导;又有生活服务、医疗、卫生保健等,从生产到生活、从摇篮到墓地,为农民提供系列化服务。有了农协,农民种田更轻松了,生活更方便了,农业经营收入更高了。在日本,农民除了为农业生产操劳外,其他一切,包括生老病死都由农协负责,以至有"有困难,找农协"的说法。以农产品加工销售为例,农协在市场调查的基础上同农民签订生产合同,农民按合同生产,产品集中交给农协,农协收到农产品后,先付一定比例的货款,其余待产品成交后再打入农户账号。在农协的组织下,以户为单位的"零散小农"式农民家庭经营组成了以村为规模的合作经

---

① 转引自葛志华《一个特殊的组织——读〈日本农业现代化的途径〉》,载《江海晚报》2021年7月27日。

② 转引自葛志华《一个特殊的组织——读〈日本农业现代化的途径〉》,载《江海晚报》2021年7月27日。

营,农业生产规模从每户一公顷左右的零散状态,扩大到以村为单位的联合经营,成功地把小农带入了现代农业轨道,经营规模扩大到数百甚至上千公顷,既可与欧美大农场匹敌,又可与大型商业组织博弈,有效地降低了生产成本与交易成本,增加了农民收入。既保留家庭经营,又扩大经营规模,这就是日本农业经营体制的一大创举。

——农协的存在与发展,使政府多了一个农业政策落地的平台,有效地降低了管理成本。农协与政府的关系比较复杂,既相互促进,又相互制约。就政府而言,主要从三个这方面扶持农协。一是颁布相关法律,对农协的宗旨、法律地位、事业内容、经营规范、组织机构等做了原则性规定,使农协发展有法可依。二是赋予农协特殊待遇,政府规定农协不适用《禁止垄断法》的相关条款,政府限制一般金融机构从事兼业,而特许农协从事多种经营活动等。三是制订相关政策、财税措施与补助政策,吸引农协为其农业政策服务,对农协实行低税制等。就农协而言,适应农业现代化的需要,遵循政府农业政策,采取一系列相应措施,有力地推进农业发展,为推动现代农业,改善农民生产生活做出独特贡献。农协又形成了固定的承受政府农业政策的受益平台,确保支农政策不变形,真正让所有农民得益。农协还通过农政协商会,农产品价格审议会等形式向政府反映农户的诉求,对政府与政党制订农业与农协政策施加影响与压力。

——农协的存在与发展,使市场多了一只"看得见的手"。作为合作经济组织,农协具有独特优势,能够利用政府的特许政策,利用市场竞争中形成的强势地位,成为一只"看得见的手",发挥市场矫正机制的作用,让农户分享更多的利益。市场机制主要通过市场价格的波动、市场主体对利益的追求、市场供求关系的变化来调节市场运行的机制。在市场机制面前,单个农户势单力薄,缺少议价能力与谈判地位,在市场博弈中存在诸多困难。而合作制作为市场机制的矫正机制,能够发挥"看得见的手"的作用,为入社农户争取更多的实惠。就规模效益而言,通过农协"五统一模式",平均一公顷左右的小农户经营,实际上扩展为村级规模的统一经营,其规模不亚于欧美大农场规模,大大提升了议价能力与谈判地位,这就为农民带来巨额的经营效益。就农产品价格而言,农产品的产出季节性强,其价格又不能波动太大,农协起了重要的平衡、协调与组织作用。农协利用其特殊地位,参与市场价格的谈判与博弈,发挥价格制约作用。1978年化肥生产厂家要求提价4.3%,经农协多次交涉博弈后,化肥价格不升反降,价格下降了2.5%。1979年,厂家又要求提价14.03%,农协多次讨价还价,只提高了5.92%。组合员从农协购买的肥料、农药、农机具等比从农协以外的商店购买,价格便宜且质量可靠。①

农民需要合作社,这是农业的特殊性和家庭经营的局限性所决定的。我国与日本农业资源禀赋相近,农业经营方式相似,农协的成功做法与经验值得学习借鉴。

法国小农的终结

法国是世界上重要的发达资本主义国家,从古到今,"它的历史几乎在人类社会所有的发展阶段都是世界历史的一部分。"②从圣女贞德到孟德斯鸠、伏尔泰、卢梭、狄德罗等一批思想启蒙家;从历时三个阶段波澜壮阔的法国大革命到不可一世的拿破仑帝国,再到巴黎公社;从《人权宣言》到《拿破仑法典》再到乌托邦思潮。其历史进程波澜起伏,无论从政治、经济、文化,还是从社会角度看,都极具典型性与代表性。诚如已故法国历史巨匠费尔南·布罗代尔所言:"我发现法国本身就是一个极好的范例,通过它的切身经历,可以提示出欧洲和世界的进程。"③

1964年,法国应用社会学协会主席、著名的农民学研究者H.孟德拉斯出版了其成名作——《农民的终结》。④ 该书以法国农村现代化为背景,分析了欧洲乡村社会第二次世界大战以后的变迁过程,探索了一二十亿农民跨入工业文明社会的途径。

---

① 转引自葛志华《一个特殊的组织——读〈日本农业现代化的途径〉》,载《江海晚报》2021年7月27日。
② [法]马·尼·库兹明:《法国史纲》,上海:生活·读书·新知三联书店,1978年版,第4页。
③ [法]费尔南·布罗代尔:《法兰西的特征》,北京:商务印书馆,1994年版,第7页。
④ [法]H.孟德拉斯:《农民的终结》,李培林译,北京:中国社会科学出版社,1991年6月版。

H.孟德拉斯从分析令人不解的困惑——农业国缺乏解决吃饭的能力,反而向工业国乞食入手,全面分析了农村社会变迁的内在力量和机制,以及农业劳动者的职业状况,提出了具有远见的新见解。他认为,在今天的法国,传统意义上的自给自足的农民已经不存在了,现在在农村中从事家族农业经营的是以营利与参与市场交换为生产目的的农业劳动者。这种家庭经营从本质上说已属于一种"企业",但较工业企业又有其自身的特点和特殊的运行机制。

20年后的1984年,《农民的终结》再版,H.孟德拉斯为该书加了跋,并认为该书出版后20年的乡村变化印证了他的基本结论与预言,诸如:农业人口的外流仍在继续,交通与通信的发展改变了乡村社会的规模,中等规模经营体日渐形成,乡村社会日趋多样化,乡下人生活方式日趋城市化,乡村社会出现了惊人的复兴,乡村重新成为一个生活的场所,等等。据此,H.孟德拉斯自豪地宣告了农民的终结:

> 这本书是一个文明的死亡证明书,这个文明在生存了10个世纪之后死去了。它是科学的诊断,而不是自辩的发言。20年之后,结局证明我是有道理的,在一代人的时间里,法国目睹了一个千年文明的消失,这个文明是他自身的组成部分。①

《农民的终结》的基本预测得到历史的印证,该书也因此被誉为研究农村社会变迁的杰作,奠定了H.孟德拉斯在学术史上的地位。

法国农村社会变迁经历了一个漫长的过程,从传统农村社会解体到现代农村社会形成的过程中,出现了旧与新、传统与现代长期二元并存的局面。在经济领域,农村中的自然经济与城市里的资本主义工业并存;在统治精英中,保守势力与进步力量同在;在思想领域内,经启蒙思想培育的民主共和思想与农民的传统观念形成强烈反差;政治领域的激进动荡与经济的平缓发展形成鲜明对比。传统与现代的并存与碰撞、社会结构的分化与整合,传统因素顽强生存,现代因素难以顺畅发

---

① [法]H.孟德拉斯:《农民的终结》,李培林译,北京:中国社会科学出版社,1991年6月版,第297页。

展,使法国的现代化及农村社会转型呈现出跌宕起伏、曲折反复、激烈动荡的特征。

综观法国农村社会变迁,大致经历了三个时期:

19世纪以前期的法国农村社会为典型的农业社会。法国位于欧洲西部,领域面积约为55万平方公里,其中平原约占60%,丘陵约占20%,境内河网密布,具有丰富的水资源,是一个得天独厚的农业国。在远古时期,就有后来被称为高卢人的族群在此生存与活动。高卢人的社会经历了原始社会解体、奴隶制兴衰的过程,直到来自莱茵河下游的法兰克人最终在公元481年建立了法国历史上第一个王朝,逐渐成为西欧最强大的国家,并在9世纪末正式确立封建制度。公元987年,法兰西公爵卡佩登基,改称法兰西王国。法兰西国自此确立,沿用至今。经过几个世纪的争斗和"英法百年战争"(1337—1453),到15世纪下半叶至16世纪初法国开始成为典型的中央集权的封建君主专制国家。取代瓦洛亚家族继位的亨利四世开始了波旁王朝的专制统治时期,直到1789年7月14日,在法国资产阶级革命中,巴黎民众攻占象征波旁王朝专制统治的巴士底狱,并在随后不久把不可一世的路易十六推上断头台。波旁王朝烟消云散,法兰西第一共和国粉墨登场。7月14日成为法国国庆日,这场大革命中诞生的《马赛曲》成为法国的国歌。18世纪末的法国资产阶级革命也因此成为世界史上第一次最大的、最彻底的资产阶级革命,为资本主义的发展扫清了道路。

与政治上你方唱罢我登场的热热闹闹不同,法国农村虽有变化,但更多的是保持着一种安全稳定、千年平衡的状态,以至于19世纪50年代的一位法国学者这样写道:"如果13世纪的农民来参观我们今日的农村,也不会受到很大震惊。"[①]前后相隔600年,法国农村仍无实质性变化,并无隔世之感,可见法国农村社会变化之微。

19世纪前期的法国农村,基本上是传统农村的延续,主要表现在以下几方面:

第一,从作为农业生产与农村社会基础的土地占有结构来看,经过

---

① 转引自葛志华《从新农村到新国家》,南京:江苏人民出版社,2008年7月版,第292页。

暴风骤雨般的法国资产阶级革命,特别是雅各宾派专政时期颁布实施的三个土地法令,法国农村土地占有结构发生了明显的变化,已由国王、僧侣、贵族(这三者占有法国2/3的土地)及农民和资产阶级几种土地占有形式变为资产阶级、农民、原土地贵族为主的土地占有结构。资产阶级凭借雄厚的经济实力与执政优势,成为大革命中土地再分配,特别是早期教会和王室土地出售过程中最大的获利者。绍莱、维埃等地区,资产阶级购得50%以上的原教会与王室的土地,广大农民在雅各宾派颁布的土地法实施以后,成了小块土地所有者,但由于制宪议会废除了长子继承权,《拿破仑法典》又规定男女享有平等的继承权,加之日益增加的人口压力,使土地越分越小,土地碎片化现象日趋严重。原有贵族中不少人利用波旁王朝复辟后颁布的"关于补偿亡命贵族十亿法郎"的法令,重新购回大片土地。这样就在法国农村社会形成了大土地所有者、农村资产者小土地所有者和农村无产者等成分,比例呈"橄榄"形,两头小中间大,其中小土地所有者为多。

第二,从土地经营方式看,19世纪前期的法国农村主要存在三种土地经营方式:占主导地位的是土地所有者直接经营土地,土地所有权和土地经营权合二为一,形成典型的一家一户的小农经济。1851年,土地所有者自己耕作经营的占土地经营者的65%,摆脱封建束缚的小农经济属于传统农业经济的范畴,又是向资本主义经营转化的基础。第二种经营方式是租佃制,土地所有者把土地租给耕种者,承租人自己提供牲畜、家具和必要资金,按双方租约规定缴纳租金。法国政府公布的材料显示,1851年23%的土地经营者采用租佃制。土地收益分成制是第三种经营方式,由土地所有者提供土地、资金和工具,耕种者提供劳动力,土地上收获成果的40%—50%上缴给土地所有者,在交付形式上有实物地租和货币地租两种。第三种形式所占比例不高,1850年占经营者总数的12%,以后逐渐递减,1912年不足6%。①

第三,从农业发展与农业结构看,最彻底的资产阶级政治革命并没

---

① 转引自葛志华《无为之为》,南京:江苏大学出版社2019年9月版,第45—46页。

有带来经济的较快发展。据法国学者图泰纳统计,1815年至1824年,法国农业生产的年增长率为1.2%。另一位法国学者莱维·勒布瓦耶统计,1825年至1834年、1835年至1844年农业生产年增长率约为1.5%。这一时期农业的缓慢增长主要得益于休耕田地的减少和耕地面积的扩大。① 19世纪前期,法国的农业产出仍然为谷物和葡萄,这与法国人的面包与葡萄酒的消费结构一致。虽然葡萄酒生产具有很强的商品性,而且法国葡萄酒早已享誉世界,但由于法国家族有自己酿造的习惯,加之国际贸易不发达,法国的农业生产呈现封闭状态,自给自足特征明显。所以葡萄与葡萄酒并没有像英国的羊毛与纺织业那样引发农业生产的大变革。而且,葡萄栽培是一项园艺性很强的生产,需要大量的农村劳动力进行精耕细作,对土地资本和设备的要求相对较少,特别适合于小生产经营,这种特殊要求很难实现社会化大农场经营。

第四,从法国农村社会成员构成来看,由于法国谷物加葡萄的特殊农业生产结构与劳动密集型的生产方式,加之残余的农村公社权利以及国际贸易不发达等原因,在法国的农村社会成员构成中,小农土地经营者占有绝对优势,成为农村中人数最多的社会阶层。资料显示,1862年,占地10公顷以下的小农占土地经营者的85%左右,占有全部耕地的25%左右。其中占地小于1公顷的小农占土地经营者总数的38.5%,占地1—10公顷的小农占46.5%,而占地10—40公顷的中等土地所有者为12%,占地40公顷以上的大土地所有者仅占3%。②

第五,从经济与社会结构来看,19世纪初,法国工业革命刚刚启动,城市化进程缓慢,工业与城市对农业商品化生产的牵引力不大,工业对劳动力的需求也不大,农村经济与社会的运行自成一个封闭的系统。在这个系统中,法国的农业生产结构与生产方式、土地占有与经营状况、农村社会成员构成结构,既各自封闭又相互适应、功能耦合,三个结构互为条件,互相适应,相互稳定,从而使农业生产长期停滞在小农生产力水平上,延缓了以机械化生产为物质基础的资本主义大农场的

---

① 转引自葛志华《无为之为》,南京:江苏大学出版社2019年9月版,第45—46页。
② 转引自葛志华《无为之为》,南京:江苏大学出版社2019年9月版,第45—46页。

出现,阻碍了生产力的提高和生产关系的变革。在这样的历史大背景下,农业只能是农业社会的农业,农业生产也只能是按照传统方式进行的自给自足的生产。

19世纪50年代以后的百余年时间,在法兰西历史上虽只是一瞬间,但却是法国从传统农业走向现代农业,从传统农村走向现代农村的关键阶段。在这一历史时期,传统农业社会不断分化解体,现代工业社会逐渐整合生成。

法国经济史学家弗朗索瓦·卡隆在研究法国工业化进程后认为,19世纪30年代至60年代,是工业迅速增长时期,但从生产方式上看,仍保留着乡村的家庭式工业,真正的工业生产力方式还不多。19世纪70年代至80年代,直至1895年,工业增长速度虽相对缓慢,但越来越侧重于新生产方式和新兴工业的增长;1895年至1913年,是工业生产以加速度增长,生产方式越来越资本化的阶段。① 应当说明的是,与英国的生产资本输出不同,法国则主要采用借贷资本的形式,因而被冠名以"高利贷帝国主义"。

19世纪中叶以来,经过半个世纪的工业革命的启动与初步发展,在铁路建设的刺激下,法国工业进入一个新的发展阶段,其表现有三:一是以蒸汽动力取代水动力为标志的工业动力的变革和以机械化为标志的技术装备的进步;二是以机器生产为物质技术基础的资本主义工厂逐渐取代传统的小手工业家族作坊为主要内容的经营结构的变化,工业经营结构和劳动组织形式正在"工厂化"。三是矿山、冶金、化学等最有生机和最有影响力的工业部门给法国工业注入活力,进而引起了生产结构的变化。这三个方面的进步和变化表明:19世纪中期以后法国工业化进入了加速发展阶段,进入了现代化发展的新阶段。工业化水平的提高又大大加快了城市化步伐。城市人口、城市规模与城市功能都有了明显的变化。1801年至1851年住在2万人以上的城市中的人口占总人口的比例从6.75%增加到10.6%,50年仅增加不到4个百分点。到1891年这一比例便增加到21.1%,40年增加了10多个百分

---

① 转引自葛志华《从新农村到新国家》,南京:江苏人民出版社,2008年7月,第295页。

点,1911年又增加到26%。与此同时,城市规模不断扩大,19世纪中叶,全法国只有巴黎、里昂等6个人口在10万以上的大城市,1896年,人口10万以上的城市增加到14个。① 更有意义的是,城市地位与功能发生了变化,由农村主导城市变为农村依附城市,法国社会因现代城市发展而为之一新。

交通改善、工业发展、城市扩张、民族市场形成改写了法国农业的发展背景,为法国农业发展注入了新的动力。从此,法国农业开始了向现代商品农业转变的历史进程,传统农村开始了向现代农村变迁的历史进程。在工业化与城市化的进程中,法国农业与农村出现了一些新特征:

(1) 法国农业的新变化。随着工业化与城市水平的不断提高,法国农业进入一个新的发展阶段,出现了三个明显的变化:一是农业生产者更多地从事商品生产,农产品价格上涨、市场功能的变化与工业品的普及等因素逐渐把农业生产者拖入市场经济的轨道;二是资本主义经营方式得到有效扩展,以专门化生产为特征的资本主义大农场逐渐出现,并逐渐取代小农制,有效地增加了农业生产的活力,农业也因此不再成为独立的生产部门,而变为与整个资本主义经济体系发生有机联系的一个特殊的生产部门;三是农业革命的进一步展开,农业装备水平不断提高,农业耕作方式日渐改变,农业生产技术有所改进,从而直接推动了农业生产的发展,农作物单位面积产量与商品率大幅提高。

(2) 法国人口分布的新变化。在工业化与城市化进程中,乡村移民导致城乡人口分布发生变化,城市人口不断增多,而农村人口逐渐减少。从过程来看,法国人口迁移以19世纪50年代为界,分为前后两个虽有联系但在形式、内容、规模和作用等方面都很不相同的阶段。19世纪前期的移民基本上是季节性移民,主要是根据农忙与农闲的季节要求而出现的往返移动的农村社会人口。移民们像候鸟一样,在农忙季节里成群结队地涌入劳动人手相对不足的地区从事农业劳动,做播种、收割、刈草等短工,然后返回家园。产生季节性移民的主要原因在

---

① 转引自葛志华《无为之为》,南京:江苏大学出版社2019年9月版,第47页。

于农村人口日趋密集,1806年法国农村人口2369万,1845年增至2675万,农村中出现数量不少的剩余人口。① 在农业生产率没有实质性提高的情况下,人口增长就意味着贫困的增加。这一时期的移民的主要目标是寻找更好、更多的与土地结合的机会,有点类似于中国历史上的"闯关东"和"走西口"现象,人口只是在不同地区农村的位移,没有改变城乡人口分布结构,是一种在原体制内继续生存下去的流动,没有带来农村人口分布结构的变化,充其量只能是传统农村社会矛盾的一副缓冲剂,这样的移民"不可能成为现代化的传递者"。

19世纪50年代以后,法国工业化进程明显加快,在拿破仑三世统治时期,工业制造业、银行金融业、交通运输业都发生了革命性的变化。在工业发动机的推动下,法国城市化逐渐进入高潮。2000人以上的城镇发展尤为迅速。据有关资料,在1851年,法国境内的城市居民约910万人,1881年猛升到1370万人;1851年城市人口占总人口的比例约为25.5%,1881年则占到34.8%。② 19世纪50年代以后的农村人口移动已不同于前一阶段的季节性人口移动,而呈现出新特点:一是规模加大,人数增多;二是永久性移民取代季节性移民;三是流入城市的农村移民日益多样化与复杂化;四是移民运动的高潮与低谷与工业、城市的发展节奏相吻合。迅速发展的工业和日益膨胀的城市,像海绵吸水一样吸收大量农村人口,导致城市人口大幅度增长和农村人口直线下降,人口的城乡分布结构发生了换位式变化。法国农村人口数量在1846年达到2730万的历史最高点,而后实际农业人口的数量和占比逐渐下降,到1886年时已减少了将近12%,约为2300万人。其中1851年至1861年,农民移民数量高达126.5万人,比1831年至1841年移民数量的47.3万多出近82万人。1891年至1901年农民移民数量达104万人,1901年至1911年为109.2万人。据莱维·勒布瓦耶统计,1876年乡村人口为总人口的67.6%,1886年为64.1%,1896年为60.9%,1906年为57.9%,1911年为55.9%,1931年城乡人口各占50%,这比

---

① 转引自葛志华《无为之为》,南京:江苏大学出版社2019年9月版,第48—49页。
② 转引自葛志华《无为之为》,南京:江苏大学出版社2019年9月版,第48—49页。

英国整整晚了80年。在这以后,城市人口超过农村人口,逐渐成为人口的主体。①

农村人口长时间、大规模地持续向城市转移,对法国的社会发展,特别是对农村社会转型产生了巨大影响。一方面,外流人口涌入城市,在工厂、建筑工地、铁路公路建设工地从事劳动,既解决了自己生存问题,又为城市提供了劳动力,也反过来促进了工业化与城市化;另一方面农业人口大量外流,减轻了农村人口压力,缓和了人地矛盾,为实现人与土地的分离创造了必要条件。人与土地的分离是农业发展与农村转型的先决条件。在英国主要是通过圈地运动来解决人与土地分离的,而在法国则是通过漫长的人口迁移来完成的,前者是"急性病症",后者则是"慢性病症"。法国的"慢性病症"使农民的痛苦程度减轻了,但痛苦的时间拉长了。缓慢的发展过程把农民在现代化过程中注定要遭受的苦难减缓了,却也把受苦难的时间拉长了,把"急发症"变成了"慢性病"。

从法国历史进程来看,人口转移是沿着以下"路线图"展开的:

——面对日益增大的人口压力,先是土地所有者和耕种者因收入下降,进入城市的企业与工地,以解决生存问题。后来,随着工业化进程的加快及城市就业机会的增多,农村中的各类人员都被裹挟进了移民大潮。

——农村劳动力的过多过快流失,使农业劳动力的供求矛盾发生了有利于劳动力的变化,留下来的农业劳动力报酬有所提高,有的地方提高较快,其生活与工作条件也随之改善。

——农业劳动力成本的提高引起了农业生产成本的上升,不少土地所有者更多地钟情于农业机械化,以机器取代劳动力,这不仅形成了机械工业的内在需求,推动了工业化,而且大大提高了农业的装备水平。从1870年起,割草机、播种机、收割机、脱粒机的使用明显增多,这不仅为后来的农业现代化做了准备,也加快了资本主义农场的形成。

——大量人口涌入城市,加之对外贸易的不断拓展,人口对农产品

---

① 转引自葛志华《无为之为》,南京:江苏大学出版社2019年9月版,第49页。

的需求猛增，而需求的增加又成了农产品价格上扬的内在原因，进而从根本上改变了多数农业人口养活少数非农人口的低效局面，不可避免地带动农产品价格上涨和全国市场的形成。

——价格上扬刺激了农民的生产积极性，全国市场的形成引发了激烈的市场竞争。"农业工人"在复杂多变的市场中意识到，不能只依靠个体力量，而要学会利用集体的力量更好地保护自己，行业协会、合作社、农业工会应运而生，农民的职业化与组织化程度不断提高。

人口分布结构的变化不仅意味着农村社会旧平衡的打破，而且意味着新结构新组织的形成。在新旧社会起承转合的历史时期，新因素在旧框架中孕育与成长，并最终取而代之，从而改变了整个农村社会的面貌，导致了农村社会的转型。

（3）农村人口的新面貌。工业化与城市化进程的加快，不仅导致了农村自然景观的外在改变与农业人口分布的新变化，也使农村人口出现了新气象，逐渐实现了从传统农民到现代农民的转变。工业的发展与城市的膨胀，特别是交通的便利、教育的普及和报刊的流行，把城市与乡村紧紧连接起来，城市文明不断向农村渗透与传递。1880年以后，报纸在农村有了市场，并很快成为消除农村生活的单调枯燥，加强城乡思想沟通的重要渠道，使农村人口在衣着打扮、饮食习惯、社会交往方式、政治参与度等方面均发生了明显的变化。法国农民与19世纪上半叶的传统农民不仅在数量上与占比上已经有明显差别，整体的思想和精神状态也有了根本的改变。

1851年法国经济学家阿道夫·布朗基在考察了法国许多村庄后，用"生长在同一块土地上的两种人如此不同，以至于他们彼此视为外国人"来形容农民与城里人的差距。巴尔扎克在小说《农民》中对这一时期的法国农民也有过生动的描述。随着工业化进程的加快与城市文明的扩张，法国农民的生产能力日益增长，社会交往不断扩大，与民族社会逐渐融合，进而在这种变化中实现了脱胎换骨的改造。

物质生产能力的增长是农民个人或农民群体发展的基础。工业化与城市化扩大了农业的需求，有效地提高了农民的物质生产能力，广大农民进行商品生产和商品交换的能力普遍增长，农民不再是"在狭窄的范围内和孤立的地点上发展着的"劳动者了,而成为统一市场中的商品生产者。而农业依附工业与统一市场的形成,必然带来经济活动的增多与社会交往的扩大,这不仅导致农村社会内部独立意识的形成、农民交往的增多与范围的扩大,又形成了新的经济联系和新的社会关系网络。新思潮、新信息、市场新行情、农业新技术得以迅速传播,法国农民正是在这种扩大的社会交往与市场活动中实现了自身的解放。与此同时,快速发展的交通运输业把城市与乡村连在一起,城市文明向农村渗透、城乡联系的日益增强,集中体现在农民的文化背景、文化教育和思想观念等方面发生的重要变化,以前与世隔绝的农民逐渐与现代民族社会融为一体。以时间观念为例,对"面朝黄土背朝天"的传统农民来说,日落日出、农闲农忙就是他们劳动与生活的节律,时间的意义微乎其微。农妇宁可多跑几十公里路,以14个苏(旧时法国货币单位)的价格,在市场上出售12枚鸡蛋,也不愿以12个苏的价格就近出卖。在农民眼中,什么东西都值钱,唯独时间一文不值。市场经济的规律与商品生产的实践,使农民对时间有了新认识。他们逐渐认识到所有的劳动与时间都应带有收益,无益的劳动应该放弃。时间就是金钱的观念开始形成。

　　经过工业化与城市化的洗礼,在法国农民的个人物质生产能力提高、社会交往扩大及独立人格力量增强、法兰西民族的民族观普遍形成的基础上,逐渐实现了最本质意义上的从传统农民向现代农民的转变。经济上,长期占支配地位的农业变为工业的附庸与市场农业,与世隔绝的种田人不再孤立,而与乡村以外的外部世界发生越来越多的经济和社会联系;政治上,人数众多的农民通过各种组织联系起来,握有一定比例的选票,对政治集团制定农业政策产生巨大影响,甚至在一定程度上决定着国家与地方的政治走向;文化上,城市文明使农民耳濡目染,现代意识逐渐形成,个人独立意识不断增强……虽然上述变化因人而异,因地区而异,但所有这一切都表明:法国农民正在向自己的过去告别,新型职业农民已呼之欲出。

　　(4)社会结构的新整合。传统社会与现代社会在社会结构特征上有本质的区别,前者是一个封闭的体系,后者是一个开放的社会。传统社会主要以先赋性特征作为确定社会成员社会地位的主要标准,而排斥后天的努力与业绩。传统社会不给社会成员提供改变社会身份的机会,社会结构本身也缺乏发展变化的弹性,显示出僵化封闭的特征。如法国大革命前,整个社会成员分为三个等级,教士是第一等级,贵族为第二等级,这两个等级人数虽然只占全国人口的2%,但却占有全国土地的40%,属于特权阶层,只有无限的权利与财富,而不承担义务。由农民、城市平民、资产阶级构成的第三等级,只有纳税的义务,没有相应的权利,又要受到等级的歧视与奴役。贵族与僧侣组成的特权阶层与第三等级之间存在因出身不同而具有的天然屏障,特权阶层不会向下跌到第三等级,卖爵做官这条路堵死以后,第三等级也不可能上升到第一、第二等级,两者存在难以逾越的"楚汉河界"。与此相反,现代社会则主要以后致性因素作为决定社会成员社会地位的主要依据,出身门第等先赋性因素逐渐变得无足轻重。每个社会成员都存在通过个人的积极进取和个人业绩跻身更高的社会阶层的可能,而原本居高位的社会成员也同样存在向下滑落的危险。社会成员或社会阶层之间这种双向的流动机制,显示了社会结构的开放性特征。

  工业化与城市化的进程加快了旧的社会结构的封闭性框架的解体,社会成员的水平流动与垂直流动的流量在逐渐放大,流速在明显加快。一方面,工业化与城市化像吸水的海绵一样吸纳着农村劳动力,人口的城乡分布、地区分布处于绝对的变动中,造成血缘关系松弛,地域模糊,水平流动明显加快;另一方面,社会成员借助职业、教育、经济、政治等渠道实现上下流动,农村社会各阶层的地位升降出现了开放性特征,传统社会整齐划一的社会结构和社会关系,被农民社会地位的升迁和变动所打乱,被农村贵族阶层的消亡所瓦解。法国大革命以后,伴随着工业化与城市化进程的加快,传统社会的统治基础也如雪崩般地解体,旧的以血统与出身门第等先赋性因素为特征的分层规则逐渐被个人进取与业绩等后致性因素为主的分层规则所取代,导致了农村社会成员社会地位的起落。在法国大革命前,享有免税和特殊司法审理等诸多特权的贵族阶层,包括佩剑贵族和穿袍贵族,在法国大革命中和法国大革命后,几经曲折,其经济优势与政治优势逐渐丧失。政治上,在著名的《人权宣言》精神下,法国法律废除贵族阶级的特权,取消贵族爵位,贵族与平民在法律上完全平等。虽然法国贵族尚未完全从社会消失,但贵族特权的废除,宣告了一个高高在上阶级的跌落和贵族统治时代的结束;经济上,法国大革命取消了贵族的免税特权并没收了占贵族总数25%的流亡贵族的土地,在很大程度上削弱了贵族的经济实力。在其后的拿破仑统治时期,贵族收回了部分土地,在一定程度上恢复了元气,土地上的收益所带来的经济支撑仍能在一段时间内使贵族在农村过上相对体面的生活。但好景不长,随着法国从农业国向工业国过渡的加快,农业在国民经济中的比重下降,社会经济变化造成贵族世代依赖的土地上的经济来源日渐减少,贵族经济地位随之不断下滑,从富有阶层跌入一般和贫困阶层,贵族阶层相对贫困化与绝对贫困化的趋势不可逆转。贵族阶层保持了几百年的经济优势已"无可奈何花落去"。经济上的压力迫使贵族阶层做出抉择,要么坐以待毙,要么适应社会转型需要,寻求发展与更新之路。

有消也有长。贵族阶层在现代化进程中日趋消亡的同时,法国小农阶层出现了分化,地位也随之发生了变化;部分小农弃农进城,一些小农丧失土地,成为农业工人,也有一些小农因经营有方,上升为农场主,并作为新生资产阶级加入地方显贵的行列,成为乡村社会有影响的人物。农村中资产阶级、公证人、医生、教师等新的社会精英,逐渐取代贵族、教士与官方候选人,成为现代农村社会统治精英。农民社会地位的上下流动机制,大大改变了农民群体内虽有相同利益,但又彼此隔离,没有任何联系的社会格局,形成了新的现代意义的阶级分野和以开放性与流动性为特征的社会结构。

(5) 农民改造的新途径。法国素有"欧洲的中国"之称,是一个传统的农业国。在传统农业国向现代工业国转变、传统农业社会向现代工业社会转型过程中,农村与农民都扮演着极其矛盾的角色。农村在现代化进程中既可以成为革命的发源地,也可以成为保守势力的聚集之所;既可以成为革命的源泉,也可以成为稳定的基础。农村的这种矛盾角色在农民身上表现得更为突出。当无地或少地的农民与封建剥削制度的矛盾成为主要矛盾,而农民小生产者与资本主义矛盾还处在朦胧状态时,农民更多地表现出革命性与进步性的一面。法国资产阶级革命之所以成为较为彻底、较为坚决的一次革命,很大程度上得益于农民的参加。革命的成功为资本主义的进一步发展扫清了政治障碍,但农民又因小农生产方式和落后的生活方式下形成的传统观念而具有反资本主义倾向。所以,农民革命往往是一把双刃剑,在刺向封建制度的同时,也在砍伐资本主义因素。在现代化进程中,农民则更多地表现出保守性,这种保守性表现在经济要求上,就是得到并竭力维护土地的所有权与使用权,农民的一切好恶取舍都以土地的得失与否为判断标准,没有土地要获得土地,获得土地要保住土地,谁能满足农民这一基本要求,谁就能得到农民的支持。拿破仑以《民法典》的形式把农民占有土地的经济要求法律化以后,农民便向拿破仑奉献上自己的一切。农民的这种保守性还表现在政治取向上。农民的政治取向源自与之血肉相连的那片小块土地,只要有维持生存的土地与秩序,政治上的共和制也好,君主制也好,都与他们关系不大。法国农民参与现代政治进行第一次普选时,握有2/3以上选票的农民几乎是毫不犹豫地把选票奉献给头上戴有拿破仑光环并许诺农民以土地的路易·波拿巴,催生了法兰西第二帝国,致使无数进步人士为之流血奋斗的法兰西共和国胎死腹中。诚如马克思在《路易·波拿巴的雾月十八日》中所说:"波拿巴王朝所代表的不是革命的农民,而是保守的农民;不是力求摆脱由小块土地所决定的社会生存条件的农民,而是想巩固这些条件和这种小块土地的农民;不是力求联合城市并以自己的力量去推翻旧制度的农村居民,而是愚蠢地拘守这个旧制度并期待帝国的幽灵来拯救他们和他们的小块土地并赐给他们以特权地位的农村居民。"①无独有偶,20世纪30年代,德国纳粹党的"自由土地上的自由人"的竞选纲领,对农民特别有吸引力,因其抓住了农民对土地血肉相连的感情,赢得了37.4%农民投票,法西斯由此恶魔般横空出世,人类社会陷入空前的浩劫之中。法国的历史进程表明,农民经济上对土地的要求及保守的政治倾向已由大革命时期进步的革命性逐渐滑向抗拒现代化的保守性。

---

① 《马克思恩格斯全集》第8卷,北京:人民出版社1956年版,第218页。

这五个方面的新变化只是粗线条地勾勒了法国工业化与城市化进程中农村与农民的境况与变化,而且这些变化还将随着历史的发展不断被注入新内容。

二战结束以后,法国农村变迁进入第三阶段。面对满目疮痍的农业难题——农产品奇缺、土地经营分散、农业技术力量落后等,法国历届政府制定了一系列农业政策,协调农业与工业的关系,在加快恢复农业生产的基础上,大力推进农业现代化。

从二战后到20世纪50年代末,法国政府通过"现代化与装备计划""伊尔斯计划",依靠国家投资及马歇尔计划的援助,迅速恢复与发展农业生产。1949年农业收入即达到战前水平。在此基础上,政府大力推进农业机械化,普及推广科学技术,加强科学生产与管理,有力地提高了农业现代化水平。20世纪60年代,法国政府从宏观经济角度制定国家农业政策,并与欧共体农业政策相协调,先后颁布了《农业指导法》《农业指导补充法》,加快推进农业现代化。以扩大土地经营规模,解决土地分散问题为例,政府根据《农业指导法》与《农业指导补充法》的有关规定,三管齐下:一是建立"土地整治与乡村建设公司",以加速土地流转,合理合并土地,收购小片农田或使小农场变为更富有竞争力的新型大农场。二是年逾65岁的老年农民退休或放弃经营并出让土地,或让位给一位年轻继承人,可享受终身养老金;而17—45岁的青壮年农民离开土地从事其他工作可得到适当的补助金,从而有效地防止了农业人口老龄化,加速了土地集中。三是通过农业信贷政策促进土地集中,规定耕种面积在30公顷以上的农业企业方可获得国家资助。《农业指导法》与《农业指导补充法》的实施,有力地推动了土地流转与适度集中,使农场数量逐渐减少,而农场规模日渐放大,为农业生产机械化、农业现代化准备了条件,也有力地提高了农业生产率。1959年至1961年、1979年至1981年法国农业生产增长幅度均达到64%。法国因此成为当今世界上重要的农产品出口国之一。①

在现代化进程中,法国政府、市场、合作社与农民发挥着各自职

---

① 转引自葛志华《无为之为》,南京:江苏大学出版社2019年9月版,第57页。

能与优势,共同奏响农业现代化的交响乐。就政府而言,顺应现代化的大趋势,制订了《农业指导法》《农业指导补充法》,综合运用经济、法律、行政、金融等工具,加速推进农业现代化。政府出资建立"土地整治与乡村建设公司",拥有土地优先购买权,通过贷款从私人手中买进插花地、低产地,集中连片整治成标准农场,再以较低的价格卖给有经营能力的中等规模的农民,既扩大了农业经营规模,发展了农业生产力,又使经营能力低下的小农离开农业,实现了非农化与城市化。对离开农业的小农,政府出钱进行培训,帮助他们找到力所能及、报酬合适的职业,快速融入新的社会群体。对55岁以上的老年农民,只要放弃耕作,政府就发放脱离农业的终身补贴,以降低农场主的平均年龄。法国还对新进入农业的从业者进行资格限制,规定农民必须接受职业教育,取得合格证书,才能享受国家补贴与优惠贷款,取得经营农业的资格。对农业信贷,政府规定耕种30公顷以上的农场才能获得政府资助。

在政府主导农业发展的同时,市场机制也发挥了决定性的作用。疾风暴雨式的革命可以推翻旧的统治,实现财产关系的变革,但不能完成对整个社会的改造,更不能推进农民非农化与职业化。只有市场与商品生产,只有工业化与城市化,才能把一家一户与现代社会融合在一起。与市场发生联系之后,农产品价格、城市的需求、政府农业政策才能影响农民生产生活,把农民的视野从一村一舍引向更广阔的天地;与市场联系之后,农民才能以市场为中介与现代社会接轨,改变农民对政治麻木不仁的态度,塑造农民的现代意识与独立人格;与市场联结之后,自给自足的小农就会被市场机制所改造,规模经营的农民就有了共同的利益诉求与职业归属感,在职业化的基础上实现农民组织化。在政府主导、市场驱动的同时,合作社与农民发挥了主体作用。法国农业劳动力仅占就业人口的4%,农业生产经营以家庭农场为基本形式,但每个农场都是合作社的成员,单个农户连接合作社,农户的分散经营与合作性统一服务优势形成有机整体。合作社发挥自身独特优势,通过社会化服务,将分散经营的农户连接起来,扩大生产规模,提高专业化水平。法国小农阶层充分发挥主观能动性,顺应现代化历史趋势,依据可能与需要相结合的原则,不断地进行分化:部分小农弃农进城,在政府的帮助下实现了非农就业,成为新市民;一些小农丧失土地,成为农业工人;也有一些小农因经营有方,上升为农场主,成为乡村社会有影响的人物。

由"历史弃子"脱胎为"时代宠儿",由传统小农演变为新型农民,由"现代化的初民"转变为现代社会的公民,就是法国农民在现代化进程中的演变轨迹。

没有农民的农业强国

丹麦是北欧五国之一,面积不大,只有约 4.3 万平方公里;人口也不多,总人口只有约 588.4 万(2022 年);农业资源更不丰富,气候寒冷,地势低平且多雨。可就是这样一个小国却拥有两张耀眼的名片,为人类发展做出了独特而重大的贡献。

"童话王国"是丹麦的第一张名片,这里诞生了安徒生等一批童话作家,他们编织了王子与公主的爱情故事,成为献给孩子们的礼物。《安徒生童话》被译成 150 多种文字,产生了广泛的国际影响。

"农业王国"是丹麦的又一张名片。这张名片主要体现在农业产出、农业效率、农业科技、农业经营机制、农民收入、农民再生机制等诸多方面,创造了举世瞩目的"丹麦模式"。

从农业产出来看,丹麦是世界农产品出口大国。丹麦的农业生产力水平极高,农业产品不仅能满足国内需求,大部分农产品还用于出口,地区小国成为农产品出口大国。资料显示,丹麦 60% 以上的粮食、牛肉、黄油等农产品出口 170 多个国家与地区。丹麦是全球最大的猪肉出口国,猪肉出口量约占世界猪肉贸易的 35.39%。丹麦还是世界最大的牧草种子生产国与出口国之一。①

从农业效率来看,丹麦是全球农业效率最高的国家之一。该国从

---

① 转引自葛志华《没有农民的农业强国——读〈外国人怎样当农民〉》,载《南通日报》2021 年 3 月 31 日 A7 版。

事农业生产的人口大约20万,约占总人口的4%左右,分布在67000个农场,平均每个农民可供给225人的消费。一般家庭农场拥有40公顷土地,85%的农场不雇用帮手,主要依靠家庭内部劳动力。①

从农业科技来看,丹麦是农业科技强国之一。在农业生产的各个环节,大量使用先进农业技术,使农业生产效率呈几何级数上升,给现代农业插上了腾飞的翅膀。以农田除草为例,杂草的种类与分布极不规则,除草是一项个性化的劳动,既费神又费时间。丹麦广泛使用无人驾驶直升机控制杂草,全程自动化识别、定点喷洒和登记,有效地节省了人工,提高了效率。又以生猪屠宰为例,在丹麦的屠宰场,已不见磨刀霍霍的人工操作,而是广泛使用机器人,这种机器人利用3D传感技术,只需4秒就能快准狠地去猪肉皮,大大提升了工作效率。再以割麦为例,丹麦割麦已实现了全程机械化。在丹麦家庭农场,一台机器向前开,边收割边脱粒,麦粒与麦秆自然分离;分离后的麦秆由同台机器打成规格捆置于田间,然后再装车运往收购处进入造纸厂,既减少了污染,又增加了农场主收入。

从农业经营机制来看,丹麦普遍实行家庭农场+合作社的统分结合的经营机制,把分的积极性与统的优势有机地结合起来,最大限度地发展了农业生产力。在生产环节,家庭农场为基本生产单位,主要负责初级农产品的生产。农产品加工销售主要由农民自己成立的合作社承担,每个农场都是合作社成员。合作社则通过对生产要素的优化配置和产业结合,把分散的家庭农场经营融入整个产业链,最大限度地发挥整体效益与规模优势,提高交易地位,降低交易成本,增加农场收入。丹麦的合作经济组织有合作社、农业协作社等多个名称,但都实行合作制,每个农场都是上述一个或多个单位的成员,合作社的管理都由农民会员民主推选,实行一人一票。家庭农场负责农业基础生产,合作社负责食品加工与销售,形成了从田头到餐桌的产业链,被学界誉为"丹麦模式"。

从农场主收入来看,因经营规模与机械化、自动化等因素,丹麦的

---

① 罗维扬选编:《外国人怎样当农民》,武汉:湖北人民出版社2005年9月版,第151页。

农场主收入普遍高于非农产业的高级职业,农业工人也大多高于非农产业的从业人员。据丹麦统计局资料,家庭农场主家庭平均年收入约为47万丹麦克朗,高于非农产业高级职业平均年收入,农业工人的月收入也高于非农产业的服务员收入。①

从农民再生机制来看,在中国当农民无门槛,具有强制性与不可选择性。所谓"农之子恒为农","跳农门"则是农民的不二梦想。在丹麦,当农民有条件,必须获得"绿色证书","入农门"成为多数青年人的追求。丹麦的农场主普遍受过高等教育,是有责任感与进取心的经营者,同时兼有生产管理、财务与法律等相关知识。这些农场主年老退出岗位后,就必须由新一代农民接班。新生代农民如何再生,法律有明确规定。丹麦法律规定,凡购买超过30公顷的农场主,必须接受为期五年的农业学院的学习。学员在完成基础教育后,再进行实践课程学习。所学课程中包括自然科学、实用贸易、生态学、食品学以及环境科学等。基础学习与实践课程学完后,还要进行考试,成绩合格者方可获得国家颁发的"绿色证书"。这个"绿色证书"就是"入农门"的资格证书。丹麦每年大约有2%的青年进入农业领域,人数大约1200人,其中约有900人能通过考试获得"绿色证书",成为新一代职业农民。② 这种再生机制产生的农民已不再是传统意义上的小农(peasant),而是现代职业农民(farmer)。从这个意义上说,丹麦的确是货真价实的没有农民的农业强国。

上述六个方面是一个有机的整体,从不同侧面展示了"农业王国"的实力、成就与经验,创造了"没有农民的农业强国"的奇迹。

法国著名学者H.孟德拉斯在《农民的终结》一书中发问,"令人困惑不解的是,农业国缺少解决自己吃饭问题的能力,他们反而要向工业国乞食。"农业国家农业占比大,农业人口多,但就是解决不了自身的吃饭问题。而工业国家农业占比小,农业人口少,不仅能较好地解决自身

---

① 转引自葛志华《没有农民的农业强国——读〈外国人怎样当农民〉》,载《南通日报》2021年3月31日A7版。
② 转引自葛志华《没有农民的农业强国——读〈外国人怎样当农民〉》,载《南通日报》2021年3月31日A7版。

的吃饭问题,而且还有大量农产品出口,真有点不可思议。其实,答案就藏在丹麦农业模式中。

韩国的"新村运动"

梁漱溟先生说过一句颇有见地的话:"乡村建设,实非建设乡村,而意在整个中国的建设。"虽然晏阳初、梁漱溟等人在20世纪30年代所从事的平民教育与乡村建设运动在取得局部成效后,因内外诸多因素的制约与干扰而中断,但梁先生的这一乡村建设与国家关系的见解却影响深远,并在其后的韩国"新村运动"中得到印证。

韩国是我国的邻邦,与我国具有相似的文化背景;韩国又是现代化国家中的后起之秀,创造了世人瞩目的"汉江奇迹",短短几十年就实现了从传统农业国到新兴工业国的历史性转变,跻身亚洲"四小龙"行列,人均国民生产总值从1962年的87美元跃升到1995年的7400美元,非农产业比重也从1961年的55.9%提高到90%以上,农业人口占比迅速下降到13%以下;[①]世纪之交,韩国在经受亚洲金融风暴猛烈冲击后比较快地走出阴影,再次为世人所瞩目。

韩国之所以能成为现代化的后起之秀,得益于多方面的因素。在这诸多因素中,"新村运动"是一个关键性因素。"新村运动"的展开,不仅比较好地解决了"三农"难题,还成为其现代化战略的有力支撑。

韩国是农业资源相对稀缺的国家,是世界上人口密度最高(高于日本)、人均耕地最少(少于中国)的少数国家之一。韩国历史上也曾创造过灿烂的农业文明,然而,20世纪60年代以后,伴随着工业化的高歌猛进和城市化的快速扩张,出现了农业相对萎缩、农村日渐衰落、城乡差距日渐扩大、农村劳动力严重老化、农村人口无序迁移等较为严重的经济与社会问题。韩国政府认识到,如果不在加速工业化与城市化的同时振兴农村,大量农村居民要么大量涌入本已超载的城市,要么被排斥

[①] 转引自葛志华《从田园诗到狂想曲》,南京:江苏人民出版社2006年10月版,第109页。

在现代化进程之外,这不仅使国民经济缺乏消费拉动力,而且更严重的是会形成尖锐的社会矛盾,甚至会延缓和打断现代化的进程。鉴于此,韩国政府决定实施"新村运动",并把它作为推进农村现代化的有效载体。

"新村运动"是一个社会综合开发运动,其目标体现在三个方面:第一,精神发展,包括灌输正直诚实的价值观,培养自重、和谐、自助与合作精神,确立牢固的国家认同观念,强调生活方式的理性化等;第二,经济发展,包括提高农户生活水平,进行农业与渔业结构的创新,调整土地开发结构,鼓励技术创新与机械化等;第三,社会发展,包括加快农村基础设施建设和社会事业发展等。"新村运动"每一阶段的侧重点不同,政府的指导方针与考核次序也不一样。其主要做法包括以下几方面:

第一,在"新村运动"发展初期,主要采取政府主导型发展模式,由政府通过对改善农村居民环境和生活质量、新村项目开发和工程建设、新村教育等公共基础设施的投资来扩大内需,消耗过剩的产能,逐步缩小城乡差距,调动农民建设新农村的积极性。自1970年开始,韩国政府10年间累计投入2万亿—8万亿韩元,相当于财政支出的1%,投入重点是农村基础设施建设、增加农民收入、发展农产品加工为主要的农村事业。这一阶段的主要目标是改善乡村居民生活环境条件,政府确定的评比的优先次序是:改善生活环境、增加家庭收入、转变态度。

第二,在"新村运动"发展中期,主要采取政府培育、社会跟进的发展模式,其主要目标为发展生产和增加收入,评比的优先次序调整为:增加家庭收入、转变态度、改善生活环境。政府相应地把工作重点转移到鼓励发展畜牧业、农产品加工业、特色农业、农业保险业及农协组织建设,增加农民收入,逐步培育社会发展实体。

第三,在"新村运动"发展后期,其主要目标是精神启蒙,通过精神启蒙全面提高和巩固运动成果,并相应地转入国民主导型发展模式。政府主要通过规划、协调、服务等手段,调整农业结构、发展多种经营、大力发展农村金融业和流通业,为国民的自我发展创造更加有利的环境。与此同时,通过建立和完善全国性新村运动的民间组织,发挥中介组织在新农村建设中的独特作用。此外,政府还注意在克服新村规模偏小、加强区域合作、密切城乡与工农关系等方面做一些尝试,鼓励并引导兴建农业与制造业相结合的农业园区,拉长农业产业链,增加农民收入,推动农业高效化、规模化与现代化。

经过三个阶段的不懈努力,"新村运动"取得了超出预期的效果。农业生产取得了长足进步并基本做到粮食自给,在此基础上推动了农村非农产业的全面发展:农民收入明显提高,城乡差距日渐缩小并出现了有些年份农民家庭的人均收入高出城市工薪家庭收入的现象;乡村面貌出现了根本改变,农民的精神风貌也出现了较大变化,一代新型农民逐渐形成。"新村运动"的成功,还为韩国经济社会的全面发展奠定了扎实的基础,1971年至1981年,韩国国民生产总值从90亿美元上升到668亿美元,人均产值从277美元分别跃升到1977年的1012美元、1981年的1734美元、1987年的3110美元。1970年至1987年间,韩国经济增长速度列世界第二,到2004年,韩国人均GDP已经达到1.4万美元,城乡收入比为1:0.84。[1]

虽然韩国的"新村运动"也存在一些不足,如低水平的重复建设与浪费等,但这一运动不仅有效地解决了现代化进程中的"三农"问题,补齐了现代化短板,还产生了广泛的国际影响,俄罗斯、菲律宾等100多个国家的总统和部长先后带领国家考察组赴韩国学习考察,并建立了友好交流与合作关系。

"他山之石,可以攻玉。"我国与韩国虽然在意识形态和社会制度等方面存在本质区别,但两国在现代化进程中所碰到的难题有相同相似之处,因此,我们在社会主义现代化进程中,要注意学习借鉴韩国"新村运动"的经验和做法,遵循农业国向工业国转型过渡时期的社会经济发展规律,发挥政府、市场、合作经济组织、农户的职能与优势,从大处着眼,从小处入手;从无形的精神启蒙着眼,从有形的物质投入入手;从农村居民主体参与着眼,从政府主导启动入手,逐步把乡村振兴实践引向深入。

---

[1] 转引自葛志华《从田园诗到狂想曲》,南京:江苏人民出版社2006年10月版,第112页。

六、浴火重生：农民的转型与嬗变

20世纪六七十年代，伴随现代化的一路高歌，国际上出现了农民学辉煌的十年，有人甚至把这一时期农民学所取得的划时代进展与物理学领域中牛顿定律的发现相比拟。面对这场学术盛宴，英国著名学者R.希尔顿深有感触地说：农民学日益把历史学家、经济学者、政治学家、人类学家和农学家团结在一种共同的兴趣之中。①

作为一种混杂着阶级、身份与职业的称谓，传统农民创造了灿烂的农业文明，但他们的生产方式、生活方式、价值观念又与工业文明格格不入，注定会成为"历史弃子"。而作为现代农业最活跃的因素，新型职业农民是农业现代化独一无二的主角，也是现代社会不可或缺的成员，注定会成为"时代宠儿"。从这个意义上说，现代化的过程就是农民由"历史弃子"蜕变为"时代宠儿"、由"现代化初民"脱胎为现代社会公民的历史过程。农民的转型与嬗变贯穿于现代化的全过程。

农民的地位与作用

农民是一个由农业派生出来并被赋予其他内容的社会概念。从一般意义上说，农民是指从事农业生产经营的劳动者。由于作为劳动对

---

① 转引自葛志华《无为之为》，南京：江苏大学出版社2019年9月版，第62页。

象的动植物不同,又可细分为粮农、菜农、牧民、渔民等。进入阶级社会以后,农民的内涵不断丰富,在从事农业劳动的基础上,又加持了身份、阶级、户籍等内容,使农民成为一个混合概念。在当代中国,主要以户籍来区分农民与非农民,与农业生产经营关系不大。

早在新石器时代,农民就与原始农业结伴而生,开始登上历史舞台,至今已有8000多年历史。进入阶级社会以后,宗法农民与封建小农先后登台,成为人类社会的主体人群,至今也有几千年历史。

一部人类文明史,就是农耕发展史。我国农业生产起步较早,成为世界农业文明的重要发祥地之一。早在氏族分社时期,我国先民就发明了原始农业,实现了对动植物的驯化,使人类摆脱了对自然界的依赖。到了春秋战国时期,我国又较早地使用了铁器与牛耕,出现了精耕细作的园圃作物,有效提高了农业生产力,奠定了中国强盛的基础,创造了灿烂的农业文明。诚如风靡全球的《大国的兴衰》一书所说:"在近代以前时期的所有文明中,没有一个国家的文明比中国更发达、更先进。"①只是到了封建社会后期,我国农业技术处于停滞状态,农业生产到了边际报酬收缩的程度,陷入了外国学者所说的"高水准均衡的陷阱"。

农民是生产力中最活跃、起决定性的因素,也是传统社会的主体人群。无论是在古代中国,还是在当代中国,农民都起到了基础性与决定性作用,成为推动历史前进的重要因素。

在古代中国,农民的基础性与关键性作用主要表现在三方面:从创造财富角度来看,农业是决定性的生产部门,是创造财富的主渠道。古代社会的发展与繁荣都是建立在农业的基础之上的。农民既是物质财富的创造者,又是精神财富的创造者,农业文明是中华文明的主干与基础。离开了农民的辛勤劳作,一切都无从谈起。从社会稳定角度来看,农民又是社会稳定的主体力量,无论哪个朝代与政权,农民都是税源、兵源、役源的主要承担者,离开了农民这个衣食父母,政权就无法运转,社会就不能前行。从政治力量角度来看,农民还是改朝换代的工具。

---

① [美]保罗·肯尼迪:《大国的兴衰》,北京:国际文化有限公司2006年1月版,第1页。

在和平时期,原子化状态的农民匍匐在专制政权之下,沦为实质上最底层的弱势群体,成为统治者眼中的"顺民"。但遇到天灾人祸,忍无可忍的农民就会揭竿而起,由"顺民"变为"暴民",引起社会动荡与王朝易帜,上演了一场又一场"你方唱罢我登场"的历史剧。诚如哲学大师黑格尔所说,从本质上说,中国其实并无历史,只有封建王朝的再生与复制,而农民起义恰好成为王朝循环的杠杆。中国历史上农民起义数量之多、规模之大,可谓举世无双。据史书记载,从秦始皇统一中国直到清朝末年,在两千余年的历史上共发生过万人以上的跨越县境的农民起义千次以上,平均每两年爆发一次。

在当代中国,农民更是中国革命、建设与改革发展的决定性力量,发挥了革命性的作用。就革命而言,中国民主革命实质上就是农民革命,广大农民在中国共产党领导下,通过建立农村根据地,以农村包围城市,最后夺取城市的道路,经过二十八年的浴血奋斗,推翻了三座大山,建立了新中国,中国人民从此站起来了。诚如陈毅元帅所说,淮海战役的胜利,是农民用小车推出来的。① 就社会主义革命与建设而言,中国工业化的启动与发展资金主要依靠农民提供。没有农民的奉献,没有工农产品的剪刀差,土地、劳动力的剪刀差,我国就不可能建成独立的比较完整的工业体系与国民经济体系,更不可能成为世界第二大经济体。可以说,农民是我国社会主义建设的支撑力量。据专家测算,1954—1978年,国家通过剪刀差从农民手中获取的资金高达5100亿元,而1978—1991年,剪刀差累计高达12329.5亿元,相当于同期农业生产总值的22%,也就是说,广大农民将自己创造的1/5财富无偿地贡献给国家的工业化。② 就改革而言,中国改革在农村率先突破,农民首创的大包干体制解放和发展了农村生产力,为现代化建设注入了长久的动力。经过短短几十年的奋斗,我国实现了从站起来到富起来再到强起来的历史性跨越,一跃成为世界第二大经济体,正在阔步迈向第二个百年奋斗目标。在新发展阶段,我国推进社会主义现代化建设,更离

---

① 转引自《人民的胜利——探访淮海战役纪念馆》,载《解放军报》2021年5月28日。
② 转引自葛志华《从新农村到新国家》,南京:江苏人民出版社2008年7月版,第129页。

不开三农这个"压舱石"与稳定器的作用,更需要农业农村现代化的基础支撑,更需要发挥农民的主体作用。

现代化与中国式现代化

美国比较现代化学者布莱克在《现代化的动力:一个比较史的研究》一书中指出:在人类历史的长河中,有三次伟大的革命性转变。第一次革命性转变发生在100万年前,原始生命经过几万年的进化以后,出现了人类;第二次革命性转变是人类从原始状态进入文明社会;而第三次革命性转变则是近几个世纪正在经历中的事情,全世界不同的地域、不同的民族和不同的国家从农业文明或游牧文明逐步过渡到工业文明。①

这第三次革命性大转变就是汹涌澎湃的现代化浪潮。

作为一个世界性的历史进程,现代化是指人类社会从工业革命以来所经历的一场急剧变革。这一变革以工业化为推动力,导致传统农业社会向现代工业社会大转变,它使工业主义渗透到经济、政治、文化、思想等社会各个领域,引起深刻的变化。

现代化是人类历史上一次颠覆性的变迁过程,其核心内容是农业文明向工业文明过渡。大体涵盖了经济领域的工业化、政治方面的民主化、社会方面的城市化、价值观念上的理性化及其互动过程。就现代化而言,主要有三项任务,即构建现代国家、发展现代经济、建设现代社会,这三项任务完成之时,才是现代化成功之日。与一般意义上的社会变迁不同,现代化既是一个动态的不断发展的渐进性的过程,大致经历了工业化与信息化两大阶段,而这两大阶段又是由一连串的制度变革与完善、技术革命的多次飞跃、经济发展等多种因素构成的;又是一个整体性的变革,是科技革命、工业革命与政治革命的共同产物;是各类

---

① [美]C.E.布莱克:《现代化的动力:一个比较史的研究》,段小光译,成都:四川人民出版社,1998年版。

发展要素的协调演进与有机统一;更是全球性的趋势。全世界不同的地域、不同的民族或主动或被动地卷入了现代化的浪潮。诚如《现代化:抗拒与变迁》一书所说:"就历史观点而言,现代化是社会、经济、政治体制向现代类型转变的过程。它从17世纪到19世纪形成于西欧与北美,而后扩及其他欧洲国家,并在19世纪和20世纪传入南美、亚洲及非洲大陆。"①

著名社会学家 M. 列维考察了不同国家现代化历程及启动方式后,将现代化分为"早发内生型现代化"与"后发外生型现代化"两类。前者以英法等国为典型个案,这些国家早在十六七世纪就开始起步,现代化的启动因素与推动力量都源自本社会的内部,是其自身历史的绵延与发展。后者主要包括俄国、日本、韩国、德国以及一些发展中国家,这些国家的现代化起步时间较英法等发达国家迟1—2个世纪,有的19世纪开始艰难起步,有的到20世纪才开始启动,这些国家的刺激与激发因素主要源自外部世界的生存挑战与早发内生型国家的示范效应。

诚然,人类走向现代化的历史进程是从西方开始的,基于特定的因素,英法美等国家率先建成了"工业化社会",实现了从农业文明到工业文明、传统社会向现代化社会的历史性跨越。继英法美等国以后,亚洲、大洋洲与非洲、拉丁美洲的多数国家都不同程度地卷入了现代化浪潮。基于不同的时代、历史背景、社会制度等因素,这些国家并非都是西方国家现代化的历史翻版,而是具有各自国家与民族历史发展的内在规律性,中国就是一个典型的例子。

中国是人类文明的重要发源地,并长期雄踞世界文明的巅峰。从炎黄至今,五千年历史文化绵延不绝,有文字的确切纪年也有二三千年。其间虽不断有改朝换代与政权的更替,但中国却没有出现文化发展的断层,而是通过不断吸收异质文化成分,给中华文明注入更强更旺盛的生命力。

---

① [以色列]S. N. 艾森斯塔特:《现代化:抗拒与变迁》,张旅平译,北京:中国人民大学出版社,1988年4月。

到了明清之际,我国政局总体稳定,农业经济趋于繁荣,江南等地有了资本主义萌芽,出现了所谓的"康乾盛世"。但不管封建传统者及其文人如何修辞与包装,在发展到顶峰的封建专制主义的高压下,所谓盛世除了生产与哺育了日益增长的人口外,并没有促使政治经济出现质的变化,而是掩盖与积累了各种矛盾,弱小的资本主义萌芽在封建主义的母胎内难以正常成长。然而,放眼世界,西方世界却发生了历史性的质变,不仅有摧毁封建制度的英法资产阶级革命,有争取民族独立的美国独立战争,而且有划时代的英国工业革命,创造了"资本主义在它不到一百年的阶级统治中所创造的生产力,比过去一切时代创造的全部生产力还要多、还要大"的历史奇迹。

1840年作为历史坐标的一点,虽是人类历史长河中短暂的一瞬间,却是古代中国与近代中国的分水岭。以鸦片战争为起点,中国迅速滑向"积弱""积贫"的半封建半殖民地的深渊。

面对咄咄逼人的生存危机与现代化浪潮,中华民族展开了一系列的自救运动,包括统治集团的洋务运动与戊戌变法,也包括"实业救国"实践与民族资本主义的发展,也包括辛亥革命等。这些自救运动虽取得一定成效,推动中国工业化在夹缝中艰难起步,但成效都不大。到1949年新中国成立时,中国仍是一个典型的农业国。据记载,在国民经济中,旧式农业与手工业占90%左右,现代工业约占10%,其中使用机器的工业只占17%左右。这些工业的基础又非常薄弱,部门行业残缺不全,布局也极不合理,具有严重的半殖民地性质。1949年,我国工业固定资产约128亿元,工业职工只有300万人,约占全国总人口的5.6‰。[1]

中华人民共和国的成立,扫除了现代化的政治障碍,开始了大规模的现代化建设。在短短二十多年中,经过几个五年计划的不懈努力,我国就建成了独立的比较完整的工业体系与国民经济体系,并在尖端科学领域占有一席之地。改革开放以后,经过四十多年的发展,我国实现了从贫穷到温饱再到全面小康的历史性跨越,进入了现代化建设的新

---

[1] 郝侠君等主编:《中西500年比较》,北京:中国工人出版社1990年6月版,第552—553页。

时代,从一穷二白的农业国发展成经济总量超过100万亿元、人均GDP超过1万美元的世界第二大经济体。

党的十九届五中全会又提出了第二个百年奋斗目标:我国不仅要在2035年基本实现社会主义现代化,而且要在2049年建成富强、民主、文明、和谐、美丽的社会主义现代化强国。

我国的现代化既不同于西方先进国家的现代化,又区别于其他发展中国家的现代化,而是中国式的现代化,具有鲜明的现代特征与中国特色。中国式现代化是人口规模巨大的现代化,意味着比现代所有发达国家人口总和还要多的中国人民将进入现代化行列,从而彻底改写现代化的世界版图;中国式现代化是全国人民共同富裕的现代化,推动更多发展成果,更多更公平地惠及全体人民,不断增强人民群众的获得感与幸福感;中国式现代化是物质文明与精神文明协调发展的现代化,既要创造高度的物质文明与精神文明,又要追求更高水平的生态文明;中国式现代化是坚持和平发展的现代化,意味着超越西方一些国家实现现代化的老路,在发展自身的同时造福社会,推动构建人类命运共同体。总之,中国式现代化,既遵循现代化普遍规律,又彰显中国特色;既符合现代化世界大势,体现人类发展的一般规律,又切合中国实际,体现了社会主义建设规律,创造了人类文明的新形态。

现代化既"化物"又"化人"

现代化是人类文明发展的方向,也是我国第二个百年奋斗目标。我国不仅要在2035年基本实现现代化,还要在2049年建成富强、民主、文明、和谐、美丽的社会主义现代化强国。

四化同步是我国现代化的路线图,就是要坚持中国特色的新型工业化、信息化、城镇化、农业现代化道路,推动工业化与信息化深度融合、工业化与城镇化良性互动、城镇化与农业现代化相互协调,促进工业化、信息化、城镇化、农业现代化同步发展。

农业农村现代化既是四化同步的有机组成部分,也是现代化的基础支撑。实施乡村振兴战略是推进农业农村现代化的总抓手,是坚持农业农村优先发展、补齐现代化建设"短板"的必然要求。

现代化是一场整体性的变革,是农业文明向工业文明、传统社会向现代社会的历史性跨越。诚如美国著名社会学家丹尼·勒纳所说,现代化是"一个本身具有某种独特性质的过程,它给人的感受是一个连续一贯的整体,并非支离破碎的"。因此,不能把现代化仅仅理解为单纯的经济发展过程,理解为一组经济数据与一座座现代城市,进而把它描绘成一幅高技术与高消费的社会图景。诚然,现代化离不开经济增长与物质文明,但这些只是现代化的物质基础,而不是现代化的全部内容。现代化应该是建立在经济基础之上的融经济发展、社会进步与人口素质提高于一体的整体性变迁。离开了人的现代化、没有人的全面发展,现代化就成了一句空话。诚如学者所说,现代化的目标与中世纪的面孔相结合,任何现代化的努力都是徒劳的。因此,现代化的过程就是"化人"与"化物"的内在统一。

以农业现代化为例,农业是人类生存与发展的基础,一切发展由此而来。灿烂的农业文明创造了古代中国的辉煌,却与工业文明格格不入。现代化并不是消灭农业,而是要改造农业,化传统农业为现代农业,变物质与能量的封闭循环为开放式循环,使之成为现代产业体系的有机组成部分。在现代化进程中,农业产业有两个明显的"此消彼长"。产业升级是现代化的基本特征,即由第一产业为主导的经济,升级为第二产业为主导的经济,再进一步升级为第三产业为主导的经济。伴随着产业升级的历史进程,农业产业呈现两个此消彼长的趋势:一是农业占比不断下滑,由农业社会的支柱产业降为小比例产业,而非农产业则一路高歌,由服从服务角色上升为支柱产业角色,农业产业与非农产业的此消彼长成为现代化"化物"的基本特征;二是在工业化与城镇化的推动下,传统农业逐步蜕变为现代农业,构建了现代农业经营体系,转变了农业发展方式,使农业成为现代化产业体系的有机组成部分,传统农业与现代农业的此消彼长成为现代化"化物"的又一特征。

农民是农业产业中最活跃的因素,离开了农民,发展农业就无从说起。但传统农民的生产生活方式以及价值观念又与现代农业格格不入,无法适应现代化的需要。现代化也不是消灭农民,而是改造农民,化传统农民为新型农民,使之成为现代职业体系的类别,更好地肩负起发展现代农业的历史重任。农业占比的下滑与农业发展方式的调整,又对其从业者提出了新要求,在"化物"的同时,又推动了"化人",实现了"化物"与"化人"的有机统一。从现代化的内在规律与发达国家的经验来看,现代化"化人"有两条基本路径:一个是让农民不当农民,推动农民非农化,为工业化提供劳动力,为城镇化准备人口,为缓解人地矛盾、扩大农业经营规模创造条件,使农业占GDP的比重与农业劳动力占全社会劳动力的比重在新的水平上大致吻合,实现资源的合理配置,促进四化同步;二是让农民当好农民,推进农民职业化,使农业从业者的职业素养与现代农业的要求大致吻合,并在职业化的基础上实现农民组织化。无论是非农化,还是职业化与组织化,农民都将由现代化初民变成现代社会的公民。经过现代化的洗礼,农民虽然仍旧称为农民,但其生产生活方式与价值观念与从前已判若两人,实现了农民的转型与嬗变。

这两大要求并不是孤立进行的,而是互为因果,协调互动的,统一于四化同步的伟大实践。没有农民的非农化,工业化与城镇化缺乏动力,农业经营规模难以扩大,更谈不上农民的职业化;而没有农民的职业化,现代农业难以成长,农民的非农化更难以持续,工业化与城镇化也就失去基础支撑。

现代化对农民的两大要求,实际上揭示了农民与现代化的复杂关系。一方面,传统农民作为农业文明的创造者,其生产方式、生活方式、价值观念与工业文明格格不入,注定会成为"历史弃子"。诚如恩格斯所说:"我们的小农,同过了时的生产方式的任何残余一样,在不可挽回地走向灭亡。"[①]另一方面,农业现代化不仅是现代化的重要组成部分,还是工业化与城市化的基础支撑。农民又是农业现代化不可或缺的主

---

① 《马克思恩格斯选集》第四卷,北京:人民出版社1995年版,第487页。

角,是国家粮食安全与农副产品有效供给的主要承担者,是国家稳定发展的"压舱石"与"稳定器",又注定会成为"时代宠儿"。在现代化进程中,伴随着农业产业与非农产业的此消彼长,就业结构迟早会随着经济结构的变动而变动,绝大部分农民将会离开熟悉的土地与农村,进入陌生的城市与车间,成为工业化与城镇化的后备力量,蜕变为城市"新市民""新公民"。而伴随着传统农业与现代农业的此消彼长,农民的内涵将悄悄地发生有价值的变化,其身份元素日渐式微,职业色彩不断凸现,在农民的非农化中扩大经营规模,在现代农业的成长中提高劳动生产率,使农业成为有奔头的产业,使农民成为受人尊敬的职业,并逐渐形成自己特有的职业规范,并在此基础上实现了农民的组织化与公民化。

现代化的两大要求已得到发达国家的充分印证。在西方国家的现代化进程中,农民是被作为现代化的阻力而被消灭的,农民作为一个阶层被西方经典现代化理论视为"历史的弃儿"与"现代化的初民"。在欧洲现代化进程中,工业化与城镇化吸引或掳掠原有的农业劳动力,造成了一石二鸟的客观后果:一是农村劳动力进入非农产业,为工业化提供了劳动力,为城镇化提供后备力量。工业革命前,英国农村人口占总人口的75%,属于典型的农业社会。随着工业革命的不断深入,农村人口不断减少,1801年下降为35%,1851年进一步下降为16%,成为典型的城市社会。① 二是农村劳动力外流,又使人均农业资源呈现出算术级数或几何级数的放大,更少的农民耕种更多的土地,逐渐形成了更有效率的农业经营体系,有效地提高了劳动生产率,既使农业成为有奔头的产业,又使农民成为有吸引力的职业,其社会身份、生产手段、生活方式和价值观念等方面也发生了相应的变化。这样,标志着某种政治和社会身份的农民被消灭了,标志某种职业类别的农业劳动者诞生了,"peasant"蜕变为"farmer"。法国著名社会学家 H. 孟德拉斯把这一过程称为"农民的终结"。

---

① 转引自葛志华《无为之为》,南京:江苏大学出版社2019年9月版,第65页。

农民的困境与局限

现代化为农民开辟了广阔的发展空间，创造了千载难逢的历史机遇。经过几十年的建设与改革发展，我国农民实现了从贫穷到温饱再到全面小康的历史性跨越，进入了现代化建设的新时代。

伴随着现代化建设的巨大成就，我国农村经济发展水平、社会发展水平与人口发展水平都有了质的飞跃。2021年，我国谷物、肉类产量已分别占全球的21%、25%，水果、蔬菜、水产品产量亦居全球首位，人均粮食占有量多年超过世界平均水平。农业物质技术装备水平、农村基础建设水平、农作物耕种收综合机械化率稳步提高，农民收入水平与消费水平大幅提高，实现了从温饱不足到丰衣足食、从绝对贫困到全面小康的历史性跨越。但与快速发展的工业化与城镇化相比，我国农业农村农民仍滞留在现代化途中，既有难得的机遇，又面临严峻的挑战，更有现实的困境与局限。这些困境与局限表现在非农化、职业化与组织化、人的发展等三个方面。

就农民非农化发展而言，主要有二大不足：

一是转移农村劳动力不够，导致两大结构的错位。转移农村剩余劳动力，加快农民非农化是农民发展的必由之路。改革开放以来，我国顺应现代化历史趋势，出现了一波又一波非农化浪潮。2021年，全国农民工总量已高达29251万人。这些农民工为工业化与城镇化、为增加农民工资性收入做出了重大贡献。但囿于多种因素，我国也出现了就业结构与经济结构严重错位，即我国农业劳动力占全社会劳动力的比重没有随农业占GDP的比重同步下降。一方面，我国经济结构循着产业升级的规律快速变动，农业占比不断下滑。2012年，我国农业占GDP的比重为10.2%，而非农产业占比高达89.8%。这一升一降，既体现了现代化的一般规律，又反映了工业化的巨大成就。另一方面，我国农业劳动力占全社会劳动力的比重下降缓慢。2010年，第一产业从业人员仍占全社会从业人口的38%，与农业占GDP的比重相差28个百分点，形成了一个"喇叭口"，造成了结构性错位。2000年至2019年，我国农业从业人员的数量从3.6亿减少到2亿,占比从50%降至26.1%。2021年,我国农业占比已进一步下降到7.1%,已接近工业化国家水平,但从就业人口与农业劳动生产率指标来看,我国仅相当于工业化中期国家水平。① 这种结构性偏差不仅意味着资源配置不合理,容易引发经济和社会问题,而且折射出"三农"问题的无奈与尴尬,更对新型城镇化提出了新要求。这种偏差还表明,仍需转移1亿多农村劳动力,才能实现就业结构与经济结构的基本吻合。

二是非农化不彻底,形成了半城市化现象。从发达国家的历史经验来看,农民非农化、城镇化与市民化本应是"三位一体"的整体,而我国在城镇化进程中,三者又严重脱节,形成了独特的"半城镇化现象"。所谓半城镇化现象就是农村人口向城市人口转移过程中的一种不彻底状态。长期以来,我国城乡发展不平衡。受二元体制及相关政策的影响,农民进城后很难真正融入城市,无法在医疗、教育、住房、就业、养老、社会保障与政治权利等很多方面享受与市民同等待遇,形成了中国特有的"半城市化"现象。其表现为农民虽已离开农村,也不再从事农业生产,但户口仍在农村,宅基地与承包田仍在农村,仍为集体经济组织与村民自治组织的成员;农民虽在城镇工作,从事脏、累、苦、险的工作,在为工业化与城镇化出力流汗,但在劳动报酬、子女教育、社会保障、住房、公共服务等方面又不能与城市居民享有同等待遇。2012年,我国进城务工人员总数达到26261万人,其中外出进城务工人员达到16336万人。2013年,我国常住人口城镇化率为53.7%,户籍人口城镇化率只有36%左右。② 在两者相差的16个百分点中包含了数以亿计的进城务工人员。这种半城镇化现象在城市固然降低了城镇化与工业化的成本,但又引发了一系列的社会经济问题;在农村固然增加了农民工资性收入,但又难以真正起到降低农业人口比例、促进土地规模经营、加快发展现代农业的作用。

---

① 转引自葛志华《谁是农民:由回顾引申的前瞻》,载《中国合作经济》2020年第7期,第58页。
② 转引自葛志华《无为之为》,南京:江苏大学出版社2019年9月版,第71页。

就职业化与组织化而言,主要有五大不足:

一是种田收入低,难以满足生存与发展的需要。获得社会平均收入是农民职业化的必要条件。改革开放以来,我国农民收入稳定提高,从1978年到2012年,农民人均年收入由133.6元增加到7917元,按可比价格计算,增长10.77倍。2020年,我国农民人均年收入达到17131元。在农民收入结构中,工资性收入占比稳定提高,家庭经营性收入占比不断下滑。相关资料显示:家庭经营性收入从1995年的50.67%下降到2012年的26.6%。[①]农业已从农民获得收入的主业下降为从属地位。另据国家发改委价格司有关资料,近几年来,我国主要粮食产品中,有一半以上产品收益为负数,也就是说,种田不赚钱,有的还是负收益,有限的承包地收入难以支撑家庭支出。也就是说,农业已不能给从业者提供生存与发展的机会,导致务农者不安心,有的忙于土地流转,有的兼业经营,有的抛荒半抛荒,造成了土地资源的浪费,威胁了国家的粮食安全,更制约了农民的职业化发展。

二是农村人口逆淘汰。劳动力的素质是职业化的又一重要条件。只有具备一定的业务素质,才能成为合格的农业劳动者。在现代化进程中,由于城镇就业机会多,具有更完善的公共服务体系和更高的生活质量,农村人口向城镇迁移是世界各国的普遍现象。在发达国家历史上,率先离开农村的固然有农村的各类人才,但更多是那些文化水平相对较低、生产与经营能力相对较差、生活比较贫困的农村居民。而不少素质相对较高的农民则选择继续留在农村,在农民逐渐减少的过程中不断扩大生产经营规模,最终蜕变为现代农业的实践者,以职业农民身份获得社会平均收入,成为让农民当好农民的典型。而在我国城镇化进程中,率先走出农村的大多是年纪轻、受教育程度高、头脑灵活的人群,留下来的大多是年纪偏大、文化水平偏低的人群,也就是人们常说的"389961部队",逐渐形成了种田副业化、农民兼业化、劳力老龄化、农村空心化的不正常现象。有关资料显示,在沿海地区的农村,务农的平均年龄已超过50岁,60岁以上老人比比皆是。苍老的乡亲在地里孤

---

① 转引自葛志华《无为之为》,南京:江苏大学出版社2019年9月版,第70—71页。

独劳作的身影,成为当今农村最令人痛心的一幕。这些人虽有吃苦耐劳精神与丰富的农事经验,但文化水平不高,小学、初中文化程度占到70%以上,难以成为现代农业的弄潮儿。《南风窗》2015年第2期曾刊发文章指出,农村人口可以粗略地分为务农者、打工者和经商者三种。贫富分化与职业选择密切相关,"务农者"理所当然地成为垫底者,务农也成为被遗弃的行当。

三是后继乏人。农业比较利益差、生产条件艰苦、农村基本公共服务滞后、精神文化生活匮乏,对农村成长的年轻人逐渐失去了吸引力,"70"后不愿种地、"80"后不会种地、"90"后不想种地,新世纪出生的人不谈种地,致使农村后备力量严重不足。一代农村进城务工人员大多年龄偏大,将陆续退出劳动岗位。而二代农村进城务工人员已初步适应了城镇生活,又不愿回到农村,复制父母面朝黄土背朝天的生产方式与日出而作、日落而息的生活方式。新成长起来的农村劳动者中大多把"跳农门"作为自己的不二选择,农业生产面临后继无人的挑战。这不仅形成了"谁来种地"的农业危机,也对农民职业化带来了新挑战。

四是农民职业化处于初级阶段。在当代中国二元社会结构的架构内,无论是国家的职业分类,还是农民自身的职业认知,都没有把农民作为一种正常的职业来对待。《劳动法》没有具体提及农业劳动者。国家在制订就业政策时,也主要考虑城镇居民,农业劳动者不在职业名录中,也不在《政府工作报告》统计的失业率中。不少地方在研究劳动保险政策时,也把农业劳动者排除在外。农民作为国家公民享受不到相应的就业待遇和劳动保险,农业从业者似乎还不是一个职业。

在政府部门不认可农业劳动者职业化的同时,广大农民自身也没有把从事农业生产作为一种职业来认知,基本上没有形成职业归属感。在二元社会结构中,农民只是一种与生俱来且难以改变的先赋性身份,是一种户口标签,与种田与否关系不大。农民自己也认为种田就是没有职业,都盼着到工厂与城市找一份有薪水的职业。

农村改革以后,农民职业化趋势得到某种程度的加强:一是国家出台了一系列改革措施,以户籍制度为核心的二元社会结构正在解体之中,所谓户口将不再是识别农民的依据,其身份色彩日趋淡化;二是农民有了职业自主选择权,做什么工作,从事什么职业,不再听命于他人的意志与体制的安排,有了自由选择的权利;三是农民有了经营自主权,农业内部分工不断细化,农业与外部市场的联系越来越紧密,不断产生着新的职业分工,职业色彩日渐浓厚;四是各地农村出现了不少新型农业经营主体。这些农业经营主体经营规模大、收入水平高,集约化、专业化、市场化和社会化程度高,逐渐成为职业农民的代表。这些因素的叠加,形成了农民职业化的推动力量。这四个方面的变化是可喜的,但又是初步的,仅可视为职业化的初始阶段。农民依然缺乏职业归属感与社会责任感,更谈不上职业规范。

五是农民组织化水平低下。组织是指人们为了实现特定目的,按照一定的规则结成的具有一定内部结构和分工的社会共同体。组织的发展程度,既是个人融入社会、走向市场、维护自身利益的条件与依托,又是衡量社会是否发达的重要标志。因此,组织的出现、扩散与联合,就成为一场巨大的社会变革,并由此将现代社会与前现代社会区别开来。

现代社会是一个组织化的社会,高度分化与高度整合的有机统一是现代社会的一大特征。一方面,个人都会基于生存与发展的需要,结成形式多样、功能各异的组织;另一方面,个人只有借助组织的力量,才能更好地满足自己及群体的需要。因此,组织作为一个社会单元,既是个体发展的载体,又是社会进步的标志。

农民作为一个特殊的群体,既是农村社会的主人,又是农业的生产经营者。与社会其他成员比起来,农民组织化包括两方面的特殊含义:其一是指农民在农业生产经营过程中分工与协作的关系,它体现了农民与农民之间、农民与市场之间、农民与其他经济主体之间的经济关系;其二是指农民作为集体经济主人的社会化组织,它反映了农民的社会地位与政治权利。

对农民来说,这两方面的含义既不可或缺,又不可替代。一方面,农民作为农村社会的主人,作为集体经济组织的成员,作为村民自治组织的一分子,依法享有相应的政治经济权利,依法享有选举权与被选举权,并依法履行相应的义务;另一方面,农民作为农业生产经营者,作为市场经济主体,作为集体土地的承包经营户,需要与其他市场主体发生多种多样的关系,需要结成相应的组织来调节经济社会活动,维护自身经济利益。只有具备了这两方面的组织资源,农民才能真正成为农村社会的主人,真正成为现代职业农民,真正实现自身的脱胎换骨。

在市场经济条件下,农民既是生产者,又是经营者,既要知道生产什么、生产多少、如何生产,又要懂得如何将生产的产品与社会交换;既要组织家庭生产,与自然进行交换,又要按市场规则与社会进行交换。随着生产力水平的不断提高与市场化发展,计划经济体制下为短缺而发愁逐渐演变为市场经济条件下为过剩而发愁,小农户与大市场的矛盾日趋激烈。在这样的背景下,广大农民为了开拓市场和维护自身利益,结成了多种形式的经济组织,组织化水平有了明显提高。农民专业协会、农民资金互助社、土地合作社、各种农业社会化服务组织、营销协会等组织如雨后春笋般涌现,并在各自领域与范围发挥了不可替代的作用,既增加了农民收入,又提高了农民组织化水平。

2007年,《农民专业合作社法》的颁布实施又为农民的组织化提供了法律保障。该法实施十多年来,农民专业合作社呈现出数量持续增长、带动能力不断增强、产业分布广、服务领域宽等特征。从数量上看,截至2016年10月,我国依法登记的农民合作社达174.9万家,截至2020年11月,全国农民合作社达到224.1万家,组建联合社1.3万余家,涵盖农产品生产,并拓展到农机、植保、休闲等多个领域。① 从作用来看,合作社成为提高农民组织化水平的重要载体,成为推动农业规模经营的有效形式,成为服务农业供给侧改革,带领农民脱贫致富的稳定渠道。

改革开放40多年来,特别是《农民专业合作社法》颁布实施十多年来,我国农民组织化水平有了明显的提高,农民间的联合与合作不断增强,组织形式日趋多样,内部联系逐渐紧密,有效地维护了自身利益,提高了农民的组织水平。但就整体而言,农民组织化水平仍是低水平的。

---

① 《2016年底我国农民专业合作社达179.4万家》,中国合作经济网,2017年3月24日发布。

这种组织化的低水平不仅表现为既有的组织内部联系不紧密、操作不规范、功能发挥不理想、覆盖的人群不全面，还表现为小农户与大市场的矛盾、社会交往日渐扩大与组织能力不强的矛盾日渐尖锐。

与此同时，囿于传统农民的特性，我国个体农民之间普遍缺乏内在的联系，难以形成稳定的联合合作关系，建立固定的合作经济组织。已有的组织内部的凝聚力也不强，要么常年没有活动，要么活动流于形式，农民组织的参与率较低。不少农民因多种因素，虽然也参加了这样那样的组织，但基本是挂名而已，常年不参加活动。不少兼职农民更是把农业当副业，常年在外务工经商，无心参加农民组织。而且农民组织缺乏人才，尤其缺乏懂联合合作的人才，组织对农民缺乏吸引力，组织内部也缺乏凝聚力。

就农民自身发展而言：随着社会主义市场经济发展，农民的自主性不断提高，现代性明显提高，但也面临四大矛盾：

一是需要不断扩张与现实条件约束的矛盾。农民作为现实的人，有其内在生存发展的基本需求，而且，需求又是不断升级扩张的。在实现脱贫的基础上，又不断滋生了新的需求，比如就业机会的需要、精神文化的需要、追求美好生活的需要等。但农民的不断扩张又受到内部条件与外部条件的双重约束。所谓内部条件约束，主要包括农民文化素质低、职业技能培训少、传统观念浓厚、法律知识缺乏、自我认知不够，也就是农民自身的素质与技能不适应农民主体作用的发挥；而外部条件约束则既表现为工农产品价格剪刀差、劳动力与土地价格差、城乡居民收入差等方面，又表现为农村教育、卫生、保障等社会事业落后，基础设施建设滞后、公共服务水平不高等。这些内外因素的相互作用，限制了农民的主体性与现代性。

二是劳动技能低下与社会化大生产的矛盾。大国小农是我国基本国情与农情。我国农民经营规模狭小，土地零散，经济效益低下，对内缺乏社会分工，对外缺乏社会交换，限制了农民多种多样的发展。尤其是在建立全国统一大市场的形势下，小农生产难以适应大市场的变化。家庭联产承包责任制确立了农户的生产经营主体地位，重塑了农村经济组织的微观基础。经济体制的市场化改革又将个体农民卷入市场经济的漩涡。在日趋激烈的市场竞争中,由于主体分散、势单力薄、信息不畅、组织化程度低,广大农民既无力抗衡难以预测的自然风险,更无力抵御变化无常的市场风险。分散的农民所提供的商品量极小,虽有广泛的社会参与度,但缺少商业组织发育成长的内在机制,难以形成有效的合作与联合,既无法与大市场对接,又无力与其他市场主体竞争。我国出现的周期性市场剧烈波动、市场上的"蒜你狠""姜你军""向前葱"等现象就是小农户与大市场矛盾的真实写照。这一矛盾又导致农民利益双向流失。市场机制主要是通过市场价格的波动、市场主体对利益的追求、市场供求关系的变化等来调节市场运行的机制。我国分散的个体小农在市场博弈中面临诸多难题。如经营主体分散,势单力薄,经济实力脆弱,无力抵御因市场竞争和需求变化带来的风险;又如,由于存在信息不对称和非均衡性,农民难以对市场信息进行分析与研判,难以把握市场走向,容易造成生产上的彼此模仿,价格上的同上同下、大起大落;再如,由于主体分散、商品量小、交易方式落后等因素,农民缺乏商业谈判地位与议价能力,常常是高价买进农业生产资料,低价卖出农产品,造成农民利益的双向流失。

三是社会交往扩大与组织能力不强的矛盾。随着市场经济的深入发展与统一市场体系的逐步建立,农民的流动性与交往面不断增强,已从原有的血缘、亲缘、地缘等初级关系走向业缘、资源、地位、信息、资本等次级关系,从封闭走向开放、从情感走向理性、从单一走向多元,表现出明显的过渡性与不平衡性。农民虽然人数众多,但相互之间缺乏内在的联结与合作,加之自身知识贫乏、视野狭窄和技能不足等因素,导致农民组织能力不强,缺乏社会广泛的参与能力、控制资源的能力、利益表达能力等。

在各类组织中,合作社制度是最适合农业产业的组织,也是农民在经济生产中最离不开的组织。这种合作制能将分散的资金、土地、商品与市场结合起来,有效地解决"小农户"与"大市场"的矛盾,把农户分散经营的积极性与合作经济组织统一经营的优越性有机地结合起来,在经济上不断增强市场竞争力,提高农民收入,在社会中不断增强农民的主体性与现代性。囿于多种因素,我国的合作社制度成长发育不快,中间又经历了坎坷,人数众多的优势又在很大程度上被组织水平低下所抵消。

四是传统小农意识与现代文明的矛盾。中国农民长期受到自给自足小农经济的影响与儒家文化的熏陶,新中国成立以后又在统购统销为主要内容的计划经济体制中生活了几十年,其精神世界固然不乏勤劳、质朴等中华美德,也传承了小农经济的生产生活方式与传统观念。诸如自给自足、小富即安的小农思想,保守与封闭的文化心理,安土重迁、随遇而安的人生哲学,日出而作日落而息的生产方式,东方式嫉妒,阿Q的劣根性等。这些都是农民缺乏主体性与现代性的表现。随着现代化的深入发展,农民的生存与发展条件发生了根本变化,自身素质也有了明显的提高,传统的与现代的、固有的与新生的、落后的与先进的、愚昧的与文明的,矛盾的对立面常常在农民的头脑中搏斗,引起了农民精神世界的震荡,导致了农民生产生活方式的深刻变化。以时间观念为例,在农业社会,农民与自然融为一体,日出而作、日落而息,日常生活缺乏时间观念,也没有把时间与效率联在一起,大多用十二时辰、一顿饭工夫等指代时间。到了工业社会,现代流水线与企业管理制度都有明确的时间约束,早退与迟到都与收入挂钩,农业也与时间密不可分,即使是同一农产品,上市的早晚,价格也不一样。正是在这些潜移默化中,现代时间观念、时间就是效率的观念逐渐在农民头脑中扎下根来。

然而,精神世界的东西具有内在性、稳定性、传承性、持久性、顽固性等特征,很难指望一朝一夕来改变,也不可能毕其功于一役。同样,现代公民意识(主体意识、权利义务意识、民主意识、参与竞争意识、规则与法制思想等)的培养也非短时间能凑数,需要长期的潜移默化与润物无声,需要在社会实践中逐渐确立。

上述三个方面共同构成了现阶段农民的困境与局限。而这些困境与局限又制约了农民的发展。因此,破解农民发展困境,改善农民发展条件就成了现代化进程中的一项重大任务。只要我们立足新发展阶段,践行新发展理念,构建新发展格局,推进高质量发展,就一定能如期实现第二个百年奋斗目标,在社会主义现代化建设的伟大实践中实现农民的脱胎换骨与凤凰涅槃。

农民的终结与新生

现代化是人类文明的发展方向,也是我国第二个百年奋斗目标。农民的终结与新生则是现代化的必然结果与终极标志。虽然各国现代化的历史背景、发展模式、发展阶段、发展理念有所不同,农民的地位与作用各异,但在现代化的历史进程中都会展现出农民终结与新生的壮丽篇章。

在西方国家的现代化历史进程中,农民是被视为现代化的阻力而被消灭的。农民作为一个阶层被西方经典现代化理论视为"历史的弃儿"与"现代化的初民",因其生产生活方式、价值观念与工业文明格格不入,注定会走向终结。在西方国家的现代化进程中,工业化或城镇化吸引或掳掠原有的农业劳动者,造成了一石多鸟的后果。一是农业劳动者进入非农产业,使工业化有了源源不断的劳动力供给,加快了产业转型升级步伐,有效地提高了工业化水平与农业的装备水平。而工业的集聚,又加快了城市的发展,推动国家由农业文明向工业文明、由农村社会向城市社会过渡。二是农业劳动者的外流,又使人均农业资源呈现出算术级数或几何级数的放大,更少的农民借助工业化的有利条件,能够耕种更多的土地,逐渐形成了更有效率的农业经营体系,有效地提高了劳动生产率与土地产出率,实现了农业发展方式的历史性转变,逐渐使农业成为有奔头的产业。而农业经营方式的转变,又有效增加了农民收入,使农民成为有吸引力的职业。三是城市文明的辐射。城乡交流的增多、市场的扩大及三产的融合,又使农民与城市文明连为一体,农民的社会身份、生产生活方式、价值观念、社会责任感也发生了质的变化,与城市文明融为一体。这样,标志着某种政治与社会身份的农民被消灭了,标志着现代职业类别的农业生产经营者诞生了。法国著名社会学家 H. 孟德拉斯把这一过程称为"农民的终结",他还呼吁:

"一二十亿农民站在工业文明的入口处:这就是20世纪下半叶,当今世界向社会科学提出的主要问题。"

与西方国家的现代化不同,中国的现代化是中国特色社会主义现代化,既有现代化的一般规律,又有中国特色,创造了人类文明发展的新形态。共同富裕是社会主义的本质要求,也是社会主义现代化的重要目标。农民是国家的主人,也是我国现代化的依靠力量,坚持农民的主体地位,实现人的全面发展是我国农业农村现代化的根本目的。

农民的终结与新生是现代化发展到一定阶段的产物,需要具备相应的外部与内部条件。只有把外部与内部这两个眼做好了,农民转型发展这盘大棋才能"满盘皆活"。

农民转型发展是整个国家现代化的重中之重,也是四化同步的内在要求。而农民的发展又与国家现代化紧紧相关。一方面,国家的现代化为农民发展创造了千载难逢的历史机遇,形成了有利于农民发展的外部推力;另一方面,农民的发展又在很大程度上影响着国家的现代化进程,两者互为条件,相得益彰。因此,进一步优化农民发展的外部环境,创造农民终结与新生的必要条件,就成为构建现代社会的重大任务。这些外部条件包括全面、准确践行新发展理念,建立城乡融合发展的体制机制,构建现代化经济体系,加快建立城乡统一大市场,提高整个国家的经济发展水平与社会发展水平等。

在不断优化外部条件的同时,还要顺应现代化的发展趋势,调整相关政策,增强农民的内生动力。当务之急就是要推进四大转变:

一是农民数量由多数变为少数。农民数量的小比例化是职业化的先决条件,这是由农业占比的小比例化所决定的。只有当农业人口在社会总人口中占很小比例,农村基本没有剩余劳动力时,只有当农业劳动力占全社会劳动力的比例与农业占GDP的比例大致吻合时,农业从业人员才能获得社会平均收入,才能真正实现农民的职业化,才能对其从业者提出相应要求,谁来种地,谁有资格种地,不再取决于所谓户口,而取决于后天的学习培训与资格认证。按照我国农业生产现有的科技含量与生产力水平、现有的农业占GDP的比例,我国18亿亩的耕地只需要1亿多劳动力就可以解决问题,其余5亿多农村劳动力都需要在农业之外找出路。① 人们常说的农村劳动力"一个月过年,三个月种田,八个月赋闲"就是农村劳动力剩余的真实写照。

二是从自给农民转向市场农民。市场化是农民职业化的又一重要条件,没有农业的市场化,就不可能有农民的职业化。农民生产农产品主要不是为了自给自足,而是参与国内国际市场的竞争,并在这种竞争中实现利益最大化。随着社会主义市场经济体制的建立、完善与加入WTO以后竞争的加剧,市场在资源配置中起决定性作用,农民将由农业生产者向农业生产经营者转变,自给自足的农民逐渐变为市场农民,由农业生产者转变为农业生产经营者。

三是从身份农民走向职业农民。随着户籍制度的改革,界定农民身份的法律标准将不复存在,职业标准必将取代身份标签。是不是农民,不再查验户口本,而主要取决于所从事的职业,是不是以土地上的农作物作为劳动对象,是不是以农业生产经营收入作为其收入的主要来源。农民不再是一种与生俱来的胎记,也不是难以改变的身份,而是需经后天努力才能从事的职业。

四是由单个"马铃薯"走向组织化。随着市场化进程与农业产业化进程的加快,农民在生产经营与社会生活中将形成各种各样的联系,组成农民合作社等各种经济社会组织,不再单打独斗,每个农户都连着合作社,能够依靠组织力量来调节各种关系。作为组织的一员,农民不再是单个的"小农"与孤立的农户,不再是所谓相加的同名数,而是一个有机的整体,单个"马铃薯"成为组织中的一分子。传统农民蜕变为具有一定组织资源与生产规模的"新型职业农民"。

与传统农民比起来,新型农民至少有以下几个特征:其一,农民不再是与生俱来的、不能选择的一种存在,也不是难以改变的一种身份,而是需要经过后天努力与系统培训才能获取的职业;其二,农民与其他职业平等,不再受人歧视,是一种相对体面并能获得社会平均收入的社会职业,具有与城市居民一样的权利义务。如果说还有区别的话,就是两者生产经营的产品不同,挣钱的方式不一样,一个从事农产品的生产

---

① 转引自葛志华《无为之为》,南京:江苏大学出版社,2019年9月,第103页。

经营,另一个是非农就业岗位。此外,两者的角色也不同,城市人单一角色居多,而职业农民则是混合角色,具有农业生产者、农业生产资料持有者、农产品经营者的混合身份,既与自然交换,又与社会交换。

这"两个眼"做好了,农民就能在现代化建设的历史进程中浴火重生,实现由"历史弃子"到"时代宠儿"、由传统小农到新型农民、由"现代化初民"到"现代公民"的凤凰涅槃。因此,我们既要有历史的耐心,又要有时代紧迫感,发挥好政府、市场、农民、合作经济组织等多方面的作用,坚持城乡联动,内外兼修,加快形成有利于农民转型发展的合力。

——建立城乡融合发展的体制机制。全面贯彻新发展理念,坚持城乡一体化的发展方向,形成以工促农、以城带乡、工农互惠、城乡一体的新型工农城乡关系,实现城乡居民基本权益平等化、城乡公共服务均等化、城乡居民收入均衡化、城乡要素配置合理化,以及城乡产业发展融合化等,给农村发展注入新的动力,让广大农民平等参与现代化进程,共同享受改革发展成果。

——扎实推进乡村振兴战略,提高农村经济社会发展水平。坚持农业农村优先发展,按照"产业兴旺、生态宜居、乡风文明、治理有效、生活富裕"的要求,统筹推进农村经济建设、政治建设、文化建设、生态文明建设与党的建设,提高经济社会发展水平,补齐三农发展"短板",真正使农业成为有奔头的产业,使农民成为体面的职业,使农村成为全体公民宜居宜业的美丽家园。

——树立鲜明的政策导向,促进农民转型发展。我国目前在农村种田的主要有两类人:一类是由种田大户、家庭农场、专业合作社、农业企业组成的新型农业经营主体;另一类是因多种原因未能转移出去的专兼职种田人。前一类人数少,却是农产品的有效供给者,是初步具备职业技能的现代农业实践者;后一类人数较多,但劳动生产率不高,是传统农业的守望者。因此,要围绕农民职业化,促进农业现代化这一中心任务,树立鲜明的政策导向,把培养职业农民作为三农政策的一项重要内容。一方面,按"让农民不当农民"的要求,继续做好农村劳动力的非农转移,综合运用行政的、经济的手段,转移农村剩余劳动力,让更少的农民种更多的地,逐渐形成中国特色的更有效率的农业经营体系,加快实现农业现代化；另一方面，按"让农民当好农民"的要求，按土地"三权分置"的要求，规范和加快农村土地流转，使土地向种田能手集中，让农业更有效率，不断提高土地产出率和劳动生产率，让种田农民获得社会平均收入。与此同时，要采取多种措施，把小农户纳入现代农业发展轨道。加强舆论宣传，像改革初期宣传表彰专业户、"万元户"那样，表彰和树立新型农民典型，不断形成"当职业农民光荣"的社会氛围。与此同时，加快职业认证与培训工作。传统农民往往是以户口与身份来识别的劳动者，而职业农民则是在专业化程度不断提高的基础上的职业称谓，要根据现代农业发展的需要，探索建立职业农民注册登记制度，制定职业农民认证标准，拓展职业农民培训渠道，制订相关扶持政策，增强职业的归属感。

——加强教育引导，增强主体性，提升现代化。加强科学文化知识水平，提升农民受教育年限，让那些具有一定学历的人成为农民的主体人群。多途径多形式加强农民职业技能教育培训，提高农民职业素养，造就一支"爱农业、懂技术、会经营"的新型职业农民队伍。加强农民思想政治教育，帮助农民克服小农的生产生活方式与传统观念，树立与现代社会相适应的公民意识，包括权利义务、市场经济知识、法制意识，不断增强主动性，提升现代性，实现由"现代化初民"向"现代公民"的转变。

——多元互动，奏好农民转型的交响曲。在发挥好工业化与城镇化拉动作用的同时，充分发挥政府、合作经济组织、市场、农民的作用，共同奏响农民转型发展的交响曲。政府发挥主导作用，综合运用法律、行政、经济等措施，按照"四化同步"的内在要求，统筹推进新型城镇化战略与乡村振兴战略，协调推进工业化与农业现代化、农民非农化与职业化。当务之急是要调整相关政策，建立农民进城与农地退出的联动机制，既让进城农民舒心，有偿退出承包地、宅基地使用权，放弃集体经济组织与村民自治组织成员资格，真正融入城市社区生活；又让真正种田农民开心，更少的农民耕种更多的土地，提高家庭经营收入。与此同时，坚持农业农村优先发展，尊重"两个转变"的内在规律，加大强农惠农力度，调整财政支出结构，为农民转型发展创造良好的外部条件。在发挥政府作用的同时，还要发挥市场在资源配置中的决定性作用，把有效市场与有为政府有机地结合起来,按照建立全国统一大市场的要求,推动城乡要素资源平等交换,让农民分享更多的改革成果,在市场经济的大潮中树立现代意识,增强主体性,提升现代性,实现自身转型发展。合作经济组织要发挥自身独特优势,把农户分散经营的积极性与统一经营的优越性有机地结合起来,把小农户引入现代农业发展轨道,拉长产业链,打造价值链。广大农民要发挥主体作用,不断提升科学文化素质与劳动职业技能,增强现代意识与社会责任感,摒弃小农生产生活方式,实现职业化、组织化与公民化。

职业是随着人类社会劳动分工而产生的。农民职业化是农业现代化的迫切要求与终极标志。没有一支具备一定素质的职业农民队伍,农业现代化就不可能实现。随着"谁来种地""怎样种地"等现实危机的倒逼,随着现代农业的发展与乡村振兴步伐的加快,随着"四化同步"战略的深入推进,传统农民将会渐渐淡出历史,而新型职业农民则呼之欲出,农民将由"历史弃子"蜕变为"时代宠儿",由传统小农转型为新型农民。

七、路在何方：新阶段新作为

习近平总书记在党的十九大报告中指出：中国特色社会主义进入了新时代。这是我国发展新的历史方位。党的十九届五中全会又吹响了建设现代化、实现第二个百年奋斗目标的号角，并提出了立足新发展阶段、践行新发展理念、构建新发展格局，推动高质量发展的具体要求。这意味着中国人民迎来了从站起来、富起来到强起来的伟大飞跃，迎来了实现中华民族伟大复兴的光明前景。

作为国家的主人，广大农民与整个国家的命运休戚与共，与历史发展趋势息息相关。一方面，整个国家的现代化为农业农村农民发展开辟了广阔的空间，创造了千载难逢的历史机遇，形成了传统农业转向现代农业、传统农民转向新型农民的磅礴动力。可以说，没有国家的工业化与城镇化，三农发展就失去动力；另一方面，三农发展又在很大程度上影响甚至左右了国家现代化进程。现代化目标能否如期实现，在很大程度上取决于"三农"这块短板。可以说，没有三农的发展，"四化"就无法同步，工业化与城镇化就失去了基础支持。因此，正确认识和及时处理好新发展阶段的三农问题，协调推进"四化同步"，就成为现代化进程中一项重要而紧迫的历史任务。

扎实推进乡村振兴战略是新发展阶段"三农"工作的总抓手，也是一项系统工程。本章在立足三农实际，分析三农发展趋势的基础上，主要从协调推进农民"四化"、农民致富、合作制建设、农产品流通与供销合作社综合改革、务农与离农等不同侧面来解构这项系统工程。

新使命与新趋势

所谓新发展阶段,就是在全面建成小康社会的基础上,全面建设社会主义现代化国家,向第二个百年奋斗目标进军的历史阶段。这个历史发展阶段以"十四五"开局为起点,以 2035 年基本实现现代化为重要节点,以 2049 年全面实现现代化,实现第二个百年奋斗目标为主要标志。

新发展阶段与以往历史阶段一脉相承,又具有自身的时代特征。这一特征主要体现在以下五个方面:一是体现在发展目标的阶梯式递进上,立足全面建成小康社会这个新起点,提出了全面建成现代化强国,实现第二个百年奋斗目标的历史任务。与全面小康社会目标相比,现代化的发展指标要求更高也更全面;二是体现在发展环境的深刻变化上,国际国内形势的深刻变化要求我们必须把发展质量提到更加突出的位置;三是体现在面临的机遇与挑战所发生的变化上,我国仍处在重要的战略机遇期,但机遇与挑战都有了新的发展变化;四是体现在全面准确贯彻新发展理念上,创新、协调、绿色、开放、共享的新理念成为行动指南;五是体现在构建新发展格局上,努力实现更高水平的"自强自主"。

实现乡村振兴战略是新发展阶段"三农"工作的总抓手,也是新阶段的历史使命。十九大强调:实施乡村振兴战略,要坚持农业农村优先发展,按照产业兴旺、生态宜居、乡风文明、治理有效、生活富裕的总要求,建立健全城乡融合发展体制机制和政策体系,加快推进农业农村现代化,使农业成为有奔头的产业,农民成为有吸引力的职业,农村成为安居乐业的美丽家园。

乡村振兴战略是社会主义新农村建设的升华版,两者既一脉相承又各自侧重。前者主要是着眼于全面小康社会建设,而后者主要是基于现代化建设的需要。2005 年 10 月,党的十六届五中全会通过《十一五规划纲要建议》,提出按照"生产发展、生活富裕、乡风文明、村容整洁、管理民主"的要求,扎实推进社会主义新农村建设。经过十多年的接续奋斗,新农村建设取得历史性的成就:农民增收实现"十七连快",城乡居民收入差距有所缩小。农民人均收入由 2000 年的 2253.4 元增加到 2016 年 12363 元,增长 5.5 倍,年均增长 10.5%,高于同期城镇居民家庭人均纯收入增长率 10.4%。2021 年,我国农村居民人均收入达到 18931 元。粮食生产十二连增,粮食总产量由 2003 年的 43070 万吨,增长到 2015 年的 62143.9 万吨。① 2020 年全国粮食总产量 66949 万吨(13390 公斤),又比 2019 年增加 565 万吨,增长 0.9%。我国用不到全球 10%的耕地面积,高质量地养活了占全球 18%的人口。② 全面如期完成脱贫攻坚任务,现行标准下 9899 万农村贫困人口全部脱贫,832 个贫困县全部摘帽,12.8 万个贫困村全部出列,区域性整体贫困得到解决,完成了消除绝对贫困的艰巨任务,创造了又一个彪炳历史的人间奇迹。这些成就既是社会主义新农村建设的重大成果,又是新阶段实施乡村振兴战略的物质基础。

由于受长期形成的城乡二元结构的制约与影响,我国农业农村发展滞后的矛盾仍然突出,成为现代化建设的突出短板,也是当前我国发展不平衡不充分矛盾的集中体现。具体表现为农业质量较差与竞争力不高,农业成为国民经济最薄弱的环节;城乡要素交换不平等、基础设施与公共服务差距明显,农村成为现代化的突出短板。

深刻认识新发展阶段三农的历史方位、深刻把握新发展阶段乡村振兴战略的历史任务是推进农业农村现代化的基本前提。在具体工作中,要把做好三农工作作为贯彻新发展理念的现实检验;把坚持三农基本盘,发挥其"压舱石"作用作为应对各种风险挑战的根本措施;把坚持畅通城乡循环作为服务与融入新发展格局的战略基点;把坚持补齐三农短板,解决城乡发展不平衡、农村发展不充分作为现代化建设的一项关键性任务。

新发展阶段是现代化的决胜阶段,现代化是这三十年的最强音与主旋律。党的二十大庄严宣告:"从现在起,中国共产党的中心任务就是

---

① 巩前文:《当代中国"三农"发展研究》,北京:中央编译出版社 2019 年 12 月版,第 4 页。
②《新华文摘》2022 年第 5 期,第 30 页。

团结带领全国各族人民全面建成社会主义现代化强国、实现第二个百年奋斗目标,以中国式现代化全面推进中华民族伟大复兴。"伴随着工业化与城镇化的坚定步伐与乡村振兴战略扎实推进,我国三农将呈现出以下新趋势:

——农业农村现代化加速推进。现代化是人类文明的发展方向,也是我国第二个百年奋斗目标。经过几十年的奋斗,我国在建党100周年时,如期全面建成小康社会,夯实了现代化建设的基础。囿于历史与现实的因素,我国也出现了城乡发展不平衡、农村发展不充分等问题。具体表现为农业现代化水平明显滞后于非农产业、农村现代化水平明显滞后于城镇。农业农村已成为我国现代化建设的突出短板。

差距就是不足,也是潜力。补齐三农短板是新发展阶段的一项历史任务。随着现代化建设的深入推进与乡村振兴战略的扎实推进,农业农村现代化的内外部条件将会得到进一步的优化,发展合力加快集聚。就外部条件而言,国家坚持农业农村优先发展的方针,制订出台一系列促进农村经济社会发展的政策措施,在政策红利、资金资源、金融财政、人才等方面更多地向农村倾斜,为农业农村优先发展注入动力。随着我国经济实力的增强和国家强农惠农政策的持续发力,"三农"投入总量将持续增加,结构也将不断优化。到2035年,适合我国国情农情,以高质量与绿色发展为导向,符合WTO规则的农业支持保护政策体系将成熟定型,乡村振兴战略投入保障制度基本建立并有效运转。与此同时,工业化与城镇化的深入推进,给农业农村发展带来了更多的历史机遇,给农村社会经济发展创造了更好的外部条件。就内部条件而言,伴随乡村振兴战略的深入推进,农业的质量效益与竞争力明显提升,现代农业经营体系更加优化,三产融合发展水平不断提高,农村基础设施与公共服务逐渐与城市接轨,城乡关系由有限融合转变为城乡一体化。

——城乡融合发展体制加快形成。十九届五中全会通过的《十四五规划纲要》明确提出,要建立健全城乡融合体制机制,建立城乡要素平等交换、双向流通的政策体系,促进各类要素资源更多地流向乡村,增强农业农村发展的后劲。2019年5月,中共中央、国务院制订下发了

《关于建立健全城乡融合发展体制机制和政策体系的意见》，提出建立健全有利于城乡要素合理配置、有利于城乡基础公共服务普惠共享、有利于城乡基础设施一体化发展、有利于乡村经济多元化发展、有利于农民收入水平持续增长的体制机制。

我国过去几十年的发展建立在二元经济社会结构的基础之上，通过工农产品的剪刀差、土地剪刀差、劳动力剪刀差来支撑国家工业化与城镇化。这种发展模式固然降低了工业化成本，但也造成了城乡发展不平衡，农村发展不充分等体制性困难。改革开放以来，我国城乡融合明显加快，城乡交流明显增多，但城乡要素流动障碍仍然存在。诸如农村劳动力、农村集体性经营土地入市仍不顺畅，乡村金融供给不足、城乡公共资源配置有待优化、农民增收长效机制还不完善等。这些体制障碍既束缚了农村经济社会发展，也制约了城乡一体化进程。

推进城乡一体化发展是新发展阶段补齐工农短板的必然选择。建立城乡融合发展新体制就是促进城市的基础设施向农村延伸，城市的公共服务向农村覆盖，城市的现代文明向农村辐射，让所有农民共享现代化带来的红利，拥有平等的发展机会。因此，在新发展阶段，将更加注重统筹城乡经济社会发展，把城市发展与农村发展联系起来，进一步调整城乡关系与工农关系，制订加快城乡融合的政策体系、农村投入保障机制、公共服务优化政策、城乡要素双向流动政策体系、农村集体产权制度改革等一系列措施，不断增强农村发展的后劲与合力。

——现代农业经营体系与三产融合加快形成。产业兴旺是乡村振兴的首要任务与物质基础，农业经营体系是产业兴旺的制度特征，三产融合则是产业兴旺的必由之路。2012年，党的十八大首次提出："发展多种形式的规模经营，构建集约化、专业化、组织化、社会化相结合的新型农业经营体系"。2016年的中央一号文件又强调，顺应现代化的内在需要，着力构建现代农业产业体系、生产体系、经营体系，让农业成为充满希望的朝阳产业。

大国小农是我国现阶段的基本国情与农情。第三次全国农业普查数据显示：我国现有农户2.3亿户，户均经营面积7.8亩，经营种地面积10亩以下的农户有2.1亿户，全国小农户数量占农业经营主体98%

以上,小农生产从业人员占农业从业人员的90%以上。① 以家庭承包经营为基础,统分结合的双层经营体制是我国农村基本经营制度,解放和发展的农村生产力。新型经营主体的发展壮大与土地"三权分置"政策的推行,又赋予双层经营体制新的内涵,为农村基本经营制度注入了旺盛的活力。

随着现代化的深入推进,农村经济社会正在发生深刻复杂的变化,特别是三产融合的趋势与小农户的生产经营困境又在催生现代农业经营体系。农村三产加速融合,农产品生产、农产品加工、农产品市场服务业深度融合。通过对农村三次产业的优化重组、交叉互渗,使产业链条不断延伸,产业范围不断拓展,产业功能不断增强,产业层次不断提升,从而引起发展方式的创新,不断生成新业态、新技术、新商业模式、新空间布局等,促进了产业兴旺与农村繁荣,现代农业经营体系加快形成。

——农村社会结构加速重组。所谓社会结构主要是指农村各种社会关系在时空坐标上的分布状态,包括人际关系、组织关系、阶级阶层关系、经济关系等。在前现代化时期,农村社会结构呈现出稳定性、封闭性、刚性、先赋性等特征。新中国成立后的近三十年时间,党和政府采取一系列的政治、经济与社会措施,重组农村社会结构,在城乡之间构筑了二元社会结构,实行城乡分治,一国两策制度。与此同时,又在农村内部构建了行政化、单一化、强整合的农村社会结构。改革开放以来,国家调整政治、经济与社会管理政策,在城乡关系上弱化二元社会结构,城乡交流明显增多,社会流动明显加快;在农村内部重构社会结构,逐渐呈现出从刚性到弹性、从简单到复杂、从先赋性因素到自致性因素、从阶级到阶层、从强整合到弱失控的趋势。

随着现代化建设的深入推进、城乡关系的调整及相关政策的出台,我国农村社会结构加快重组,呈现出二大新的特征。一是在构建城乡融合发展的体制机制中,彻底瓦解城乡之间的二元经济社会结构,城乡要素资源平等交换双向流动,农民与市民拥有平等的人生出彩的机会,

---

① 转引自葛志华《无为之为》,南京:江苏大学出版社2019年9月版,第127页。

真正实现城乡一体化;在工业化与城镇化的带动下,加快推进农民非农化与职业化,彻底改变农村资源配置效率低下局面,缓解农村人地矛盾,构建现代化农业经营体系,真正使农业成为有奔头的产业;在农业现代化历史进程中加速实现农民的职业化,让农民成为受人尊敬的职业;在现代化带来的分工分业中,推进农村阶层变动,不断扩大中等收入者比重,提高低收入水平,逐渐形成橄榄型社会结构,为社会长治久安注入动力。

——"三农"问题在有所起伏中逐渐消失。所谓"三农"问题是农业农村农民问题的并称。这些问题既密切相关又有区别,农业问题作为一个产业发展问题,是指发展农业需要解决的问题,包括国家粮食安全、农副产品的有效供给、农业经营机制等。农村问题是一个区域发展问题,包括农村的基础设施、公共服务、治理机制、生态环保等问题。农民问题是一个特定群体的问题,是与农民切身利益相关的问题,包括农村经济收入与政治权利,其中农业经济收入决定了农民的吃、穿、用、住、行等方面的生活消费水平;政治权利涉及农民能否得到公平的政治与社会待遇及就业待遇等诸多方面。

"三农"作为一个特定的问题,具有三方面的特征:第一,它是现代化变革的产物,"三农"问题因现代化的启动与深入而滋生,也会因现代化的成功而消失。古代的农业社会没有所谓"三农"问题;第二,它是世界历史进程的产物,无论是发达国家,还是发展中国家,都会在现代化的某个阶段碰到三农问题,只是表现形式与时间长短不同而已;第三,中国的"三农"问题既有普遍性又有特殊性,这是由特定的社会制度、历史背景、资源禀赋、发展模式共同作用的产物。

三农问题是中国革命的根本问题,也是现代化的难中之难。三农问题虽然表现在农业农村,但又与整个国家的历史因素、政策体制密不可分,也与现代化发展阶段相联系。比如,农民问题的形成,就是我国二元社会结构的产物,与一国两策、城乡分治的政策体系有关;农业问题也与工业优先发展战略相关,国家通过商品、土地、劳动力"剪刀差"等途径抽取了大量的农业剩余,导致农业增长乏力;农村问题的形成也与国家发展战略、投资重点相关。因此,我国三农有问题,但又不仅仅是农业农民农村的问题,这些问题的背后,有着深刻的政策体制因素与历史原因。

三农问题是由现代化引起的,也会随着现代化的完成而消失。现阶段的三农问题之所以凸现,与我国特定的历史方位有关。这个历史方位就是现代化已取得关键性进展,但仍滞留在现代化途中,从某种意义上,可以理解为现代化的阵痛。随着乡村振兴战略的深入推进,三农问题会在有所起伏中逐渐消灭。在构建现代农业经营体系中,农业逐渐成为有吸引力的产业,农民成为有吸引力的职业;在构建城乡融合发展体制机制中,农民得以享有人生出彩的机会;在"强富美高"乡村建设中,农村又将成为安居乐业的家园。

经过现代化的洗礼,工业化与城市化结出新的硕果,三农问题也迎刃而解,重现出蓬勃生机,展现出全新的姿态。农业不再是夕阳西下的产业,而是产业兴旺的代名词,成为有奔头的产业;农民不再是低贱的社会身份,或是没有就业的代名词,而成为有吸引力的职业;农村不再是贫穷落后的代称,而成为安居乐业的幸福家园。

以上五个方面,只是粗线条地勾勒出新发展阶段我国农村发展的大趋势。这一历史趋势的形成与发展,在很大程度上决定了中国现代化的进程,更决定了当代农民的历史命运。

农民的"四化"

党的二十大提出了中国式现代化的目标与任务。扎实推进社会主义现代化建设是新发展阶段重大的历史任务。现代化为农民转型发展开辟了广阔的发展空间,创造了前所未有的时代条件,而农村发展的趋势又为农民的"四化"搭建了历史舞台。

发展现代经济与建设现代社会是现代化的两大重点。就发展现代经济而言,既要发展先进制造业,建设工业化国家,实现产业转型升级,建设现代经济体系;又要改造传统农业,拓展多方面的功能,使之成为现代经济体系的有机组成部分;就建设现代社会而言,既要调整城乡关系,建设现代公民社会,又要改造传统农民,使之成为现代社会的职业群体。

从现代化的内在要求和发达国家的经验来看,随着现代化的深入推进,伴随农业逐渐小比例化、农业发展方式的转变、农业功能的多样化、外部环境等变化的历史进程,农民也将呈现出非农化、职业化、组织化、公民化的发展趋势。

——农民的非农化。所谓农民的非农化主要是指农民离开农业,进入非农产业,融入现代社会的过程,主要包括三个相互联系的含义,即农民的职业转换、地域转移、角色变换这三个环环相扣的环节。农民的非农化是产业升级与转变农业发展方式的双重需要,也是自身转型发展的内在要求,既能为工业化、城镇化注入动力,又有利于构建更有效率的农业经营体系,使农业成为有吸引力的产业。

新中国成立以来,我国农民非农化经历了一个曲折的过程。新中国成立初期,农村劳动力既有在农村内部自由选择职业的权利,也可自由迁徙到城市就业。1958年以后,囿于多种因素,我国非农化受到诸多限制,发展缓慢,并一度处于停滞与中断状态。改革开放以来,随着市场经济的发展与相关管理政策的调整,农民的非农化步伐明显加快,出现了20世纪80年代以就地非农化为主和90年代以异地非农化为主的两个阶段。据《中国农村统计年鉴》1995年的资料,1978年,我国农村劳动力就业结构中,农业劳动者为89.6%,1994年则下降到73.3%,比重虽然下降了16.3个百分点,但农村劳动力基数太大,绝对值以亿计。进入21世纪以来,农民非农化趋势更为强劲。资料显示,2000年至2019年,我国常住人口城镇化率从36.2%稳步提高到60.6%,城镇人口从4.6亿增加到8.5亿,而乡村人口则从8.1亿减少至5.5亿。① 2020年,全国农民工总数高达2.85亿人。②

我国农民非农化趋势与现代化内在要求大体一致,有力地支撑了工业化与城镇化。但也出现了三方面的问题:一是就业结构与产业结

---

① 《经济日报》2020年2月28日。
② 国家统计局《2020年农民工监测调查报告》,国家统计局网站,2021年4月30日发布。

构存在偏差,农业劳动力占全社会劳动力比重没有随农业占GDP的比重同步下降,致使大量剩余劳动力滞留在农村,资源配置不合理,折射出三农问题的无奈与尴尬。资料显示,2019年,我国农业增加值占GDP的比重为7.1%,而农业从业人员的比例仍在26%左右,两者存在明显差距。① 二是"半城镇化现象",从发达国家经验来看,职业转换、地域转移、角色变化本应为三位一体的连续性过程。而我国的非农化进程中,这三者又严重脱节,非农转移不彻底,存在经济上吸纳、社会上排斥等诸多问题,也就是说农民工为工业化与城镇化做出了不可或缺的贡献,却在居住、就业、报酬、社会保障、子女教育、生活交往等方面受到排斥与限制,难以完全融入城市,完成自身的非农化进程。城镇化的主要对象是农民,其本质就是改变农民的职业属性以及如影随形的生产生活方式及价值观念,化农民为市民。职业转换与地域转移只是农民非农化的外部特征,更重要的是角色内涵上的真正市民化。这种半城镇化现象固然降低了工业化与城镇化的成本,但容易引起相关的社会经济问题;三是农村人口逆淘汰问题,也就是在农民非农化的历史进程中,受比较利益等因素的影响,农村人口中素质相对较高、受教育年限较长、头脑灵活的年轻人率先离开农村,而留在农村的人口中,大多为妇女、儿童、老人,也就是人们常说的"386199部队"。这些人吃苦耐劳,农事经验丰富,但自身素质又担不起现代农业的重任。加之,受农业比较效益差的影响,又出现了农业生产副业化、兼业化、半抛荒等问题,种田犹如鸡肋,食之无味,弃之可惜。长此以往,"谁来养活中国""谁来种田"就会成为严峻挑战。

——农民的职业化。农民职业化是指由传统小农向现代农民、由身份农民向职业农民的转型与发展的过程。农民作为国际上通用的概念,主要指国民中从事农业生产经营并以此作为主要收入来源的社会成员。其主要特征有三条:一是作为一个独立存在的职业,享有与社会上其他职业一样的权利,即提供报酬、社会保障与社会福利待遇;二是以农业为主的职业内涵,以农业生产经营收入为主要经济来源;三是具

---

① 《经济日报》2020年7月2日。

有普遍的公民权,享有与其他人一样的人生出彩的机会。

职业是随着人类社会劳动分工而产生的,农民职业化是现代化的内在要求与主要标志,没有一支具备一定素质的职业农民队伍,农业现代化就不可能实现。改革开放与市场化为农业职业创造了有利条件:一是农村改革以后,农民有了职业选择的自由权与产品处置权,而城乡关系的调整又为职业化打开了绿灯;二是现代农业的发展、三产融合的趋势、农业功能的多方面拓展又加速了农业内部分工分业,一些生产环节从农业中分离出来,成为专门的行业,农业生产经营活动日趋专业化、社会化与市场化,并从中衍生出新岗位新职业;三是国家和地方因势利导,制订出台了培育职业农民的意见办法,并提出了相关扶持政策。

在多种因素的推动下,我国农民职业化出现了良好的势头。20世纪80年代,随着改革的深入与商品经济的发展,我国农村涌现出一批专业户与万元户,成为农村先富起来的群体。这些人数量不多,却是农业产业化的带头人,也是职业农民的最初代表。21世纪以来,随着市场经济的发展与土地制度改革的推进,新型农业经营主体如雨后春笋,层出不穷。这些主体数量不断增多,发展质量明显提高,成为现代农业的弄潮儿,也是当代职业农民的杰出代表。据相关资料,2015年,我国职业农民人数已达1275万人,比2010年增长了55%,2020年,我国职业农民数量已超过2000万人。①

这些职业农民虽然来源渠道不一,有的从传统农民提升而来,有的从非农劳动者中转型而来,有的从高学历人员中吸纳而来,且从事的岗位也有生产型、服务型、经营型之别,但却具有共同的时代特征。这些特征表现为:这些人不再是一家一户的小规模生产经营,而是规模化生产与专业化经营,具有高度的职业稳定性,把务农作为职业追求,把农业生产经营的收入作为主要的经济来源,且能获得社会平均收入;这些人不再是自给自足的小农,而是面向市场的商品生产者,既与自然交

---

① 农业部《2020年我国新型职业农民将超过2000万人》,中华人民共和国中央人民政府网站,2017年1月29日发布。

换,又与社会交换,具有法制意识和高度的社会责任感;这些人的职业不再是无可奈何的认命,也并非来自世袭农民身份,而是自主追求、理性分析的结果。

应当说明的是,农民的非农化与职业化并不是孤立进行的,而是相互联系互为因果的。一方面,农民非农化是农民职业化的前提,这是因为非农化可给职业化带来三个意想不到的变化,使农民人均资源、农产品供求关系、农民收入发生有价值的变化,为农民职业化创造必不可少的条件;另一方面,农民的职业化又是农民非农化的有力支撑,这是因为职业农民是农业生产力最活跃的因素,有了一支相当素质的职业农民队伍,才能更好地推进农民非农化发展。就当前而言,关键是统筹非农化与职业化,弹好务农与离农的协奏曲。大国小农的现状使得农业生产效益太低、收入太薄,有的甚至是负收益,改变这一状况需要把城市的拉力与农业发展的推力结合起来,实现城乡融合发展。一方面要继续深化农村改革,让常年在外的农民工有偿退出承包地,给真正种田的人创造规模经营的条件,实现职业化;另一方面,城市要真正接纳农民工,改变半城镇化不合理规定,使农民工的流动过程变为融入城市社会的过程,真正实现非农化。只有这样,才能实现非农化与职业化的良性互动。

——农民的组织化。所谓农民的组织化是指农民由单干农户结成具有内在联系的经济组织的过程。这里所说的组织主要是指农民在农业生产经营中分工与协作的关系,它体现了农民与农民之间、农民与市场之间、农民与其他经济主体之间的关系,暂不涉及农民与农村基层党组织、农民与村民自治组织、集体经济组织之间的关系。

农民的职业化与非农化是对立统一关系,两者互为条件,也互为因果。而农民的职业化与组织化则是孪生兄弟关系,两者相互依托,也相得益彰。职业化是组织化的前提与基础,由相同职业内生出的"共同需求",才能使组织有凝聚力与向心力;而组织化则是职业化的归属,该组织的特殊功能才能成为成员的重要依托。

农民是农业生产力最活跃的因素。农民作为独立的商品生产者,作为自主利益的市场主体,在生产经营过程中结成的经济组织,是促进产业兴旺,开展生产经营,增加自身收入,维护自身利益的重要依托。

改革开放以来,农民有了生产经营自主权、职业选择自由权、农产品处置权,而市场化改革又给农民带来了广阔的发展空间,强化了农户之间、农民与市场及其他主体的联系与合作,激发了农民组织化的新需求。

在这样的背景下,广大农民结成了多种多样的经济组织,农民专业协会、资金互助合作社、农业社会化服务组织如雨后春笋般地涌现,并在各自领域与范围内发挥了不可替代的作用。2007年,《农民专业合作法》颁布实施,又为农民的组织化提供了制度供给与法律保障。该法实施十多年来,农民专业合作社呈现出数量持续增长、质量明显提高等特征,逐渐成为农民组织化的制度载体与发展经济的重要依托。但就整体而言,农民的组织化仍是初步的、低水平的,存在内部关系不紧密、运作不规范、功能发挥不理想、覆盖人群不全面等问题。

随着现代化的深入推进与乡村振兴战略的有效实施,我国正处于传统性与现代性交织的关键时期。农民的生产生活正在发生深刻的变革。农民社会交往日渐扩大与组织力不强的矛盾就成为这种变革的表现形式。农民社会交往的对象、范围和主体不断扩大。交往的对象正在从血缘、地缘等初级关系走向业缘、资源、组织等次级关系,形成了一张张社群网络;交往的范围正在随农民流动性的增多与经济利益的扩大,由本乡本土向外部世界拓展,形成了一个个朋友圈、生意圈、社交圈等;交往的方式正在由传统的"面对面",转向"面对面"与手机、网络、电话交往并存转变。社会交往的变化,不仅扩大了农民的眼界,而且丰富了农民的精神世界,强化了他们组织化的意愿。

农民所从事的农业产业,其本质特征是自然再生产与经济再生产的统一,家庭分散经营更适合农业产业的这一特点。但分散的农户又无法同市场对接,更无法与其他市场主体同台竞争,迫切需要在家庭经营之上建立相应的合作经济组织,既扬家庭经营之长,又避家庭经营之短,更好地将分散经营的积极性与合作经济组织统一经营的优越性有机地结合起来,更有效地维护农民利益,发展现代农业,促进乡村振兴。

无论是农民的社会交往,还是农业产业的特殊性,都需要强化农户间的联合合作,改变一盘散沙的状态。但囿于传统农民的特性,我国农户之间普遍缺乏内在联系,难以形成稳定的联合合作关系。已有的经济组织,发展质量也参差不齐,也有一定比例的经济组织流于形式,对内缺乏凝聚力,对外缺乏号召力。

随着工业化与城镇化的深入推进,农户分化程度明显加快。部分农民在土地流转中扩大了经营规模,提升了家庭农场发展质量,成为职业农民;部分农民经过一段时间的兼业,最终将土地转移出去,成为城市新市民;部分农民因种种原因继续兼业,维持半工半农、男工女耕的生产生活方式。农户的这种分化为组织化准备了条件,组织化水平将随职业化水平的提高而水涨船高。组织化水平的提高又反过来促进农民的职业化发展。

——农民的公民化。所谓农民的公民化主要是指农民由传统社会的"现代化初民"转变为现代社会平等的社会成员,享有无差别的权利义务,并实现主体性的增强与现代性提升的过程。农民的公民化既是国家现代化重要的标志,又是个人现代化的必然结果。

公民是社会现代化的产物,是伴随现代民主政治发展、现代法治精神健全,以及人的理性观念产生而逐渐清晰的一个概念。在传统农业社会,农民虽是创造物质财富的主体人群,但没有丝毫权利,朕即国家,国家控制一切,农民只能匍匐在国家权威之下,没有独立的人格与权利可言,就连称谓也变为"子民""臣民""草民""贱民"等。作为治于人的下层农民,个人身份是微不足道的,毫无权利可言,只有对国家与地主的义务。诚如唐代大诗人李绅《悯农》诗所言,"春种一粒粟,秋收万颗子。四海无闲田,农夫犹饿死。"

新中国成立后,农民在政治上成为国家的主人,经济上无偿地分到了土地,政治经济地位有了质的提升。在计划经济时期,国家在农村构建了人民公社制度、户籍制度、统购统销三位一体的政策体系,整个社会呈现出同质化、政治化色彩,农民的主体性受到一定程度的限制。

改革开放以后,随着经济体制的调整与商品经济的发展,特别是伴随民主法制的建立健全,农民的公民化进程明显加快,传统的生产生活方式日渐式微,现代意识不断生成,履行权利义务更为主动。虽然这种发展只是阶段性的,农民之间的公民化程度又参差不齐,但随着市场经济的发展与农民社会的成长成熟,农民将跟上时代的步伐,在公民社会建设的实践中,实现由村民到公民的飞跃。

实现从"村民"到"公民"的蜕变,关键是要做好"两个眼":一个"眼"就是建立城乡一体化发展的体制机制,建立健全促进农民公民化发展的经济社会政策体系,确保农民成为现代社会一分子,与市民一样享有人生出彩的机会,具体包括改革户籍制度、劳动就业制度、社会保障制度,改革农村集体产权制度,打破城乡制度壁垒,实现城乡要素资源平等交换、双向交流与一体化发展。另一个"眼"是要注重培育农民的公民意识。这种公民意识作为现代意识的一种心理认同与理性自觉,是作为现代公民应具有的价值观念与行为模式。这种现代公民意识与小农生产生活方式格格不入。传统农民意识是与小生产方式相联系的农业社会典型的思想观念和行为方式,其本质特征是非主体性,具体表现为经济上的平均主义、政治上的皇权主义、人格上的依附性以及保守依赖等特征。以时间观念更新为例,与"昼拾橡栗、暮栖木上"原始生产生活方式相适应的是朦胧的时间观念;与"见闻不出乡里,交往止于四邻"的农耕生产方式相适应的是朴素的、直观的并且具有较大伸缩性的时间观念,诸如十二时辰、"一顿饭功夫""一袋烟时间"等;与破坏田园般宁静的工厂化生产方式相联系的是"绝对精准"的时间观念,及时间就是金钱、效率就是生命的现代意识。时间观念的更新既反映了生产生活方式的更迭,更表明人的现代性的增强。

与传统村民不同,现代公民是具有高度社会责任感、享有权利并承担相应义务的社会成员。这就需要农民不断地增强主体性,摒弃小农生产生活方式,树立与现代社会相适应的理性自觉。实现这些转变是一个漫长的历史进程,需要在内外两方面同时发力,在农民非农化、职业化、组织化的历史进程中同步实现农民的公民化。

农民致富的秘诀

农民的四化是当代农民的发展方向与历史归宿,而致富农民则是推动农民转型发展的经济基础与必由之路,也是乡村振兴战略的奋斗目标,更是推进共同富裕的堵点难点。

那么,怎样才能让农民富起来呢?

据国家发展和改革委员会价格司《全国农产品成本收益资料汇编》,2018年,在15种主要农产品中,小麦、玉米、大豆、油菜籽、棉花、散养生猪的净利润都是负数。其中,玉米是连续四年净利润为负,大豆、油菜籽、棉花连续五年净利润为负。即便不考虑自营地折租,家庭用工折价等因素,稻谷、小麦、玉米三种粮食作物平均每亩收益也只有481.7元。也就是说,如果单靠几亩承包田,农业已不能给从业者带来社会平均收入,更谈不上富裕。长此以往,农民就会陷入贫困,抛荒就会增多,农业就会失去竞争力,国家粮食安全与农副产品有效供给就会成为严峻的社会问题。

造成这一困境的因素是多方面的,既与农业的弱质性有关,即农业承受着自然风险和市场风险的双重考验,具有投资回报率低的特性;又与我国的农业资源禀赋相关,即我国人多地少水缺,人均耕地面积不到世界平均水平的1/2,美国的1/5,俄罗斯的1/10;水资源更为缺乏,且分布极不平衡;还与我国大国小农的基本农情有关,即小农户数量占我国2.07亿农业经营户的98%,从业人员占农业从业人员的90%,经营面积占总耕地面积的72%;①更与农产品的生产、流通、消费,农产品市场特性等因素息息相关。

从生产环节来看,农业是经济再生产与自然再生产的交织,生产周期长,环节多。在特定的生长周期内,农业生产成本受种子、农药、化肥、机械作业、劳动用工、土地费用等多重因素的影响。在诸多因素中,农业投入品占相当比重。近年以来,我国农药、化肥受多种因素的影响,价格不断攀升。2020年以来,受新冠疫情等因素的影响,农药化肥又进入新一轮上涨期,价格持续高位运营,达到近10年最高水平,大大超过农产品价格的上涨。农资价格持续上升,抬高了农业生产成本,挤压了农民增收空间。面对农资价格的上涨,分散的农户既没有议价能力与谈判地位,也没有抱团取暖,只能被动接受外部市场的定价,导致

---

① 转引自葛志华《无为之为》,南京:江苏大学出版社2019年9月版,第127页。

农业生产成本不断攀升。

从流通环节来看,农业生产具有周期性、季节性、分散性等特性。农业生产在空间上是分散的,时间上是季节性的;而市场对农产品消费在空间上又是集中的,大多集中在人口密集地区;在时间上又带有均衡性,每个地区、每个人食用量大致相当,只是品种不同而已。这种特性又对农产品流通提出了相应要求,从产地到销地,从生产者到消费者,从田头到餐桌,从供给侧到销售终端,农产品流通环节多、成本高、商品损耗大,生鲜农产品又容易腐坏变质。加之,农产品信息、仓储、冷链、加工、配送、销售等服务跟不上,小农户与大市场无法对接,价格犹如过山车,有时滞销,货到地头死;有时又暴涨,超出心理预期,"姜你军""蒜你狠"等现象时隐时现。

从消费环节来看,农产品是生活必需品,是人类生存必不可少的保障,即所谓"民以食为天"。人们对农产品的消费固然受收入水平、消费习惯、农产品价格等因素的影响,更受农产品消费规律的支配。与非生活必需品不同,农产品消费既缺乏需求弹性,又缺乏收入弹性。就需求弹性而言,一个人、一个家庭乃至一个地区的食品消费量大致均衡,不可能因价格下跌就吃双份,即使农产品价格下降很多,有效需求也不会有太大的增加;就收入弹性而言,即使消费者收入增加了很多,对农产品的需求也不会有太大的上升,这就是经济学上的"恩格尔系数",也就是随着家庭收入的增加,支出中用于食品方面的支出比例将逐步减少。因此,农业歉收了,供给随之减少,就会拉升CPI,甚至引发社会恐慌;而农业增产了,供给随之增加,但需求难以相应增加,价格就会下跌,也就是人们常说的谷贱伤农,增产不增收。

从农产品市场来说,农产品市场是一个完全竞争市场,既没有必要的门槛,更没有主体资格限制,小农户、家庭农场与跨国公司、零售业巨头同台竞争。市场上有无数个生产者,每一个农户就是一个生产者,但每个农户在市场上所占份额微不足道,对供求关系影响几乎为零,既无议价能力,又不能与现代商业对接,只能被动接受外部市场的定价,或被收购方压级压价。一旦增产了,价格就会下跌,反而会促使农民之间相互杀价,导致农产品市场价格持续走低,增收也就更加困难。

要避免恶性竞争,就必须达成协议,而要达成协议,就不得不面对两大挑战。就交易成本而言,农业生产者人数众多,居住又比较分散,达成一致的协议,需支付高昂的交易成本;就履约而言,即使达成了协议,执行也很困难,因为农户都是经济人,都想要"搭便车",即让他人去争取,自己坐享其成。在这种形势下,少数农户调整农业生产结构,拉长产业链,打造价值链,在完全竞争中拔得头筹,成为受益者。但这种局面难以持久,一旦有人获益,多数农户就会效仿,往往是一哄而上,又一哄而下,农户难以持久增收,一些农民甚至血本无归。

生产、流通、消费、农产品市场等多种因素叠加导致农业增收变得异常困难,严重地制约了乡村振兴战略的推进,甚至会危及国家的粮食安全与农副产品的有效供给。那么,怎么破解这一难题呢?

要下好农业致富这盘大棋,关键在于做好"两个眼":一个眼就是城市化,推进城乡之间的协调互动。工业化是现代化的发动机,城市化是现代化的孵化器,工业化与城市化的良性互动是现代化基本的演进方式。工业化有效提高农业的装备水平,让单个农户能够耕种更多的土地;城市化则能有效改变农民的职业结构,用减少农民的办法让留下来的农民经营更多的土地,构建更有效率的农业经营体系,实现适度规模经营,改变大国小农的格局。这也就是人们常说的作诗功夫在诗外。随着乡村振兴战略的深入实施,我国已进入现代化的关键时期。当务之急是城乡互动,进退结合。在城市,要改变"半城市化"现象,为进城农民提供基本公共服务,增强其归属感;在农村,要在坚持和完善农村基本经营制度的基础上,继续深化农村改革,优化制度供给,既让进城农民有偿退出承包地与宅基地,又让中坚农户经营更多的土地,实现适度规模经营,推进"进退联动,退用结合"。

另一只眼就是合作化,让农民按合作制原则组织起来,提高农民组织水平,更好地发挥农民合作经济组织的独特优势,提高农民在购买生产生活资料、在农产品价格形成中的议价能力,增强农民在农产品销售环节上的谈判地位,不再被动接受外部市场的定价或相互杀价,更不会一哄而上又一哄而下,而是把农户分散经营的积极性与合作社统一经营的优势紧紧地结合起来,拉长产业链,打造价值链,真正让农民种田更轻松、收入更有保障。

这"两个眼"做好了,农民增收这盘大棋就会满盘皆活,乡村振兴就会由宏伟蓝图变成活生生的现实。城市化加合作化就成为农民致富的秘诀。在这方面,日本为我们提供了一面镜子。据崔卫国《中日比较谈》一书,日本在现代化进程中大力推进城市化与合作化,在1965—2000年的35年间,日本从事农业生产的劳动力由1200万人降为382万人,仅占全国总就业人数的4%。① 与此同时,日本政府又大力扶持农协发展,多措并举,增强农协组织经济、社会、政治功能,为农户提供了系列化服务。农民只从事农产品的生产,农民的生产生活服务,农产品的加工、运输、销售、金融等服务都由农协负责。经过城市化与合作化的洗礼,日本农户的收入明显增加,自20世纪70年代中期以来就一直高于城市居民的平均收入。据日本农林水产省的数据,2000年,日本以农为主的兼业农民家庭的平均年收入为881万日元,而东京都内城市居民家庭的平均年收入为766万日元,农民在住房、车辆、旅游、休闲娱乐等方面的消费水平,实际都高于城里的中低收入者。②

他山之石,可以攻玉。虽然我国的社会制度与日本不同,但两国农业资源禀赋相近,农业生产方式相似,日本农户致富的秘诀值得我们学习借鉴。

合作创造价值

工业化与城镇化是农民致富的外部拉力,而合作制则是农民致富的内功。与非农产业的公司制一样,合作制是最适合农业产业的制度安排,能创造多方面的价值,必将成为实施乡村振兴战略的有力支撑。

乡村振兴战略既是农业农村现代化的总目标,又是新时代"三农"工作的总抓手。乡村振兴战略的总要求是:产业兴旺、生态宜居、乡风

---

① 崔卫国:《中日比较谈》,北京:经济日报出版社2014年2月版,第156、157页。
② 崔卫国:《中日比较谈》,北京:经济日报出版社2014年2月版,第156、157页。

文明、治理有效、生活富裕。

产业兴旺既是乡村振兴的首要任务,又是乡村振兴的物质支撑。没有产业兴旺,乡村振兴就成为一句空话;而没有合作制,产业兴旺就失去了制度依托。

一、农业现代化最缺什么?

改革开放四十多年来,我国农业现代化取得重大进展,实现了从贫穷到温饱再到全面小康的历史性跨越,进入了全面建设现代化的新时代。2020年,我国粮食产量1.3万亿斤,用不到全球10%的耕地,高质量地养活了占全球18%的人口,人均粮食占有量多年超过世界平均水平。[①] 农民人均收入达到17131元,恩格尔系数降到32.7%。[②] 全面完成脱贫攻坚任务。这些历史性成就、历史性变革,为站起来、富起来、强起来提供了有力支撑。

囿于历史与现实的因素,我国"三农"虽取得历史性成就,但仍存在亟待解决的困难,面临着严峻的挑战。相比而言,农业仍是国民经济最薄弱的环节,农村仍是现代化建设最突出"短板",农民仍是相对贫困的人群,农业现代化明显滞后于工业化、信息化、城镇化,拖了"四化同步"的后腿。据《中国现代化报告2012——农业现代化研究》成果:尽管我国粮食单产已达到发达国家水平,但农业劳动生产率只有工业的10%,仅为发达国家的2%。截至2008年,我国农业现代化比整体现代化约低10%。[③] 又据中国社科院发布的《中国城市发展报告No.4——聚焦民生》报告显示,2010年我国城乡收入差距比为3.23∶1,是世界上城乡收入差距最大的国家之一。[④] 到目前为止,我国农业基础仍不稳定,农业科技进步贡献率低于发达国家10个百分点以上;农业产业链较短,农产品加工转化率仅为67.5%,低于发达国家近18个百分点。[⑤]

[①]《新华文摘》2022年第5期,第30页。
[②] 国家统计局《2020年农民人均可支配收入17131元》,中国经济网2021年2月28日发布。
[③] 转引自葛志华《无为之为》,南京:江苏大学出版社2019年9月版,第140页。
[④] 转引自葛志华《无为之为》,南京:江苏大学出版社2019年9月版,第140页。
[⑤] 转引自中央政策研究室农村研究局《关于中国式农业农村现代化道路的几点思考》,载《学习与研究》2021年第11期。

农业竞争力弱,农民收入少,农村公共服务不足,已使"三农"沦为现代化的"难中之难"。

农业现代化相对滞后的原因是多方面的。首先,有缺土地的问题,即我国国土面积居世界前列,但耕地明显偏少,人均耕地只有1.38亩左右,不到世界平均水平的40%,水资源更为缺乏。1996年,中国农户平均土地经营规模为0.67公顷;2006年则下降到0.61公顷,农地经营规模不足1公顷的农户数量占比高达92%。① 2010年以来全国净减少耕地1.13亿亩。② 其次,有缺劳动力的因素,即我国农村劳动力基数大,大约在4.8亿左右,但青壮年劳动力大多外出务工经商,真正种田的多为妇女、儿童、老人,也就是所谓"386199部队",严重缺少有文化、懂技术、会经营的职业农民。据清华大学中国农村研究院2012—2016年连续五年的暑期调查,纯务农人口平均年龄约55岁,比外出务工劳动力大16岁。③ 此外还有缺资金的问题,即我国调整了工农关系与城乡关系,实行了以工补农、以城带乡的政策,废除了农业税,逐渐加大了对"三农"的资金扶助。囿于我国"三农"规模大,支农资金被挤占挪用现象严重等因素,"三农"缺资金的问题依然存在。还有缺市场的问题,即我国人口众多,农产品市场潜力大,又处于工业化中后期阶段,工业化对农产品需求旺盛,加上我国农产品出口呈增长态势,但我国农产品仍存在阶段性、结构性过剩,周期性的"卖难"等问题。还有缺技术、缺装备的问题,即农业技术水平比过去有了明显进步,但仍缺乏核心技术,缺少技术装备,农业技术推广也存在不少问题。综上所述,土地、劳动力、资金、市场、技术等因素都不同程度地影响和制约了现代农业的发展,拖了"四化同步"的后腿。

农业的发展固然离不开土地、劳动力、资金等要素资源,没有这些要素资源,农业发展就失去了依托,但仅有这些要素又是不够的,农业发展更离不开经济组织。先进的经济组织能够激发活力,更有效率地配置资源,促进生产力发展;而落后的经济组织则会窒息发展活力,束

---

① 转引自葛志华《无为之为》,南京:江苏大学出版社2019年9月版,第140页。
② 《新华文摘》2022年第5期,第30页。
③ 转引自葛志华《无为之为》,南京:江苏大学出版社2019年9月版,第140页。

缚生产力发展。从经济学原理与世界现代化历程来看,在市场经济条件下,公司制是最适合非农产业的经济组织,而合作制则是最适合农业产业的经济组织。

公司制作为一种资本的联合,具有与自然人相同的民事行为能力,又实现了股东最终财产所有权与法人财政权的分离,厘清了公司法人与股东的权责,激发了公司活力,成为充满活力的微观主体。改革开放以来,我国公司制有了突飞猛进的发展,公司的数量与质量连续跃上了几个大台阶,成为我国经济的最有力支撑,促进了生产力发展。

与飞速发展的公司制相比,合作制虽有了发展,但仍存在发展不充分、不平衡、不规范等诸多问题,数量与质量都无法与公司制相提并论,严重制约了现代农业的发展,使"三农"问题越发突出:

——小农户与大市场的矛盾。家庭联产承包责任制确立了农户生产经营主体地位,重塑了农村经济组织的微观基础。经济体制的市场化改革又将个体农民卷入市场经济的漩涡。在日趋激烈的市场竞争中,由于主体分散、势单力薄、信息不畅、组织化程度低,广大农民既无力抵御难以预测的自然风险,更无力抵御变化无常的市场风险。分散的农民商品量小,虽有广泛的社会参与度,但缺少商业组织发育成长的内在机制,难以形成有效的合作与联合,既无法与大市场对接,又无力与其他市场主体竞争。我国出现的周期性市场剧烈波动、市场上的"蒜你狠""姜你军""向前葱"等现象就是小农户与大市场矛盾的真实写照。

——农业社会化服务体系残缺不全。农业社会化服务是现代农业的重要支撑。从服务主体来看,农业社会化服务体系一般由三个子系统组成,即政府的公共服务系统、合作经济组织系统、市场化服务系统。这三大子系统各有侧重,又相辅相成,更融为一体。作为关键环节的合作经济组织系统,既可与政府公共服务系统有效对接,降低公共服务的成本,提高公共服务的效率,又可把分散农户组织起来,以合作的优势平衡分散的弱势,带动小农户与现代农业有效衔接,维护农民的利益,增加农民收入。我国合作经济组织虽然有了较快发展,但仍处于初级阶段,存在发展不平衡、经营规模小、服务层次低、带动能力弱等问题,致使农业社会化服务体系残缺不全,现代农业缺少了有力支撑。

——农民利益双向流失严重。增加农民收入是"三农"工作的主要目标之一。市场机制主要是通过市场价格的波动、市场主体对利益的追求、市场供求关系的变化等来调节市场运行的机制。我国分散的个体小农在市场博弈中面临诸多难题。如经营主体分散，势单力薄，经济实力脆弱，无力抵御因市场竞争和需求变化带来的风险；又如，由于信息不对称和非均衡性使农民难以对市场信息进行分析与研判，难以把握市场走向，容易造成生产上的彼此模仿，价格上的同上同下、大起大落；再如，由于主体分散、商品量小、交易方式落后等因素，缺少商业谈判地位与议价能力，常常是高价买进农业生产资料，低价卖出农产品，造成农民利益的双向流失。

　　小农户与大市场的矛盾、农业社会化服务体系残缺不全、农民利益双向流失等问题严重制约了现代农业的发展。但这些问题只是表面现象，其重要根源就是缺少合作制这个制度供给，缺少一个货真价实的合作经济组织，缺少一个上下贯通、协调运转的为农服务体系。因此，现代农业发展离不开土地、劳动力、资金等要素资源，更离不开合作制这个制度供给。

二、合作制能给"三农"带来什么

　　作为一种经济学术语，合作制是制度上的说法，而形式与内容上则叫合作经济组织或合作社。

　　与资本联合的公司制不同，合作制作为一种人的联合，旨在满足自愿联合的人们的共同需求。"谁的""为谁"是合作社的核心问题。合作社既是农民社员所有，又是为农民社员服务的。所有者、控制者和受益者三位一体，统一于合作社服务使用者。合作制的这一基本特征根植于合作社的基本原则与治理机制。这些原则包括"开放的社员资格""民主的社会控制""社员的经济参与与盈余分配""社员的教育、培训及沟通"等。这些基本原则既是合作制的价值所在，又是合作制区别于其他社会经济组织独特的制度安排，赋予合作制旺盛的生产力，使之成为最适合农业产业的组织形式。

　　合作社作为一种特殊法人，有一定的经济功能，对内为入社社员服务,对外以联合的优势参与市场博弈;合作社又具有一定的社会功能,对内是提高农民组织化水平的载体,对外是农民与政府联系的桥梁。把合作制导入农业,就会给"三农"带来三个明显的变化:

——能有效改变农户的地位。一个是自然农户,属传统农业经营主体;一个是法人农户,属新型农业经营主体。家庭承包经营体制确定了农户在农业生产经营中的主体地位,重塑了农村经济组织的微观基础。但在市场经济条件下,传统农户没有其他经营主体具有的法律地位与经济地位。合作制能有效地让农民组织起来,不再以单个自然人形式出现在市场经济舞台上,蜕变为新型农业经营主体,实现了由自然农户到法人农户的转变。这一转变让入社农户拥有了与其他市场经济主体相对平等的法律地位与社会经济地位,拥有了大小不等的组织资源与服务供给。在合作社内部,入社农户能够得到合作社提供的社会化服务供给,如良种供应、新产品开发、合作金融服务、土壤分析、合理施肥用药、农作物收割、粮食烘干、农产品检测和质量控制等服务,既能在产中环节充分发挥农户家庭精心的田间管理优势,促进农业生产的标准化、社会化;又能以合作的优势、法人的身份改变农民在市场博弈中的不利地位,提升农民的谈判地位与议价能力,更好地实现小农户与大市场的衔接。

——能有效增加农民收入。合作制是对市场交易中谈判权力悬殊现象的矫正机制。农户一般处在农业的中间生产环节,生产既需要向市场采购农药、化肥、种子等生产资料,也需要短期金融支持和及时技术指导;而完成生产之后又要面对销售、加工等产业链下游的问题。因此,作为个体的农民直接面对波动的市场具有非常大的市场风险。我国农民数量众多,商品量小,居住分散,面临交易成本与服务成本过高的问题,形成了所谓的"交易黑洞""信息黑洞"。与个体农民相比,合作社具有规模优势、成本控制优势、技术利用优势、谈判议价能力。入社农民既能分享合作社提供的各种服务,又能改变自身的弱势地位,有效化解市场风险。既能够通过农资等批量进货降低价格,保证质量,为农民减少支出;又可以通过批量出售农产品,提供农户的议价能力,增加农民收入;还可以通过盈余返还的收入,再次增加农民收入。

——能有效搭建"三农"服务平台。我国家庭承包经营以土地的小块分割为基础,耕地规模小,地块零散,这固然能充分挖掘每块土地的生产活力,但阻碍了农业的社会化分工与三产融合。合作社是联系农民、组织农民、服务农民的独特载体,具有多方面的功能与作用。对产业发展来说,合作社的经营规模比个体小农有了几何级数的提高,能够有效地拉长农业产业链,打造农业价值链,促进一二三产业融合发展。对政府管理来说,合作社既是推进乡村振兴的重要抓手,又是农村经济社会管理的有效平台,能够有效沟通政府与个体农户的联系,辅助实施农业政策,承接政府农业项目,降低政府管理成本。对农民自身来说,合作社能有效提高组织化水平,便捷地获取农业社会化服务,促进农村经济发展与社会稳定。

合作制的这种特殊价值已在发达国家得到反复验证。虽然各国农业资源禀赋不同,农业现代化的道路各异,但有一点是共同的,那就是农业经营大多以家庭为基本经营单位,并在家庭经营之上,按合作制原则组建合作经济组织,为农民生产生活提供系列化服务。农业是自然再生产与经济再生产相交织的特殊产业,劳动成果与劳动过程相分离,对劳动过程很难实施及时、有效的监督。家庭则是以血缘关系为纽带的,一个集生产、消费、教育、抚养子女于一体的社会经济细胞,具有持久的稳定性。农业因具有内部规模经济不显著,劳动的监督和质量控制都极其困难等特点,而成为一个适宜家庭经营的产业。但农业的产前与产后环节又与市场具有多种多样的联系,产中环节也需要系列化的社会化服务,个体农户直接面对市场又具有难以预测的风险。因此,只有加入合作社,才能有效化解这种风险。在欧洲与美国,80%以上的农场主加入了不同类型的合作社,丹麦合作社销售的花卉、水果、蔬菜分别占到该国市场份额的95%、78%和70%。[①] 日本是一个国土狭小的多山的国家,农地面积仅有534万公顷,只占国土面积的14.3%。[②] 农业生产经营活动主要是以一家一户为单位的个体经营。基于这种条

[①] 转引自葛志华《无为之为》,南京:江苏大学出版社2019年9月版,第145页。
[②] 转引自葛志华《无为之为》,南京:江苏大学出版社2019年9月版,第145页。

件,日本在二战后快速地实现了农业的高度现代化。这一方面得益于政府对农业的保护与支持,另一方面得益于日本农协的系列化服务。据《外国人怎样当农民》一书介绍,法国的农户都连着合作社。用酿酒合作社负责人勒内·卡内的话,"我们法国人靠的是合作社,没有合作社,简直不敢想象这农业怎么搞。"

三、合作制在中国的发展

从1844年诞生的世界上第一个成功的合作社——英国罗契戴尔公平先锋社算起,合作社已有170多年历史。从1895年成立的国际合作社联盟算起,这个世界上最大的非政府组织也有120多年的历史。一百多年来,美国、法国、英国、德国、日本、韩国的合作社如雨后春笋层出不穷,在现代化进程中特别是农业农村现代化中发挥了不可替代的特殊作用。

合作社在中国也有了100多年的历史,大致经历了新中国成立前、改革开放前与改革开放后三个阶段。在新中国成立前,京师大学堂早在清末就开设了合作社课程。1918年,北京大学成立了北京大学消费公社。1934年,《中华民国合作社法》颁布施行。到1935年10月,全国各地合作社增至25842个。但由于缺乏稳定的社会环境,民国时期的合作社收效甚微,乏善可陈。

中国共产党成立伊始就注重合作社发展。1923年,共产党就在广东海陆丰成立了农民消费合作社。30年代初,苏区中央政府就颁布了《合作社暂行组织条例》,规范扶持苏区合作社发展。抗日战争时期,共产党又在延安成立了南区合作社,毛泽东还专门总结推广了南区合作社的经验。新中国成立前夕,刘少奇在党的七届二中全会上做了《关于新中国的经济建设方针》的报告,专门提出了发展合作社的计划。

新中国成立后,党又在土地改革之后,领导了农业合作化运动。在合作化运动初期,按照农户自愿与互利原则组建的互助组与初级农业生产合作社具有明显的合作社特征。到了高级社时期,合作社逐渐变为集体化。先是以"土地归公"为特征的高级社取代了"土地私有的初级社",后进一步演变为以"一大二公"为特征的人民公社体制。在农业合作化运动中,除建立农业生产合作社外,又在农村普遍建立了供销合作社与信用合作社。后两种合作社和农业生产合作社一样,都是由国家控制的,性质与国营企业一样,只是挂着"集体所有制"的牌子。新生的政权通过合作社运动完成了对农业的社会主义改造,建立了社会主义的集体所有制。但这种政社合一的体制剥夺了农民的土地所有权与生产经营自主权,束缚了农业生产力的发展。需要说明的是,20世纪50年代的农业合作化运动,名义上是合作社,实质上却是消灭合作社,建立起与合作社原则背道而驰的集体经济组织。合作经济与集体经济,粗听起来好像区别不大,但细细考究,两者又有本质差别。合作经济就是把各自部分生产要素合在一处使用,所有权不变;而集体经济则是把各自的土地等生产资料归集体所有,所有权发生了转移。因此,合作化与集体化两者并不是一回事,权利主体完全不同,一个是合作,一个是合并。

改革开放四十多年来,特别是2007年《农民专业合作社法》实施以来,我国合作社发展进入了第三阶段。废除人民公社制度与统购统销政策,实行"家庭承包,双层经营"新体制,顺应了亿万农民的期盼,契合了农业生产的特点,解放了农村生产力,既为农村乃至整个国家的发展注入了强大动力,又为农民的联合合作开创了广阔空间。20世纪90年代以来,全国各地出现了由农民和其他经营者自发建立的新的合作经济组织,这类组织大多被冠之以"协会"、各种类型的合作社等名称。进入21世纪以来,各种形式的"合作社""农产品营销协会""土地合作社"不断涌现,成为新型农业经营主体的重要组织形式。2007年7月1日起实施的《农民专业合作社法》又首次明确了合作社市场主体的法律地位,规定了其内部运行机制以及国家相关扶持政策。2018年7月1日,修订后的《中华人民共和国农民专业合作社法》正式颁布。这些都为合作社发展营造了良好的法律环境。我国合作社发展呈现出发展速度快、质量高、领域宽、带动强等态势。据农业农村部数据显示:截至2018年6月底,全国依法登记的农民合作社达到210.2万家,入社农户超过1亿户,约占全国农户总数的48.3%。另据农业部统计数字显示:截至2015年,我国合作社为农业提供的经营服务总值为10.6万亿,其中,统一组织销售农产品总值7866亿元,平均帮助每个成员销售农产品1.3万元,统一购买生产投入品总值2745亿,平均每户为0.5万元。① 合作社的兴起与发展,在促进农业适度规模经营,推动农业供给侧结构改革,实现小农户和现代农业发展有机衔接,在乡村振兴中发挥着越来越大的作用,已成为重要的新型农业经营主体和发展现代农业的中坚力量。

在农民专业合作社快速发展的同时,我国又加快了供销合作社与信用合作社改革的步伐。改革开放以来,国家先后出台了2个文件,提出了加快供销合作社改革的指导意见。2015年,《中共中央国务院关于深化供销合作社综合改革的决定》正式下发。这个文件把供销合作社定性为为农服务的合作经济组织,提出了综合改革的原则、目标以及重点任务。根据中央文件要求,在各级党委和政府领导下,供销合作社系统坚持合作制原则,坚持分类指导,按照"改造自我,服务农民"的要求,由点到面,逐步展开,取得了明显的阶段性成效,有效地增强服务"三农"的综合能力,逐渐成为党和政府以合作经济组织形式推动"三农"工作的重要载体,成为党和政府联系农民群众的桥梁和纽带,成为农业农村现代化不可或缺的生力军。与供销合作社的合作制改革不同,信用合作社大多实施了"去合作化"改革,变成了农村商业银行。

然而,对照合作制的基本原则,我国合作经济组织虽有了较快发展,但仍存在不少矛盾与问题:

一是"伪合作社"问题。合作社有特定的含义与制度架构特征。而我国相当比例的合作社虽然登记为合作社,但架构却是公司+农户。合作社为外壳,企业为内核。公司据此套取政府补贴,享受相关政策优惠,入社农户并没有得到实质性服务与实惠。也有虚假注册、投机注册等问题,旨在获取政府补贴或申请政府扶持项目。

二是空壳合作社问题。空壳是指目前处于不经营状态,徒有合作社其名,而无实质性的服务与经营。由于政府考核导向等多种原因,不

---

① 转引自葛志华《无为之为》,南京:江苏大学出版社2019年9月版,第147页。

少地方成立了空壳合作社,虽完成了注册登记,增加了考核数字,但对内无服务,对外无经营。也有一些合作社因经营不善等原因,已处于关门状态,但又难以提供清算报告,注销不了,成为"空壳合作社"。

三是合作社不规范问题。既有产权结构不合理、大股东控制问题;又有运行不规范、民主决策落实不力的问题;还有合作社章程流于形式,骨干成员与普通农户利益连接不紧密的问题等。

四是带动能力弱的问题。合作社规模过小,经济实力不强,缺乏经营管理人才,在激烈的市场竞争中,自身生存都成问题,更谈不上有效的服务,既没有拉长产业链,也没有打造价值链,更没有盈余分配,明显缺乏带动力与凝聚力。

五是供销合作社改革滞后。改革开放以后,政府又恢复了"文革"期间被正式并入国有经济的供销合作社与信用合作社,但仍没有恢复由社员自愿组成,由农民当家作主的合作经济组织的性质。虽然供销合作社综合改革取得明显进步,但仍存在发展不平衡、与农民利益联结不紧密、为农服务动能不完备、市场化运作水平不高等问题。信用合作社在很大程度上还不具有合作制的基本特征,有的已实施了"去合作化"改革,改制为农村商业银行。

正因为上述问题的存在,导致了我国"三农"工作中缺少一个有效率的经营性服务力量,农民缺少一个可以依靠的合作经济组织,农业产业缺少一个契合产业特点的制度依托,致使现代农业发展受阻,"谁来种地""怎样种地"等问题更加凸现,拖了"四化同步"的后腿。

四、发展合作制的思考

合作制契合了农业产业的特点,具有旺盛的生命力。发展合作制,关键要认清我国农业所处的历史阶段,理清发展思路。从发展方位来看,我国已进入了工业化的中后期,工农、城乡关系已由以农补工调整了以工补农、以城带乡,这就为农业发展创造了有利外部条件;从农业自身发展阶段来看,我国农业正在由农业2.0时代向农业3.0时代转变。在农业1.0时代,农业生产活动大多由体力加畜力来完成,面朝黄土背朝天是基本的生产方式。随着农业2.0向3.0转变,机械化更为普及,农业生产效率不断提高,从业人数逐渐减少,素质不断提高,农民收入明显增加;从发展动力来说,市场已成为资源配置的决定性力量,有效加快了农业内部分工与合作;从农民来说,在农业1.0时代,农民既是身份,又是职业。随着农业2.0—3.0的转变,农民将逐渐完成由身份向职业的转变。2012年中央1号文件就首次提出培育新型职业农民的概念,预示着把农民从身份概念转变为职业概念的开始。到农业4.0时代,即农业全面进入智能化阶段,农民就会成为令人羡慕的职业。

把"合作制"导入"三农",关键在"五管齐下",形成合力:

一要合理界定合作社成员资格。合作社是农民的合作经济组织。"谁的""为谁"是其核心要义。根据农业从2.0向3.0转变的趋势,参照日本、韩国以及我国台湾农会的做法,合理界定合作社成员资格,由户籍意义上的农民修改为职业意义上的农民,使合作社名副其实。只有这样,才能不断增强农民的职业归属感,才能聚焦共同需求,提升合作社的凝聚力,增强合作社的带动力。在此基础上,建立完善相关制度,消除工商资本、规模农户对合作社经营权的控制。

二要不断完善合作社内部治理机制。按合作制原则组建合作社,完善合作社章程,规范各类管理制度,健全内部民主管理机制,真正实现自主决策,民主管理,共同经营。

三要发挥好政府的引导作用。与行政组织不同,合作社是建立在农民自觉自愿的基础之上的,是建立在"入社自愿、退社自由"的原则之上的。因此,政府既不能通过行政手段,违背农民的意愿,大包大揽;又不能放手不管,放任自流。而是要从促进农民发展,推进农业现代化的高度,综合运用法律、行政与经济手段,引导和支持农民的组织化。不断优化农民组织化的外部环境与制度环境,简化审批手续,降低登记门槛,放宽经营范围,完善扶持政策。通过多种形式,广泛宣传发动,开展"合作社日"活动,营造农民组织化的浓厚氛围,让合作制理念深入人心。要通过法律规范、政策支持、财政扶持、税收优惠、教育培训等形式,大力培育新型农民,鼓励农民之间的联合合作,支持引导农民提高组织化水平。

四要发挥好农民的主体作用。农民的组织化是以农民的自主性为基本前提的。只有让农民充分认识到组织起来的必要性与可能性，才能使农民的合作经济组织具有内在的有序性与稳定性。因此，在推进农民组织化过程中，要充分尊重农民的自主选择，坚持入社自愿与退社自由的基本原则，坚持民主管理的制度，让农民真正成为合作社的主人。坚持依托特色产业与主导产业，坚持农民主体原则，发展农民合作经济组织，做到成立一个组织，带领一批农户，兴旺一方产业。要通过多种形式，帮助农民树立现代市场意识、自主精神、开放意识、法制观念，摒弃小富即安、不思进取、保守封闭等小农意识，不断增强农民的自主性与现代性。

五要强化供销合作社与农民专业合作社的融合发展。中国供销合作社是国际合作社联盟的重要成员，是为农服务的综合性的合作经济组织，是党和政府以合作经济组织形式推动"三农"工作的重要载体。供销合作社自成体系，点多面广，具有为农服务的深厚基础与独特优势，初步具备了综合性合作经济组织的基本特征。通过这几年的综合改革，供销合作社重新焕发了生机与活力，初步成为组织体系比较完整、经营网络比较健全、服务功能比较完备的为农服务的骨干力量。因此，要充分发挥供销合作社的带动作用，加强与农民专业合作社的融合发展，加强产业上的横向联合和产业链上的纵向整合，推进农民专业合作社跨区域、规模化发展。鼓励有条件的基层社吸纳农民专业合作社入社，支持农民专业合作社出资组建新的基层社，吸纳农民专业合作社理事长担任基层社负责人，以融合发展促进服务优势叠加、产业交叉渗透、功能互补延伸，实现与农民的利益联结，形成中国特色的合作经济组织体系。

供销合作社的新担当

作为党领导下的综合性的合作经济组织，中国供销合作社是当代中国合作经济组织的带动力量，是实施乡村振兴战略不可或缺的生力军。其服务功能完善与否,作用发挥得怎样,不仅直接关系到自身的生存与发展,而且还深刻地影响着农业农村现代化的历史进程。

产业兴旺既是乡村振兴的首要任务,又是乡村振兴的物质基础。没有产业兴旺,乡村振兴就成为空中楼阁。畅通农产品流通既是现代农业的重要特征,又是农民增收的现实途径。搞好农产品流通是政府"菜篮子工程"的内在要求,是广大农民的迫切期盼,更是供销合作社的新担当。

一、搞好农产品流通是供销合作社的分内事

农产品流通主要是指农产品中的商品部分,通过买卖交易的形式,从农业生产领域转移到消费领域的一种经济活动,包括农产品的收购、运输、储存、销售等一系列环节。

农产品流通是农村最活跃的产业,也是与农民关系最密切的行业。对供销合作社来说,搞好农产品流通既是深化综合改革的内在要求,又是回应农民期盼的有效举措,更是供销合作社独特价值的重要体现。

就深化供销合作社综合改革而言,搞好农产品流通是党中央赋予供销合作社的重要职责,具体体现在目标、任务与途径等方面。从目标来看,这次综合改革的目标就是把供销合作社打造成与农民利益更紧密、为农服务功能更完备、市场化运作更有效的合作经济组织体系。农产品流通关系到农副产品的有效供给,关系到农民的现实利益,更关系到合作经济组织的价值与使命,因而成为这次综合改革的重要目标。从任务上看,这次综合改革的任务就是推动供销合作社由流通服务向全程农业社会化服务延伸、向全方位城乡社区拓展、向一二三产业融合渗透,加快形成综合性、规模化、可持续的为农服务体系,在农资供应、农产品流通、农村服务等重点领域和环节,为农民提供便利实惠、安全优质的服务。从途径来看,这次综合改革还提出了农产品流通服务的途径,具体包括农产品流通网络建设、多种形式的产销对接活动、农产品批发市场建设、农产品电子商务等。由此可见,搞好农产品流通既是综合改革的内在要求,也是衡量综合改革成效的重要尺度。

就回应农民需求而言,搞好农产品流通是增加农民收入的迫切要

求。"家庭承包、双层经营"是我国农村的基本经济制度。这一基本经济制度确立了农户生产经营的主体地位,重塑了农村经济的微观基础,有效地调动了农民生产积极性,解放和发展了农村生产力。农村的市场化改革又把农民卷入了市场经济的旋涡,既增强了发展活力,又带来了不确定性。在短缺经济年代,卖方市场占主导地位,农业生产主要受资源约束。农民生产什么,生产多少都不愁销路。随着农业生产力水平的不断提高与农产品的日渐丰富,农产品供求关系发生了历史性变化,短缺经济逐渐演变为阶段性、地区性、结构性过剩经济,卖方市场转变为买方市场,导致了一波又一波的农产品"卖难",酿成了一杯又一杯"丰产不丰收"的苦酒。面对日趋激烈的市场竞争,由于主体分散、势单力薄、信息不畅、组织化程度低,分散的农民既无力抵御难以预测的自然风险,更无法预测变化无常的市场风险。分散的农民耕种的土地十分有限,商品量很小,缺乏谈判地位与议价能力,虽有广泛的社会参与度,但缺少商业组织发育成长的内在机制,难以形成有效的联合与合作。我国农产品市场出现的周期性的市场波动现象、市场上的"蒜你狠""姜你军""向前葱"等现象就是小农户与大市场矛盾的真实写照。在这样的情况下,分散的小农户家庭经营局限性就由短缺经济时代的隐性化转变为过剩经济时代的显性化,而"公司+农户"的产业化模式也存在利益主体之间的冲突,龙头企业与个体农民之间的矛盾此起彼伏。而合作制是最适合农业产业的经济组织形式,既能充分发挥家庭经营的制度优势,又能有效克服家庭经营的局限性。供销合作社又是全国性的为农服务的合作经济组织,应该而且能够帮助农民圆一个丰产又丰收的美梦。

就彰显独特价值而言,搞好农产品流通是供销合作社价值的重要体现。供销合作社历来是推动农村经济社会发展的重要力量。七十多年来,供销合作社经历了计划经济与市场经济两个不同历史时期,大致经历了"呼风唤雨,天下一统""风雨飘摇,网破人散""风生水起,分化严重"等三个不同阶段。在计划经济时期,供销合作社肩负着发展经济、保障供给的使命,行使统购统销的职能,要风得风,要雨得雨,扮演农村经济社会中垄断经营者的角色,为国家和农民做出了贡献。改革开放以后,随着经济体制特别是农村流通体制的改革,囿于体制的弊端与历史包袱,供销合作社大多经营萎缩,进入了风雨飘摇的阶段。具体表现为经营服务网络残缺不全,社有企业大多转制,职工置换了身份,社有资产流失很多,基层社大多只剩下牌子,联合社机关人员老化等。21世纪以来,供销合作社主动适应经济体制的变化,以改革激发活力,以服务赢得农民,进入了风生水起的新阶段,在新农村建设中大显身手,成为乡村振兴不可或缺的有生力量。囿于多种因素,供销合作社发展极不平衡,有的供销合作社干得有声有色,风生水起;有的供销合作社依然暗淡无光,山河依旧;有的供销合作社什么事都做不了,甚至自身生存都成为问题。

供销合作社既不同于农业主管部门,也不同于一般的涉农企业,而是具有独特价值的合作经济组织。供销合作社既能发挥市场在资源配置中的决定性作用,增强发展活力;又能更好地发挥政府的作用,弥补市场失灵。农产品流通是农村最活跃的产业,是现代农业的重要支撑,更是乡村振兴的物质基础。搞好农产品流通,既要发挥市场这只看不见的手的决定性作用,又要发挥政府这只看得见的手的重要作用。供销合作社作为一个特殊的合作经济组织,具有发挥市场与政府的双重作用的独特优势,是搞好农产品流通不可或缺的重要角色。

二、我国农产品流通的历史脉络

我国农业文明源远流长,博大精深,是中华传统文化的根。

农业是人类社会生存和发展的基础,一切发展都从这里开始。发展经济学通常把农业对经济发展的作用归纳为四个方面,即产品贡献、市场贡献、要素贡献、外汇贡献。与第二、第三产业相比,农业又有自身的重要特征:一是农业是人类社会生产与生物自然生长相结合的产业,受到人类社会与自然条件的双重制约;二是农业生产周期长,环节多。在众多的生产环节中,在连续性的生长周期中,劳动成果与劳动过程存在分离,每一个生产环节都不能单独计算价值,而每一个生产环节都对农产品价值有直接的影响,哪一个环节出了问题,都能影响农产品的产量与质量,甚至会中断农作物的生长。

农产品是农业生产的最终产品,按其用途又可分为工业用原料与直接消费两大类。就直接消费的农产品而言,又有以下特点:

第一,从供给与需求来说,农产品有自给性与商品性相结合的特征。农民生产的农产品既可以供自己及家人食用,又可以作为商品到市场上出售,供给的变数较大;不同种类的农产品可以彼此替代,如初级农产品与精加工或深加工农产品、主粮与粗粮、主食品与副食品、蔬菜与水果都可以相互替代,农产品需求也有较大伸缩性。

第二,从生产与消费来说,农产品生产在空间上是分散的,散落在广阔的田野之中;在时间上又是连续性的,是一个连续生长的过程,一年一熟或一年二三熟。而市场对农产品的消费在空间上是集中的,大多集中在人口众多的城市,而在时间上带有均衡性,每个地区与每个人的食用量大致是均衡的。因此,农产品流通的方向一般是由分散到集中、由农村到城市、由生产者到消费者、由田头到餐桌、由产地到销地。

第三,农产品的生产与上市的季节性特别强,而消费则相对均衡。从生产角度讲,农业生产受土壤与季节影响特别大,生长周期长、环节多,一般可分为夏收夏种、秋收秋种等。一旦错过生产季节,农业就会减收甚至绝收。从上市情况来看,农作物成熟时间大致相同,农产品上市相对集中,而农产品的消费则相对均衡,消费者每天从食物中摄取的能量大致相当。因此,农产品流通在产销与季节上的矛盾比较突出。

第四,农产品生产与上市的数量极不稳定,其商品价格、消费者的收入水平、消费习惯对供求影响较大。

第五,从流通环节来看,从产地到销地,从生产者到消费者,农产品流通环节多,流通成本高,商品损耗多,产销差价大。一些生鲜农产品容易变质,错过了出售时间,活的就会变成死的,肥的就会变成瘦的,生鲜农产品就可能腐烂变质。

"民以食为天"。我国农产品流通的历史悠久,大致经历了自然经济、计划经济与市场经济等三个阶段:

在自然经济时期,农业是决定性的生产部门,其他部门都需要农业提供原料，或是处于为农业部门服务的附属地位。手工业大多是棉花、粮食或其他农产品加工业。而商业主要是进行食品与纺织品等商品的市场交换。只有那些在整个经济中占比较小的部门，如矿冶业、建筑业与政府部门才不需要农业提供原料。

农业与家庭手工业相结合的小农经济是自然经济的主要特征。农民不但生产家庭需要的农产品，还生产手工业品，耕织结合，男耕女织，很少甚至没有交换。虽然也有集市与庙会，存在农产品交易，但农产品流通的数量不多，流通的半径很小，在整个经济中占比微不足道。

在几千年的农业社会中，我国农产品流通受到多方面的限制：一是自给自足的自然经济排斥商品交易，没有也不需要商品交换；二是农业生产力水平低下，除少数几个所谓盛世，除少数富裕的农村家庭，农产品相对短缺。对广大农户来说，自给自足已属不易，没有多少农产品能用来交易；三是农产品加工技术差，交通不发达，农产品流通数量有限，流通半径很小，处于自给自足的补充地位。

在计划经济阶段，国家在1953年废除了农产品自由流通制度，构建了高度集中统一的农业计划经济体制。在农业生产上，实行集体统一经营、集中劳动与按劳动工分统一分配的政社合一的人民公社制度；在农产品流通上，实行统购统销，计划调配。这一制度取消了原有的农产品自由市场，排斥商品经济与市场机制，把城乡集市农产品流通当作"资本主义尾巴"加以批判与取缔，把从事农产品流通贩运的农民当作"投机倒把"分子。这一政策初期有稳定粮价与保障供应的作用，后来日趋僵化，限制了农产品流通，阻碍农业商品经济的发展。在农业计划经济体制年代，农民生产的农副产品也有流通，源源不断地供应城市居民，但走的不是市场路线，而是统购统销政策。政府及其所属的供销合作社等机关横在城乡之间，站在生产者与消费者之中，在农村以指令性计划收购农副产品，在城市又以各类票证出售农副产品。但整个市场供应短缺，品种单一，质量低劣，导致生产者、消费者及政府三方都不满意。

农村改革以后，我国农产品流通进入第三阶段，即市场化阶段，突出表现为农产品不断丰富、市场化水平逐渐提高、农产品流通水平日渐

提升。这一阶段的农产品流通主要有四个明显特征:

一是农业生产力水平不断提高,由短缺转变为过剩。农村是改革的发源地,改革给农业注入了不竭动力,解放和发展了农村生产力,主要农产品产量快速增长,中国人彻底告别了长时期的农产品"短缺经济"的状态,农业的主要矛盾已由产量不足转变为结构性、阶段性过剩的矛盾。资料显示:1978年全国粮食总产量仅有3000多亿公斤,2012年全国粮食总产量达到6122.5亿公斤,比1978年增长1倍,年均增长21%。2017年全国粮食总产量为6616亿公斤,比2012年又增产了493.5亿公斤,增长8.1%。① 与此同时,经济作物产量快速增长,保障了基本供应。1978年全国油料产量只有522万吨,2012年增加到3286万吨,增长5.3倍。2017年,全国油料产量达到3475万吨,比2012年又增长5.8%。畜牧业、糖、水产、蔬菜、水果等产量都有了大幅度增长,基本满足了人民日益增长的消费需求。2020年,我国谷物、肉类产品已分别占全球的21%、25%,②水果、蔬菜、水产品产量亦居全球首位,人均粮食占有量多年超过世界平均水平。

二是农产品流通政策的调整,由禁止转向支持。1978年,十一届三中全会明确指出:社员自留地、家庭副业和集市贸易,是社会主义经济的必要补充,不能当作所谓"资本主义尾巴"加以批判与取缔。中央一号文件多次强调要按经济规律办事,重视价值规律的作用。1985年的中央一号文件又提出全面改革农产品统购派购制度,区别不同情况,实行合同订购或市场收购,分阶段废除统购统销政策,废止了"投机倒把"罪,为农产品自由流通创造了条件。1988年,经国务院批准,农业部又牵头实施了"菜篮子"工程,明确要求加快农产品市场建设步伐。1998年,十五届三中全会又提出"进一步搞活农产品流通,尽快形成开放、统一、竞争、有序的农产品市场体系,为农民提供良好的市场环境。邓小平南方谈话以来,我国市场化进程明显加快,现代化的农产品流通体系日趋形成。2008年,党的十七届三中全会又特别强调:坚持放开

---

① 转引自葛志华《无为之为》,南京:江苏大学出版社2019年9月版,第168—169页。
② 中央政策研究室农村研究局:《关于中国式农业农村现代化道路的几点思考》,载《新华文摘》2022年第5期,第30页。

市场,积极搞好流通,完善产销对接。十八大以后,农产品流通体系在改革中又得到进一步完善。

三是市场流通主体的不断壮大,由单一变为多元。农村经济的发展、城乡集贸市场的繁荣、农产品批发市场的建设、生鲜超市的出现,既促进了农产品总量与品质的大幅度提升,更促进了各类农产品生产专业大户、运销大户的大量涌现,农产品流通主体不断壮大,改变了计划经济时期政府部门一家垄断的格局,激发了市场活力。一大批农民经纪人、家庭农场、涉农企业、合作社等新型农业经营主体,成为农产品流通的弄潮儿,活跃在城乡市场与物流领域。

四是政府的作用明显增强,由垄断变为调控。作为"看得见的手",在充分发挥市场在资源配置中的决定性作用的同时,政府积极发挥自身作用,以农产品流通体制改革为重点,全面放开了农产品购销市场,实现了农产品流通的市场化。农产品市场放开后,为保护农民利益与稳定市场供应,国家逐步建立了以最低收购价、临时收储、国家与地方储备、进出口调节等多种措施构成的农产品市场调控体系,更好地发挥这只看得见的手的作用。与此同时,各级政府认真抓好规划引领、流通基础设施建设、扶持批发市场建设、推进农贸市场改造、法制建设与农产品安全检测等工作,为农产品流通创造良好环境。

三、我国农产品流通现状分析

农产品流通是市场经济的有机组成部分。市场经济的发展,不仅改写了中国农村的历史,改善了农民生活,还改变了农产品流通的地位,流通业已从计划经济的末端产业转变为市场经济的先导产业,在整个国民经济中发挥着越来越大的作用。在计划经济体制中,生产既是经济的中心环节,又是经济的首要环节,其他环节都要服从服务于这一中心环节。流通业作为计划经济的末端产业,其主要任务就是把生产出来的产品按计划要求进行调拨运输,按票证供应制度进行出售。随着计划经济体制向市场经济体制的转变,生产继续发挥着不可替代的作用,但在资源配置市场化的条件下,流通的作用日渐凸现,并逐渐取代生产而成为经济工作的龙头。在这种转变中,生产与流通一起向后转,流通由"后卫"变为"前锋",由末端产业演变为先导产业。

正是在这种转型中,经过40多年的发展演变,我国农产品流通体系逐渐形成,并在实践中不断完善。这一体系就是以个体农户与新型农业经营主体为生产骨干,以农户、农民合作社、农产品加工企业、各类营销组织、农民经纪人等为流通主体,以农贸市场、农产品批发市场、期货市场为主要载体,以生鲜超市、农超对接、电子商务为重要补充,以政府调控与监管为主要手段的全新格局。这一流通体系不仅有效地保证了国家农副产品的有效供给,基本满足了人民日益增长的消费需求,而且有力地推动了现代农业的发展,促进了农业增产、农民增收。毋庸讳言,这一体系也存在农产品流通体系不够健全、基础设施总体薄弱、信息不对称、产销组织化程度偏低、合作经济组织作用缺失等问题。随着市场化、国际化程度的稳步提高,农业与宏观经济的互动性提升,农产品市场与国际市场的联动性增强,鲜活农产品市场波动加剧,部分地区出现了"买难""卖难"交替的情况,农产品价格的暴跌暴涨情况时有发生。

从生产主体来说,生产是流通的基础与前提,农民是农产品的生产经营者。"家庭承包,双层经营"是我国农村的基本经济制度,虽然近几年土地流转有所加快,规模经营水平有所提高,但农户家庭经营仍占主导地位。资料显示:截至2017年6月底,在全国家庭经营耕地中,63.5%的耕地仍由承包者自己经营,在36.5%的流转面积中有20.7个百分点流入其他农户,农户经营合计达到家庭承包经营耕地面积的84.1%。[①] 这种家庭承包经营是以土地的小块分割为基础的,人均耕地少,地块零散,虽能挖掘每块土地的生产力,但阻碍了农业的分工与现代化改造,加剧了小农户与大市场的矛盾。农民虽获得生产经营自主权,但在激烈的市场竞争中又处于不利地位。这不仅因为存在主体分散,势单力薄,组织化程度低,缺乏商业组织发育的内在机制等问题,也因为存在农民商品量小、品种分散,在商品谈判中处于边缘地位,缺少议价能力等问题。据《农民日报》调查发现,2018年10月,在河南信阳

[①] 转引自葛志华《无为之为》,南京:江苏大学出版社2019年9月版,第171页。

稻谷主产区,稻谷虽喜获丰收,但农民卖粮要排队三四天,扣除运输成本,1斤稻谷才卖1.14元,如果卖给粮贩子,更是低到1.05元,丰产不丰收,种粮容易卖粮难。① 因此,农民也就难以较好地把握市场走向,其生产经营大多停留在低水平状况,要么几十年一贯制,以不变应万变;要么从众跟风,彼此模仿,一哄而上,又一哄而下。有的农民丰产不丰收,货到地头死;有的生产与需求相脱节;有的被压级压价,人为增加交易成本。虽然小农户人数众多,又具有灵活性,但由于小农户提供的农产品十分有限,又缺少合作经济组织协调,小农户与大市场无法对接,给农产品的生产与流通带来了一系列的不确定性。

从流通主体看,在农产品市场由卖方市场转向买方市场、消费结构决定生产结构的情况下,市场控制权已由生产领域转向流通领域,流通环节在引导消费、实现与提高农产品价值方面的作用日益增强。农产品特别是鲜活农产品没有好的农产品流通模式与快速的物流方式,导致农产品流通不畅,直接影响农民增收与乡村振兴。在农产品流通中,经营者处于主体地位,是沟通城乡的桥梁,是连接生产者与消费者的中介。其能力如何、素质怎样,直接影响农产品的流通水平。我国农产品流通主体人数众多,主体多元,灵活方便,但也存在组织化程度低、合作经济组织作用不明显、行业自律意识不强、品牌经营与连锁经营偏少等突出问题。与发达国家相比,合作经济组织作用发挥得远远不够。以日本为例,"农协"在农产品流通中发挥着特殊的作用。如,在生产端,"农协"帮助农民降低生产成本,提高农产品竞争力;又如,在技术与市场端,"农协"及时发布市场数据,给农民提供种植指导;再如,在农产品销售端,"农协"帮助农民拓展市场,进行品牌化营销。

从载体来看,农贸市场在农产品流通体系中处于基础地位,是经营者与消费者交易的场所。批发市场是农产品流通的主要集散地,是形成与引导市场价格的中心。农产品期货市场具有价格发现和规避价格波动风险两大功能。我国农贸市场众多,分散在城乡各个角落,与消费者生活息息相关。经过多年的改造升级,农贸市场的形象与功能有了

---

① 转引自葛志华《无为之为》,南京:江苏大学出版社2019年9月版,第171页。

明显提升,但也存在功能不全、环境较差、布局不合理、设施不配套、检测不到位等问题。农产品批发市场是农产品流通的主要集散地。我国批发市场建设起步较晚,但发展较快。1984年左右,武汉等地率先兴建了农产品批发市场。1986年至1991年六年间,全国农产品批发市场由892个增加到1509个,2001年又上升到4100多家。[①] 我国的农产品批发市场具有较强的集散功能,主要承载着生产者与经纪人,以及经营者之间的批发交易功能,在农产品流通中发挥了骨干作用,成为我国农产品流通的主渠道与主要业态。但农产品批发市场也存在布局不合理、设施落后、功能不全、交易方式落后、管理粗放、市场秩序乱等问题。农产品期货市场刚刚起步,只有大豆、小麦、绿豆、玉米、棉花等几个农产品期货品种,发挥作用有限。生鲜超市、农超对接、农产品电子商务起步较迟,但发展迅猛,逐渐成为农产品流通市场的后起之秀。

从环节看,农产品不仅生产周期长、环节多,而且流通环节也多,由田头到餐桌、由产区到销区、由农村到城市、由分散到集中再到分散,一般要经过生产者、农产品经纪人、批发市场(有一、二、三级批发之分)、农贸市场、消费者五个环节,每个流通环节都需要时间与成本,都有物流与损耗,这不仅增加了消费者的支出,而且不利于保持农产品的生鲜性。

从政府作用来看,保证农产品市场的稳定与繁荣,既是政府的责任,也符合生产者与消费者的利益。农产品流通离不开政府的公共服务与宏观调控。从政府来说,谷贱伤农,谷贵伤民,农产品市场的剧烈波动,对人民生活、经济发展乃至社会稳定都是不利的。改革开放以来,政府作用明显增强,基本建立了宏观调控体系与市场监管体系,但仍存在体制不顺、调控滞后、手段单一、以罚代管等诸多问题。

四、发挥独特优势,提高农产品流通水平

农产品流通涉及生产、流通、消费等多个环节,涉及政府、市场、社会等各个方面,涉及生产者、经营者、消费者等多方利益,涉及国内与国

[①] 转引自葛志华《无为之为》,南京:江苏大学出版社2019年9月版,第172—173页。

际两个市场。

农产品流通事关乡村振兴与国家稳定。搞好农产品流通,需要形成合力。既要发挥市场的决定性作用,增强发展活力;又要更好地发挥政府的作用,弥补市场失灵的部分。合作经济组织具有市场与政府的双重功能,在农产品流通中发挥着不可或缺的作用。合作经济组织是现代农业发展的重要基石,不仅可以弥补家庭分散经营的缺陷与不足,促进土地、资金、技术等生产要素的重新流动组合,实现农业资源的优化配置,还能有效缓解小农户与大市场的矛盾,提升生产者与经营者的组织水平,促进农产品流通。

供销合作社是为农服务的合作经济组织,是党和政府做好"三农"工作的重要载体。发挥供销合作社在农产品流通中的特殊作用,既不是回归计划经济体制,让供销合作社承担统购统销职能,也不是自成体系,另搞一套,而是要在市场经济体制中更好地发挥这个合作经济组织的作用,把其优势与资源更好地融入农产品流通的大局中,在生产、流通、载体、环节、宏观调节等方面更好地发挥其独特作用,促进农业增效与农民增收,加快推进农业农村现代化。

在生产环节,农民合作经济组织是实现小农户与大市场有效衔接的制度安排。要运用合作制原则,用"合作社+农民""互联网+农产品销售"等方式把分散的小农户组织起来,既充分发挥家庭经营的制度优势,又克服家庭经营的局限性。对内为社员提供系列化服务,提高生产经营水平,对外以联合的优势平衡农民分散的劣势,提高谈判地位与议价能力,实现规模效益。要不断强化基层社与农民合作社的融合发展,让有实力的基层社领办专业合作社,让有实力的专业合作社带头创办基层社,进一步密切与农民的利益联结。要发挥供销合作社在农业社会化服务中的特殊作用,通过多种形式,把小农纳入现代农业发展轨道,构建从田头到餐桌的产业链、供应链,加快现代农业的发展。

在流通主体环节,供销社要发挥龙头带动作用,培育壮大一批农产品流通的市场主体,与农民结成利益共同体,带领农民闯市场;牵头成立各种商会协会,以行业、区域、品牌为纽带,大力发展订单农业,把各种农产品经销商组织起来,提高市场流通主体的组织水平。

在载体方面,要加快市场化改造,充分发挥其在长期经营过程中所形成的人才、设备、场地与遍布全国范围的销售网络优势,提高经营活力与市场竞争力,促进农产品流通。加强供销合作社系统批发市场建设步伐,发布市场信息,指导农民生产,增强其带动力与辐射力。抓好该系统所属农贸市场升级改造,完善其服务功能,争取托管更多的公益性农贸市场,使之成为农产品流通的良好载体。大力发展农产品电子商务、仓储加工、冷链物流,提升农产品流通水平。

在流通环节方面,供销合作社要组织本系统的各类超市等市场主体,主动与农民对接,与专业合作社沟通,开展各种形式的农超对接、农校对接、农社对接,尽可能减少流通环节;主办各种形式的推介会、洽谈会,为产销对接搭建平台;开展订单农业,规范产销双方的权利义务,减少中间环节。

在发挥政府作用方面,要动员所属企业参与农产品收储工作,做好物资储备工作,更好地发挥调控作用。按照中央文件要求,主动与政府相关部门对接,兴办批发市场,托管公益性农贸市场;联合政府相关部门规范农产品市场秩序,牵头成立商会,抓好行业自律;争取"新网工程"、农业综合开发等政策支持,不断壮大经营主体的实力,提升服务水平。抓好农产品信息发布和新型农民培训。加快综合改革步伐,全面增强供销合作社服务"三农"的综合实力。

务农与离农的协奏曲

党的十八大报告指出:坚持走中国特色新型工业化、信息化、城镇化、农业现代化道路,推动工业化与信息化深度融合、工业化与城镇化良性互动、城镇化与农业现代化相互协调,促进工业化、信息化、城镇化、农业现代化同步发展。十八大的这一精辟论述,既从总体上明确了我国现代化建设的"路线图",也阐明了这四化之间相互依存、相互促进的辩证关系。

随着农村人口进城就业与落户的增多,如何处置这部分农民在原籍的土地承包权、宅基地使用权和集体收益分配权，逐渐成为各方关注的焦点。集体成员拥有的以成员权为基础的财产权利缺乏流动性的问题不解决，不仅影响农业经营规模的扩大和乡村振兴战略的有效实施、农村建设用地的有效利用，而且还影响新型城镇化的持续发展。因此，要统筹城乡经济社会发展，演奏好务农与离农的协奏曲。

一、"四化同步"对农民意味着什么

"四化同步"是我国现代化建设的"路线图"。四化既各有侧重又相互联系。工业化作为一个国家和地区发展程度的重要标志，是现代化的发动机，既为城镇化提供动力，又为农业现代化提供装备；信息化渗透于工业化、城镇化、农业现代化全过程，是发展智能工业、智慧城市、智慧农业的钥匙。城镇化作为现代化的孵化器，既是工业化的空间依托，又是农业现代化的目标市场。农业现代化是整个现代化的基础，更是工业化、信息化、城镇化的支撑。

"四化同步"的核心要求有三条：四化发展要全面，彼此相互依存，不能有短板；四化发展要协调，彼此相互依托，不能有脱节；四化发展要可持续，彼此相互支撑，不能涸泽而渔。"四化同步"是我国现代化建设基本的演进方式，统一于社会主义现代化建设的伟大实践。

"四化同步"虽然主要针对产业发展与区域发展而言，但又与农民密不可分。离开了农民，无论是作为产业发展的工业化与农业现代化，还是作为区域发展的城市化，都不可能实现。对农民而言，"四化同步"既是脱胎换骨的历史机遇，又是何去何从的严峻挑战。从发达国家的经验与现代化的内在规律来看，"四化同步"对农民有两个基本要求：一是让农民不当农民，为农民非农化创造条件，为工业化、信息化提供劳动力，为城镇化提供后备力量；二是让农民当好农民，为农民职业化创造条件，为农业现代化提供人才支撑。前一个要求既是现代化的内在要求，又是后个要求的基本前提；而后一个要求既是前一个要求的逻辑展开，又是农业现代化的必然要求。满足了这两个基本要求，现代化就会如约而至。

"四化同步"对农民的这两个基本要求，是由现代化的内在规律决定的。工业化是现代化的发动机,产业升级是现代化的基本特征。在现代化的原点,农业是经济的支柱,是创造财富的主渠道,在经济结构中占有绝对优势,其他产业都是为农业经济服务的,处于服从地位。在现代化的进程中,其产业结构大致沿着三个阶段梯次演进,即从第一产业占优势的经济,依次过渡到第二产业占优势的经济和第三产业占优势的经济。在这时而急剧时而平缓的进程中,农业占比不断下滑,由前现代化时期的支柱地位下降到平分秋色,再进一步下滑为小比例化;而非农产业占比不断上升,由前现代化时期的服从地位上升到半壁江山,再进一步上升为支柱地位。农业占比的这种下滑并不意味着农业停滞不前,相反,在工业化的推动下,农业技术突飞猛进,农业发展明显加快,发展质量明显提高,传统农业逐渐转向现代农业,有力地支撑了整个国家现代化。但农业的弱质性等特质又决定了其增长速度不如非农产业。农业占比的一路下滑就成为现代化演进的一个重要特征。产业结构的这一变化必然带动就业结构的变动。一方面,工业化需要源源不断的劳动力供应,城镇化需要一定规模的迁入人口,农业劳动力向非农产业劳动力转移、农村人口向城镇人口转变,成为与工业化、城镇化相伴而生的一种社会现象,形成了让农民不当农民的拉力;另一方面,工业化水平的提高意味着农业生产装备与农业生产技术水平的不断提高,动力文明使农民体力得到延伸,为单个农民种植更大范围的农田提供了可能,形成了让农民不当农民的推力。这个拉力与推力共同汇成让农民不当农民的合力。

在现代化进程中,农业份额的下降并不意味着农业地位的下降。农业作为人类生存发展的基础产业不会变,农业作为国民经济的基础作用不会变,农业作为工业化、信息化、城镇化的基础支撑不会变。不管工业化、城镇化水平有多高,不论现代化成效有多大,都少不了农业的基础支撑,都离不开农民的辛勤付出与农产品稳定供给,都不能没有以农业为生的新型职业农民,这些都构成了让农民当好农民的内在要求。

这两个基本要求,一个重在减少农民的数量,使农业占GDP比重与农民占全社会劳动力的比重大体相当,实现经济资源的合理配置;一个重在提高农民素质,使农民的职业素养与现代农业的要求大体一致,实现人力资源的合理配置。减少农业数量在于顺应工业化与城镇化的发展趋势,依托产业升级,调节劳动力就业结构,加快农村劳动力转移,减少农民的数量和比例,变农业劳动力为非农劳动力,变乡村居民为城市居民,实现产业结构与就业结构的大体一致。让农民不当农民,并不是简单地把农民推向城市,也不像"羊吃人"的圈地运动那样强行把农民赶出土地,沦为城市无业贫困人口,而是通过工业化与城镇化,通过调整农村相关政策,完善城镇相关政策,创造更多的就业机会,吸纳农村劳动力,使他们真正融入城市,实现农民的市民化。提高农民的素质在于按照现代农业的要求,设定准入门槛,加强职业培训,提高农业比较利益,提高农业从业者的收入,使之获得社会平均收入。当不当农民、谁当农民不再是一种无奈的制度安排,不再是乡下人与生俱来的胎记,而是一种现代职业名录,一个不受歧视的正常职业。当农民也不再是没有职业或收入微薄的代名词,而是一份能获得社会平均收入的正当职业。

这两个基本要求又是密切相关、相辅相成的。让农民不当农民既是工业化与城镇化的内在要求,又是让农民当好农民的基本前提。因为农业劳动者一旦离开农村进入城镇,可以带来三个有意义的改变:从人均资源来说,可以用减少农民数量的办法来提高农民的资源占有率,缓和紧张的人地关系,扩大农业经营规模,转变农业发展方式,提高土地产出率与劳动生产率;从农产品供求关系来说,可以减少农产品的生产者,增加农产品的消费者,导致农产品供给曲线内移与需求曲线外移;从农民收入来说,农民的收入会随农业经营规模的扩大与农产品供求关系的变化有所提高,农业从业者逐渐获得社会平均收入,为农民职业化创造条件,为农业现代化提供人力支撑。而农民的职业化又可以提高农业的生产力,培养现代职业精神,更好地促进农民的非农化,从而逐渐实现农业劳动力占比与农业占GDP的比例大致协调、农民的职业素养与现代农民的内在要求大致协调两大目标。

从现代化的内在规律与发达国家的经验教训来看,务农与离农都是现代化的内在要求。没有人务农,不仅现代农业无从谈起,而且其他

"三化"也会失去稳固的支撑;没有人离农,不仅农业现代化失去了动力,而且其他三化也成为无源之水。因此,在现代化进程中,既要让农民不当农民,使农业占 GDP 比重与农业劳动力占全社会劳动力比重大致相应;又要让农民当好农民,让农民的职业素养与现代农业的要求大致适应。只有这样,才能实现十八大与十九大提出的"四化同步"的宏伟目标。

二、务农与离农的双重不足

在当代中国,农民既是一种职业概念,即从事农业生产的劳动者;又是一种身份指称,即城乡二元制度下,户口登记在农村、拥有农业户口的农村居民。新中国成立以来,特别是改革开放以来,我国现代化建设取得突破性进展,成为举足轻重的世界第二大经济体。三农工作也取得明显成效,实现了从贫穷到温饱再到全面小康的历史性跨越,进入了现代化建设的新时期。

"四化同步"是我国现代化的路线图,也是我们的追求目标。因历史与现实的诸多因素,我国存在务农与离农的双重不足,导致四化同向不同步:

——就业结构与经济结构严重错位,即我国农业劳动力占比没有随农业占 GDP 的比例同步下降。一方面,我国经济结构循着产业升级的规律快速变动,农业占比不断下滑,非农产业占比一路高歌。2010年,我国农业增加值占比下降到 10.2%,而非农产业占比上升到 90%左右。2021 年,我国农业产业与非农产业之为 7.3∶92.7。① 这一升一降,既体现了现代化的一般规律,又反映了工业化的巨大成就。另一方面,我国农业劳动力占全社会劳动力的比重下降缓慢。2010 年,第一产业从业人员仍占全社会从业人员的 38%,与农业占 GDP 的比重相差 28 个百分点,形成了一个喇叭口,造成了就业结构与经济结构的严重错位。2000 年至 2018 年,我国农业从业人员的数量从 3.6 亿减少至 2.0 亿,农业从业人员比例从 50.9%降至 26.1%,与农业占 GDP 的比

---

① 国家统计局《2021 年国民经济和社会发展统计公报》,中国发展网 2022 年 3 月 2 日发布。

例相差近 20 个百分点。① 也就是说,从农业在国民经济总量中的比重来看,我国已接近工业化国家水平,但从就业人口占比和农业劳动生产率指标来看,我国仅相当于工业化中期国家水平,两者存在明显落差。这种严重错位不仅意味着城乡分配不公,经济资源配置不合理,引发了一系列的社会经济问题,又折射出"三农"问题的无奈与尴尬,更对新型城镇化提出了新要求。

——农村人口逆淘汰。在现代化进程中,由于城镇就业机会多,具有更完善的公共服务和更高的生活质量,农村人口向城镇迁移是世界各国的普遍现象。在发达国家历史上,率先离开农村的固然有农村的各类人才,但更多是那些文化水平相对较低、生产与经营能力相对较差、生活比较贫困的农民。而不少素质相对较高的农民则继续留在农村,在农民减少的过程中逐渐扩大生产经营规模,逐渐蜕变为现代农业的实践者,以职业农民的社会角色获得社会平均收入,成为让农民当好农民的典型。而在我国城镇化进程中,率先走出农村的大多是年纪轻、受教育程度高、头脑灵活的人,留下来的大多是年纪偏大、文化水平偏低的人,也就是人们常说的"389961 部队",逐渐形成了种田副业化、农民兼业化、劳力老龄化、农村空心化的不正常现象。有学者根据常住人口城镇化率、户籍人口城镇化率等数据,计算出 2020 年我国农村人口空心化率为 33.9%。据有关资料,在沿海地区农村,务农的人平均年龄已超 50 岁,60 岁以上老人比比皆是。② 苍老的乡亲在地里孤独劳作的身影,成为当今农村最令人痛心的一幕。能干的都出去了,没有出去又大多不能干。种田没有年轻人,甚至村干部也后继无人。再过十年,谁来种地、怎样种田都会成为问题。

——种田收入低。改革开放以来,农民收入不断提高,1978 年到 2012 年,农民人均纯收入由 133.6 元增加到 7917 元,按可比价格计算,增长 10.77 倍。③ 2021 年,我国农村居民人均收入高达 18931 元。但在农民收入结构中,工资性收入稳步提高,家庭经营性收入日趋下降。

---

① 转引自葛志华《谁是农民——由回顾引申的前瞻》,载《中国合作经济》2020 年第 7 期,第 58 页。
② 转引自葛志华《虚实之间》,南京:江苏人民出版社 2015 年 7 月版,第 170—171 页。
③ 转引自葛志华《虚实之间》,南京:江苏人民出版社 2015 年 7 月版,第 170—171 页。

农业比较效益差,增产增收难度大,又面临着自然风险与市场风险,有限的承包地经营收入难以支撑家庭生活,外出打工成为农民的不二选择。据农业农村部全国农村固定观察点的数据显示,多达五分之二的农户,其农业收入占比不到家庭总收入的5%。对农民来说,种田犹如鸡肋,食之无味,弃之可惜。目前在农村务农的劳动力中,除少数新型农业经营主体外,大多是老人妇女,青壮年农民难得一见。农民尤其是青年农民不愿种地,主要原因是种田的收入实在太低,用农民的话说,就是"辛辛苦苦种地一年,不如轻轻松松外出打工几天"。农业已不能给自己的从业者提供生存与发展的机会,导致当今务农的人不安心,有的忙于流转土地,有的粗放经营,有的抛荒半抛荒,造成了土地的浪费。这种现状更让下一代人对种田失去了兴趣,农村青年几乎没人把种田作为自己的终身职业,造成农业后继无人。谁来种地的问题,成为人口大国挥之不去的阴影。从业者的低素质又造成了农业现代化水平滞后。据《中国现代化报告》有关结论,2008年,我国农业现代化水平比整体现代化低约10%。2020年,我国农业科技进步贡献率比发达国家低10个百分点以上,农产品加工转化率仅为67.5%,低于发达国家18个百分点。① 农业基础仍不稳固,成为国民经济最薄弱的环节,成为现代化的一块短板,拖了"四化同步"的后腿。

——半城市化现象。从发达国家的历史经验来看,农民非农化、城镇化与市民化本应为"三位一体"的整体,而我国在城镇化进程中,三者又严重脱节,形成了独特的"半城市化现象"。这种半城市化现象就是农村人口向城市人口转移过程中的一种不完整状态。其表现为农民虽已离开农村,也不再从事农业生产,但户口仍在农村,宅基地与责任田仍在农村,仍为集体经济组织与村民自治组织的成员;农民虽在城镇工作,正在为工业化与城镇化出力流汗,但在劳动报酬、子女教育、社会保障、住房、公共服务等方面又不能与城市居民享有同等待遇。资料显示,2000年至2019年,常住人口城镇化率已从36.2%稳步提高到60.6%,城镇人口从4.6亿增加至8.5亿。2012年,我国农民工总数达

---

① 《新华文摘》2022年第5期,第30页。

到26261万人,其中外出农民工达到16336万人。2013年,我国常住人口城镇化率为53.7%,户籍人口城镇化率只有36%左右。在两者相差的16个百分点中,包含了数以亿计的农民工。① 2020年来,我国常住人口城镇化率达到63.89%,而户籍人口城镇化率只有45.4%,两者相差18个百分点。2021年,全国农民工总数达29251万人。② 这种半城市化现象在城市固然降低了城镇化与工业化的成本,但又引发了一系列的社会经济问题;在农村固然增加了农民工资性收入,但又难以起到减少农民、促进土地规模经营、加快发展现代农业的作用。

上述几种表现是我国现代化进程中的一种过渡现象,与"四化同步"的要求不相适应。这种不适应既使务农的人不安心,要么缺乏技能进入不了城镇,要么等待机会跳出农门,要么是家庭拖累等原因跑不出,把种田作为一种无可奈何的制度安排,自己没有把务农作为一种职业,他人也认为务农就是没有工作的代名词,更谈不上培养现代职业精神;又使离农的人不彻底,离开了熟悉的农村,又融不进陌生的城市,更不愿回到从前的农村。这不仅造成了资源的浪费,还容易引发一系列的社会经济问题。

三、统筹务农与离农,促进"四化同步"

"四化同步"是我国现代化的路线图。统筹"务农"与"离农",协调推进农民非农化与农民职业化,就成为"四化同步"的关键一环。

统筹"务农"与"离农",协调推进农民非农化与农民职业化,就是要按照现代化的内在要求,充分发挥市场在资源配置中的决定性作用,综合运用经济的、行政的、法律的手段,协调处理好农业现代化与工业化、信息化、城镇化的关系,统筹处理好"务农"与"离农",实现城乡一体化发展,促进"四化同步"。

——协调推进城镇化与乡村振兴。新型城镇化与乡村振兴都是我国现代化的战略重点。不加快新型城镇化步伐,"三农"问题就是一道

---

① 《国家统计局发布报告显示70年我国城镇化率大幅提升》,中华人民共和国中央人民政府网站,2019年8月16日发布。
② 国家统计局《2021年农民工监测调查报告》,国家统计局网站,2021年3月19日发布。

无解的方程；不重视乡村振兴，城镇化就会失去支撑。两者相互促进相互提高，因此，推进乡村振兴不能只在农村找出路，应联系工业化与城镇化来理清思路研究办法；推进新型城镇化，也不能只在城镇找答案，必须结合农村改革发展拿出针对性的措施。要顺应现代化的发展趋势，按新型城镇化规划要求，把新型城镇化作为现代化的战略重点，作为新时期经济建设的发动机、作为解决三农问题的有效手段，有力有序地向前推进，切实扭转城镇化滞后于工业化的被动局面，扭转职业结构与经济结构的结构性错位，促进工业化与城镇化良性互动。在推进城镇化进程中，要坚持以人为本，调整政策，减少乃至消除"半城市化"现象，努力推进以人为中心的城镇化。在推进城镇化进程中，还要防止忽视农民农业农村的错误倾向，把解决"三农"问题作为重中之重的任务，大力发展现代农业，提高农业的比较效益，培养新型职业农民，夯实乡村振兴的物质基础，加快乡村建设步伐，提高农村基础设施建设与公共服务水平，提高农村发展水平，逐步实现城乡一体化。

——多管齐下，大力推进农民职业化。职业随着人类社会劳动分工而产生。农业现代化的结果必然是农民的职业化。没有一支具备一定素质的职业农民队伍，农业现代化就不可能实现。2014年的中央农村工作会议提出，要让农业经营有效益，让农业成为有奔头的产业，让种地成为有吸引力的职业。这既是农业农村发展的现实需要和长远目标，又是摆在我们面前的一项艰巨任务。我国目前在农村种田主要由两部分组成：一部分是由种田大户、家庭农场、专业合作社、农业企业组成的新型农业经营主体；另一部分是因多种原因还未能转移出去的专兼职种田人。前一类人数少，却是农产品有效供给者，是初步具备职业技能的现代农业的实践者；后一类人数量多，但劳动生产力不高，是传统农业的守望者。因此，要围绕农民职业化，促进农业现代化这一中心任务，调整农业政策与财政支农结构，加大强农惠农力度，发挥市场机制的决定性作用，让农民经营有效益，让农业成为有奔头的产业。调整土地承包关系和农业补贴政策，加快土地流转步伐，在减少农民中扩大土地经营规模，提高农业的比较效益，让种田人逐渐获得社会平均收入，使种田成为有吸引力的职业。随着农村人口的持续减少与农地流转加快，农业经营规模将不断扩大，现有的新型农民发展质态更高，部分兼业农户因经营有方上升为职业农民，更多的农户则经过一段时间的兼业，最终从土地上转移出去，实现由农民向市民的转变。在此历史进程中，小农户被新型经营主体所取代，形成了与现代农业相适应的新型双层经营体制，催生了农民的职业化。在产业发展的基础上，逐步提高农村发展水平，完善农村公共服务，吸引部分农村青年留在农村兴业发展，让农民享有人生出彩的机会，缓解农村人口逆淘汰的困局。这样既可以缓解快速城镇化引起的房价、环境、交通等压力，又可以让农村资源发挥应有的作用，缓解人才匮乏，包括农村基层干部后继乏人的困境。大力加强农民职业培训，提高农业的职业技能，培养新型职业农民。

——建立农民进城与农地退出的联动机制。农民是我国产业工人的主要来源，是城镇化的后备力量，农民进城是工业化与城镇化的必然要求。造成半城市化现象的原因既有城市的社会排斥，也有农村的拖累，更是因为缺乏相关城乡联动机制。有的农民在城市有了稳定的就业岗位，还在农村保留责任田，自己又不经营，更不愿意流转，造成土地抛荒半抛荒，造成了土地资源的浪费；有的农民在城市购买了几套住房，又同时在农村大兴土木翻修新房，自己又很少回来居住，造成城市空间不断扩大，而农村建设用地又没有减少。据国家统计局《2018年农民工监测调查报告》，2018年，多达17.4%的进城农民工家庭在城镇购买了商品房。为多筹措购房资金或更好地城镇发展，不少农民工家庭萌生了处置农村土地使用权及房屋的需求。因此，这就需要给离农、进城农户自愿有偿退出土地使用权提供制度通道。否则，就会产生新阶段的"不在村地主"，进而导致农村财富以地租形式流向城镇，还会造成农村宅基地和房屋长期闲置，或低效使用，造成资源资产的极大浪费。在现代化的历史场景中，农户加速分化已成为我国农村经济社会转型的一个突出问题，不同的农户对承包地的需求又不一样。对离农农户而言，他们并不在意土地产出与农业收入，主要关注让渡土地使用权获得的收益；对以农为业的农户而言，他们要在土地上从事农业生产，关注农业的自然风险与市场风险，关注自身的经济收入；对传统农户与兼业农户而言，他们既需要土地作为农业生产要素，也需要土地发挥社会保障功能。现阶段我国农村土地优化配置的速度明显滞后于人口转移，造成了土地资源的"供求错配与空间错位"。因此，迫切需要建立农民进城与农地退出的联动机制。通过市场运作与政策调整，建立健全耕地经营权市场化流转机制、探索承包权有偿退出机制，让进城的农民有偿转让承包田，让那些种田能手扩大耕种面积并获得相应的农业补贴；让进城的农民有偿转让宅基地使用权，拿到一笔款项到城市优惠购买一套住房，让离农进城的农民放弃集体经济组织与村民自治组织成员资格，真正融入城市社区生活，成为居民自治组织一分子，享有城里人同等的公共服务。建立统一的建设用地市场，统筹城乡土地利用，推进城乡同地同权，增减挂钩、市场配置，合理分摊农民进城的成本。这部分农民实现了彻底转移，就可以使留下来的农民扩大经营规模，提高劳动生产率，增加家庭经营性收入，实现城乡资源的合理配置。

——完善政策，推进农民市民化。长期以来，我国城乡发展不平衡。受二元体制及相关政策的影响，农民进城后很难真正融入城市，无法在教育、医疗、住房、就业、养老、社会保障与政治权利等诸多方面享受市民同等待遇，形成了中国特有的"半城镇化现象"。因此，要提升城镇综合承载能力，形成生产、生活、生态空间的合理布局。坚持以人为本，破除城乡二元结构，有效推进农村转移人口市民化。当务之急，要加快户籍制度改革，推动农业转移人口落户城镇，促进农村转移人口与市民享有同等的公共服务。帮助这些转移人口重塑市民身份，增强城镇认同感与归属感，真正融入城镇社区，使之成为合格的现代社会的公民。

八、结束语：从文明起源到现代化

美国人类学家L.H.摩尔根在《古代社会》一书中，根据"生存技术"进步观点，将人类社会早期历史划分为蒙昧时代、野蛮时代和文明时代三个阶段。恩格斯在《家庭、私有制和国家的起源》一书中认为摩尔根的研究是对历史唯物主义的科学证明。

依据摩尔根的划分法，人类已在地球上生活了几百万年，绝大部分时段处于蒙昧时代与野蛮时代。虽说人类是灵长类动物，但早期的先人基本与文明无缘。

大约到了距今10000—8000年左右，人类步入新石器时代。与旧石器时代相比，新石器时代有四大特征，即农业的发明、动物的驯养、陶器的制作、磨制石器的使用。正是这四大特征，尤其是农业的发明，开启了人类文明的曙光。

原始农业的生产工具十分简陋与粗糙，耕作方式粗放，大多为刀耕火种，生产力极其低下，自己养活自己已属不易，但初步实现了对动植物的驯化，使人类摆脱了对自然界的依赖，实现了由攫取经济向生产经济的跨越。正因为如此，农业的发明成为人类历史上划时代的伟大事件。

原始农业不但为文明起源提供了物质基础，而且影响着文明起源的途径与模式。有了农业，逐渐形成了定居、村落与城镇；有了农业，逐渐有了结绳记事、文字与文化；有了农业，逐渐有了家庭、私有制与国家，人类逐渐由野蛮时代跨入文明时代。

就世界范围而言，人类进入文明时代的时间有先有后，最长的也只有短短的几千年历史。但就是这几千年时间,人类社会发展迅猛,气象万千。从生产关系来看,人类大致经历了奴隶社会、封建社会、资本主义社会、社会主义社会等不同阶段;从经济生产力来说,大致经历了采集经济、种植经济与制造业经济等几个阶段;从文明形态来说,大致经历了农业文明与工业文明等阶段。这个工业文明就是近几个世纪正在发生的席卷全球的现代化浪潮。

中国是人类文明的重要发源地,也是世界三大农业发源地之一。据中华文明探源工程的研究成果,我国已有百万年的人类史、五千多年的文明史。早在距今9000年左右的新石器时代,我国黄河流域就有了粟作农业、长江流域就有了稻作农业。进入文明时代以来,中国又创造了灿烂的中华文明,发明了精耕细作的农业技术,成为世界农业文明的领跑者。诚如美国著名学者吉尔伯特·罗兹曼在其主编的《中国的现代化》一书中所述:中国在历史上"所扮演的角色,集西方人在文化上无限景仰的古希腊罗马和作为现代欧洲文明中心而备受倾慕的法兰西于一身"。①

古代中国的强盛与发达是建立在农业文明的基础上的,农业强则国家兴。世界范围内原始农业转变为传统农业在时间上有先有后,在形式上也有"庄园制"与"地主制""二圃制""三圃制"与精耕细作农业之别,但以我国传统农业最具代表性。

传统农业是由原始农业发展而来,是农业生产力的第一次飞跃。我国传统农业发端于春秋战国时期,以牛耕与铁犁为主要标志,发展于秦汉,定型于唐宋,深化于明清,形成了一套完整的农业技术体系。这套体系以土地私有为主要制度安排,以家庭经营为基本经营方式,以精耕细作为技术特点,以丰衣足食为生产目的,以耕织结合、农桑并举为生产特色。这套体系是建立在人与自然和谐关系基础之上的,是资源禀赋选择和历史发展进程中逐渐形成的。虽然存在比较严重的剥削与制度局限,也容易引起土地兼并,以及由此而来的周期性的农民起义,但就农业技术而言,在当时世界范围内已达到了传统农业的高峰。

---

① [美]吉尔伯特·罗兹曼主编:《中国的现代化》,南京:江苏人民出版社1988年12月版,第21页。

中国的精耕细作农业养活了高密度的人口,实现了农业的可持续发展,引起了世界的关注与好评。1909年,时任美国农业部土壤所所长的威斯康星州立大学土壤专家富兰克林·H.金携家人游历了中国、日本及朝鲜等地。根据所见所闻,富兰克林·H.金写了农业游记——《四千年农夫:中国、朝鲜和日本的永续农业》。在书中,他对中国的精耕细作农业给予充分肯定:

> 东亚民族的农业在几世纪之前就已经能够支撑起高密度的人口。……几乎每一寸土地都被用来种植作物,以提供食品、燃料和织物,……如果向全人类推广东亚三国的可持续农业经验,那么各国人民的生活将更富足。
>
> 这些世界上最古老民族的农民,在长期的人口资源压力下,逐渐采纳形成的实践经验,构成了这两个国家的农耕体系,这类农耕体系经过长达4000年的演化,在这块土地上仍能够产生出充足的食物,养活如此众多的人口,我们渴望了解这是如何做到的。①

在农业社会,农业是决定性的生产部门,是创造财富的主渠道,其他部门都是为农业服务的。农业与手工业相结合的自给自足的自然经济长期占据统治地位。但自14世纪以来,中国的农业技术虽然有点滴改良,整体上处于停滞状态。这是美国学者德·希·珀金斯在其著作《中国农业的发展:1368—1968年》一书中,通过对比王祯的《农书》(1313)、徐光启的《农政全书》(1628)、鄂尔泰等编的《授时通考》(1742)等三部农书后得出的一个惊人的结论。② 到了明清之际,我国农业出现了明显的内卷,陷入了外国学者所说的"高水准均衡的陷阱"。明清两代虽然有商品经济与资本主义萌芽,但在"重农抑商"的政治高压与自然经济的双重夹击下,我国的资本主义萌芽发展缓慢,难以走出农业社会的巨大阴影。

---

① [美]富兰克林·H.金:《四千年农夫》,程存旺、石嫣译,北京:东方出版社2011年6月版,第1页,第2页。
② 转引自葛志华《无为之为》,南京:江苏大学出版社2019年9月版,第19—20页。

欧洲文明的起步比中国要晚得多,当夏王朝出现在中原大地时,欧洲基本上处于蛮荒状态。在后来的发展进程中,欧洲大地有过古希腊古罗马文明、法兰西文明等,后来又经历了漫长的黑暗的中世纪。直到16世纪,中国在整体上仍领先于西方,是农业文明的领跑者。公元13世纪,意大利商人马可·波罗根据在中国17年的见闻,写下了《马可·波罗游记》一书,讲述了一个令西方世界震惊的美丽的神话,向欧洲人打开了神秘的东方之门。十七八世纪时,法国启蒙思想家狄德罗、孟德斯鸠、伏尔泰等人还盛赞中国是"举世最优美、最古老、最广大、人口最多而治理最好的国家",并在欧洲掀起了"中国热"。

据美国历史学家斯塔夫里阿诺斯所著《全球通史:从史前史到21世纪》的分析,中世纪后期,欧亚大陆出现了新变化。一方面,伊斯兰帝国与儒教帝国因闭关自守等因素日益僵化,由盛转衰;而西方国家则爆发了一系列改天换地的伟大革命,迅速地脱离了农业文明的发展轨道,跃上世界文明发展的风口浪尖,成为工业文明的领跑者,国势由弱转强。

我国学者钱乘旦先生在《第一个工业化社会》一书中给我们描绘了一幅工业文明的景象:工业化引起了产业升级,非农产业取代农业成为支柱产业;工业化的集聚又引起了城市化,城市化又引起了人口结构与职业结构的变化。工厂制的出现、蒸汽机的使用、殖民地的开拓、航海的进展、交通运输的改革、农业的变革,许多新举措相互联系、相互促进、推移演变,较好地完成了构建现代国家、发展现代经济、建设现代社会的历史任务,建成了工业化社会①。

现代化不仅改变了文明的发展方向,还改变了农民的命运。经过现代化的洗礼,英国三农出现了新气象:在农业占比小比例化的同时,构建了更有效率的农业经营体系,使传统农业成为现代经济的组成部分;在"羊吃人"的圈地运动中,实现了农民非农化与职业化,peasant转型为farmer;农村也不再是落后的代名词,而蜕变为宜居宜业的家园。

美国比较现代化学者布莱克在《现代化的动力:一个比较史的研

---

① 参见钱乘旦《第一个工业化社会》,成都:四川人民出版社1988年3月版。

究》一书中指出:在人类历史的长河中,有三次伟大的革命性转变,第一次革命性转变发生在一百万年前,原始生命经过几万年的进化以后,出现了人类;第二次革命性转变是人类从原始状态进入文明社会;而第三次革命性转变则是近几个世纪正在经历的事情,全世界不同的地域、不同的民族和不同的国家从农业文明或游牧文明逐步过渡到工业文明。这第三次革命性转变就是现代化。前两次革命性转变是在孤立状态下进行的,相互之间缺乏联系,而现代化则具有扩散性,它从17—19世纪在西欧与北美形成,而后扩及其他欧洲国家,并在19世纪和20世纪传入南美、亚洲与非洲大陆。①

古老的中国也不例外,但中国的现代化进程却一波三折。"康乾盛世"是中国农业文明的顶点,也是我国衰落的起点。康乾盛世时,中国经济位居世界第一,人口占世界三分之一,对外贸易长期出超。但当时的统治者对现代化浪潮表现出惊人的麻木与极度的愚昧,妄自尊大,闭关锁国,故步自封,导致中国失去融入现代化的历史机遇。1792年,英国特使马戛尔尼来到中国,提出了通商等要求,但乾隆皇帝却以古代中国的朝贡体系来对待工业文明的使者,并在给英王乔治三世的信中说:"天朝物产丰盈,无所不有,原不藉外夷货物以通有无。"②

就这样,中国失去了主动融入现代化的历史机遇,也埋下了鸦片战争的种子。由此以降的近50年,一场规模不大的战争就成为古代中国与近代中国的分水岭,也彻底改变了中国在世界文明格局中的地位,一个洋洋自得的天朝急剧地被拖入半殖民化半封建社会的深渊。

1840年,鸦片战争爆发,西方人用坚船利炮撞开了古老中国的大门,中国被迫卷入世界现代化的旋涡,开启了坎坷的工业化之路。经五口通商、洋务运动、民族资本主义的产生与发展等几个阶段,我国工业化取得一定进展。但直到1949年新中国成立时,中国仍为典型的农业国,工业经济成分微不足道。

1949年,中华人民共和国成立,开启了现代化的新征程。在计划

---

① 转引自葛志华《现代化变迁中的农民》,南京:江苏人民出版社1999年9月版,第38页。
② 转引自学习时报编辑部《落日的辉煌》,北京:中共中央党校出版社2001年3月版,第14页。

经济时期,经过短短二十多年的奋斗,我国就建成了独立的比较完整的工业化体系与国民经济体系。改革开放以来,我国现代化高歌猛进,一跃成为世界第二大经济体,实现了从站起来到富起来再到强起来的历史性跨越,进入了社会主义现代化建设的新时代。

党的十八大以来,我国又进一步明确了现代化的时间表与路线图。2020年10月召开的十九届五中全会制订了我国第二个百年奋斗目标,提出了"把握新发展阶段、贯彻新发展理念、构建新发展格局、推动高质量发展"的要求,吹响了向现代化进军的集结号。再经过三十年奋斗,我国一定能建成富强、民主、文明、和谐、美丽的社会主义现代化国家。

与英法等国的现代化不同,中国的现代化具有鲜明的中国特色与时代特征。中国的现代化既遵循现代化的普遍规律,又立足中国国情、彰显中国特色,开创了人类文明形态的新境界。

现代化不仅改写了整个国家的历史走向,而且给三农带来前所未有的机遇与挑战。未来三十年,下列趋势将在前期的基础上得到进一步强化:

——城乡融合的体制机制加快形成,乡村不再是二元中的一极,而成为城乡一体化的乡村,要素资源平等交换双向流通的障碍日渐式微;

——乡村振兴战略加快推进,规模经营与三产融合趋势更加强劲,更有效率的农业经营机制正式形成,新型农业经营主题茁壮成长,小农户大多纳入现代农业发展轨道;

——随着工业化与城镇化的高歌猛进,以工补农、以城带乡的水平不断提高,改造三农的外力不断增强,尤其以人为本的新型城镇化给农民非农化创造了条件,新市民的归属感不断增强;

——农户分化明显加速,部分农户因经营有方,扩大农业经营规模,成为职业农民的典型;部分农户离土又离乡,实现了更有质量的非农化;部分农民经过一段时间的兼业后,逐渐淡出农业。

——随着城乡一体化的形成与农村经济发展水平的逐渐提高,农村面貌一新,成为宜居宜业的美丽家园。

早在2008年10月,十七届三中全会就提出了"三个进入"的判断,即我国整体上进入了以工补农、以城带乡的发展阶段;进入了加快改造传统农业、走中国特色农业现代化的关键时期;进入了着力破除城乡二元结构,形成城乡经济社会一体化新格局的重要时期。未来三十年,随着这几大趋势与乡村振兴战略的深入推进,经过现代化的洗礼,我国三农面貌将会焕然一新:农业必将成为有竞争力的产业,农民必将成为受人尊敬的职业,农村必将成为宜居宜业的美丽家园。

在从文明起源到现代化的几千年中,农民既为社会发展进步做出了决定性的贡献,推动历史车轮滚滚向前;又不断地被历史所改造,在推动经济社会发展进程中实现自身的发展。综观这几千年文明发展史,我们不难从回顾中得出前瞻性的结论:

——就农业而言,主要呈现以下趋势:伴随着非农产业的迅猛发展与农业生产力水平的不断提高,农业在整个经济中占比日渐小比例化;伴随工业化与城市化的深入,农业发展方式发生了变化,物质与能量的封闭循环转向开放式循环;农业的功能日益多样化,由单一食品保障转向多功能拓展;农业发展的外部环境发生了逆转,由补助的部门转向被补助的产业。

——就农民而言,主要呈现以下趋势:伴随着农业生产力水平的不断提高,农民的数量呈减少的态势,由原始农业阶段的"人人皆农民",到传统农业的"主体人口为农民",再到现代化阶段的"少部分为农民",使农业劳动力占全社会劳动力的比重与农业占GDP的比重大致吻合;伴随城市化与农民非农化的加快与现代农业的发展,农民的职业素质不断增强,先赋性农民逐渐让位于自致性农民,职业农民作为现代社会崭新的职业门类横空出世;伴随着市场化水平的提高,农民的交换方式发生了变化,不再是传统农民的只与自然交换,而是职业农民的既与自然交换,又与社会交换。农民之间有了分工与合作,在职业化的基础上又出现了组织化。

——就农村而言,主要呈现以下趋势:城乡由对立转向融合,农村与城市功能各异,但不再对立,而是在融合中走向一体化;农村与城市在现代化进程中命运各异,现代化使城市变得更像城市,而农村则因要素外流经历一段时间的凋敝后,在工业化中后期,在自身发展、工业与城市的反哺下逐渐变得不像农村,而成为宜居宜业的美好家园,成为望得见山、看得见水、记得住乡愁的现代化乡村。

党的二十大描绘了中国式现代化的宏伟蓝图,第二个百年奋斗目标为三农发展开辟了广阔的空间,三农发展的新起点新趋势为农业农村现代化奠定了坚实的基础。只要我们扎实推进乡村振兴战略,就一定能如期实现第二个百年奋斗目标,实现中华民族的伟大复兴。伴随这一伟大历史进程,中国农民将由"历史弃子"脱胎为"时代宠儿",由"现代化初民"转型为现代社会公民,由传统小农演变为新型农民。

九、附录：人生路上

在我看来，人生就是一个故事、一段戏文。在这个故事中，自己是唯一一个不可替代的主角。我们被父母带入人世间，从牙牙学语到白发苍苍，自己导演自己的人生，自己创作自己的故事。这或许就是人生的精彩之处。而且，人生都是单程票，没有返程票；每个场景都是现场直播，没有彩排。

世界上没有两片完全相同的树叶，也没有两个完全相同的人生。人生的不同阶段又有异样的精彩与局限，更有不同的人生体验。通过经常性和阶段性的人生梳理与内省，及时记录这些体验与感悟，既可以为自己梳理人生规划，更好地淡泊明志、宁静致远；又可以为他人提供一面镜子，并从中得到启迪；还可以为社会提供一份人生答卷，让历史变得有血有肉。

大约从而立之年开始，我就养成了记录人生体验的习惯，每隔两年写一篇。《三十而立》《人生加油站》《年过四十》《在奔五途中》《多少之间》等短文，都真实地记载我在不同年龄段的酸甜苦辣，反映了不同阶段人生的所思所想。把这些短文串起来，就是我的心路历程，也是我的人生答卷。

2013年，我在《年届五十》一文中，把自己的人生状态描述成"青春之门慢慢关闭，怀旧之窗轻轻开启"。2018年，我又在《人生新起点》一文中，把55岁的人生状态描述成"入世"与"出世"的转换、认命与抗命的纠结。此后几年中，我又陆续发表了《我与农民的不解之缘》《在变老的路上》《人生拐点》《黄金十五年》《龙岩行》等短文，记录奔六途中的所思所悟。我虽然即将跨入花甲之年,仍要上下求索,活出恰到好处的自己。

我与农民的不解之缘

记得胡适先生说过,大学生毕业走上社会后,容易出现"两个堕落",即抛弃学生时代的求知欲望、抛弃学生时代的理想追求。而要防止这"两个堕落",有三个药方:总得时时寻一二个值得研究的问题,总得多发展一些非职业的兴趣,总得多一点信心。

的确如此,又不尽如此。搞研究做学问需要一定的条件,如图书馆、资料室、实验室(场)、师友的指导与切磋、闲暇时间等。离开了做学问的环境,如果没有上述三个药方,就很难对学习研究保持初恋般的热情与宗教般的意志,"两个堕落"也就在所难免。而有了这三个药方,又会自讨苦吃,犹如过河卒子,退路已被切断,只能拼命向前。学习研究既要有灵感,也离不开积累;既要耐得住寂寞,又要费神费力。况且做学问也非一日之功,所谓"板凳要坐十年冷,文章不写一句空"。"十年磨一剑"已属幸运,更多人则是"白了少年头,空悲切"。

1988年6月,我顺利地通过了由著名历史学家、时任中央文献研究室副主任金冲及研究员主持的研究生论文答辩,获得了历史学硕士学位,便依依不舍地离开了高校,进入党政机关工作。党政机关处于社会中枢位置,固然重要与忙碌,既要办文、办事、办会,既有"剪不断、理还乱"的行政事务,又有复杂微妙的各种关系,失去了做学问的基本条件,心里多少有点失落、不甘与迷茫。

然而,命运又是公平的,关了一扇门,就会打开一扇窗。党政机关虽有大量行政事务,缺少做学问的环境,但又有高校无法比拟的优势,既能在与社会及不同群体的广泛接触中发现问题,更能从所在机关的职能出发解决这些问题。这个难得的机缘,既为学习研究带来了源头活水,又为解决问题提供了平台载体。

1989年10月,我随同有关领导到如皋农村进行了为期两个月的驻村调查研究。这次调研的主题是农村基层组织的现状、面临的挑战及工作建议等。这次调研时间长、任务重、要求高。调研虽然辛苦,眼睛一睁忙到熄灯,要与农民同吃、同住、同劳动,但收获满满,结识了一批朴实无华的农民朋友,掌握了不少第一手资料,带回了几大本调研笔记,更重要的是找到了胡适先生所说的那一两个值得研究的问题。调研结束后,我就在调研笔记的基础上,撰写了《村干部论》一文。《乡镇论坛》杂志在发表该文时特地加了编者按,在全国引起较大反响。后来,我又在论文的基础上,又在江苏人民出版社出版了第一本著作——《走向二十一世纪的村干部》,时任《人民日报》副总编保育钧先生为该书作了序,时任江苏省副省长张绪武先生题写了书名。不久该书就获江苏省人民政府哲学社会科学优秀成果奖。这次调研成为我研究"三农"的起点。

开弓没有回头箭。此后,我又先后在江苏人民出版社出版了《国运之本:中国农民的阵痛与希望》《现代化变迁中的农民》《为中国"三农"求解:转型中的农村社会》等五部著作。2001年,中国加入世界贸易组织(WTO)前夕,我又在江苏人民出版社出版了《WTO与中国当代农民》一书。该书全面分析了"入世"给"三农"带来的挑战与机遇,提出了相应的对策,引起较大反响。新书脱销后又进行了第二次印刷。一些媒体还以《疾风知劲草》《葛志华的"三农"情结》为题对我进行了专访。一些专家还写了《直面"成长的烦恼"》等书评。2008年,我又在江苏人民出版社出版了《从新农村到新国家》一书。该书从现代化的基本规律出发,全面描述了我国农村的百年沧桑变迁,分析"三农"问题的由来与基本特征,阐述新农村建设的背景、要求与途径,评述新农村建设的国内进展与国际经验教训,展望新农村建设的美好前景,在此基础上,提出许多有价值的观点。时任全国政协副主席白立忱为该书作序。该书后被译成外文,产生了一定的国际影响。在出版著作的同时,我又写了200多篇"三农"论文与随笔,分别在《中国合作经济》《社会》《中国民政》等刊物上发表。后又将这些文章连同其他文章汇编成册,在江苏人民出版社与江苏大学出版社出版了《从田园诗到狂想曲》《在奔五途中》《虚实之间》《无为之为》四部文集。同行又以《读你千遍也不厌倦》

《雕刻时光的人》《筑梦路上》等为题写了书评，给予较好评价。

在研究"三农"问题的同时，我还在实践操作层面破解"三农"问题，心无旁骛地为"三农"贡献绵薄之力。30多年来，虽然工作岗位一调再调，但庆幸的是，都与"三农"工作有关。无论是在乡镇与县（市）区层面，还是机关部门层面，我是既务"虚"又务"实"，既用理论研究成果来指导"三农"工作，又用实践经验来丰富理论研究，努力把中央的决策部署与本地区、本部门的具体工作实际结合起来，分析形势任务，理清工作思路，解决具体问题，形成工作亮点，做到胸中有全局，手中有典型。几十年来，既给农民解决了一些实实在在的困难与问题，又得到上级的肯定与表彰。我曾代表所在单位在江苏省委、省政府召开的全省农村工作会议上介绍了经验，三次到人民大会堂领奖，两次荣获"中国合作经济年度人物"称号，到京西宾馆参加有关文件的起草修改工作，到相关高校与干部学院开设讲座，到中南海参加座谈会并做汇报发言。

与"三农"结下不解之缘，既是胡适先生那篇文章的点拨，又与以下三个因素有关：从认识上来说，"三农"问题既有重要性，又有紧迫性，关系到现代化建设的成败。就重要性而言，"三农"既是了解中国文明的起点，又是当下中国经济社会最重要的问题之一。不了解"三农"，就无法研究中国的学问。就紧迫性来说，"三农"问题既是现代化建设的"难中之难"，也是全党工作的"重中之重"，既是重大的理论课题，更是紧迫的实践问题。"三农"是现代化建设的短板，不解决"三农"问题，现代化就无从谈起。从个人经历来说，我是土生土长的农村人，学生时代曾到生产队干过农活儿，工作以后又到自家承包地里艰苦劳作；父亲当了一辈子农村干部，熟悉农村的一草一木，具有丰富的农村工作经验。母亲也是农业生产能手，八十多岁仍在田里忙活。研究生毕业以后，我又在多个层次、多个地方从事过"三农"工作，积累了一些经验。从个人际遇来说，我既有幸得到名师的教诲，祁龙威教授、保育钧副总编、陆学艺研究员等多次为我的书作序，温铁军、张晓山等专家给了我不少指点；又有幸得到领导与同事的帮助，得以较快地进入工作角色，并从理论与实践的结合上探索解决"三农"问题的良策。

当然，我也知道研究与解决"三农"问题是一件非常困难的事。"三农"问题之复杂、牵涉的领域之广泛、纠结历史之烦琐都是其他学术领域所罕见的。虽然我在理论与实践的结合上为"三农"贡献了绵薄之力,也取得了一些成果,但"三农"研究中仍有未解的谜团,如"大国小农"问题、合作经济组织建设、现代化与农民的问题;"三农"工作中也存在不少困难,如乡村转型与治理、农村三产融合等,这些都有待继续耕耘……

曾参曰:"吾日三省吾身。"苏格拉底也说:"未经审视的人生是不值得过的。"中西文化差异很大,但在反思人生这点上是相似的。啰啰唆唆写了上述文字,粗线条地梳理一下自己与"三农"的缘分,对先贤,算是一个回应;对自己,则是一份阶段性的人生答卷。

在变老的路上

——为高中毕业四十年聚会而作

大约从而立之年开始,我就养成了观察与思考人生的习惯,偶有所得便形成文字。《三十上套》《在奔五途中》《本命年随想》等都是这一习惯的产物。

自从参加了高中毕业四十周年聚会,听到看到想到的很多,自然萌生了写点文字的念头。把自己的感悟写出来,对自己是一次内省,对热心的组织者是一个回报,对同学是一份共同记忆。

2019年9月,空气中弥漫着节日的味道,时令虽已进入秋季,但室外的气温依然偏高,室内的氛围更是热情似火。四十多位年近花甲的同学在盛世王朝酒店聚会,欢声笑语此起彼伏,演绎着"天上月亮,人间梦圆"的动人故事。

这次聚会时间不长,只有短短的半天时间,但组织有序、环环相扣,仪式感挺强。有会议手册,内有泛黄的毕业照与通讯录,有剧本与主持人,大家穿上统一服装,有自我介绍、摄影师,有节目与献花等,还请来了当年的班主任。短暂的聚会承载了太多的功能,有重逢的喜悦、温馨的回忆、相思的诉说、叫不出名字的尴尬,还有积淀四十年的人生感悟……

　　四十多年前,我们从南通县袁桥公社的费桥小学、锁冰小学等几所学校汇聚到袁桥中学 79 届文科班,边完成高中学业,边准备参加高考,彼此成为同学。虽然同窗只有一年时间,同学之间交往也不多,男生女生更不说话,但稚嫩的心灵中已播下了同学情谊的种子。这颗种子犹如玻璃上的首道划痕,既清晰有力,又不可磨灭。

　　这一精神种子主要由"成长性"与"共同性"合并而成。就"成长性"而言,那段时间的同学大多处于青春发育期,人生因荷尔蒙而闹腾,又因闹腾而叛逆,更因叛逆而成长,面临着共同的"成长的烦恼"。这一阶段的人生有诗的浪漫、梦的多彩,眼睛是清澈的,心灵是率真的,犹如大江大河的上游,水量不大,但不夹带泥沙,清澈见底。这一阶段的人生,因顶撞师长而心灵孤独,因孤独而渴望朋友,因摆脱师长而更多地与同伴交往,只要声气相投,彼此心仪与敬重,就会成为真心朋友。就"共同性"而言,每个人个性不同,家庭出身各异,但因这份同窗的缘分彼此构成生命共同体,拥有共同的校园与师长,面临着同一张考卷,一起成长与犯傻。正是因为这份共同性,早期生命中的许多内容彼此契合,精神元素相互融入渗透。甲的欢乐乙也有份,乙的忧伤丙亦感同身受。这种建立在成长性基础上的共同性,虽不可复制,但此事可待成追忆,并从中勾引出聚会的念头。

　　四十年前,我们告别了中学小天地,走上了社会大舞台,人生道路开始分岔,并由此形成了诸多差异。有的当兵提干,穿上了四个口袋的军装;有的考上大学,成为天之骄子;有的艰难创业,成为腰缠万贯的老板;有的顶替父母进城就业;有的在家务农,有的相夫教子;扮演着命中注定的那个角色,品尝着生活的酸甜苦辣,在茫茫人海中载沉载浮。彼此的工作圈、生活圈不再交集,或很少交集。同学之间的联系渐渐淡了,甚至四十年不知音讯。但这种分岔与差异非但没有泯灭那颗种子,反而在不断地积蓄能量,遇到适宜的条件就会野蛮地生长。只要微信群一个通知,彼此就会不约而同地来到一个期待已久的地方,共叙同学情谊。中间的四十年,仿佛不曾存在。

　　中学毕业后的四十年,我们共同走过了弱冠之年、而立之年、不惑之年、知天命之年,已接近人生的花甲驿站,从一个青涩的学子蜕变为气定神闲的中年人,从青春期走到了更年期,人生经历了太多的起伏与变化,其间发生了许多不为人知的故事。人还是那个人,同学还是那个同学,但人生的基调发生了逆转,即从正向长身体转为退行性变化、从意气风发转向气定神闲、从成长的烦恼转为对衰老的恐惧、从踌躇满志转向力不从心、从未谙世事转向参透人生……

参加这次聚会,明显地感到我们都走在变老的路上。先是称呼的变化,谈论的话题从自己延伸到子女再扩展到第三代,称呼在扩容,辈分在上升;次是外形的变化,如贼的时间偷换了我们的容颜,带走了我们的青春,看得见的皮肤、头发、身材变了,看不见的血压、血糖、骨质也在变,一些同学的肚腩也鼓了起来;再是言谈举止也在变,心平气和取代了逞强好胜,血气方刚变成了随遇而安,老态时隐时现。

青春期与更年期是人生两大转折点。从未成年人到成年人,从中年人到老年人就是通过两个转折点来完成的。但青春期与更年期呈现出相异的人生特征。人在青春期,外表光鲜,心灵贫乏,虽拥有最美好的外表与最动人的悸动,但人生履历表只有几串脚印、几行文字;人在更年期,外表趋于干瘪,内心却不断丰盈,虽不再拥有光鲜的外表,牙渐松、脸渐黄、发渐白、皱纹渐多,却积淀了丰富的人生经验与人脉资源,已不再鲁莽、不再犯傻。

变老是一种自然规律,谁也逃脱不了,但变老路上仍有迷人的风景,岁月会给你不一样的馈赠,美国"自然母亲"网站还总结了变老带来的六大好处,需要用心去体验与捕捉。当务之急是既要学会管理时间,时间这东西,你争分夺秒地抓住它,它就是黄金;你浑浑噩噩地抓不住,它就是流水。恒定的时间带给勤勉的人是充实,带给懒散的人是空虚;又要与时俱进,不能放任自己衰老,要学习与接受新事物,如旅游、手机银行、滴滴打车、互联网、抖音等,不要让时代所抛弃。与此同时,还要养成健康的生活方式,远离熬夜、酗酒等不良习惯,迈开腿、管住嘴、健康地变老、优雅地变老,自己不受害,子女不受累。

更年期仍处于人生的中年,仍有很多的明天。歌曲《明天会更好》唱出了我们的心声。但对个体生命而言,"明天会更好"带有很大的不确定性,而"明天会更老"则是确定无误的。今天是个体生命中最年轻的时光,是离青春期最近的日子。只要把握以上几条,应该而且能够在变老的路上体验更多的精彩,活出恰到好处的自己。

人生拐点

人生都是单程票,始于童年,经历青年、中年,终于老年,犹如滔滔河水,"奔流到海不复回"。唯有单程,才会有"盛年不重来,一日难再晨,及时当勉励,岁月不待人"的感慨;唯有单程,才会有"黄鹤一去不复返,白云千载空悠悠"的惆怅。

在这趟旅途中,有两个人生拐点,一个叫青春期,一个叫更年期。这两个拐点把百年人生一分为三:青少年、中年与老年。经过这两个拐点的洗礼,人的外表与内心、心理与行为、角色与使命、梦想与追求都会发生或显或隐的变化。正是这些改变,才使人生变得多姿多彩、社会变得丰富生动。

生命是一个持续性的生长过程,前后相连,首尾相顾,因果相依。没有春天的播种,就不会有秋天的收获,也就是所谓"少壮不努力,老大徒伤悲"。中老年的高光时刻与青年时期的积累打拼密不可分,也就是所谓"不经历风雨怎么见彩虹"。

生命又是一个不断变化的过程,不同的阶段有不同的底色。人生青春期,外表光鲜,内心苍白;人到更年期,外表干瘪,内心丰盈;年轻时,渴望入世,意气风发,使出浑身解数也要扮演好"别人眼中的自己";年老时,向往出世,学会归隐,只想做"自己心中的自己"。

不同阶段的人生有不同的特质、精彩与迷茫,需要自己用心去体悟。体悟正确及时,高光时刻就会扑面而来;体悟滞后,后悔烦恼就会如影相随。青春是人生最闪光的日子,这段时光在带走童年天真的同时,又在生理上加持了第二性特征,在心理上植入了叛逆、勇敢、友谊等元素;在角色上又把人从学校小舞台拽入社会大天地,扮演着命中注定的那个角色。或许是青春过于短促,加之人生阅历不足,拥有青春的人并未真正理解青春的意义。诚如一首诗所云:"当你拥有它的时候,往往并没有读懂它;当你能够读懂它的时候,它却离你而去。"这首诗的名字就叫青春。

青春如此,健康也是如此。健康是人生最宝贵的财富,没有健康,人生就黯然失色,所有的梦想都无法实现。青春期的人们,生理处于巅峰状态,精力旺盛,免疫力强,犹如一台精密的仪器运转自如,不知疲倦,既感觉不到器官的存在,更体味不到健康的价值。而一旦进入更年期,生理的退行性变化加剧,免疫力下降,不时感觉到器官的不适,开始体味到健康高于一切。而一旦真正领悟到健康的价值,健康又离你而去,再多的钱也换不回来。

经过几十年的红尘打拼,该经历的都经历了,万丈豪情在多次碰壁后逐渐消退,当人生从浮躁转向淡定,从热闹转向清静时,说明人生已转入更年期旅程。更年期是个体生命由中年转为老年的"前奏曲"。这段时光给人的生理、心理、行为都打上了烙印。在生理上,机能的退行性变化取代了青春期的成长性变化,看得见的如发渐白、背渐驼、皱纹渐增,甚至体形都发生了变化;看不见的血压、血糖、血脂在上升,肺活量在下降;在心理上,这段时光偷走了活力、激情、浮躁等元素,又加持了从容、怀旧、淡定等特质;在社会上,阅历在增加,称谓在扩容,辈分上升,责任在加重,形成了独特的"中年剪刀",即健康曲线由高峰缓慢下行,而责任曲线则由低谷缓慢上升,在更年期形成"中年剪刀"

经过这段时光的浸润,人的目光就会发生相应的变化。青少年是人生的初始阶段,拥有大把的时光,有无限的可能性。因此,青少年的目光贵在看远,懂得投资自己,积蓄能量,创造命运从量变到质变的高光时刻,切忌目光短浅。中年是人生最充实最焦虑的阶段,肩上挑着家庭与事业两副担子,心上牵挂着老人与小孩,容易产生挫折感与焦虑感。因此,中年人的目光贵在看宽,放平心态,学会减负,专注于属于自己的天地与美好。尤其要改变人生态度,不要攀比,幸福重在心灵的感知,而不是人与人的攀比,要知道真正伤害你的不是事情本身,而是你对事情的看法,这个世界最吃亏的就是用别人的错误惩罚自己。

当你不爱生气、入世转向出世时,说明人生已转入老年阶段。老年是人生最后的旅程。这段时光有成熟的人生经验与智慧，又不背负事业与家庭的重担，有机会静下心来，聆听自己心灵深处的声音，正是摘取人生果实的丰收期。一个人成熟的真正标志就是不爱生气了。活满一甲子，该经历的事都经历了，曾经拥有的美好与温馨，曾经的无奈与惆怅，曾经的阳谋与阴谋，都渐行渐远——离你而去。年轻时争抢的资源，现在只是淡然一笑；中年时费尽心机得到的东西，如今看起来也已无关紧要。过往的人生，自己在可有可无的人与事上，浪费了太多的时间。一个人有了阅历，就能收获"得到"与"学到"，就有了洞悉世情的眼睛。这双眼睛有些老光，多了眼袋，少了秋波，却能把事情看淡了，心也释然，人生就变得通透豁达了。

越过这个拐点，人生就迎来了即将到来的老年生活。如何让长寿与衰老不同步，如何优雅地、有尊严地、健康地老去，就成为人生新课题。

大哲学家罗素在《论老之将至》一文中说："一个人只要有爱好、有运动、有梦想，就会拥有一颗年轻的心。就会远离衰老。"德国学者奥特弗里德·赫费在《优雅变老的艺术》一书中提出了"四个L"的抗衰老处方，即运动、学习、爱与笑。这"三个有"与"四个L"既能滋润心灵，增长见识，又能对抗痴呆、强身健体、延缓衰老。只要真正做到"三个有"与"四个L"，纵然脸上爬满褶子，心灵也不会蒙尘，即使年逾"古稀"，也能有尊严地、优雅地变老，实现"夕阳红"的梦想。因此，对老年人而言，你能优雅地、健康地、有尊严地生活，就是人生赢家。而要实现这一目标，就要做到过往不悔，好事坏事，都成往事；未来不惧，未来充满不确定性，不能杞人忧天；当下不负，做到"事业有声有色、生活有滋有味，为人有情有义"，在健康优雅中延伸生命的长度，在老有所为中抬高生命的高度。

记得罗曼·罗兰说过："世上只有一种真正的英雄主义，那就是认清了生活的真相后，依然热爱生活。"作为20世纪60年代出生的人，青春早已过去，更年期也渐行渐远，但仍要活出每个阶段恰到好处的自己。

黄金十五年

孔子将自己的一生粗线条地划分为六个阶段：吾十五而志于学，三十而立，四十而不惑，五十而知天命，六十而耳顺，七十而从心所欲，不逾矩。这段话出自古人之口，但历久弥新，对当代人仍有启迪意义。

作为万物之灵，人是连续性与阶段性的有机统一。作为连续性，人生必须一气呵成，中间不能有休止符；作为阶段性，生命有不同韵味，其间又有起承转合。因此，没有连续性，生命就会终结；而没有阶段性，生命就没有成长。

青春期与更年期是生命周期的必经阶段，是具有标志性意义的起承转合。这两次起承转合使连续性的人生有了阶段性的区分，有了未成年人与成年人、中年人与老年人之别，并赋予人生异样的精彩与局限。青春期在带走童年天真的同时，又在生理上加持了第二性特征；在心理上植入了叛逆、勇敢、友谊等特性；在角色上又把人从家庭小天地拽入了社会大舞台。而更年期则是个体生命由中年转为老年的"前奏曲"，在偷走旺盛精力的同时，又在生理机能上加持了退行性变化；在心理上植入淡定、怀旧、禅性等元素；在行为上则增加了"入世"与"出世"之间的摇摆。

经过这两次起承转合，人还是那个人，但外表与内心、心理与行为、角色与使命、梦想与追求都发生了或显或隐的变化，甚至有判若两人之感。正因为如此，人生才显丰富多彩，社会才变得多彩多姿。

作为连续性，人的需求是一致的不变的，马斯洛的需求层次理论为此做了理论概括与精彩描述。作为阶段性，人的需求又是不同的多变的，诸如青年时期的钟情与怀春、中年阶段的定力与压力、老年的衰老与豁达等。即使是同一种物质与精神，在人生的不同阶段也有异样的价值。二十岁时，你买得起十岁最想要的玩具，却找不到当初那种炽热的期待感了。三十岁时，你鼓起勇气去追求二十岁时不敢追的姑娘，可人家早已嫁为人妻。四十岁时，买得起三十岁买不起的名牌服饰，而你早已不再年轻，更没有当初那种满足感了。人生就是单行道，错过了就再也回不去了。

物质生活如此,精神元素也是如此。以理想主义为例,"诗与远方"是有为青年的共同追求。如果一个人在青少年阶段还不是理想主义者,有可能一辈子碌碌无为;而年届不惑仍为理想主义者,则又未免幼稚可笑,有可能处处碰壁。

生命周期中的每段时光都是人生的必经阶段,都是独一无二、弥足珍贵的。相比之下,人生有两个十五年堪称"黄金期"。这两个"黄金期"既决定人生的高度,又影响人生的长度。

从"十五岁志于学"到"三十而立"的十五年为第一个"黄金期"。这十五年与青春期大致吻合,与"入世"基本同步。这段时光固然拥有光鲜的外表与大把的时光,但人生刚刚起步,在师长的庇护下成长,基本上是一无所有,人生的主基调是做加法,由无到有、由弱到强、由少到多,为"入世"创造有利的条件。这种加法主要表现在身心成长、知识积累、职业素养等方面。从身心成长来说,随着年轮的增加与成长性变化,懵懂少年成长为激情四射的青年,未成年人升级为成年人。人们常说的"女大十八变"就发生在这一阶段。与此同时,白纸般的心灵在学习与实践中日渐丰盈,拥有了多少不等的知识,明白了人间事理;从知识积累来说,人生是由小学到中学,再到大学,学历不断攀升,知识渐成系统;从职业素养来说,由不熟悉到熟悉,由外行变为内行,由一线到管理层,有了自己的收入,扮演了命中注定的那个角色。这段时光虽有苦恼,但人生包袱不断,惊喜连连,什么金榜题名、洞房花烛、生儿育女、职场晋升、人脉拓展等。这十五年的加法不仅为"三十而立"奠定了基础,也决定了人生的高度。凡加法做得好,今后的人生就会顺风顺水。反之,人生就会黯然失色,也就是所谓"少壮不努力,老大徒伤悲"。因此,加法不止,昂扬向上,惊喜连连就成为这一黄金时期的标识。

退休时光是人生的最后一段旅程,时长占全生命周期的三分之一左右。退休后的十五年是人生的又一个"黄金期"。这十五年时光之所以称之为"黄金期",主要与下列因素有关。从时间上看,离开了岗位,摆脱了闹钟的束缚,没有身不由己,也没有迫不得已,人生真正有了支配时间的自由,实现了身体与心灵的双重解放;从生理机能来说,虽然退行性变化日渐明显,但人的基本功能相对正常,独自生活与工作的能力依然如故,既能从事力所能及的体力劳动,更能从事复杂的脑力劳动;从功利性来说,人生由入世转向出世,不必察言观色,更不必欲言又止,能够聆听心灵深处的呼喊,真正懂得要为自己活一回;从经验与智慧来说,这段时光拥有前半生累积的阅历与丰富的人脉,拥有感悟与体味的心境,拥有只可意会不可言传的生存智慧,也就是所谓"经事还谙事,阅人如阅川"。还有一些人在前半生工作的基础上继续前行,厚积薄发,大器晚成,老有所为,续写了"莫道桑榆晚,为霞尚满天"的崭新传奇。

与人生第一个黄金期做加法不同,人生第二个黄金期主要做减法。活满一甲子,该有的都有了,不该有的不再强求。因此,人生的主基调是做减法,为出世做好铺垫。离开了工作岗位,退出了微信工作群,身上不再背负指标与责任,卸下了几十年的工作压力;离开了工作岗位,同事们不再朝夕相处,恩恩怨怨也变得风轻云淡,过去难以释怀的人与事也想通了,心灵负担随之减轻;离开了岗位,业缘不复存在,朋友不是越多越好,而是有三五知己足矣;离开了工作岗位,家庭再次成为生活重心,健康成为第一追求,懂得用"迈开腿,管住嘴"的办法让血压、血糖、血脂等指标降下来,或控制住上升的势头。这些减法做好了,也就实现了从入世到出世的转变。因此,减法不断、自由自在、老有所为就成为这一黄金期的主色调。

这两个黄金期对幸福的理解与感悟是不一样的。前者是从无到有,对幸福的感知大多与"有"相关,诸如有房、有车、有钱、有权等,这段时间的人生需要用"有"来展示自己的实力与成果,幸福从攀比中来;而后者主要做减法,对幸福的感知大多与"无"有关,诸如无忧、无虑、无病、无灾等。这段人生需要用"无"来回应心灵的呼声,幸福从豁达中来,进而把幸福诠释为知足常乐。这或许就是人们所说的"代沟"。

职业生涯是人生最珍贵的阶段,但不是人生的全部。退休既是职业生涯的结束,又是人生意义的新起航。退休生活是人生所有阶段的综合体现。因此,无论是人生哪个阶段,都要尽情地追逐自己的热爱,体味这个世界的美好,享受生命的馈赠,倍加珍惜退休后的黄金期,在老有所养,老有所医的基础上做到老有所学,老有所乐,老有所为,活出恰到好处的自己,续写属于自己的精彩。因此要按照"成长做加法、成熟做减法"的原则,调整好自己的生活方式与心态,既要经营好自己家庭,维护好身心健康,又不能与社会脱节,用自己的爱好兴趣、专业特长与社会联结,与志同道合的朋友共处。只有这样,全生命周期才能"青春常驻",纵然脸上爬满皱纹,心灵也不会蒙尘。

第二个黄金期过后,人的生理机能就会出现"断崖式下降",记忆力减退、代谢功能减弱、骨强度减弱、免疫力下降,衰老如影随形,死神的脚步由远而近,独自工作与生活的能力与日俱减,人生就会由此转入下一个频道。

龙岩行

因工作关系,我曾多次到厦门、福州、平潭等地出差,实地感受沿海地区与经济特区日新月异的变化,体验历史名城的文化底蕴,欣赏岚岛的迷人风光。但一直无缘踏访与之毗邻的红色沃土——龙岩,心中不免有些神伤。

这份神伤不是无病呻吟的矫情,也不是说走就走的冲动,而是植根于心灵深处的欲望,是一种无法抑制的心理活动,借用李清照的词,就是"此情无计可消除,才下眉头,却上心头"。

龙岩是我魂牵梦萦的地方。早在中学时代,我就在毛泽东的词——《清平乐·蒋桂战争》中记住了这个名字,"红旗跃过汀江,直下龙岩上杭",萌生了踏访龙岩的想法。读大学时,白发苍苍的教授神采飞扬地讲授客家文化,描述龙岩独具一格的风土人情,又强化了这一意识。参加工作几十年来,我从理论与实践、历史与现实、宏观与微观的结合上破解"三农"这个难中之难,把合作制视为解决"三农"问题的重要法宝。而作为中央苏区经济重镇的龙岩就是红色合作社的重要发源地,不到龙岩就无法理解红色合作社的特殊价值。踏访龙岩成了挥之不去的心灵呼唤。今年以来,党史学习活动如火如荼地展开,而龙岩作为一块红色沃土,在党史上留下了浓墨重彩的一笔。不了解这段血与火的历史,就不能理解"星星之火,可以燎原"的历史逻辑,龙岩又成为非去不可的地方,再不去就可能轻度焦虑。

或许是功夫不负有心人,今年七一前夕,应《中华合作时报》的邀请,我带着好奇,揣着疑问,开启了圆梦之旅。坐在有中国最美高铁之称的合福高铁列车上,虽然窗外风景美不胜收,我却心无旁骛地想着龙岩之行会给我带来什么收获……

龙岩地处闽粤赣三省交界,通称闽西,是全国著名的革命老区,原中央苏区核心区,是红军的故乡、红军长征的重要出发地。也是我国著名的矿区、林区,是海西品牌最多的旅游区,下辖七个县(市),总面积1.9万平方公里,常住人口272万,75%以上为客家人。龙岩历史悠久,先秦时地属百越,晋代置县,唐代改名龙岩。改革开放以来,龙岩发展迅猛,2020年地区生产总值2870.9亿元,已初步形成有色金属、机械装备、文旅康养、新材料新能源、数字、特色现代农业六大产业。其中,农业又可分为畜牧、蔬菜、林竹、茶业、薯业、烟草等行业。

短短的三天时间里,我走访了龙岩的城市与乡村,感受了革命老区的巨大变化与脱贫攻坚的实际成效;参观了古田会议纪念馆、毛泽东才溪乡调查纪念馆等,吃上红米饭,喝到南瓜汤;与全国同行、与知名学者一起研讨中央苏区合作经济的形式与作用;阅读了龙岩地方史志,实地体验了以永定土楼为代表的客家文化,好像饱尝了一顿"精神大餐",心中有了满足之感。

——感受了红色文化的伟力。龙岩的红色文化深厚而博大,既有龙岩人民对中国革命的无私贡献,又有党在龙岩创造的精神财富。龙岩是一片经历血与火洗礼的红色沃土,从1926年闽西建立党组织开始,英勇的闽西儿女,用忠诚与信仰书写了"二十年红旗不倒"的惊世传奇,用青春与热血谱写了坚贞不屈、前赴后继的壮丽诗篇。据地方史志记载,闽西10万优秀儿女参加红军,革命基点村610个,在册的革命烈士2.36万人,为革命牺牲的群众达16.6万人。在中央主力红军8万多人的长征队伍中,有3万多为闽西儿女。才溪红色三兄弟、"红色小歌仙"张锦辉,都是闽西人民的杰出代表。在这片1.9万多平方公里的土地上,如林的纪念碑,星罗棋布的纪念馆,一个个载入史册的名字,一处处追思历史的景点,已成为一部生动的历史教材,让人景仰,给人启迪……

龙岩是原中央苏区核心区。苏区虽然只存在六年多时间,却创造了一个又一个奇迹,成为毛泽东思想的重要发祥地。《古田会议决议》铸就了"思想建党、政治建军"的党魂军魂;《星星之火,可以燎原》坚定了共产党人的理想信念,确立了"农村包围城市,武装夺取政权"的革命道路;《才溪乡调查》展示了一切从实际出发、理论联系实际的思想方法;《关心群众生活,注意工作方法》凸现了党的群众路线的思想精髓;《采桑子·重阳》《清平乐·蒋桂战争》等光辉诗篇诠释了一代伟人的豪情壮志。

——感受到了客家文化的魅力。客家是中华民族大家庭中的重要一员,主要是指从中原南迁的汉人。为了躲避边疆部族侵扰与战乱,在千百年的辗转迁徙中,客家先民融合南北文化,形成了以坚贞果敢、团结奋进、爱国爱乡为核心内涵,并具有多种表现形式的客家文化,成为中华文化的一枝奇葩。客家文化具有祖先崇拜、重教观念、寻根意识、开拓精神等特质。

龙岩是享誉海内外的客家祖地,是河洛人的祖居地之一,长汀被称为客家首府,汀江被誉为"客家母亲河"。永定客家土楼被列入世界文化遗产目录,是客家文化的标志性民居。现存的两万多座永定土楼,方圆错落,造型独特,规模宏大,结构奇巧,以丰富的文化内涵,独特的聚居方式,以及与自然环境相融合的选址理念,备受世界瞩目。这些土楼外形体量巨大,形状特异,内部气象万千,别有洞天。在功能上具有防御外侵与保护自己的特殊作用,在理念上又折射出客家人对天圆地方传统汉文化的崇拜与坚守。胡锦涛同志实地参观后,盛赞永定土楼是中华文化的瑰宝,是大家庭、小社会和谐相处的典范。当夕阳西下的时候,落日熔金,辉映着通体金黄的土楼,金光四射,让人恍若进入历史,又像置身童话般的世界,感受到客家文化的独特魅力。

——感受到了合作经济旺盛的生命力。合作经济是经济社会发展到一定阶段,劳动者自愿联合、实行民主管理、获得服务与利益的一种经济形式,契合了农业产业特点与家庭特性,是最适合农业产业的组织形式。在这种经济形式中,合作成员个人所有与合作社成员共同所有相结合,自愿、民主、互利是合作经济的基本特征。毛泽东把发展合作社列为苏区经济建设的中心任务之一,要求各级组织通过组织各种合作社解决群众生产生活问题。毛泽东以中央苏区政府主席的身份制订颁发了苏区《合作社暂行组织条例》,并多次深入闽西指导合作社建设。闽西各级党组织闻风而动,在中央苏区率先成立合作社,发展农村经济,改善农民生活,支援苏区武装斗争。1929年11月,龙岩才溪区十八乡消费合作社成立,这是中央苏区第一家消费合作社。1930年,闽西苏维埃政府发布了第十一号令——《合作社条例》,对合作社的成立目的、组织架构、社员资格、利润分配等做了具体规定。在才溪乡带动示范下,闽西各县乡都成立了合作社,仅长汀一县就有71家。到1933年9月,中央苏区共有合作社1423个。毛泽东先后三次到龙岩才溪乡调研,写下了《才溪乡调查》一文,分析了才溪乡的劳动合作社、消费合作社、粮食合作社、犁牛合作社的现状与成效,肯定了合作经济的重要作用与贡献,并据此提出了"没有调查就没有发言权"的著名论断。在该文中,毛泽东既肯定了才溪乡的首创性,"现在全苏区实行的劳动互助社,就是发源于此";又指出了合作社的特殊重要性,"苏区的经济血管,一切必须生活的供给,完全只有靠'消费合作''粮食合作''生产合作'来担负非常艰巨的支配任务"。才溪乡因在乡苏维埃选举、扩大红军及发展合作经济等方面的突出表现,得到中央苏区的嘉奖,被誉为"第一模范区"。闽西合作社的发展,在服务农业生产、农民生活、扩大红军队伍、支援革命战争、巩固苏维埃政权等方面发挥了特殊的重大作用。

大力发展合作社是毛泽东思想的有机组成部分,具有历史的穿透力与旺盛的生命力。十八大以来,习近平总书记多次指示要求办好各类合作社,发挥其独特优势与重要作用。中央还制订下发了《中共中央国务院关于深化供销合作社综合改革的决定》。龙岩市供销合作社传承合作经济红色基因,加快体制机制创新,打造强农惠农综合平台,书写了合作经济发展的新篇章,真是百年恰似风华正茂。

20世纪80年代,张明敏演唱的《垄上行》曾风靡一时,"我从垄上走过,心中装满秋色"的歌声此起彼伏。套用这句歌词,把"垄上"改为"龙岩"也是恰如其分的。

后　记

终于到了写后记的时候。伴随着如约而至的黎明曙光,望着一排用完的笔芯,抚着一堆写满文字的稿纸,我几乎有了虚脱的感觉。

这部三十万字的书稿,断断续续地写了十年,几乎占用了其间大部分业余时间,甚至到了寝食难安的地步。写完书稿,我不仅没有唐代大诗人贾岛"十年磨一剑,霜刃未曾试"的豪迈,也没有莘莘学子考完后如释重负的轻松,反而多了一份丑媳妇怕见公婆的忐忑不安的心情。

这个课题酝酿已久。早在2008年,我就在《从新农村到新国家》一书的后记中提及这个兼有理论性与实践性、重要性与紧迫性等多重价值的课题。后又多次在干部学院与高校讲课时与学员讨论了这个题目。囿于知识储备不足、资料收集不充分等因素,一直没敢动笔。

十年前,我再次研读了H.孟德拉斯的《农民的终结》一书,并撰写了书评。该书以二战以后法国农业农村现代化为背景,在全面阐述了农村社会变迁的内在机制与表现形式的基础上,写下了"农业文明死亡诊断书",科学地预判了农民终结的途径与方法。中国与法国相去甚远,社会制度与历史背景各异,又分属不同的文化圈,但法国素有"欧洲的中国"之称,两国农民在现代化进程中的命运极为相似。随着现代化的不断深入,中国已进入了由传统农业向现代农业、由传统农民向现代农民、由传统农村社会向现代城市社会转型的关键时期。诚如马克思所说:"工业较发达国家向工业较不发达国家展示的,只是后者未来的景象。"他山之石,可以攻玉,法国在现代化进程中同步推进农民转型发展的经验做法值得我们学习借鉴。基于这一认识,我开始把这个课题分成若干个专题进行研究,并把一些阶段性研究成果或写成论文发表,或制成课件进行讲授。

  然而,真正写起来还是挺难的,困难一个接一个,大有"山重水复疑无路"之感,多次萌生放弃的念头。要不是古罗马学者大加图"学问是苦根上长出来的甜果"这句名言的诱惑,要不是古希腊哲学家德谟克利特"宁可找一个因果解释,不愿得到一个波斯王位"执着精神的激励,就很难坚持十年,更不会有柳暗花明又一村之感。

  当然,这部书的完成又与不少人的关心帮助分不开。中央党校副校长、著名学者龚维斌先生在百忙中审阅书稿并作序;江苏人民出版社汪意云、周晓阳两位编辑给予关心指导;我的领导、同事与朋友也给了许多帮助,在此一并致谢。